Anne de Bascher

Alba

Correspondance à une voix

Roman

des femmes
Antoinette Fouque

À Éléonore von M.
À elles.

Prologue

Vous souvenez-vous de ce jour où nous avons fait le serment de tout nous dire, sans l'ombre d'une réserve, d'une pudeur, dans l'absolue confiance que peuvent s'accorder deux amies et la certitude d'en être ni louée ni blâmée ?
Nous marchions alors dans l'une des allées du parc, celle qui traverse la châtaigneraie et conduit à l'étang. Le sous-bois exhalait des odeurs de mousse, de pin, d'écorces, de feuilles mortes. Nous entendions au loin, les cognées d'un bûcheron et vous aviez maudit l'homme d'accompagner notre marche de la mort d'un arbre. Un léger voile de neige avait fait disparaître les traces de nos dernières chevauchées et vous vous amusiez, derrière moi, à mettre vos pas dans les miens, en prenant appui sur mes épaules.
Nous allions cueillir du fragon, ou épine de rat, pour en faire des bouquets dans la grande cuisine. L'air vif rosissait vos joues, comme la fureur de me voir allumer une cigarette dans cette allée. Vous ne vous souciez pas de ma santé, non, vous me reprochiez d'offenser la nature et de faire fuir toute bête – biche, lapin, écureuil, belette – qui aurait eu la curiosité de nous approcher. Je demeurais sourde à vos reproches et me demandais en vertu de quelle alchimie curieuse deux caractères aussi distincts que les nôtres pouvaient continuer à si bien s'entendre et se vouer une affection que ni l'amitié ni l'amour n'auraient pu définir.
Le vol lourd d'un corbeau chassa mes pensées. Quelques particules de neige tombèrent de la branche d'où il s'était élancé avec un lugubre croassement, dans un ciel gris.
Notre arrivée à l'étang rompit la quiétude des sarcelles et des poules d'eau qui se réfugièrent dans un amas de roseaux desséchés. Nous prîmes le chemin des chasseurs – un raidillon broussailleux – pour atteindre les premières

touffes de fragon dans le bois de chênes et de charmes qui surplombe l'eau.
En ramassant ces branches aux petites feuilles vert sombre, piquantes et plus ou moins garnies de baies rouges, vous m'avez demandé si je pourrais aimer une femme « d'un amour total ». Votre question me parut si saugrenue que je crus devoir y répondre d'un rire moqueur.
Pourquoi avez-vous toujours eu ce don de me pousser dans mes retranchements et de les éclairer avant même qu'ils n'affleurent ma conscience ? Je ne sais qui vous a mise au monde, mais je vous crois volontiers fille d'Andersen et de Freud, ma fée des âmes.
Je n'ai pas honoré tout de suite notre serment. Je vous dois cette vérité. Après votre longue absence, il me fallait retisser notre lien dans une certaine trame – celle qui élève le corps et l'esprit vers un espace où les êtres peuvent se transformer en oiseaux, en étoiles, ou même, en poussière d'or.

LE PENSIONNAT

Tout en fait, a commencé avec vous, dans ce pensionnat religieux où nous avaient reléguées nos parents.
Vous avez suivi les vôtres sur tous les continents, au gré des nominations de votre père, ambassadeur du Chili, jusqu'au jour, où, pour vous épargner les inconvénients scolaires de trop fréquents déplacements, l'on vous a inscrite dans ce pensionnat réputé pour l'excellence de son enseignement. Remercions les auteurs de vos jours de n'avoir pas songé à vous demander votre avis – vous auriez opté pour un lycée mixte et je ne vous aurais jamais rencontrée.
J'étais en sixième, vous veniez d'entrer en quatrième au début du second trimestre et nous appartenions à la même division qui nous regroupait dans un même dortoir.
Votre statut de « nouvelle », votre prénom, inhabituel pour nous, vos singularités physiques, et votre arrivée avec les Rois mages vous distinguaient, d'emblée, des autres pensionnaires. Heureuses de cette nouveauté qui rompait la routine et l'ennui de notre univers, elles vous passaient au crible de leurs appréciations – en vertu de nos bons principes de charité chrétienne. Mais vous n'en aviez cure. Habitée par une force diffuse qui en imposait aux curieuses, comme à nos cerbères, vous aviez l'air de surgir d'un astre et de vous préparer, sereinement, à un destin hors du commun.
Pendant quelque temps, je m'en tins à une observation lointaine de votre personne en continuant à me fondre dans l'uniformité de notre monde, la grisaille de notre réclusion.
J'aimais en vous ce que les autres raillaient : votre grande taille filiforme et ce léger déhanchement qui pare chacun de vos pas d'un mouvement de danse ; votre cicatrice au-dessus du sourcil gauche – « une chute de cheval » devais-je apprendre plus tard ; vos cheveux de jais, coupés court, ondulant sur les oreilles, alors que la mode pour les filles était aux cheveux longs que l'on retenait par des nattes ou une tresse, des barrettes ou des serre-tête en fausse écaille ; votre manie de tirer sur une mèche de vos cheveux pendant les offi-

ces que vous suiviez en feignant la plus grande attention ; vos jambes fines et un peu arquées – « séquelles de rachitisme sous les tropiques » apprendrai-je encore plus tard ; vos grands yeux noirs que vos sourcils encadrent d'un trait décidé ; la petite fossette au milieu de votre menton ; le chevauchement de l'une de vos incisives supérieures, qui donne à votre sourire une expression malicieuse ; votre manière d'endosser de mauvaise grâce notre « camisole de force » – une jupe plissée bleu marine, une chemise bleu ciel, un pull gris, que protégeait un tablier bleu marine, lui aussi ; et puis, l'incroyable toupet avec lequel vous avez, au mépris du port obligatoire d'une chemise de nuit, imposé pour vous-même l'usage d'un caleçon long, en raison « d'une arthrose précoce, contractée dans le détroit de Béring ! » – « Maladie redoutable et contagieuse ! » aviez-vous précisé à votre voisine de lit, qui voyait en vous le diable en personne.
J'admirais votre insolence et l'art de la muer en compliments facétieux quand vous vous adressiez à nos supérieures, de sorte que nulle n'eût songé à vous en blâmer. Ce n'était pas là piètre hypocrisie, disiez-vous, mais une manière d'échapper à leur courroux et à de vaines sanctions.
Ainsi bénéficiez-vous d'une impunité quasi totale, que je ne pouvais attribuer au rang de votre père. Nous appartenions toutes, dans ce pensionnat, à l'élite sociale – condition première de notre inscription – mais ce point commun ne donnait pas lieu à des traitements de faveur et n'augurait pas forcément le meilleur pour chacune. Non, ce n'était pas cela. Vous étiez à part, et cette distinction que j'eusse été incapable alors de bien cerner et définir, suffisait à me ravir.

Nos regards se sont croisés, un jour, lorsque vous descendiez le grand escalier du hall et que je le remontais, quelques livres sous le bras. Je me rendais à l'étude, en revenant de la bibliothèque.

Contrairement au règlement qui nous interdisait de nous toucher – sauf pour jouer dans la cour de récréation et pendant les heures de gymnastique – vous m'avez spontanément tendu la main et je l'ai serrée en bafouillant quelques mots. L'émotion me rendait maladroite et niaise. L'un de mes livres tomba dans l'escalier. Vous avez accueilli sa chute d'un joyeux « *Alea jacta est* ! » en vous penchant pour le ramasser. Puis, d'un gracieux mouvement du bras et comme l'eût fait, avec son chapeau, un mousquetaire prenant congé de sa dame, vous vous êtes éclipsée.
Le privilège d'avoir attiré votre attention allégea tout ce qui me paraissait fastidieux : la messe, les vêpres, les leçons de solfège, le règlement intérieur, les cours d'instruction religieuse. Je me pris pour ces derniers d'une ferveur soudaine, comme si j'avais été frappée par une révélation divine, alors que je songeais moins à Dieu qu'à cet état de bien-être, jamais éprouvé auparavant et qui magnifia tout ce que je voyais, entendais, sentais, goûtais.
Je repris des leçons de solfège et me portai même volontaire pour les corvées : le nettoyage du plancher de notre dortoir, la distribution du courrier, le ramassage de nos sacs de linge sale, le balayage des pavés de la cour d'entrée, la confection des cartes de Noël, l'encaustiquage du grand escalier, l'épluchage des légumes dans l'arrière-cuisine toujours imprégnée d'une forte odeur de Javel et de saindoux. J'eusse volontiers aussi transporté les seaux de charbon qui alimentaient le poêle de notre classe, mais ma petite taille et ma constitution chétive ne me le permettaient pas.

Après notre première rencontre, nous allions spontanément nous retrouver aux heures de récréation, au réfectoire, au dortoir et aux offices. Seules nous séparaient les heures de cours où j'attendais avec fébrilité la sonnerie pour vous rejoindre. Pour la « petite » que j'étais, vous faisiez partie des « grandes » et je parle, là, de l'ascendant que vous exerciez sur moi. Merci d'avoir eu la délicatesse de ne jamais en abuser. Sans doute vous suis-je reconnaissante, aussi, d'avoir été la première à percevoir en moi une rébellion qui pouvait faire écho à la vôtre, mais que, contrairement à vous, je masquais encore sous les traits d'une enfant sage.

Aux jeux de récréation nous avions vite préféré nos tête-à-tête près de la niche de la Vierge, ou dans l'escalier qui conduisait à la cave, ou bien encore, assises sur le tas de bois bien rangé sous le préau, les jours de pluie. Je vous écoutais, ravie, faire le récit de vos nombreux voyages avec vos parents, en Chine, en Afrique, en Inde, en Italie, en Amérique d'où vous reveniez, alors, avec le regret d'avoir laissé là-bas une amie colombienne dont vous soupçonniez le père d'être un trafiquant d'armes et de cocaïne. Un homme à qui l'on eût donné « le bon Dieu sans confession » disiez-vous, tant il s'était rendu indispensable à de nombreuses œuvres caritatives avec la discrétion d'un parvenu, de sorte, pensiez-vous, « qu'il valait mieux se fier à un vrai brigand ! » Récit d'une enfance privilégiée, mais dont je ne mesurais pas qu'elle était surtout faite de civilités carcérales et de « condoléances mondaines » les jours de réception à l'ambassade où l'on vous obligeait à venir saluer les invités en « petite mariée ». Vous détestiez ces rites où l'on vous gratifiait de compliments et d'attendrissements de pure forme, mais c'est sans doute là que vous avez appris à tirer le meilleur parti des inconvénients, notamment, en attendant sagement dans votre chambre le départ des convives pour aller vider leurs verres, avec la complicité amusée du personnel. Vous me parliez souvent de ces hommes et de ces femmes qui étaient au service de l'ambassade et vous choyaient comme une reine. Ils vous sentaient prisonnière d'un monde qui leur était aussi étranger et vous offraient, avec une réelle affection, des évasions imaginaires par leurs chansons, leurs contes et l'usage de leur propre langue.

Droites comme des i dans leur aube noire, ceintes d'un chapelet de buis, le visage encadré d'un voile blanc qui masquait leur front et leurs cheveux, les bras croisés dans leurs larges manches, les pieds joints dans des chaussures plates, noires et impeccablement cirées, les mères chargées de notre surveillance en haut du perron de la grande cour, n'aimaient pas nos apartés. Mais plus elles intervenaient pour nous séparer, plus nous nous amusions à déjouer les manœuvres. Leur suspicion nous rendait ingénieuses et lorsque nous ne pouvions nous parler tranquillement, nous nous écrivions avec la complicité de quelques bonnes âmes, messagères de nos billets.
Un jour, l'un d'eux parvint à la mère responsable de notre division et je fus appelée dans son bureau. Le mot n'étant pas signé, elle me demanda qui me l'avait adressé. Je ne répondis pas. Elle revint à la charge, mais je ne cédais pas. Elle prit alors mon carnet de notes, l'inspecta d'un air sévère, puis elle me dit qu'elle allait en informer mes parents, avec une menace de renvoi si je ne redressais « pas immédiatement la barre ! » Sa métaphore nautique ne m'impressionna guère. Je n'avais pas le pied marin. « Vous serez interdite de récréation jusqu'aux vacances de Pâques ! » ajouta-t-elle. « Vous resterez dans votre classe et que je ne vous reprenne pas à recevoir des billets ou à en adresser ! » conclut-elle, en déchirant le vôtre.
Je quittai son bureau, heureuse. Heureuse de n'avoir rien dit et de lui avoir infligé mon mutisme comme un camouflet.
Pour la première fois je me sentis votre égale et la joie que me procura cet exploit excéda le prix qu'il m'en coûta.
J'avais désormais tout le loisir de vous écrire – bien que je fusse censée étudier. Personne ne me surveillait dans la classe où je restais seule et dès que j'entendais des pas dans le couloir, je glissais aussitôt ma lettre dans le pupitre et faisais semblant de lire un livre de cours avec la plus grande attention.
Ainsi ma punition devint-elle une bénédiction. J'avais tout

le temps, également, de songer à cette « soupçonnite aiguë » (votre expression favorite) qui était au cœur des régisseuses de nos consciences, sauf dans l'esprit de la Mère supérieure dont nous admirions toutes les deux l'intelligence, la mansuétude et la foi éloignée des credo sommaires.
Elle seule avait grâce à mes yeux, alors que les autres mères fabriquaient des révoltées aussi sûrement qu'elles s'employaient à faire de nous des prix de vertu. Elles voyaient le mal partout, y compris dans nos yeux innocents. Enviaient-elles notre enfance ? Elles étaient terrifiantes. Comme l'on ne voyait d'elles qu'un bout de visage et leurs mains, nous nous étions demandé, en riant, si elles avaient un corps sous leur habit d'épouvante. Aujourd'hui je serais incapable de me remémorer leurs traits, seulement leurs voix, le cliquetis des boules de buis du chapelet qui ceignait leur taille chaque fois qu'elles se déplaçaient et cette odeur aigrelette ou de renfermé qui s'échappait de leur habit noir et qu'elles laissaient dans leur sillage.
Pourquoi confie-t-on l'éducation des petites et jeunes filles à des créatures aussi rébarbatives ? Et pourquoi le fait-on prétendument pour leur bien ?

Comme nous ne pouvions nous fier à personne pour nous faire parvenir nos lettres, nous convînmes de quelques cachettes connues de nous seules : derrière la statue de Sainte-Thérèse-de-l'Enfant-Jésus, dans le hall du grand escalier, sous un pot de fleurs qui ornait les buis de la cour d'entrée et dans l'écorce du marronnier, près du préau où j'étais autorisée à me rendre avant les repas et l'étude.
Nous avions même mis au point un langage codé que nous aurions attribué à un jeu de piste en cas de découverte.
Un jour où je me penchai derrière le socle de Sainte-Thérèse pour saisir l'un de vos messages, je crus avoir été suivie par la mère de notre division. « Mon heure est arrivée », pensai-je, le cœur battant. Je simulai une dévotion soudaine. Je me

prosternai aux pieds de la statue et j'avalai votre billet, le visage caché dans mes mains. Ce n'était qu'un mirage – un miracle ? J'étais seule et j'ignorais encore que vos pensées avaient la saveur d'une hostie !

Un mois après votre arrivée et alors que nous marchions sous la charmille qui longe le verger et conduit à la chapelle du pensionnat, vous vous êtes soudain arrêtée et vous m'avez proposé de personnaliser notre lien par le vouvoiement. À l'appui de cet usage qui m'était déjà familier avec mes parents et autres adultes, vous invoquiez ceci : « Lorsque je vous parle, je ne m'adresse pas qu'à une seule personne, mais à plusieurs de vos facettes. Comme vous, je suis une et multiple ou multiple en une. » Puis, en imitant la voix cérémonieuse de notre mère de division, vous avez conclu : « Notre "vous" s'adresse à cette multiplicité dont le tutoiement ne peut rendre compte. Et ne craignez pas qu'il nous tienne à distance l'une de l'autre, dans une moindre proximité, car la dévotion du "vous" ne contient pas la charge meurtrière du "tu" ! »
Vos mimiques m'amusèrent et votre raisonnement me combla d'aise. Il modifia aussi l'image que vous reflétiez à mes yeux. Non que je crusse alors avoir devant moi un Shiva exécutant sa danse cosmique avec ses quatre bras, mais quelque chose y ressemblait dans la représentation que je me fis de nos identités diverses, de leurs changements, perceptibles ou non, et du mouvement interne qui les façonnait à notre insu même. Surgi du tréfonds de vos pensées et de vos sentiments, votre « vous » sollicitait mon monde secret, et cette correspondance que nous devions aussi échanger sans un mot ou d'un seul regard eut force de reconnaissance mutuelle au-delà de la déférence qui caractérise toujours notre lien dénué de toute familiarité ordinaire.
Par la suite, je fis de ce « vous », de cet « aimable messager »

disiez-vous, une règle dans mes autres rencontres les plus chères. Autant pour parer celles-ci d'une élégance respectueuse, que pour éviter ou fuir cette proximité parfois leurrante et cette privauté qu'induit trop fréquemment, à mon goût, l'usage du tutoiement – quand il ne banalise l'intimité et les sentiments.
Au pensionnat, des élèves nous jugèrent « snobs ». Confondant en ce « vous » un pluriel de majesté avec un pluriel de fantaisie, elles nous soupçonnèrent de vouloir nous élever au rang de nos supérieures ou de nous distinguer à tout prix du troupeau. Mais nous n'en avions cure. En réalité, elles enviaient notre entente et ses singularités, et nous les laissâmes volontiers à leurs moqueries et jugements conformistes.

Sept lits nous séparaient dans le dortoir, mais peu importait. Notre connivence ignorait cette distance. Je m'amusais de ce que j'étais la seule à connaître : vos lectures clandestines à la lueur d'une lampe de poche, sous l'édredon. Vous cachiez les livres et la lampe dans le matelas, par une fente ménagée sur le côté et vous attendiez que la surveillante s'endormît pour vous livrer à votre distraction favorite.
Une externe de première – je crois qu'elle était un peu amoureuse de vous – fournissait vos ouvrages, soit en les achetant pour vous, soit en les « empruntant » à la bibliothèque de ses parents. Le trafic avait lieu derrière le tas de bois du préau où vous glissiez sous votre pull les livres que votre complice avait dissimulés de la même façon, de son côté.
Des livres interdits au pensionnat, bien sûr, où nous étions seulement autorisées à consulter à la bibliothèque les ouvrages correspondant à nos cours.
Vous ne lisiez que des romancières anglaises, alors – Mary Webb, Rosamond Lehmann, Jane Austen, Emily, Charlotte et Anne Brontë, Mary Shelley, George Eliot, Virginia Woolf dont vous aimiez l'ironie mordante et la manière dont elle avait réglé ses comptes avec ses pairs et la misogynie

dans *Une chambre à soi* et dans *Trois Guinées*. Deux livres « majeurs », selon vous, et que toute jeune fille se devait de lire autant en raison de la pertinence du propos que de la modernité de Virginia Woolf. Vous me parliez aussi passionnément des *Hauts de Hurlevent* que vous considériez comme un chef-d'œuvre de la littérature, écrit à la lueur d'une bougie, dans un sombre et glacial presbytère…
Votre parfaite maîtrise de l'anglais et de notre langue – votre mère avait fait ses classes en France – vous permettait de lire ces ouvrages, soit en version originale, soit en traduction française et j'admirais l'aisance avec laquelle vous pouviez vous mouvoir d'une langue à l'autre. Vous émouvoir aussi, grâce aux dons de ces romancières, les seules, selon vous, à avoir décrit avec perspicacité, finesse et beaucoup d'humour, parfois, les sentiments féminins et à les avoir libérés des mièvreries convenues.
Vous enragiez aussi de ne pas voir les femmes écrivains promues au rang de leurs homologues ou seulement à titre exceptionnel, chose à laquelle je n'aurais pas songé eu égard à mon ignorance dans ce domaine et au fait que l'élite masculine, choisie et recommandée par nos programmes scolaires, allait encore de soi pour moi.
Vos yeux cernés témoignaient de vos ferveurs nocturnes et à une mère qui vous en fit un jour le reproche, vous deviez répondre en vous excusant : « Hélas, ma mère, c'est là une caractéristique congénitale qui se transmet chez nous de mère en fille, comme un traité des bons usages ! »

Le jeudi après-midi nous n'avions pas de cours. On nous laissait le choix d'une promenade accompagnée dans la campagne environnante ou d'entretenir le potager, ou bien encore, de préparer l'album que l'on remettait aux parents d'élèves en fin d'année scolaire et qui recensait l'historique, les activités et les projets du pensionnat, avec photos et dessins à l'appui.

Nous avions toutes les deux opté pour l'entretien du potager. Non que vous eussiez un goût immodéré pour le jardinage, mais parce que c'était là que nous nous sentions libres. Nous n'étions pas surveillées. Il nous fallait seulement, avant de partir au potager, prendre les ordres de la « mère des fleurs » et lui rendre compte, ensuite, de nos tâches.
Nous arrachions les légumes en fonction de la quantité requise pour les repas d'une semaine : poireaux bleus, carottes, choux verts et trois sortes de navets. Nous ramassions aussi de la salade – chicorée, scarole, encornet et de la frisée.
Vous admiriez mon savoir et mes aptitudes dans ce domaine alors que vous vous sentiez seulement capable de faire pousser de la menthe – ce qui requiert, en effet une certaine science ! « Évidemment, ce n'est pas dans les ambassades que l'on apprend à distinguer une courgette d'un concombre ! » persiflai-je avant de vous préciser comment j'avais fait mes classes, dès ma plus tendre enfance, avec Léon, notre jardinier.
Ainsi, pour pouvoir me transporter avec ses outils, il n'utilisait pas sa brouette, non. Il avait fabriqué une caisse en bois, à roulettes, tapissée d'un petit matelas de fougères séchées, sur lequel j'étais étendue. Un tube accolé à l'arrière de la caisse, accueillait les outils – pelle, pioche, râteau, sarcloir, binette, etc. Un manche fixe, à l'avant, lui permettait de tirer le chargement cahotant qui devint pour moi plus qu'un landau particulier : le plus beau des carrosses. La féerie qui se dégageait de ce chariot lilliputien sur fond d'entrechoquement des outils, avait de quoi enchanter des petites prunelles déjà bien éveillées et curieuses de tout. Parfois, notre drôle de véhicule basculait sur une pierre ou dans un trou de chemin que Léon n'avait pas vus et je roulais par terre dans le vacarme des outils éparpillés qui auraient pu me blesser. Mais ce n'était là qu'un simple incident que Léon s'empressait de réparer avec moult jurons pour lui et mots

affectueux pour moi. Arrivé au jardin potager, une casquette sur la tête, vêtu d'une veste et d'un pantalon de grosse toile grise et chaussé de sabots, il se mettait aussitôt à l'ouvrage. De mon côté, je restais tranquillement sur mon matelas où, quand il faisait un peu froid ou humide, Léon me recouvrait d'un ou de deux sacs de jute, maculés de terre.
Jamais je ne devais voir un jardin potager aussi extravagant que le sien, puisque la plus grande fantaisie guidait les plantations, des fleurs de toutes sortes se mêlant aux légumes et aux arbres fruitiers. Mais jamais, aussi, je n'ai goûté des pêches de vigne ou des salades plus savoureuses que dans ces lieux, fruits, légumes soignés et enrichis de façon naturelle, avec du fumier de cheval ou du purin d'orties dont Léon préparait lui-même la macération dans une grande bassine.
Mon apprentissage avec cet homme, qui est en fait un puits de science dans de nombreux domaines et aussi astucieux que malicieux, dura de façon intense jusqu'à mon internat. Ensuite et à chacune de mes vacances, je passais un bon moment avec lui et même encore aujourd'hui où, en dépit de la diminution de ses activités par l'âge et une sévère arthrose dans ce qu'il désigne par ses « pattes », je lui demande souvent des conseils.
Au pensionnat, et contrairement au jardin de la maison, les fleurs étaient bien séparées des légumes et les arbres fruitiers n'excédaient pas la clôture du verger. Des allées de fin gravier, sans le moindre brin d'herbe, délimitaient les carrés de légumes et il nous fallait les ratisser après chaque passage des brouettes. On remisait les outils dans une cabane en bois adossée au mur du verger, à côté de l'appentis sec et sombre où l'on entassait les pommes de terre en les recouvrant de sacs de jute pour éviter leur flétrissement et germination.
Et c'est là, dans cette chambre noire et sur un lit de charlottes à la belle chair jaune, que je vous ai embrassée pour la première fois.

Je ne me suis posé aucune question. Mue par un élan plus impérieux qu'impétueux, je vous ai embrassée de toute mon âme et vous ne m'avez pas repoussée. Au contraire, j'ai senti chez vous plus qu'un consentement, un assentiment qui me troubla profondément. Ce baiser devait sceller notre connivence d'un nouveau secret. Plus précieux, plus intime encore que nos lettres, car il en allait de votre chair et de la mienne, accolées, confondues, émues, comme d'un pacte du sang et de son éternel engagement.
À la suite de ce baiser je ne pouvais plus vous regarder de la même façon. Une part de vous était désormais inscrite en moi et je la vénérais comme un talisman. Avec une gravité et une joie que moi seule pouvais mesurer quand je ne les décelais dans votre propre regard. Il ne m'est pas venu à l'esprit de vous dire que je vous aimais. Je trouvais ces mots superflus ou très en deçà de ce que j'éprouvais. Je préférais les confier à nos yeux et au silence.
Personne ne devina la tournure qu'avait pris notre lien. Votre espièglerie faisait diversion autant que mon visage impassible. Nous étions de parfaites dissimulatrices, aguerries par nos propres roueries. Seule la Mère supérieure, je crois, ne s'y trompa guère. Mais elle se garda bien d'intervenir ou de manifester quoi que ce fût, conformément à la sagesse dont elle faisait souvent preuve.

Pour échapper à notre réclusion, nous nous inventions de fabuleux voyages, notamment en Afghanistan que nous parcourions à cheval, d'ouest en est, empruntant pistes, gués, sentiers et cols muletiers, suivant aussi les caravanes qui nous fournissaient bivouac et nourriture. Pour protéger les sabots de nos montures d'un sol chauffé à blanc dans la journée, nous chevauchions la nuit avec un pisteur guidé par les étoiles. Et, armées jusqu'aux dents, nous tenions en respect bandits ou pillards…
Nous sûmes assez vite ce que nous voulions être. Vous, eth-

nologue – vous étiez déjà tentée par l'étude des peuplades andines, votre héritage premier – et moi, je désirais écrire. Vous l'ai-je déjà dit ? Je dois ma passion pour l'écriture à tante Millie, ma marraine et unique sœur de mon père, qui séjourne chaque été chez nous. C'est elle qui, après m'avoir appris tous les cris des animaux et leur orthographe, m'initia à la richesse, à la subtilité de la langue française. À ses difficultés grammaticales aussi, pleine d'illogisme et d'incohérence. Mais c'est ce qui en fait la beauté. Pour enrichir mon vocabulaire, elle me proposa très tôt « le jeu des synonymes », et nous avions commencé par les adjectifs, puis les adverbes, enfin les noms et les verbes. En un minimum de temps, je devais trouver le maximum de mots, sans consulter le dictionnaire, bien entendu.

Je crois que je fus d'abord séduite par la voix grave et chaude de tante Millie, qui apportait à son expression, toujours précise, des modulations envoûtantes, ponctuées parfois de quintes de toux. Elle fume beaucoup et n'a pas d'enfants. « Les mots sont mes petits, me disait-elle avant d'ajouter, j'ai donc une famille nombreuse et variée ! »

Elle m'apprit également à rédiger des lettres de condoléances – « l'une des choses les plus difficiles à formuler quand elles ne sont inspirées par un sentiment sincère, mais il faut en passer par là », affirmait-elle. Comme elle m'encouragea à adresser mes remerciements par lettre, au lieu de faire usage du téléphone par commodité.

Tante Millie me lisait aussi à haute voix, non des livres pour enfants, qu'elle jugeait abêtissants et sans intérêt, mais des ouvrages ayant ses faveurs – biographies, poèmes, nouvelles, romans. Et chaque fois que je ne comprenais pas un mot, je devais l'interrompre pour lui en demander la signification. Il lui arrivait de faire usage d'un dictionnaire et devant mon étonnement, elle me répondit un jour : « L'on apprend à tout âge et seuls les sots prétendent tout savoir, alors que notre langue est inépuisable ! »

En réalité, elle consultait surtout le dictionnaire quand elle avait un doute sur l'orthographe d'un mot, ou quand elle se demandait s'il fallait ou non un trait d'union à « sans-souci ». Je revois son beau visage émacié, ses mains fines tournant les pages, son index parcourant ce trésor lexical, avant de s'arrêter sur ce qu'elle cherchait et j'entends encore sa voix triomphale, accompagnée d'un coup de canne impérieux sur le parquet : « Ah, c'est bien ce qu'il me semblait, cela ne prend pas deux t, mais deux n ! »
Alors, voyez-vous, avec la science du jardinage inculquée par Léon et cette initiation au bien écrire par tante Millie, mon éducation était déjà quasi faite avant l'école !

Avec l'accord de vos parents, vous passiez les petites vacances – la Toussaint, février et l'Ascension – chez les miens. J'habitais leur grande maison et nous dormions toutes les deux dans ma chambre de « jeune fille », au grenier, qui dominait la cour d'entrée et une partie du vignoble. Une pièce rectangulaire, à trois petites fenêtres sous lesquelles j'établis trois rayonnages de livres où la Comtesse de Ségur pouvait aussi bien côtoyer Antoine de Saint-Exupéry que Selma Lagerlöf.
Dans cette chambre que j'aimais particulièrement, où je me sentais indépendante et fille unique, j'avais ajouté un matelas, mais dès le premier soir, nous choisîmes de dormir ensemble, enlacées toute la nuit dans mon lit bateau, pourtant conçu pour une personne. J'aimais vous sentir là, tout contre moi. Nous étions alors seules au monde et heureuses de l'être. Pour nous protéger des froids courants d'air, l'hiver, vous aviez dressé une tente au-dessus du lit avec deux draps et cette mesure se révéla très efficace en amplifiant notre intimité. Là, à l'abri de tout regard, de toute intrusion, nous étions livrées à nous-mêmes et cela nous intimida parfois.
Le matin, nous nous levions à l'aube pour seller nos mon-

tures – deux petits chevaux arabes, prêtés par un éleveur voisin – et nous chevauchions jusqu'à l'heure du déjeuner, quel que fût le temps. Notre passion commune pour l'équitation ignorait le froid, la pluie, le vent. Je vous faisais découvrir nos environs, des vignobles essentiellement, avec quelques pâturages encore entourés d'épaisses haies. Parfois, nous descendions de cheval pour saluer les vignerons occupés, l'hiver, à tailler la vigne en poussant leurs braseros de sarments auprès desquels ils se chauffaient les mains. Vous étiez fascinée par cette taille, qui devient de plus en plus pénible au fur et à mesure que la saison avance. Émue aussi en songeant qu'un seul sarment ou bois porteur, produirait la récolte prochaine alors que les vestiges de la précédente partaient en fumée ou serviraient de fagots.
Mais notre parcours préféré était de longer la Loire de boires en boires qui jalonnent le fleuve dans sa partie inférieure, galopant sur les grandes étendues de sable réunies par des gués. Parfois, aussi, nous chevauchions au pas, côte à côte, pour laisser reposer nos chevaux menés à folle allure, et là, vous me racontiez mille et une anecdotes de votre enfance, quand vous ne préfériez vous imprégner de « l'aimable beauté des lieux ».

Le jour du Seigneur, nous rentrions tôt, pour accompagner mes parents à la messe, sans nous changer, car nous ne voulions pas nous endimancher pour un rite de plus en plus désuet et dont nous étions saturées au pensionnat, mais auquel mon père n'eût rien sacrifié. Nous arrivions donc à l'Église du village en tenue équestre, en évitant de nous agenouiller sur les prie-dieu réservés à notre famille – ce qui me choquait personnellement. J'estimais, plus tard, que l'Église perpétuait là une ségrégation au profit des châtelains et que cette hiérarchie contrevenait à l'œcuménisme supposé de la religion catholique. Nous nous tenions donc, vous et moi, parmi les villageois. En revanche, mon

père avait l'air de considérer que son nom gravé sur un prie-dieu lui était échu de droit divin !
L'office achevé, nous revenions à la maison où nous attendait un bon et copieux repas, invariable le dimanche : œufs mimosa avec jambon de Vendée, gigot, haricots blancs et verts de Léon, salade de Léon, fromages et tarte aux fruits de saison.
Tout vin nous était interdit à table ou ailleurs, mais je ne compte pas les verres de muscadet que nous aurons sifflés en cachette, comme je n'oublie pas la belle euphorie qui s'ensuivit – chaque fois !
Souvenez-vous de cette nuit où, en revenant d'une nouvelle virée clandestine dans le vieux chai, j'ai dû vous soutenir pour monter l'escalier conduisant au grenier et vous supplier de mettre une sourdine à vos vocalises qui auraient pu alerter mon père. Vous ne vous êtes pas réveillée le lendemain, ronflant tout votre soûl, marmonnant des prières barbares ou proférant des imprécations qui retombaient comme un soufflé dans un sommeil de plomb. De mon côté, j'étais fraîche comme une rose et amusée de constater qu'en dépit de vos entraînements bachiques aux réceptions d'ambassades, je tenais mieux le vin que vous. Vous ne pouviez tout de même pas me surpasser dans tous les domaines, non ?

Aux beaux jours, nous préférions passer nos fins de journée et nos nuits à l'étang, dans la cabane sur pilotis construite par Léon. Elle servait, en réalité, de poste d'observation ornithologique, car il semblait que tous les oiseaux se donnaient rendez-vous là au moment des migrations, alors qu'ils se font rares de nos jours.
De tous les attraits de notre propriété, cette cabane sur l'eau avait manifestement votre préférence, mais vous regrettiez de ne pouvoir en bénéficier que pendant les courtes vacances de l'Ascension. Aussi m'employais-je à donner à chaque seconde écoulée et partagée dans cette cabane, valeur d'éternité.

Armées de cannes à pêche et de tout l'attirail nécessaire à un bivouac particulier – sacs de couchage, serviettes de bain, Thermos d'eau fraîche, coussins, huile à la citronnelle contre les moustiques, lampe-tempête, victuailles préparées par notre cuisinière Ernestine –, le tout chargé sur une charrette à bras que nous tirions sur quelque quatre cents mètres, nous avions le sentiment grisant de partir au bout du monde, prêtes à vivre les aventures les plus extraordinaires.
Mon père nous interdisait de nous baigner nues, mais loin de son regard, nous faisions fi de ses consignes. Pour éviter cependant toute curiosité malsaine du voisinage, notamment celle des garçons, nous choisissions la tombée du jour pour nous glisser dans l'eau, non sans nous effrayer de son aspect sombre, propre à suggérer une faune et une flore aquatiques menaçantes. Une suggestion si forte que je refusais de mettre la tête sous l'eau et que je ne m'éloignais guère de la cabane.
Après le bain, et toujours dans le plus simple appareil, nous allions nous rincer à la source vive qui alimente l'étang.
J'admirais la beauté de votre corps, la puissance qui s'en dégageait – une puissance gracieuse dans tous vos gestes, que vous plongiez et nagiez, que vous vous allongiez, que vous lanciez la canne à pêche, que vous couriez ou marchiez –, un corps aux attaches fines et aux seins naissants.
De retour dans la cabane, nous nous séchions et rêvassions sur nos sacs de couchage, ravies d'avoir échappé à un dîner fastidieux à la maison.
Quand l'eau de l'étang virait au noir, nous allumions la lampe-tempête pour nous ravitailler et transgresser un autre interdit – celui de fumer. Je ne pouvais dire que j'appréciais tellement la chose, au début. La fumée me faisait tousser et me piquait les yeux, mais j'allais jusqu'au bout de ma cigarette, stoïquement, pour honorer un défi que vous releviez avec plus d'aisance.

Après avoir observé les étoiles sur la plate-forme qui entourait la cabane, nous nous endormions, bercées par le hululement des chouettes, relayé, au matin, par le cancannement des colverts et le coassement des grenouilles, alors qu'une légère brume recouvrait l'étang.

Mais revenons à ce jour maudit où vous avez dû quitter le pensionnat pour rejoindre vos parents, à Madrid, où votre père venait d'être nommé.
Ma réaction à cette nouvelle fut brutale. En proie à une forte fièvre et à des tremblements incontrôlables, je fus conduite à l'infirmerie avant de suivre une convalescence chez mes parents. De votre côté, vous n'avez pas flanché. Partagée entre le chagrin de me quitter et l'envie de connaître une nouvelle vie, vous m'avez fortement serrée contre vous, sans une larme et sans témoin – vous avez même esquissé un sourire, où se mêlaient force et tendresse infinie.
Bien sûr, nous avions fait le serment de ne jamais nous perdre, quels que fussent nos choix de vie, et je savais que les vôtres vous conduiraient aux quatre coins de la planète, mue par une curiosité insatiable et l'envie de connaître les us et coutumes des populations indigènes.
Votre nomadisme électif rendait ma sédentarité futile, banale, et je craignais par-dessus tout d'être oubliée par vous – crainte peut-être irrationnelle. Je pensais que vous vous lasseriez de m'écrire ou de m'appeler, comme l'on se lasse d'images pieuses et fanées. Je pensais aussi que la vie madrilène vous entraînerait dans des tourbillons divers, comme un splendide flamenco dont vous aviez, un jour, esquissé quelques pas devant moi avec une aisance irrésistible.
Mon cœur ne battait pas à cent à l'heure. Il ne battait plus et rien ne pouvait me distraire de votre absence. Mes fragilités accentuaient mon désarroi. Terrée au fond de mon lit, je comptais les heures au clocher du village…

Jusqu'au jour où ma mère entra dans ma chambre et m'annonça : « J'ai une surprise pour toi, suis-moi ! » Je l'accompagnais jusque dans l'un de nos prés où paissait une magnifique pouliche baie brune, aux crins noirs, comme l'extrémité de ses membres.
Émerveillée, stupéfaite, je me demandais si je n'étais en proie à ces hallucinations que peuvent provoquer délires et fièvres.
Ma mère se tourna alors vers moi, avec ces mots inoubliables : « Voilà, je te présente Gipsy, elle est à toi désormais et tu en auras la responsabilité à chacun de tes séjours à la maison. Pendant tes absences, Léon se chargera de la panser. Je lui ai déjà demandé de renforcer les clôtures du pré et de préparer un box dans les anciennes écuries. » Puis elle ajouta : « Ton père est farouchement opposé à cette acquisition pour des raisons que j'ignore puisque tu savais monter à cheval avant de marcher ! Mais ce qui compte pour moi c'est que tu sois heureuse et je suis certaine que cette belle pouliche t'aidera à surmonter ta prostration et ton chagrin. Tiens ! Voici le papier de ses origines, que tu pourras joindre à ta carte d'identité », me dit-elle en souriant.
Le geste de ma mère, ses attentions, me touchèrent profondément. Je voulus la remercier de tout cœur, mais elle m'interrompit : « Ne me remercie pas. Maintenant je te laisse avec ta nouvelle amie, une anglo-arabe, elle ! » me lança-t-elle, malicieusement, avant de reprendre le chemin de la maison.
Restée seule avec les origines de Gipsy dans la main, je les consultai aussitôt pour connaître les noms de sa mère et de son père, ses lieu et date de naissance. Elle avait trois ans et j'en déduisis qu'elle était déjà débourrée, mais peut-être pas encore dressée à l'obstacle.
En levant les yeux vers cette pouliche dont j'admirais la finesse, les aplombs, la brillance de sa robe foncée, je la vis s'avancer vers moi d'un pas tranquille, balayant l'air

de sa queue, comme une salutation insolente, puis venir frotter sa tête contre la mienne, en plissant ses yeux dorés contre lesquels s'acharnaient des mouches. Elle sentait bon. Je caressais longuement son chanfrein dont les naseaux frémissaient et je sus, à ce premier contact que mon attachement pour elle serait indéfectible.

De retour au pensionnat, les élèves de ma classe m'interrogèrent sur mon absence. Bien entendu, je n'avais pas l'intention de leur dire la vérité pour ne pas me heurter à leurs railleries.
Et puis, je voyais bien à leur mine, faussement contrainte, qu'elles se réjouissaient de notre séparation. Aussi, étais-je fermement décidée à ne leur laisser aucune prise et emprise sur moi.
Cependant, l'une des élèves de troisième, une grande bringue au bon regard, que l'on surnommait Coco en raison de son penchant immodéré pour les sucreries à la noix de coco, me prit à part : « Je sais ce que tu endures en ce moment et j'en suis désolée pour toi. Mais tu as de la chance d'avoir une amie chère. Moi, ma grande taille et mes excentricités font fuir tout le monde, quand je ne suis pas la risée des unes ou des autres, de sorte que je suis condamnée à la solitude jusqu'à ce que je rencontre une autre girafe ! Sans vouloir me substituer à ta meilleure amie, j'aimerais parler avec toi de temps en temps, car je me morfonds ici. Je ne voulais pas faire d'études, mais une école de cirque, aux trapèzes, en particulier, où l'on éprouve des sensations vertigineuses avec l'impression de voler dans une trajectoire extrêmement minutée et précise pour éviter l'accident fatal. J'ai concédé à mes parents des études jusqu'au Brevet mais, après, je réaliserai mon rêve. »
Je n'eus aucun mal à me confier à Coco en raison de sa discrétion et de son sens de l'humour. Et puis, elle me distrayait.

Dès qu'elle décrocha son examen, elle s'inscrivit dans une école de cirque où, avec l'autorisation de la Mère supérieure, je pus assister à quelques répétitions et je vis que son talent était déjà plus que prometteur. Il la vouait même au sommet de cet art magnifique et périlleux.
C'est drôle, alors qu'elle était si grande à terre, dans les mouvements qu'elle effectuait au-dessus du sol et sous le chapiteau, sa taille prenait une dimension normale et aérienne. Je la voyais évoluer avec une grâce et une précision remarquables dans des figures particulièrement difficiles : le lâcher arrière, pieds flexes dans les cordes, le panier dans les cordes, la position du drapeau, la figure du petit Jésus. Elle exécutait tout cela avec une facilité déconcertante et insolente, ployant et déployant son corps, l'élançant d'un trapèze à un autre, virevoltant dans l'air avant de saisir les cordes de ce dernier. Et avec sa combinaison argentée, elle avait l'air d'un bel oiseau. Jusqu'au jour où, dans le lâcher arrière, elle rata une prise et s'écrasa sur le sol, puisqu'il n'y avait ce jour-là ni longe ni filet.

Après votre départ, la mort de Coco. Je devais m'endurcir.
En réalité, l'accident de Coco fit déborder le vase d'une exaspération latente, mais néanmoins vive.
Sans vous et sans Coco, je me dis que je ne pourrais supporter encore le troupeau de brebis galeuses de ce pensionnat et leurs gardiennes.
Pas plus que je ne pourrais continuer à respirer l'air étouffant de ce monde clos sur lui-même. Et moins encore, les offices que l'on nous infligeait comme des punitions.
Un soir de vacances de février, je m'en ouvris à mon père dans sa bibliothèque et lui demandai, sans ménagement, de m'inscrire dans un lycée mixte pour achever mes études secondaires.
Il me regarda comme si la foudre venait de tomber à ses pieds, puis il se reprit :

– Je ne te suis pas. Tu es dans le meilleur pensionnat qui soit, et...
– Vous ne comprenez pas, le coupai-je, que je suffoque dans cette autarcie religieuse et sociale !
– Je te prie de te calmer, me dit-il d'une voix impérieuse et en tirant nerveusement sur son cigare.
Mais je n'en fis rien et il était grand temps, pensai-je, qu'il fût averti de ce que sa fille aînée avait dans le crâne – dût-il en être choqué. J'enchaînai donc :
– Oui, ces jeunes filles du « meilleur monde » – selon vous – n'en sont pas moins d'une futilité affligeante. Rien n'existe pour elles en dehors de leurs privilèges qui les mettent à l'abri de la misère des autres et du souci de s'en préoccuper. C'est cela, la charité ? Les soi-disant bons principes dispensés dans ce pensionnat sont donc parfaitement compatibles avec la cécité, l'arrogance et l'égoïsme ! Et puis, ces si charmantes demoiselles ne rêvent que de faire partie, comme leurs aînées, de ces vitrines et foires matrimoniales que sont les rallyes pour y rencontrer le prince charmant, bien né et surtout fortuné. Consternant !
Je ne voyais plus le visage de mon père, envahi par les volutes de son cigare. Je les balayais d'un coup de main, car je ne pouvais m'adresser à ce barrage de fumée manifestement destiné à faire écran à mes propos.
Et je poursuivis :
– En guise de prince, moi je veux un métier et en vivre, pour ne dépendre ni de vous, ni de personne !
– Comment, tu ne veux pas te marier ni fonder une famille ? s'indigna-t-il.
– Si, et vous serez sûrement grand-père d'une nombreuse progéniture équine !
Je m'attendais à ce que mon insolence reçût une volée de bois vert et une volée tout court. Mais il éteignit son cigare, d'un air pensif, avant de me demander ce que je reprochais aux religieuses du pensionnat.

– Hormis la Mère supérieure qui mérite bien son titre, la plupart de ces prétendues dévouées sont si aigries, frustrées, fourbes, mesquines, si imbues de leur fonction d'éducatrices qu'elles en usent et en abusent, en particulier avec des élèves récalcitrantes – mais les seules, en fait, à avoir de la personnalité. En voulant briser ces « fortes têtes » avec un sadisme consommé, elles m'auront dégoûtée à vie de la religion. Ce résultat est en partie le vôtre, car vous m'aurez bouclée là, pour « mon bien » n'est-ce pas ?

Mon père sursauta dans son fauteuil, à la fois blême et furieux, avant de rajuster sa veste de tweed. Mais je continuai :

– Je respecte seulement la foi qui relève d'un sentiment personnel, intime, mais je rejette toutes doctrines, toutes institutions religieuses qui, elles, ne sont que des inventions humaines.

Mon vis-à-vis s'énerva au point de renverser le cendrier qu'il avait à portée de main, sur un guéridon :

– Mais qui t'a mis toutes ces choses dans la tête, Alba peut-être ?

– Vous faut-il un bouc émissaire, ou la gamine qui vous fait face, sans trembler, serait-elle incapable d'avoir des opinions propres ? Alba a joué un rôle de détonateur salutaire dans ma conscience abêtie, aliénée par les idées reçues de votre milieu et je lui en serai toujours reconnaissante. Maintenant, si j'étais cancre et en voie de perdition irréversible, croyez-vous que je serais venue vous demander de me changer d'établissement scolaire ?

Il se leva de son fauteuil pour me signifier qu'il était l'heure pour lui d'aller se coucher. En guise de « bonne nuit », il m'asséna :

– Que je sache, tu es mineure et donc sous ma responsabilité. Tu poursuivras et achèveras tes études secondaires dans ce même pensionnat et je ne veux pas avoir à te le redire !

Sa décision me fit l'effet d'un couperet de guillotine. Je bouillais intérieurement, mais je n'allais pas le laisser regagner sa chambre ainsi :
– Puisque vous me mettez encore aux arrêts, vous ne m'obligerez plus à partager votre couvert ni à subir vos sermons en guise de soupe !
Je m'étonnai moi-même de ma propre audace, mais n'en continuai pas moins à le défier :
– J'espère que vous me direz un jour pourquoi vous vous êtes engagé sur la voie du mariage et de la paternité dont vous prônez les vertus en rendant toute votre famille malheureuse. Je plains vraiment les troupes que vous avez commandées, mais ni maman ni ma sœur ni moi-même ne sommes des troufions !
Je vis mon père se raidir puis se diriger vers la porte de la bibliothèque, mais je l'atteignis avant lui pour lui porter l'estocade :
– Je ne vous appellerai plus « papa » car ce mot a un sens à mes yeux que vous bafouez par une tyrannie et un sadisme consommés. Vous désigner par votre prénom serait trop familier – « Mon capitaine » ? Trop militaire. Alors « Monsieur » peut-être ? Oui, c'est cela, je m'adresserai à vous ainsi, jusqu'à ce que j'aie un père qui me reconnaisse, m'apprécie et me respecte, mais je ne crois pas aux miracles !
Je sortis avant lui, sans lui adresser ce baiser « filial » conventionnel, qui me faisait désormais horreur.
Je pris mon sac de couchage avec une bonne couverture, car il faisait froid, et allai rejoindre Gipsy dans son box. Je ne pouvais trouver meilleures compagne et couche.
Avant de m'endormir avec ma pouliche adorée, dans les merveilleuses senteurs des vieilles écuries, je pensais à vous.
Je vous enviais d'avoir un père d'une autre trempe et qui vous avait toujours chérie sans vous gâter. Dont vous étiez aussi la fierté et il ne se privait pas de vous en donner de

nombreux témoignages. Cette reconnaissance vous rend encore plus forte et, notamment, dans l'assurance sans arrogance que vous manifestez en tous lieux.
Moi, je dois acquérir ces atouts par mes propres moyens et, croyez-moi, cet apprentissage auquel vous aurez bien contribué en me faisant don de votre amitié, ne va pas sans de sourdes révoltes, des souffrances terribles et muettes.

Revenue en classe, la mort dans l'âme, je me dis que la seule manière de mettre fin à mon supplice, serait de me faire renvoyer.
Après avoir passé en revue les motifs susceptibles de combler mes vœux – insultes à l'égard de la mère de division, grève des études, refus de l'uniforme et d'autres règlements, saccage du matériel… je supposais que le nom et la position sociale de mon père me protégeraient sûrement d'un renvoi définitif. En revanche, si je commettais le plus scandaleux, le plus grave des « péchés » – une inconduite avec une élève de mon dortoir – la porte de sortie du pensionnat me serait grande ouverte et quelles que fussent les protections paternelles. Seulement voilà : le seul fait d'imaginer ce délit simulé sous le duvet de l'une de ces pimbêches, me procura un érythème fessier géant !
Finalement, ce qui me retint de provoquer mon renvoi, fut la perspective d'être enfermée chez « Monsieur » et d'être tous les jours soumise à sa férule. Je craignais aussi qu'il m'interdît d'approcher Gipsy. Beaucoup trop radin pour engager une préceptrice, il eût été capable de me priver d'études que, de toute manière, il jugeait superflues pour les filles. À moins qu'il ne m'inscrivît dans l'un de ces établissements où l'apprentissage des tâches ménagères me tiendrait lieu d'unique bagage.

Dépitée, malheureuse, je demandai un entretien avec la Mère supérieure.
Après avoir écouté mes doléances au sujet d'un « dressage » religieux dont les abus m'avaient rendue incroyante, elle me dispensa de la messe matinale quotidienne et de tout autre office. Elle me promit également de veiller à ce que je ne fusse plus jamais punie par des corvées humiliantes ou par des contritions interminables à genoux, sur le sol froid de la chapelle ou sur la caillasse du préau.
Je lui fis part, ensuite, de ma dernière discussion avec le briseur de rêves, mon père.
Elle se cala dans son fauteuil derrière un immense bureau et me dévisagea avec sa placidité coutumière, pendant que je poursuivais mon propre credo en restant debout :
– Excusez-moi, ma Mère, mais sans vouloir offenser votre profession de foi et l'éminence de votre charge, il m'est impossible de dire amen à tout, comme il m'est impossible de respecter quiconque ne mérite ce sentiment. Je pense que la déférence ne doit pas être unilatérale. Les parents devraient aussi respecter les enfants qu'ils ont mis au monde – sans le consentement de ces derniers, qui plus est ! – comme nos éducatrices s'honoreraient d'avoir des égards pour toutes leurs élèves, sans exception. Sinon, la politesse contrainte et à sens unique ne résulte que d'un abus de pouvoir des adultes.
La Mère supérieure hocha la tête – en guise d'approbation ? – et j'achevai :
– Ce qui me préoccupe le plus, c'est que, par excès de sévérité et d'autoritarisme primaire, mon père ne fasse de moi un être aussi dur que lui, si, d'ici là, je ne tourne à l'aigre comme du mauvais vin !
– Ne craignez rien de cet ordre, me répondit-elle en souriant, avant d'ajouter, vous avez suffisamment de volonté et de personnalité pour redouter qu'elles ne soient brisées. Mais je vous mets en garde contre une ironie mordante qui

peut choquer votre père, surtout venant d'une enfant précoce, comme elle peut heurter tous ceux et celles qui vous méconnaissent et confondent ce trait avec de la méchanceté. Réservez-la aux personnes qui peuvent l'apprécier.
Alors que je m'apprêtais à prendre congé d'elle en lui baisant la main et en la remerciant, elle me retint :
– Je comprends que votre relation avec votre père soit difficile et douloureuse pour vous, mais faites le dos rond. Cette posture n'est pas une soumission, c'est une protection. Or, vous devez protéger ce qu'il y a de précieux en vous – une grande et peu courante sensibilité qui vous conduit à éprouver ce qui échappe à d'autres ou les laisse indifférents.
Après un silence elle ajouta :
– Préservez-vous sans vous fermer.
Puis elle conclut :
– Quant à vos études dans une institution que, certes, vous n'avez pas choisie, je n'ai aucune inquiétude. Au rythme et au niveau où vous les poursuivez, votre calvaire ne se prolongera pas outre mesure. Seules ces études accomplies vous permettront de réaliser vos rêves d'indépendance et de liberté qui vous sont chers et je ne doute pas que vous y parviendrez.

Ce tête-à-tête avec la Mère supérieure ne m'apporta pas seulement apaisement, réconfort et encouragement. J'avais aussi le sentiment d'avoir reçu plus qu'une écoute. Dès lors, ce pensionnat sinistre, mais placé sous une tutelle bienveillante à mon égard, me devint plus supportable.
Je m'immergeais dans les études au point de vouloir briller même dans les matières qui n'avaient pas mes faveurs : les mathématiques, la physique, la chimie.
Et puis, sur le volet intérieur de mon pupitre, j'épinglai une belle photo de Gipsy avec ma main caressant son chanfrein. Si cela n'avait été interdit par le règlement, mes congénères auraient plus volontiers collé des images du « prince »

idéal et s'irritèrent de ce que mon élu fût une splendide pouliche ! Mais les chances de nouer une nouvelle amitié dans ce creuset d'hypocrites, demeuraient désespérément nulles.

Néanmoins, aux environs de la Toussaint, je fis la connaissance d'une élève, de manière aussi inattendue que plaisante.

J'étais au réfectoire, en train de chercher une place à table pour y déposer mon plateau de déjeuner, lorsqu'une fille, sans doute distraite, ou se croyant dans les autotamponneuses, me heurta avec son propre plateau. Le magma de nouilles à la sauce brunâtre et tiédasse que l'on venait de nous servir avec un entremets livide, se répandit sur le sol dans le fracas de nos plateaux métalliques.

Nous éclatâmes de rire, pendant que les chipies attablées s'indignèrent dans le seul but de se faire valoir à notre détriment.

Notre vacarme ayant attiré la surveillante du réfectoire, elle nous demanda d'une voix revêche :

– Qui a fait ça ?

Sachant qu'il lui fallait une responsable pour la punir, je lui répondis avec une politesse de pure forme :

– Ma mère, ne voyez pas dans cet incident un sacrilège à l'encontre d'une nourriture bénie, seulement un atterrissage forcé après une collision en plein vol !

La « tamponneuse » me regarda ébahie, tout en réprimant un fou rire et la surveillante ajouta sur le même ton :

– Alors vous savez ce qu'il vous reste à faire !

Oui, nous le savions. Il nous fallait nettoyer le sol, être privées de repas – même d'un verre d'eau – et attendre la reprise des études en faisant les cent pas dans la cour de récréation. Quelle aubaine !

Une fois dehors, nous continuâmes à rire en pensant que, de toute façon, l'infâme pitance du réfectoire – que même des cochons refuseraient – ne nous privait de rien. Je me

demandais, cependant, à quoi servaient les sommes plus que conséquentes que les parents d'élèves allouaient à ce pensionnat. Car, franchement le budget « nourriture » n'était sûrement pas ruineux au seul regard des pensionnaires maigrichonnes – à l'exception de quelques petites dondons qu'aucun régime sec n'eût transformées en sylphides !
Après avoir confié ces pensées à ma nouvelle rencontre, elle me répondit :
– D'abord, je te remercie de ne pas m'avoir accusée au réfectoire. Et puis, je t'avoue que je suis très contente d'avoir renversé ton plateau, car dans cette réserve de mouchardes certifiées, tomber sur une fille comme toi, à la fois culottée et solidaire, relève du miracle et je n'en crois pas encore mes yeux !
Puis elle me demanda :
– Au fait, comment t'appelles-tu ? Perle rare, Providence ? Moi, c'est Ninon et elle me serra la main d'une poignée franche qui me plut.
Elle me précisa encore qu'elle était externe, en seconde, et qu'elle avait, de ce fait, le privilège d'être bien nourrie, le soir. Réalisant soudain qu'elle avait en face d'elle un sac d'os sans frigidaire à portée de faim ou de gourmandise, elle rougit, se confondit en excuses, avant de me proposer de m'apporter régulièrement de la nourriture alléchante.
En annonçant la reprise des cours de l'après-midi, le carillon de la cloche interrompit notre échange. Mais nous convînmes de le poursuivre à la récréation du lendemain matin, celle du soir, avant l'étude, n'étant réservée qu'aux internes, souvenez-vous.
Le lendemain matin, je vis Ninon s'approcher de moi dans la cour et me tendre un petit paquet, bien enveloppé.
– Voilà, me dit-elle, c'est pour me faire pardonner ma maladresse d'hier. J'ai parlé de toi à maman et elle a tenu à ce que je t'apporte une part de son dernier gâteau.
– Cela me touche beaucoup et tu remercieras ta mère. Non !

me ravisai-je, je vais le faire moi-même par écrit et tu lui transmettras mon mot.
– Bien, mademoiselle, vos désirs sont des ordres ! ironisa-t-elle en simulant un salut militaire. Elle ignorait encore que la demoiselle en question était la fille d'un serviteur de l'armée.
Après le dessert, j'attaquai le plat principal :
– Je suis gourmande, oui, mais j'ai surtout faim et soif de nourritures spirituelles et variées que je chercherais en vain dans la bibliothèque du pensionnat et même chez mon père qui ne lit que des ouvrages d'académiciens. En matière de lectures passionnantes, l'on fait mieux, non ?
Ninon gloussa et je poursuivis :
– Comme je ne peux pas faire le mur, j'aimerais que tu m'apportes tous les matins *Le Monde*. La livraison aura lieu sous ce préau que les élèves désertent. Le journal passera de ton cartable à mon poitrail, entre pull et tablier et ni vu ni connu ! Et si pour x raisons, le transfert est compromis ou rendu impossible, tu garderas l'exemplaire jusqu'à la fois suivante.
– Mais pourquoi *Le Monde* ? me demanda-t-elle
– Parce que, selon une personne très avisée et cultivée de mon entourage familial, c'est le meilleur quotidien français, actuellement. Et puis, je meurs d'envie de savoir ce qui se passe ailleurs que dans nos murs et sans attendre pour cela ma majorité.
– Si j'ai bien compris, il s'agit d'introduire le diable chez les bigotes ou le loup dans la bergerie, dit-elle, à voix basse, tout en esquissant quelques pas de danse sur la caillasse du préau.
– N'exagérons rien, répliquai-je en sourdine, je ne t'ai pas demandé *L'Humanité* !
Elle s'arrêta de tournicoter et me regarda inquiète :
– Mais si on se fait pincer et virer ?
Je la rassurai :

– D'abord, c'est moi qui prends tous les risques et les assumerai en tant qu'instigatrice du « délit ». Et puis, j'ai une amie qui nous a précédées dans ce trafic, avec succès, alors que dans son cas, il s'agissait de livres plus difficiles à dissimuler qu'un journal. Tu verras, ce n'est qu'une question de discrétion et de ruse.

Je vis alors le regard de Ninon briller d'une exaltation particulière. Ma requête s'était manifestement muée pour elle en distraction rêvée et même davantage : en promotion exceptionnelle, puisqu'elle venait de recevoir le titre et la fonction d'agente d'un service occulte, et ce, à la barbe de nos autorités locales. C'est ce qui l'amusait le plus dans cette aventure, me dit-elle.

– Seulement, il y a un hic, devais-je lui préciser. Mon père ayant toujours considéré qu'aucun denier personnel ne m'était nécessaire ici et ailleurs, je n'ai pas un sou en poche pour te rembourser tu sais quoi.

L'arrivée sous le préau de trois élèves qui nous regardèrent d'un air soupçonneux, nous obligea à poursuivre notre échange dans la cour, en nous parlant encore plus discrètement.

– Pas de problème ! me glissa Ninon. Moi, mon père est tout sauf pingre. L'argent de poche qu'il me donne sans compter mais que je dépense en futilités, servira pour une fois à quelque chose.

– Je te remercie infiniment, dis-je en remontant mes chaussettes, mais je souhaite ne rien te devoir. Chez toi, un don est un don, chez moi, c'est donnant, donnant !

– Je ne te comprends pas, que veux-tu dire ? me demanda-t-elle.

– C'est simple : tu me rends un service, je t'en rends un autre, et nous sommes quittes !

Après quelques secondes de perplexité, Ninon se plaignit d'être nulle en français :

– Pourtant, j'ai des idées, mais je n'arrive pas à les mettre en

ordre. Et ne parlons pas de l'orthographe et de la syntaxe – une catastrophe !
– Parfait ! répondis-je en prenant soin d'éviter toute oreille malveillante. Tu m'apporteras ce que je t'ai demandé et, moi, je rédigerai tes devoirs de français, à l'étude. Mais tu me donneras quelques précisions sur ton programme, car je ne suis qu'en troisième – ça te va ?
– Marché conclu ! s'exclama-t-elle en riant et en tapant dans ma main. Puis elle ajouta :
– Quand des nouilles rencontrent d'autres nouilles, voilà ce que ça donne !

Mes tractations clandestines avec Ninon modifièrent singulièrement ma vie au pensionnat. Dispensée de la messe matinale, j'en profitai pour lire *Le Monde* dans les seuls lieux désertés à cette heure : les toilettes. Je disposais de trois quarts d'heure. C'était suffisant pour parcourir le journal et m'attarder sur les sujets qui m'intéressaient le plus.
Mais imaginez ma stupéfaction devant tous ces noms de chefs d'États, de ministres, de sociologues, de philosophes, d'artistes que je découvrais là, en mesurant combien j'avais été et j'étais encore coupée de la vie même, nationale et internationale. Une babouine propulsée dans une ville sans avoir jamais connu que sa forêt ou sa brousse n'eût pas été plus chamboulée !
Certes, d'autres trônes auraient sans doute mieux convenu que celui sur lequel j'étais assise pour découvrir notre planète dans ses multiples facettes, mais le mien me donnait, avec une concentration remarquable, l'humilité qui sied à tout apprentissage.

Un peu avant la fin de la messe, je regagnai au plus vite le dortoir pour glisser le journal entre le sommier et le matelas de mon lit. Puis, à chaque sortie chez les parents, je cachai les exemplaires dans ma valise et les jetai dans une pou-

belle de la gare, avant de prendre le train, *Le Monde* étant tout aussi banni chez mon père qu'au pensionnat.
Le petit trafic se déroula sans le moindre incident – sauf un jour où une élève manifestement empressée de se rendre là où le roi va seul, tomba sur une porte close et pour cause ! Quand je l'entendis frapper avec acharnement, je me dis que son vacarme allait alerter l'une de nos cerbères, alors que je ne pouvais ni avaler le journal, ni le jeter dans la cuvette sans la boucher. Je n'aurais pas le temps, non plus, de le replier silencieusement et de le cacher derrière mon tablier. Les coups redoublant sur la porte, je simulai bruyamment plaintes et soupirs avant de déclarer d'une voix de suppliciée : « Excuse-moi, mais je souffre d'une constipation réfractaire à tout traitement – pruneaux, miel, mucilage, huile de ricin, suppositoires – rien n'y fait et je suis au bord de l'éventration ! » À ces mots, les coups cessèrent, les pas s'éloignèrent et je pus me replonger dans ce journal grand ouvert sur mes genoux et qui fleurait encore bon l'encre d'imprimerie de la veille.
Cependant, la lecture quotidienne de cette presse accentua considérablement, à mes yeux, l'indigence et le caractère fastidieux de notre programme scolaire, hormis les matières qui m'étaient chères, le latin et le grec, notamment. Il me devint vite clair qu'aucun de nos manuels d'histoire ne m'apporterait ce qu'un seul exemplaire du *Monde* m'offrait. D'un côté, des propos momifiés, de l'autre, des mots vivants, écrits à l'encre d'une actualité toujours diverse et mouvementée.
De son côté, Ninon s'acquitta de sa mission avec une ponctualité remarquable, joignant souvent à sa livraison secrète des friandises préparées par sa mère et que je savourais comme *Le Monde*.
J'honorai aussi notre pacte initial et les notes en français de ma complice décollèrent vite de leurs profondeurs abyssales pour atteindre la moyenne et même la dépasser.

La mère enseignante s'étonna de cette progression spectaculaire et en demanda la raison à l'intéressée.
– La grâce, ma mère, la grâce ! s'entendit-elle répondre.
Hélas, l'inspiration retombait lors des devoirs surveillés où, là, Ninon ne pouvait s'en remettre qu'à elle-même et comme elle ne brillait guère non plus dans les autres matières, elle fut contrainte de redoubler sa seconde – ce qui l'enchanta :
– Tu te rends compte, nous allons être dans la même classe, nous partagerons le même pupitre, comme ça tu pourras me donner un coup de main dans les interrogations écrites !
Et notre petite tractation se perpétua ainsi, les gâteaux de la mère de Ninon m'ayant donné un aspect moins squelettique. J'avais beaucoup grandi en un an, dépassant d'au moins deux têtes celles des élèves de ma classe et je n'étais pas peu fière d'obliger ces petites greluches à lever la tête pour m'adresser la parole ! Et puis, quand on perçoit le monde en étant soi-même plus près du plafond que du sol, cela change tout, n'est-ce pas ?
Mais en vertu de je ne sais quel phénomène, ma croissance épargna les piqûres de moustique qui me tenaient lieu de seins et le fait d'être dispensée de cette lingerie barbare – alias un soutien-gorge – me ravit. Non que je voulusse ressembler à un garçon, mais je ne désirais pas m'encombrer de cet attribut dont rêvaient et s'enorgueillissaient les autres filles pour jouer les dames au pensionnat.

Ninon réussit miraculeusement à passer en première, moi aussi – mais sans l'opération du Saint-Esprit. Et nos échanges occultes, parfaitement rôdés, suivirent leur cours.
Dans les toilettes où me parvenaient les chants de la messe matinale, je commençais toujours la lecture du *Monde* par l'éditorial de son fondateur. J'aimais son esprit, son style qui donnaient le ton à l'ensemble du journal : rigoureux,

concis, sérieux. Les rubriques qui m'intéressaient le plus concernaient la politique, les faits de société et la vie culturelle. Je lisais aussi avec avidité les points de vue à dimension philosophique et les critiques littéraires, en délaissant systématiquement les sports et la vie économique.

Ainsi voyageais-je en rêves, en esprit, découvrant avec fascination les événements qui se déroulaient sous nos cieux comme aux quatre coins du globe et qui abolissaient, pour moi, l'enceinte du pensionnat. Mais, une fois le journal refermé et dissimulé sous mon matelas, je ressentais avec encore plus d'acuité l'ennui de cet internat. Je n'avais rencontré aucune élève, aucune amie qui pût vous égaler. En vous éloignant du pensionnat, en vivant dans une ville et un monde vierges de tous souvenirs communs, il vous était certainement plus facile de m'oublier, tandis que votre image, omniprésente dans les lieux de notre rencontre où je demeurais encore, hantait ma mémoire. Seule, Gipsy avait le pouvoir de me ravir et de m'apaiser, mais je ne la voyais pas souvent, de sorte que vous et elle me faisiez cruellement défaut.

Ninon dut redoubler sa première pendant que j'entrais en terminale, piaffant comme Gipsy dans son box, à l'idée que mon chemin de croix – sept années d'internat – allait enfin s'achever dans quelques mois.

Mais je décidai de cesser mes lectures clandestines dans les toilettes, comme de rédiger les devoirs de français de Ninon – ce qui la consterna.

– Écoute, lui dis-je, je ne veux pas prendre le moindre risque au cours de cette dernière année ici, pour moi. Je vise la plus haute mention en philo pour qu'elle me donne le choix des études universitaires ou l'accès direct aux grandes écoles. Je vais donc mettre les bouchées doubles en me consacrant exclusivement à mon travail.

– Mais que vais-je devenir sans toi ? me demanda-t-elle, désemparée.
Je lui répondis gentiment que l'aide que je lui avais apportée en français ne pouvait à elle seule remonter sa moyenne générale, ni convertir sa paresse phénoménale en application exemplaire.
Elle en convint d'un hochement de tête et d'un sourire avant de me supplier de continuer à la voir pendant les récréations, arguant de ce que j'étais la seule au pensionnat à l'amuser par mes audaces et propos « sulfureux ». Elle ajouta d'autres compliments, mais j'interrompis cette litanie :
– Je pose une condition à ta requête, c'est que tu ne me parles plus du tout de tes conquêtes imaginaires ou réelles.
Ninon fit l'étonnée pendant que je développais mes raisons :
– Outre le fait que cela me barbe prodigieusement, n'importe quelle fille, moche ou pas, peut facilement séduire un garçon. Il lui suffit d'utiliser une brosse à reluire et de le regarder avec des yeux de merlan frit. Résultat foudroyant !
– Mais tu n'aimes pas les garçons, toi ? me lança-t-elle sur un ton badin.
– Je ne me suis jamais posé la question, car je m'intéresse surtout à ce que les garçons ou les filles ont dans leur crâne. J'aime les caractères qui sortent de l'ordinaire et il se trouve que, jusqu'à présent, j'en ai rencontré trois : ma tante et marraine, notre Mère supérieure et une Chilienne qui fut pensionnaire ici.
– Que des femmes ! s'exclama Ninon.
– Des femmes, oui, et alors ?
– Mais… ? reprit-elle, surprise, quand le carillon interrompit sa question.
Elle demeura suspendue car, peu après cet échange, Ninon vint m'annoncer qu'elle quittait le pensionnat pour s'inscrire dans une école de danse classique et je ne la revis plus jamais.

Cette dernière année d'internat fut, en réalité, la plus intéressante à mes yeux, car la Mère supérieure enseignait la philosophie. J'étais l'une de ses pensionnaires et devenir l'une de ses élèves balaya en moi toute mélancolie douloureuse vous concernant. Alors que votre absence m'avait amputée d'une partie de moi-même, je me sentais à nouveau entière, enthousiaste.

J'attendais avec une furieuse impatience l'arrivée en classe de la Mère supérieure dont l'autorité naturelle, comme ses remarquables talents de pédagogue, en imposaient à chacune, dans une écoute soutenue, un silence total. Cela me donna l'envie de me surpasser, moins pour l'épater que pour mériter l'élévation de son esprit. Grâce à sa faculté de rendre limpides les pensées philosophiques les plus ardues, elle aurait pu rendre intelligente n'importe quelle sotte patentée ! Cela accrut naturellement l'admiration que j'avais pour elle, mais une admiration qui n'était pas béate, et, encore moins, servile. En outre, sa voix claire, servie par une éloquence persuasive et mélodieuse, n'était pas le moindre de ses atouts, qui contrastait singulièrement avec les timbres aigus des autres mères. Quant à son visage – ou le peu que l'on pouvait en apercevoir – il demeurait sans âge et d'une pâleur propre aux recluses. Mais la vivacité de son regard où manifestement rien ne lui échappait, constituait, avec sa voix, les deux traits de sa personne physique que je devais retenir à jamais, alors que les images des autres mères de ce pensionnat allaient sombrer dans le néant des oublis salutaires.

Toujours dispensée des offices religieux, je mis à profit ce temps gagné à lire les auteurs de notre programme dans la bibliothèque désertée, accumulant notes et questions que je poserais ensuite en classe.

J'acquis, ainsi, une indéniable avance et les meilleures notes en philo et je n'oublierai pas le sourire de la Mère supérieure quand, sans le moindre éloge verbal, elle me remettait mes

devoirs corrigés et annotés de son écriture ferme et serrée. C'était, en somme, notre correspondance secrète.
Mes notes obtenues sans effort apparent, suscitèrent, cependant, jalousie et sarcasmes chez celles qui bûchaient comme des malades et demeuraient à la traîne.
Rodée à cette aigreur depuis longtemps, j'avais toujours considéré que la meilleure façon d'y répondre était de l'ignorer. Jusqu'au jour où, en cherchant un buvard dans mon pupitre, je tombai sur un papier soigneusement plié et qui recelait une amabilité de ce genre : « Lèche-cul. » Je demeurai impassible, avant de ranger le billet où je l'avais trouvé.
Des missives du même ordre, libellées en lettres capitales avec des encres différentes – sans doute pour mieux brouiller les pistes – se succédèrent : « Sale pimbêche », « Petite péteuse », « Tête à claques », « Mort aux fayottes » etc.
Au bout du quinzième compliment, j'attendis le cours de philo pour déposer cette prose sur le bureau de la Mère supérieure, avec ces mots prononcés à voix haute : « Merci, ma Mère, de me dire ce que vous pensez de ces déclarations d'amour dont je suis l'objet d'une manière aussi frénétique qu'anonyme ! »
Après avoir parcouru cette litanie misérable sans se départir de son calme, elle déclara :
– Les circonstances m'obligent à modifier le sujet de ce cours – *Les Méditations métaphysiques* de Descartes. Nous allons disserter sur l'indignité et la lâcheté. Qui veut commencer ?
Je jubilai, levai la main et montai aussitôt sur l'estrade :
– Rassurez-vous, mesdemoiselles, je serai brève, dis-je d'entrée de jeu. J'ai subi dans ce pensionnat toutes sortes de corrections et délations. Il ne manquait que ces gentillesses : quinze au total, à ce jour. Et je les égrenai à voix haute.
Je vis une élève soulever le plan incliné de son pupitre comme si elle avait voulu se cacher, mais je poursuivis :

– En tout état de cause, celui ou celle qui offense sans autre raison que son dépit, devrait avoir le courage de l'assumer. J'attends donc que celle – au singulier ou au pluriel – qui s'est escrimée pour m'adresser en catimini ses politesses, se déclare – comme j'attends d'elle une explication de texte sur chacune de ses apostrophes.

Et j'ajoutai devant des mines plus stupéfaites que contrites :

– Je crois savoir que nous sommes dans une classe de philosophie et non dans une basse-cour. Alors que la volaille, ici présente, sache que je n'aspire qu'à la quitter au plus vite.

Quelques gloussements fusèrent, mais la Mère supérieure demanda le silence et moi, la permission de conclure :

– Nous sommes censées appartenir à un monde où les bonnes manières constituent le b.a.ba de notre éducation. Seulement, on peut être bien née et une peste, mais aussi mal élevée et bigote. J'avoue que ces antinomies me dépassent.

Après ce petit cours de morale improvisé et développé ensuite par la Mère supérieure qui me soutint à sa manière – sans emphase – l'envoi des injures anonymes cessa, mais non mon envie d'en retrouver la ou les responsables. La Mère supérieure avait bien tenté de le faire en convoquant chaque élève dans le confessionnal de son bureau, en vain.

Mais peu de temps après, à la faveur d'une interrogation écrite où je fus chargée de ramasser les copies, je reconnus immédiatement dans le nom d'une élève, écrit en majuscules, en haut et à gauche du devoir, la même graphie que celle employée dans les billets que j'avais reçus. Et je la reconnus à la forme des E dont ces mots étaient truffés. Comme par hasard, l'élève en question se confondait avec celle qui s'affairait dans son pupitre pendant ma dernière intervention sur l'estrade. Il n'y avait plus de doute possible. Je tenais la fautive et n'en fus guère étonnée. J'aurais seulement dû m'en douter plus tôt, car depuis cinq ans, cette fille n'avait cessé de m'empoisonner l'existence par ses médisances, mesquineries et accusations m'ayant valu nombre de punitions imméritées.

Je ramassai les autres copies comme si de rien n'était, mais en savourant intérieurement la manière – sans intermédiaire – dont j'allais enfin régler mes comptes avec cette sainte-nitouche qui ignorait, en terminale, que le nom et l'adjectif « fayot » ne s'emploient qu'au masculin !

À la récréation suivante et sous le prétexte d'avoir à lui confier quelque chose d'important, je l'entraînai sous le préau, dans un coin à l'abri de tout regard et j'attaquai :

– Si toi tu es capable de réciter tous les matins le Notre Père avec la si bonne conscience des mouchardes, tu sauras que dans ma religion personnelle, on ne pardonne pas les offenses. Il n'y aura donc ni exception ni prescription pour les tiennes.

– Que veux-tu dire ? me demanda-t-elle avec sa voix de fausset et en jouant les innocentes.

– Ceci, répondis-je. Tu ne me supportes pas depuis des années parce que j'ai le seul tort d'être en tête de classe alors que tu rames pour avoir tout juste la moyenne. Ta jalousie maladive est ton problème, mais je n'ai pas à subir un jour de plus la méchanceté qu'elle t'inspire, tes coups bas et tes déficiences personnelles. Tu es médiocre en classe comme dans ta tête, mais tu vas cesser de m'enquiquiner, crois-moi !

Elle fit alors le geste de s'enfuir, mais je la coinçai contre le mur et la retins fermement, avant de poursuivre sur un ton sans appel :

– Je sais que c'est toi et toi seule qui as glissé ces billets lamentables dans mon pupitre. J'ai confondu ton écriture avec celle de ton nom sur ton dernier devoir. Non seulement tu ne brilles en rien, mais qui plus est, tu es une piètre faussaire !

Je la vis pâlir, rougir, tenter encore de se défausser, ce qui accrut mon exaspération :
– N'essaie pas de simuler un évanouissement ou tout autre malaise, car le seau d'eau froide que tu vois là, fera l'affaire sur ta face de rat ! Finis les faux-fuyants, tu vas m'écouter et plier l'échine jusqu'au bout !
Et j'enchaînai :
– Je crois me souvenir que parmi tous les qualificatifs élogieux que tu m'as adressés, il y avait celui-ci : « Tête à claques », n'est-ce pas ? Eh bien, tu as vu juste et je vais t'en faire une démonstration.
Et je la giflai à toute volée.
Elle poussa un cri qui pouvait attirer l'attention et me mettre en mauvaise posture, mais sa plainte se perdit dans le brouhaha de la récréation.
Je revins à la charge :
– La baffe que tu viens de recevoir n'est qu'un préambule. Maintenant, tu vas me faire des excuses, à genoux, jusqu'à la fin de la récréation, et tu comprendras à ce si doux contact de ta chair sur la caillasse tranchante ce que j'ai plusieurs fois enduré, ici même, à cause de tes « mouchardises »!
Et elle s'exécuta aussitôt, non sans se tordre de douleur, nos chaussettes d'hiver ne recouvrant pas les genoux.
Au cours de philo suivant, je demandai à la Mère supérieure l'autorisation d'adresser deux mots aux élèves, avant le cours :
– Voilà ! L'anonymat des billets que j'ai reçus est levé, mais je ne citerai pas le nom de leur unique responsable car j'ai réglé mes comptes avec elle et d'une manière dont elle ne pourra ni se plaindre ni se vanter. Vous savez aussi que la délation n'entre pas dans mes usages. Dans l'anonymat de cette prose, pour le moins inspirée, je vous ai d'abord, toutes et chacune soupçonnées. Je prie donc les gallinacés que j'ai pu offenser de me pardonner cet amalgame.
Après cette mise au point qui fit rire toute la classe – sauf

la concernée, occupée à se gratter la joue et les genoux en fuyant mon regard –, j'allais bénéficier d'une paix royale jusqu'aux épreuves finales, et d'un surcroît de curiosité et d'estime de la part de toutes les autres élèves de philo.
Au fond ce petit jeu m'avait amusé en apportant un peu de sel à nos rapports studieux et la plus à plaindre dans cette histoire était celle qui l'avait provoqué. Elle acheva l'année isolée et recalée.
Je fus la seule de la classe à obtenir la plus haute mention au bac et demandai à la Mère supérieure de bien vouloir en informer mes parents.
Je ne voulais pas entendre la voix de mon père. Je savais qu'il relativiserait mon succès en le considérant comme une simple formalité et je préférais faire l'économie de ses commentaires qui eussent gâché ma joie. Il ne pouvait la comprendre et, encore moins, la partager.
Dans l'impossibilité de vous joindre, j'appelai tante Millie qui, après m'avoir chaleureusement félicitée, voulut m'offrir des vacances avec elle dans les lieux de mon choix.
Je la remerciai gentiment avant de décliner son offre en raison de mon envie impérieuse de retrouver Gipsy, une seule chevauchée avec elle le long de la Loire, valant à mes yeux toutes les plus belles criques du monde.
En revanche, je demandai à ma tante de bien vouloir me faire parvenir une nouvelle culotte d'équitation en whipcord, taille x, et de considérer cet achat comme une avance sur mes gains ultérieurs. « Tu n'y songes pas, me répondit-elle en riant, je suis ta marraine et à ce titre j'ai le devoir de te gâter un peu. Alors non seulement je t'offrirai cette culotte avec plaisir, mais j'y joindrai aussi ma selle dont il faut réparer une sangle et mes bottes d'équitation qui doivent t'aller maintenant. »
À mes remerciements succéda une quinte de toux que je ne pouvais pas attribuer à son seul tabagisme.
Quand elle était émue, elle toussait aussi.

Je l'entendis encore me dire : « Je suis très heureuse et fière que tu quittes ce pensionnat sur un triomphe que personne ne pouvait t'offrir ou te ravir. »

Il me restait pourtant une épreuve à affronter avant de refermer à jamais les portes du pensionnat : adresser mes adieux à la Mère supérieure qui m'était devenue particulièrement chère au cours de cette année de philo.
Quand j'entrai dans son bureau et que je la vis, comme tant d'autres fois, assise derrière une longue table envahie de dossiers et d'ouvrages qui masquaient les pieds d'une lampe et d'un crucifix, quand je croisai son regard où la joie côtoyait la tristesse, quand, à l'affaissement inhabituel de ses épaules, elle me parut vulnérable, je faillis fondre en larmes. Certes, j'étais heureuse de tourner une longue page de mon existence dans ces lieux et de le faire avec une satisfaction légitime, mais d'avoir aussi à me séparer de cette Mère, me déchirait.
Me voyant incapable d'exprimer quoi que ce fût et ayant certainement perçu mon dilemme, elle se leva de son fauteuil pour me rejoindre devant son bureau et, contrevenant aux usages distanciés qui régissaient les liens de Mère à élève, elle me prit dans ses bras avant de déposer sur mon front un baiser qui me bouleversa.
Puis, elle se détacha de moi pour regagner son fauteuil et de sa voix si particulière me dit :
– Je vous ai suivie pendant sept ans dans notre institution. J'ai également suivi de près votre révolte contre un carcan religieux qui vous était devenu exécrable. Vous n'en avez pas moins, à mes yeux, les qualités sans frontières ni chapelle d'une chrétienne. Le rapport à soi et aux autres peut, en effet, s'abstraire des croyances toutes faites, mais non d'une certaine élégance morale propre aux belles âmes. C'est votre force. Préservez-la.
Elle s'arrêta quelques secondes avant de poursuivre, le

regard embué, la voix légèrement brisée :
– Suivez votre propre voie et je ne vous dis pas « que Dieu vous bénisse », mais « que la vie vous chérisse ! »
Surmontant alors ma timidité et mes palpitations intérieures, je pus balbutier :
– Merci, ma Mère, pour les compliments que vous venez de m'adresser. Votre reconnaissance me touche profondément et je tâcherai de ne pas vous décevoir. J'étais plus à l'aise en classe que je ne le suis dans votre bureau pour vous exprimer ce que vous m'avez apporté. Permettez-moi de vous l'écrire et de ne pas vous dire « à Dieu », ni « Adieu. »

Dans le train qui me reconduisait chez mes parents, je songeais, bien sûr, à ma joie de revoir Gipsy, mais aussi ma petite sœur, Sybil, de sept ans ma cadette et, qu'à vrai dire, je connaissais mal.
Avec notre écart d'âge, nous ne pouvions avoir les mêmes distractions et je confesse qu'aussi longtemps où elle brailla pour un oui ou pour un non – elle était déjà capricieuse – je préférais fuir sa compagnie.
À partir de sa sixième année, je lui ai appris à faire du vélo, à grimper aux arbres – le plus difficile était d'en redescendre sans échelle –, à pêcher, à nager dans l'étang, à tirer à l'arc, à jouer aux palets et au croquet. Tant et si bien que nous fûmes de plus en plus liées – quoique très différentes l'une de l'autre. Physiquement, Sybil ressemble à notre père : même large front, mêmes beaux yeux, d'un bleu dense, même menton légèrement en galoche, même plantation de cheveux en pointe sur le front, même fossette sur la joue gauche. Mais les similitudes s'arrêtent là, heureusement. Elle est gaie, coquine, désinvolte et, bien qu'ayant du tempérament, elle est plus fragile que moi, pleurant facilement et n'osant tenir tête à notre père. Et puis, rompant avec la tradition équestre – bien ancrée dans notre famille paternelle – elle préfère la volaille d'Ernestine aux chevaux qui lui font peur. Ernestine lui a même donné une jolie poule naine qu'elle trouve plus intéressante qu'une poupée et qu'elle a prénommée Lily, héroïne de ses premières lectures.

Vous trouviez Sybil « adorable ». Vous la hissiez sur vos épaules pour courir dans la cour, en lui racontant que vous partiez toutes les deux au bout du monde, et elle riait aux éclats !
Quand elle consentit à s'éloigner des jupes d'Ernestine dont elle est la chouchoute – et moi, celle de Léon – c'est parfait ! – elle se prit pour ma personne d'une vénération telle que

Lily fut reléguée aux ténèbres de la disgrâce. Je ne méritais sûrement pas les qualités qu'elle me prêtait. Je me contentais d'en rire.

Léon était aussi chargé de venir me chercher à la gare et Sybil l'accompagnait souvent. Dès qu'elle m'aperçut sur le quai, elle courut vers moi, se jeta dans mes bras en claironnant aux autres voyageurs : « C'est ma grande sœur et future présidente de la République, vous verrez ! » J'avais beau la tempérer, elle s'époumonait, énumérant mes états de services scolaires comme la preuve irréfutable de ses prédictions... Léon se tenait plus loin, en souriant, après avoir troqué ses vêtements et sabots de jardinier contre sa « tenue de messe » : un costume gris, sans âge, mais propre, une chemise à carreaux, et des chaussures en cuir, bien cirées. Quand j'arrivai à sa hauteur où je pus voir qu'il s'était rasé de près, il enleva sa casquette et je l'embrassai comme un grand-père rêvé. Il prit ensuite ma valise et nous nous dirigeâmes joyeusement vers ce qu'il appelait « la Rolls » : un vieux tacot à deux places, d'une couleur indéfinissable et dont le toit – sans garantie d'étanchéité depuis des lustres – était recouvert d'une solide bâche verte, qui ne servait, en fait, à rien les jours de grosses pluies ! Les sièges défoncés n'étaient plus rembourrés que de paille, mais Léon avait recouvert le mien avec la couverture de Gipsy : attention et luxe suprêmes ! Le plancher étant encombré de bidons, d'outils et de matériaux divers, il était préférable, sinon, obligatoire de s'asseoir en tailleur.
Sybil, sur mes genoux, était aux anges, comme moi-même, car la Rolls de Léon prolongeait le carrosse en bois de ma petite enfance et l'on se demandait, en riant, comment ce véhicule préhistorique parvenait à démarrer sans manivelle, à rouler sans tomber en panne ou sans crever un pneu ! Mais il eût été vain de vouloir échanger quelques mots à l'intérieur – le concert de tôle, mêlé au vacarme étrange du

moteur et d'un pot d'échappement percé, nous enjoignaient seulement de croiser les doigts pour arriver, saines et sauves, à bon port.
Certains cherchent l'aventure dans des contrées lointaines, n'est-ce pas ? Pour nous, elle était là, entre une gare et notre demeure. Et une aventure aussi risquée que désopilante.

À la maison, la première chose que je fis après avoir déposé ma valise dans l'entrée et m'être débarrassée de ma tenue de pensionnaire, ce fut, selon un rituel immuable, de courir vers Gipsy, devenue la plus belle des juments. Elle aurait eu un défaut quelconque, mon sentiment aurait été le même. Dès qu'elle m'aperçut au bout du chemin conduisant à son pré, elle se mit à hennir et à faire des cabrioles. En quelques galops, elle vint à ma rencontre pour que je caresse son encolure, frotte son chanfrein et tire légèrement son toupet – un petit jeu entre nous. Puis, je passais à l'inspection de ma jument pour voir si Léon la pansait bien et constatai qu'il avait quelque peu négligé les crins et le lustrage. Mais sa vue baissait et en dépit de cette déficience et du fait qu'il était plus jardinier que palefrenier, il mettait toujours un point d'honneur à accomplir au mieux toutes les tâches qui lui étaient confiées et elles étaient variées ! Je ne pouvais donc lui reprocher quoi que ce fût, d'autant que j'aurais, maintenant, tout le loisir de m'occuper de Gipsy.
Je lui annonçai que nous étions toutes les deux reçues au bac puisque j'avais passé les examens avec sa photo contre moi, glissée sous ma chemise, et que nous n'allions plus nous quitter de l'été. Elle accueillit la nouvelle d'un expéditif balancement de sa belle queue, qui me signifiait : « Voilà, c'est fini et tant mieux ! » Je lui dis aussi, que j'attendais une culotte à ma taille, pour pouvoir la monter à l'aise, une nouvelle selle dont je ferais réparer la sangle, avec de nouvelles bottes. Et qu'elle et moi, ainsi parées, nous allions faire des ravages dans les alentours !

En regardant Gipsy, en passant ma main sur sa croupe sans plus avoir à me hisser pour l'atteindre, je me dis qu'aucun autre cheval ne pourrait jamais l'égaler ni la surpasser et, encore moins, la remplacer dans mon cœur tant elle me correspondait totalement. En raison de son intelligence et de sa vivacité, son dressage avait été un régal et, pour la première fois de ma vie, je me montrais possessive, exclusive, en refusant à quiconque de la monter. Je ne vous l'aurais pas prêtée, non plus ! Elle est mon premier bien propre, elle m'appartient corps et âme, voilà tout.

Mon père me demanda pourquoi je ne lui avais pas communiqué moi-même mes résultats au bac.
– Pour une raison simple, lui répondis-je, avec un sourire insolent. Vous m'avez adressé tellement de compliments pendant toutes mes études secondaires sans redoublement, que j'ai cru devoir vous épargner cette dernière épreuve !
Il prit un cigare dans sa boîte et l'alluma.
– Que comptes-tu faire ensuite ? s'enquit-il en refermant son briquet.
– Peut-être prendrai-je le voile, mais j'ai tout l'été pour y réfléchir, lui dis-je d'un ton aussi léger.
– Moi, je souhaiterais que tu suives une formation d'infirmière ou de secrétaire de direction, m'annonça-t-il en s'asseyant.
Je le regardai, abasourdie, avant de lui rétorquer :
– Et pourquoi pas de lingère puisqu'une mention très bien au bac philo donne aussi accès au fer à repasser ? Je n'ai aucun mépris pour ces métiers, mais les auriez-vous proposés à un fils ?
Il tira de plus en plus nerveusement sur son cigare et je vis à son silence et à son embarras que j'avais pris sur lui un certain ascendant. J'en fus à la fois ravie et triste, car cet homme, mon père, m'était devenu plus étranger que le braque couché à ses pieds.

– Autre chose, ajoutai-je, et je ne vous importunerai pas davantage. Comme vous ne m'avez jamais offert le moindre cadeau depuis ma naissance, ni le moindre denier et qu'il m'est impossible, de ce fait, de me procurer des produits de première nécessité (je pensais au *Monde*) j'irai ramasser des poireaux et des carottes dans la vallée – quitte à ce que les gens du village se demandent en me voyant travailler au noir, si Monsieur le comte n'a pas de sérieux problèmes d'argent ! Et puis, sachez qu'aucune tâche ne me rebute si elle me délivre de votre ladrerie et de l'obligation de dépendre de votre seul bon vouloir !

À ma grande surprise, je le vis alors extraire son portefeuille d'une poche intérieure de sa veste et me tendre trois billets de dix francs, avec ces mots prononcés d'une voix aussi sèche qu'un coup de trique :
– Tu me donneras le détail précis de tes dépenses.
En guise de relevé, je déposai l'argent sur son secrétaire et me dirigeai vers la porte du salon. Mais il me somma de rester et d'être à nouveau présente à ses repas.
Je ne pipai mot, mais mon regard signifiait clairement : « Je n'en ferai rien ! »
Il se leva de son siège et je crus qu'il allait me gifler, mais il alla s'asseoir, dans un fauteuil plus confortable, près de la cheminée, son braque se déplaçant, lui aussi, pour s'allonger aux pieds de son maître.
– Si vous voulez une explication claire et nette, la voici, lui dis-je, toujours debout, les bras croisés sur ma chemise, le regard à la fois ironique et inflexible. Depuis que je fus en âge de partager votre couvert, vous m'avez interdit, ainsi qu'à Sybil, ensuite, de parler à table – exception faite lorsqu'Alba séjournait ici. Vous, seul, aviez le droit de nous asséner des prêches mortellement ennuyeux – quand ils n'avaient la poésie d'un livre de comptes ! Résultat : vous connaissez mieux aujourd'hui votre chien que vos deux

filles. Maman aussi a déserté la table, ma sœur vous craint, mais vous ne m'impressionnez plus !
Je le vis pâlir, passer une main sur ses cheveux et l'autre sur la tête de son braque.
– Rassurez-vous, j'ai bientôt fini ! ajoutai-je avançant de deux pas vers lui, dans la même posture, avec la même détermination. La froideur, la morosité que vous faites régner ici, comme votre tyrannie, me sont devenues insupportables. Si je vous fuis, c'est aussi pour ne pas sombrer comme maman. Maintenant, permettez-moi d'aller la saluer.
– C'est cela, sors d'ici ! m'ordonna-t-il d'une voix où se mêlaient tremblement et fureur.
Mon bac m'avait délivrée du pensionnat, mais également des recommandations de la Mère supérieure à l'égard de mon père. Aussi, ne pouvais-je prendre la porte sans opposer à son injonction un ultime persiflage :
– Je vous laisse à cette bienséance blafarde qui vous tient lieu d'unique rapport au monde, en espérant que votre fils rêvé – je veux dire votre chien – en sera à jamais épargné !

J'entrais dans une chambre aux volets clos où je retrouvais ma mère alitée, sa table de nuit encombrée de médicaments divers, surtout des somnifères et des calmants.
L'autre table de chevet ne comportait qu'un petit vase peint, ancien, avec une belle rose blanche en provenance des rosiers « Fée des neiges », plantés par Léon.
Elle dormait sur le dos, telle une gisante, ses deux bras allongés de part et d'autre de son buste. En raison des grosses chaleurs, elle ne portait qu'une légère chemise de nuit, en soie grège, et le drap était replié à ses pieds. À la lueur de la lampe de chevet, la peau de son visage avait pris une teinte d'ivoire impressionnante, comme les deux plis d'amertume qui encadraient désormais sa bouche. En revanche, ses cheveux, châtain clair, demeuraient impeccablement coiffés et je reconnaissais bien là une mère dont le

souci de l'apparence ne se remarquait pas seulement à une garde-robe pléthorique, mais aussi au désir de le prolonger au-delà de tout témoin.
Je m'assis sur une chaise, à côté de son lit, n'osant l'embrasser ou lui prendre la main, pour ne pas la réveiller. Elle souffrait depuis des années de « neurasthénie », mais je ne croyais pas à ce diagnostic officiel. Tante Millie avait été la première à en douter mais sans développer ses raisons. Je les découvris le jour de mes quatorze ans, quand je fus le témoin indirect d'une violente dispute entre mes parents.
Sybil et moi-même avions déjà regagné nos chambres respectives, après dîner, lorsque j'entendis des éclats de voix en provenance du salon. Descendant alors quatre à quatre le grand escalier sans réaliser que je n'étais qu'en petite culotte et socquettes, je vins coller mon oreille à la porte close derrière laquelle dominait la voix de ma mère. Et une voix que je ne lui avais encore jamais connue.
Surmontant toute gêne, tout scrupule à « écouter derrière les portes », surmontant surtout la frayeur que j'éprouvais moins à être découverte qu'à découvrir de graves vérités que mes parents m'avaient toujours cachées, je me rapprochai du trou de la serrure.

Ma mère continuait sur sa lancée : « À la naissance de Roxane, vous m'avez déjà reproché de ne pas vous avoir donné un héritier. Pendant des semaines, que dis-je ? des mois, vous avez refusé de la regarder, même le jour où votre sœur Millie l'a portée sur les fonts baptismaux, pendant que vous, – irréprochable catholique – êtes resté sur le seuil de la chapelle… J'ai dû, ensuite, distribuer seule les dragées au personnel, pendant que le père et propriétaire de cette demeure faisait l'honneur des lieux aux quelques membres de ma famille. »
Maman s'interrompit sans doute pour allumer une cigarette, pendant que mon père se taisait. Puis, elle poursuivit :

« Depuis la naissance de Sybil, votre dépit est à son comble et ma fureur à votre égard, aussi ! »
Le ton de ma mère montait de plus en plus : « Si vous étiez un Indien ou un Chinois, vous auriez fait disparaître nos filles et si vous étiez un Arabe, vous m'auriez répudiée, n'est-ce pas ? Mais l'on peut tuer et répudier d'autres façons, notamment en étant un père monstrueux et un époux indigne ! »
Mon père voulut protester, mais ma mère lui signifia qu'elle ne désirait pas être interrompue : « Maintenant, supposez que vous ayez eu un fils et que celui-ci fût un parfait imbécile contrefait, comme votre oncle Octave, ou un blanc-bec prétentieux comme votre cousin Édouard ? Je vous ferai grâce d'autres exemples tout aussi édifiants, appartenant à la même branche – la vôtre ! »
Au bruit de ses talons sur le parquet, j'imaginais que ma mère parlait en marchant et en fumant. Je supposais que mon père était assis dans son fauteuil habituel et qu'il avait pris sa tête dans ses mains pour signifier son accablement.
« Regardez-moi quand je vous parle ! » lui lança-t-elle, avant de continuer. Nous ne faisons pas des enfants sur mesure, du moins pas encore. Moi je me réjouis d'avoir mis au monde deux filles plus que normalement constituées – très jolies et très astucieuses, avec d'autres atouts qui surpasseront aisément les vôtres, car elles sont gaies, spirituelles, généreuses – surtout Roxane – sans l'once de cette gravité mortelle et de cette odieuse suffisance qui vous caractérisent ! »
Mon père lui demanda de « modérer ses propos ».
« Pardon ? objecta ma mère qui cessa de marteler le parquet. Vous m'humiliez, vous me blessez cruellement depuis des années et je devrais continuer à me taire pour votre seule tranquillité, votre abominable égoïsme ? N'y comptez pas ! »
Elle s'arrêta encore quelques secondes, probablement pour chercher un cendrier et poursuivit : « Moi, je vous ai épousé par amour, vous, par intérêt et pour assurer votre mâle

lignée. Sans ma fortune familiale, vous ne m'auriez même pas remarquée ! En revanche, cette fortune pouvait vous être utile pour redorer votre blason, restaurer entièrement cette demeure, entretenir la propriété et vous assurer un train de vie plus que confortable. Me tromperais-je peut-être ? »
Je ne perçus pas ce que mon père marmonna, tandis que mes palpitations cardiaques s'accéléraient et tambourinaient douloureusement dans ma poitrine. Était-ce la fin de ce procès conjugal ? Non. Ma mère avait encore des choses à dire :
« Vous pensez que je délire ? Que parce qu'une femme hausse la voix, elle est forcément hystérique ? Que je suis bonne à interner, comme cette pauvre cousine X dont votre famille aura bousillé toute l'existence dans un asile, non parce qu'elle présentait des troubles mentaux, mais parce qu'elle avait eu le seul tort de ne pas vouloir se conformer aux usages de votre milieu ? Ce scandale, cette ignominie ne se reproduiront pas, vous m'entendez ? Si vous entreprenez quoi que ce soit pour m'isoler et accréditer ma folie présumée, parce que j'ai osé vous mettre en face de vérités et de faits moins glorieux que vos prétendus faits d'armes, je me suiciderai ! Mais je ne vous ferai pas ce cadeau. »
– Qui vous a parlé de cette cousine ? demanda mon père en toussant
– Dois-je me soumettre à un interrogatoire, maintenant ? lui dit-elle, avec une pointe d'ironie méprisante. Je ne vous le dirai pas pour que cette personne n'ait pas d'ennuis après m'avoir confié ce terrible secret qui m'a alertée sur les us de votre famille – irréprochable ! Vous avez tué cette femme à petit feu, avec la si bonne conscience de ceux qui peuvent absoudre leurs offenses et leurs crimes d'un signe de croix ! Ne cherchez pas ailleurs les raisons pour lesquelles j'ai déserté aussitôt votre entourage, comme j'ai refusé et refuserai de les recevoir ici où je suis matériellement chez moi, ne vous en déplaise !

Mon père fut pris d'une quinte de toux et ma mère attendit le silence revenu pour poursuivre sa diatribe avec une causticité sans faille :
– Revenons-en aux mobiles idylliques de notre mariage ! Vous avez épousé une vache à lait et c'est le cas de le dire ! souligna-t-elle d'une intonation joyeuse. Eh bien, puisque vous êtes irrépressiblement attiré par les femmes d'origine bovine, cherchez-en une dans les troupeaux de Normandes ou de Nantaises et, avec un peu de chance, l'une d'entre elles vous donnera peut-être un veau !
Je ne pus m'empêcher de rire intérieurement à cette dernière flèche en pensant que si ma mère était en colère avec raison, elle faisait preuve, néanmoins, d'un humour que n'apprécia pas le destinataire :
– J'en ai assez entendu pour ce soir, je monte me coucher ! dit-il d'une voix excédée. Mais maman lui fit remarquer – non sans perfidie – que la fuite, la couardise n'étaient pas des qualités appréciées et prisées par l'armée, même sévèrement punissables ! Elle lui dit aussi qu'elle comprenait qu'il fût en mauvaise posture et que la meilleure façon d'apaiser irritations et crampes de nervosité, était pour lui de se rasseoir pour entendre ses conclusions et décisions :
– Puisque nous restons mariés pour vos convenances personnelles et le Bottin mondain, je demanderai le divorce quand mes filles seront élevées et en âge de ne pas en souffrir. En attendant, je me dispenserai de vos devoirs conjugaux, invariablement expéditifs ! Prenez n'importe quelle maîtresse, je n'en ai cure et je la plains déjà ! Nous ferons chambre à part, dès ce soir !

Profondément troublée par ce que je venais d'entendre sur un sujet – la sexualité des parents – que j'aurais préféré ignorer, je voulus regagner ma chambre, mais une injonction intérieure m'incita à rester encore contre cette porte, non par curiosité, mais par envie de connaître jusqu'au bout

les pensées et les intentions de ma mère qui à la fois me brisaient le cœur et le soulageaient.
J'entendis un bruit sourd, comme si l'on avait jeté un coussin par terre et je tremblai à l'idée que mon père pût frapper ma mère. Mais rien de tel et elle conclut :
– Maintenant, n'essayez pas de vous venger sur nos filles en redoublant votre férule. Si j'ai été et suis malheureuse, elles ont le droit d'être heureuses, insouciantes le plus longtemps possible et de choisir la voie qui leur conviendra. Alors je vous préviens : à la prochaine opposition injustifiée de votre part, je vous couperai les vivres ! C'est une menace, oui, la seule que vous puissiez craindre. La revanche, le chantage me sont étrangers. Je désire seulement protéger ce que j'ai de plus cher au monde.

La douleur explosive de ma mère eut sur moi l'effet d'un tremblement de terre, dramatique sur le moment, mais tout compte fait salutaire. Je sentais qu'elle marquerait un tournant décisif, non seulement dans la vie de mes parents, mais aussi dans notre vie familiale. Certes, je n'ignorais pas que les auteurs de mes jours ne formaient pas un couple uni. Tout les séparait et ce n'était pas dû à leur différence d'âge – leurs liens avaient toujours été froidement courtois et jamais je ne les avais vus se témoigner la moindre tendresse. Mais n'ayant pas d'autres exemples de couples sous mes yeux, j'avais pensé que c'était cela le mariage et ne m'en souciais guère.
En réfléchissant à ce que je venais d'entendre à l'insu des intéressés, en repensant aux invectives de ma mère, qui devaient rester à jamais gravés dans ma mémoire, je me dis que, tôt ou tard, j'aurais su ou découvert les raisons de la mésentente de mes parents et de leur fausse union. Comme j'étais en âge de les comprendre, il valait mieux pensais-je, que cette révélation eût lieu maintenant, car elle devait radicalement changer, à son bénéfice, la vision que j'avais de ma mère.

En effet, je la croyais, insouciante, futile, mondaine, surtout préoccupée par ses toilettes, déplacée dans ce monde rural dont elle semblait ne rien connaître, admirative de mon père, mais comme le sont les adulatrices effacées. Bref, inconsistante. Je ne l'avais jamais entendue émettre un jugement personnel. Et pour cause, mon père monopolisait toujours la parole. Je regardais donc ma mère comme un vase décoratif et fragile : quelle méprise ! Je découvrais maintenant son vrai visage, sa vraie personnalité : révoltée, sincère, franche, incisive, intelligente.
Comment ne l'avais-je perçue plus tôt ? Ce qui me plut et m'émut aussi, profondément, c'est la manière dont elle avait raillé et mouché la paternité déçue de son seigneur et maître. Avec cran, insolence, fierté. Oui, cela me bouleversa, car j'avais toujours cru, qu'en me confiant, encore petite, à la bonne garde d'Ernestine et Léon, comme elle l'avait fait ensuite avec Sybil, elle avait voulu se débarrasser de nous pour privilégier sa vie d'épouse. Il n'en était rien. Elle n'avait cessé de nous chérir en nous préservant de sa détresse. En imaginant ce qu'elle avait enduré, seule, depuis de si longues années où elle s'était efforcée de ne rien en montrer, j'eus envie de lui dire que je l'aimais aussi et qu'elle m'avait toujours manquée. J'aurais ajouté que je n'étais plus une petite fille et que c'est moi, désormais, qui veillerais sur elle et la protégerais.
Quant à mes sentiments pour mon père, ils prirent une tout autre tournure. Découvrir que cet homme qui se posait en parangon de vertu, n'avait épousé ma mère que pour bénéficier de sa fortune, en abusant des sentiments amoureux sincères qu'elle lui vouait alors, mua le peu de crédit que je lui portais encore en un mépris profond et irréversible. J'étais choquée, oui, car il trompait aussi tout le monde avec ses desseins cupides et inavoués. Mais j'étais soulagée et même libérée ; les révélations de ma mère avaient fait s'écrouler une forteresse paternelle, prétendument invin-

cible. Je savais maintenant à qui j'avais affaire. Cela me donnerait un net avantage sur cet harpagon qui s'amusait à serrer la ceinture de ses filles – tout en disposant *ad libitum* pour lui-même des deniers de son épouse !
Les conséquences de cette altercation entre mes parents ne se firent pas attendre.
Ma mère s'installa une sorte de suite dans une aile de la demeure, dont elle fit son camp retranché, exclusivement accessible à Ernestine et à ses filles. Elle déserta aussi la salle à manger pour se faire porter des plateaux dans sa chambre. Elle s'abstint de toute réception en tant qu'hôtesse ou invitée, trop heureuse de fuir, je crois, le quarteron de militaires monarchistes que mon père fréquentait régulièrement. Avec eux, il retrouvait ses pairs, l'esprit de caste et de conquête, dans l'autarcie virile qui lui était si chère, mais que ma mère détestait, comme les armes et les guerres. Elle ne sortait de sa tanière que pour se rendre dans sa famille et elle y séjournait souvent, dans un laps de temps plus ou moins long.
Mais pour rien au monde, elle n'eût manqué l'anniversaire de ses filles. Nous nous réunissions alors dans la vieille cuisine de la maison, en présence de nos « grands-parents », Ernestine et Léon, qui recevaient autant de présents que la reine du jour. Dans ces moments privilégiés et intimes, maman, parée de beaux atours et laissant dans son sillage un délicieux parfum, abandonnait son voile de tristesse pour montrer un visage radieux et partager nos rires.
De son côté, mon père se procura un chien. La symbolique ne m'échappa guère – et nicha avec lui dans une autre aile de la maison.
Peu après son « divorce » sous le même toit, ses cheveux grisonnants blanchirent totalement et sa prestance accusa le coup dans sa manière, moins assurée, de se déplacer et de regarder le sol en marchant. Mais son vieillissement soudain ne suscita en moi aucune compassion.

Je ne souhaitais pas pour autant qu'il fût terrassé, seulement que le camouflet qu'il avait reçu – après l'avoir bien provoqué – lui donnât une once d'humilité et d'humanité.
Ne me demandez pas à quoi il occupait ses jours, c'était un mystère – y compris pour le régisseur auquel il avait confié, depuis longtemps, la gestion de ses terres. De toute façon, il n'avait aucune disposition pour prendre en charge un vignoble, même modeste, et ne savait goûter les vins. Il n'aimait que l'armagnac et la nourriture n'était pour lui qu'une stricte nécessité vitale, sans plaisir.
Mais il demeurait farouchement attaché aux symboles de ses pouvoirs. Ainsi arpentait-il ses vignes, avec son chien, moins pour promener celui-ci ou juger de l'état des ceps, que pour montrer qu'il demeurait le seigneur des lieux.
En dehors de ces promenades destinées à panser un ego sérieusement blessé, je crois qu'il s'adonnait au bridge chez des hobereaux voisins aux yeux desquels il était paré du double prestige de sa dévotion à l'armée et à l'Église.

En regardant ma mère dormir, après avoir longuement repensé à ce moment crucial dans ses liens avec mon père, à ce règlement de comptes dont elle sortait grandie à mes yeux, j'eus envie de me blottir contre elle, de la serrer dans mes bras, de respirer l'odeur merveilleuse de sa peau, mais je n'en fis rien. Comme chaque fois que je la trouvais profondément plongée dans le monde des rêves et des songes, je lui laissais une petite missive affectueuse sur sa table de chevet où je trouvai, ce jour-là, une enveloppe qui m'était destinée. Elle contenait de l'argent en plusieurs billets et ces quelques mots : « Bravo mon grand trésor, pour ta mention. Elle ne me surprend guère. Tu trouveras, ci-joint, de quoi renouveler ta penderie et te distraire au mieux pendant ces vacances. Tu es la prunelle de mes yeux et tu le demeureras à jamais. Signé : Maman. »

Grâce aux mannes maternelles, j'allais pouvoir me procurer *Le Monde*, tout l'été, et sans devoir pour cela me briser les reins sur des rangées de légumes !
Mon emploi du temps était des plus simples : au réveil, j'allais d'abord saluer maman, avant de prendre un délicieux petit déjeuner avec Sybil, dans la grande cuisine. Ernestine nous préparait un vrai chocolat au lait, en faisant fondre des morceaux de chocolat auxquels elle rajoutait du lait frais, en provenance d'une ferme voisine. Sur les tranches de pain, nous ne mettions ni beurre ni confiture, uniquement de la crème de lait, obtenue à feu doux et reposée toute une nuit sur un coin de fourneau.

En savourant ce petit déjeuner – qui s'avéra introuvable ailleurs – je bénissais le ciel de ne plus avoir à ingurgiter celui du pensionnat : une chicorée au lait, que nous appelions du « jus de chaussette », avec un seul morceau de sucre blanc et une tranche de pain sans beurre, mais de la margarine ! En troisième et en vertu de je ne sais quel privilège, nous eûmes droit à du cacao, mais ce n'était guère mieux ! Le temps que toutes les internes fussent servies, le liquide rose beigeasse arrivait froid dans mon bol, au point que je préférais souvent le délaisser en prétextant un dérangement gastrique quelconque. Mais c'était une épreuve aussi que de commencer les cours, le ventre vide, avec les gargouillements de la faim ! Certes, l'on peut toujours se dire qu'il y avait plus misérables que nous, les internes, mais je pensais à Sybil, au choc qu'elle allait subir à la rentrée puisqu'elle intégrait, à son tour, le pensionnat que je venais de quitter. Je devais donc la préparer à cette épreuve alors que personne ne l'avait fait pour moi. Mais lui ayant tracé la voie, en quelque sorte, je me dis que je serais mieux à même de lui transmettre mon expérience et de l'aider à franchir ce cap, ô combien difficile et douloureux, quand il faut définitivement s'éloigner d'une enfance relativement choyée

pour s'immerger dans un monde clos, dépourvu de toute tendresse et de tous repères antérieurs.
En attendant, et se délectant du chocolat mousseux de sa mère nourricière, Sybil plongeait son museau dans son bol pour se lécher ensuite les babines, comme un chat, pendant qu'Ernestine essuyait avec son tablier la mousse restée au bout du nez de la goulue.

De mon côté, à peine le chocolat bu avec trois tartines de pain à la crème et j'étais dans le pré avec Gipsy, pour la panser de fond en comble. Elle a toujours plus apprécié la brosse que l'étrille, mais quand cette dernière restait coincée dans la crinière emmêlée, je lui disais invariablement : « Il faut souffrir pour être belle ! » Elle n'en convenait pas toujours. Elle n'obéissait qu'à ma voix, qui lui était devenue vite familière, mais cette exclusivité avait son revers : elle rendait la tâche de Léon plus difficile en mon absence, notamment lorsqu'il devait lui mettre son licou.
Après être restée plus d'une heure avec ma jument vénérée, que je continuais à parer de toutes les distinctions verbales telle que « miracle des équidés », j'enfourchai mon vélo – devenu trop petit pour mon 1 m 77 – en direction de la seule bourgade des environs où le bureau de tabac disposait d'un dépôt de presse régionale et nationale. Elle se situait à huit kilomètres de la maison, de sorte que j'allais bien muscler aussi ma grande carcasse !
Je pédalais tranquillement car je ne risquais pas de rencontrer mon père chez le buraliste. Il se procurait son propre journal par abonnement et ses ruineux cigares sur commande.
Le Monde glissé dans mon sac à dos contenant déjà une gourde d'eau bien fraîche, je rebroussai chemin pour m'arrêter dans un champ à l'écart de la route et que longeaient un ruisseau et des saules. Il y avait aussi quelques vaches qui me regardèrent sans aménité, mais je les savais suffisamment

instruites pour ne pas venir lire par-dessus mon épaule ! C'est donc là, au pied de l'un de ces arbres et sur un joyeux fond de ruissellement d'eau, que je repris contact avec ce quotidien, avec une fébrilité à la mesure de tous les efforts physiques et tactiques que je devais fournir pour l'acquérir, et un plaisir accru par le fait que j'avais désormais tout le loisir et le temps de m'attarder sur cette lecture. Celle-ci achevée dans les mugissements de mes voisines, je glissai le journal sous un vieux tronc d'arbre – avouez que c'était plus digne du *Monde* qu'une poubelle de gare !
Sybil aurait voulu m'accompagner à vélo mais je refusai, comme je m'abstins de lui dire quel était le but de ma balade. Je savais qu'elle était quotidiennement soumise à un interrogatoire serré de la part de notre père qui voulait connaître ses moindres faits et gestes, et que, peu blindée pour y faire face sans bredouiller, rougir et avouer, elle m'aurait compromise malgré elle.

Nous déjeunions et dînions dans la grande cuisine, avec Ernestine et Léon. Outre que les repas étaient délicieux et variés, nous pouvions aussi parler à table et nous ne nous en privions guère. C'était autrement plus amusant que de regarder son assiette ou le plafond, se tenir droites et veiller à ne pas mettre ses coudes sur la table, sur fond de soliloque paternel ! Léon, lui, avait toujours quelque chose de passionnant ou de drôle à raconter. Les histoires de son cru avaient pour héros ou héroïnes les légumes de son jardin. Chacun d'eux était un personnage extravagant auquel il arrivait des aventures, tantôt magiques, tantôt tragiques. Nous l'écoutions fascinées par son imagination et par nombre de ses expressions en patois qu'Ernestine nous traduisait. Évidemment, c'était sa langue maternelle, mais pas la nôtre. Quoiqu'ayant été plus au contact de Léon que ma petite sœur, j'avais déjà capté bon nombre de mots « couleur locale », qui lui demeuraient étrangers.

Pendant qu'il parlait et avalait sa soupe en même temps, Sybil et moi gloussions à le voir poser sa cuillère pour fixer un coin de sa grande serviette dans l'encolure de sa chemise, et qui retombait régulièrement sur ses genoux. Cette serviette ne lui servait donc à rien si ce n'était à provoquer l'ire d'Ernestine qui lui reprochait d'avoir toujours mangé comme un cochon. Mais le pauvre Léon mettait sa maladresse au compte d'une mâchoire édentée – ce qui était peut-être vrai, après tout. À force de toujours vivre avec sa casquette à impressions prince-de-galles, marron-gris, il n'avait plus de cheveux sur le crâne, seulement sur les côtés. Ses mains, à la fois courtes et puissantes, étaient rapidement plongées dans une cuvette, puis séchées avant le repas. De sorte qu'il offrait ses ongles terreux à notre vue, en s'excusant – « Ce n'est pas sale la terre ! » – avant de saisir la grosse miche de pain pour en couper des tranches avec son couteau qui lui servait à bien d'autres usages. Quand le pain n'était pas entamé, il le bénissait toujours d'un signe de croix avec la pointe du même couteau, non en raison d'une pratique religieuse, mais parce qu'il avait toujours vu sa mère agir ainsi et accompagner son geste d'un vœu secret.

La vaisselle était invariablement faite dans une grande bassine remplie d'eau bouillante, sans le moindre détergent, car l'eau servait ensuite de brouet à la volaille de la basse-cour. Cette tâche incombait à Ernestine qui, selon un ordre logique, commençait à mains nues par laver les verres, puis les assiettes et couverts, enfin les plats et casseroles ou poêles plus grasses. Les verres aussitôt essuyés n'étaient donc jamais gras, mais je me suis souvent demandé comment Ernestine parvenait à tremper ses mains dans cette eau fumante sans se brûler gravement ou sans se plaindre. Elle est sans doute d'une résistance et d'un stoïcisme à toute épreuve.

Elle avait récemment coupé ses longs cheveux qu'elle « ramassait » en un chignon bas, pour une indéfrisable

« plus pratique » à l'usage. C'est Léon qui la conduisait chez le coiffeur, mais Ernestine refusait de monter dans le vieux tacot de son frère pour ne pas être la risée des villageois. Aussi Léon lui proposa-t-il sa dernière trouvaille, récupérée dans une casse et qu'il avait rafistolée lui-même : une fourgonnette à peine plus présentable que la guimbarde, mais certainement plus confortable pour la passagère ! Ernestine profitait de ces sorties pour faire aussi quelques emplettes personnelles et papoter avec de vieilles connaissances, pendant que Léon l'attendait au café, en compagnie d'un ou deux de ses conscrits.

Le frère et la sœur, qui se suivaient de près en âge, habitaient depuis quarante ans dans l'une de nos dépendances où ils avaient d'abord fait office de gardiens.

Mais quand ma mère découvrit, à son mariage, le gourbi qui les abritait et dont mon père ne s'était guère soucié, elle fit entièrement rénover les lieux. Ainsi, allaient-ils disposer de deux chambres de part et d'autre d'une grande pièce cuisine, et d'une salle d'eau dotée de tous les éléments indispensables – dont les toilettes. Avant, ils devaient se rendre dans une cahute au fond du jardin et quel que fût le temps. Une annexe servait de buanderie où Ernestine lavait leur linge dans une grande lessiveuse en métal, chauffée par un feu de bois. En guise de lessive, elle utilisa longtemps de la cendre mêlée à des copeaux de savon. L'été, elle étendait ses draps sur une prairie pour les faire blanchir, et l'hiver où les jours de pluie, elle les faisait sécher dans un grenier. Leurs lieux sobres n'en comportaient pas moins de jolis meubles en merisier – commode, armoire, lits-bateaux, table et chaises empaillées. Un sol de tomettes roses recouvrait la terre battue et pour que la « place » fût toujours impeccable, Léon était prié de laisser sabots ou bottes maculées dans la buanderie où l'attendaient ses pantoufles.

Une seule photo était accrochée et encadrée sur l'un des murs de la grande pièce – celle de leurs parents, le jour de

leur mariage, où l'on peut voir, que, hormis la moustache du défunt, Léon est bien le fils de son père.
Quand ils furent bien installés, ils se sentirent « un peu perdus », me confièrent-ils un jour. Pour eux qui n'avaient jamais connu que la terre battue, l'inconfort de la ferme de leurs parents et de leur premier logement chez nous, cette modernisation relevait d'un rêve, mais les privait aussi de leurs repères antérieurs et d'un mode de vie aussi sommaire que précaire, qu'ils avaient toujours connu. Mais, petit à petit, et en mesurant tous leurs nouveaux avantages matériels, ils les apprécièrent sans réserve.
Naturellement, l'artisane de ce changement gagna quelques galons d'estime dans leur esprit. On le percevait quand ils prononçaient tous les deux ce mot « Madame », avec une déférence et une reconnaissance infinies.
Combien de fois, petite ou plus grande, ne me serais-je réfugiée chez eux, soit pour jouer sur les genoux de Léon qui m'apprenait aussi des chansons, soit pour fuir les oukases paternels, soit en raison d'un cafard monstre. Il me suffisait de franchir le seuil, de sentir le fumet d'une bonne soupe sur le feu, pour être apaisée. Leur entente solide – malgré des chamailleries qui n'étaient jamais des disputes – constituait un contrepoids salutaire à la mésentente de mes parents et au fait que j'en souffrais plus que je ne le montrais. Sans Ernestine et Léon, sans leur indéfectible attachement pour Sybil et moi-même, je ne sais pas ce que je serais devenue. L'ordre des choses et des âges voudrait qu'ils disparaissent avant moi, mais cette perspective me paraît inconcevable tant ils sont irremplaçables, le socle et l'âme de notre demeure.

J'avais promis à Sybil de bivouaquer à l'étang, mais un drame mit fin à cette promesse.
En effet, peu de temps après mon retour à la maison, le

bruit courut que la femme qui tenait le café du village avec son époux, avait disparu. Un pêcheur matinal la retrouva noyée dans notre étang. Ce n'était pas un accident. Elle avait laissé un mot où elle indiquait ses intentions de mettre fin à ses « malheurs ».

Personne n'ignorait dans le bourg que son mari, un bonhomme fruste et jaloux, la battait, et même, violemment. Le visage tuméfié et, parfois, le bras cassé, elle n'en poursuivait pas moins son service. À des clients inquiets de son état, elle répondait que « ce n'était pas grave » ou qu'elle était tombée dans l'escalier ! Elle protégeait son bourreau, comme elle tentait sans doute d'éviter de nouveaux coups.

L'Église était comble pour son enterrement où je me rendis avec Ernestine et Léon qui l'avaient bien connue et appréciée. Une Église pleine de personnes sincèrement attristées et consternées et qui, d'un commun accord, décidèrent ensuite, de ne plus se rendre au café, comme les hommes avaient coutume de le faire après la messe, pendant que les épouses les attendaient dehors ou faisaient les courses.

Mis au banc de tous, le cafetier dut vendre son établissement et quitter le village.

La mort tragique de cette femme me troubla profondément. Je ne comprenais pas pourquoi elle avait choisi notre étang pour s'y engloutir alors qu'il y en a bien d'autres dans les environs. Oui, pourquoi là et pas ailleurs ?

Dans l'impossibilité de trouver une explication à ce choix, je m'en ouvris à Léon qui avait bien connu la victime, ou selon ses termes, « la brave femme ».

Il me dit que, dès qu'elle avait un peu de temps libre – ce qui était rare – elle venait toujours seule se promener ou s'asseoir au bord de l'étang qu'elle aimait bien. Il me précisa aussi qu'elle ne restait jamais longtemps et qu'il l'avait vue pleurer quelquefois.

Léon m'avait donné une raison, mais bien que cette noyade fût certainement une délivrance pour cette femme, son acte n'en chargea pas moins à mes yeux les eaux sombres de notre étang d'une malédiction définitive.
Je ne devais plus jamais retourner dans ces lieux.

Sybil fut naturellement déçue d'apprendre que de tristes circonstances m'obligeaient à ne pas vouloir me distraire avec elle dans la cabane de l'étang, alors qu'elle en rêvait tant. Mais elle comprit que sa joie et la mienne seraient ternies par ce drame.
Pour la consoler, je lui dis que Léon était en train de nous construire un palace dans le plus vieux pin maritime de notre propriété, que nous avions plusieurs fois escaladé, vous, elle et moi. À cette nouvelle, ses yeux brillèrent d'excitation pendant que je lui suggérais d'aller prêter main-forte à Léon pour faciliter et accélérer sa tâche.

Le fait est que notre aide, qui consista à monter dans l'arbre – non du marbre ou des mosaïques, mais des planches et des rondins – fut précieuse. En un rien de temps, la cabane entourée d'une plate-forme de sécurité, fut prête, ainsi que l'échelle en bois permettant d'y avoir accès avec des charges encombrantes – car le groom de ce palace ne montait aucun bagage dans les étages !
L'œuvre de Léon fut une nouvelle merveille et j'admirais l'art avec lequel il avait tiré le meilleur parti des épaisses et sinueuses branches de ce pin et de leur disposition évasée pour dresser l'ensemble sur une base solide et parfaitement rectiligne. Du grand art !
Un bouquet de fragon, attaché sur le toit, indiquait la fin des travaux et pour fêter l'événement, Léon monta une bonne bouteille de muscadet et trois petits verres glissés dans ses poches. Nous étions ravies, Sybil vite pompette, alors que le maître d'œuvre et moi-même descendîmes la bouteille

allègrement, pendant qu'Ernestine s'égosillait, au loin, en nous rappelant « l'heure de la soupe ».

À table, nous décidâmes, ma sœur et moi, de dormir dans la cabane du pin, le soir même. La soupe avalée, sans fromages ni fruits, un paquetage sommaire vite fait, nous nous retrouvâmes dans une « suite » royale pouvant accueillir deux adultes.
Nous avions encore trois bonnes heures devant nous pour veiller sur la plate-forme avant l'apparition des étoiles et nous extasier face au spectacle qui s'offrait à nos yeux : la Loire et des vignes dont les parcelles se succédaient en déclinant comme une génuflexion devant les rives du fleuve… Mais cette vision n'était une découverte que pour Sybil, car je ne pourrais compter les heures où je me suis réfugiée, seule, dans ce pin tricentenaire, soit pour lire, soit pour rêver, soit pour fuir un climat familial étouffant, soit pour regarder les somptueux couchers du soleil sur le fleuve. J'aurais voulu être peintre, mais capter, c'est figer et dénaturer le côté évanescent, fugitif du déclin solaire. Il valait mieux le graver dans la mémoire, l'imagination faisant le reste.
Fascinée par cette boule incandescente auréolée d'or qui disparaissait d'un côté pour se lever sur d'autres continents, scrutant toutes les teintes successives que prenait le ciel d'un bleu intense avant de se voiler d'un gris de plus en plus sombre, j'oubliais là tracas, tristesse, soucis de tous ordres. Perchée entre ciel et terre, dans l'intersection d'une branche et du tronc aux écorces rouille, j'avais aussi le sentiment grisant de dominer le monde et d'être mue par des ambitions démesurées !… Alors, voilà : cet arbre aux merveilleuses senteurs résineuses était vite devenu un allié, un confident sur lequel je pouvais compter : il garderait tout pour lui et ne dirait rien !
Alors que nous avions, ma sœur et moi, la tête levée vers le firmament, les pieds dans le vide et les mains accrochées à

la barrière de la plate-forme, je demandai à Sybil si elle se souvenait de ses chansons de petite fille et laquelle était sa préférée. Elle entonna aussitôt : « Une poule qui picore sur un mur, piccoti, piccota, lève la queue et puis s'en va... » Je dus m'exécuter à mon tour : « À dada sur mon bidet, quand il trotte il fait des pets, prout, prout, prout, cadet... » Nous éclatâmes de rire et je précisai que j'avais appris cette chanson avec Léon, quand il me faisait sauter sur ses genoux. J'ajoutai qu'elle était peut-être à l'origine de ma passion pour les baudets et les chevaux. « Mais, toi, demandai-je à Sibyl, pourquoi aimes-tu les poules ? » Elle me répondit : « D'abord, je n'aime pas toutes les poules, mais une seule, Lily ! Tu sais, les poules, ce n'est pas spécialement malin, mais la mienne a l'air de comprendre tout ce que je lui dis. » Après une pause, elle poursuivit : « Elle se laisse approcher, je peux la prendre dans mes bras et elle est très jolie avec ses plumes grises et fauves. Et puis, tu as déjà vu une poule te suivre comme un chien ? Eh bien, Lily me suit partout, elle ! » Cela, je le savais puisque ce minuscule poids plume avait même ses entrées dans la grande cuisine où elle picorait les miettes de pain sous la table quand Sibyl ne la prenait pas sur ses genoux – à la fureur d'Ernestine.
Ma sœur aurait voulu prolonger cette première veillée sous une voûte céleste scintillante, mais je lui dis qu'il était temps de dormir un peu pour ne pas manquer les premiers chants des oiseaux à la levée de la brume estivale.

L'énorme colis envoyé par tante Millie arriva chez nous, un matin. La nouvelle culotte d'équitation et ses hautes bottes en cuir noir, cassées à l'intersection de la jambe et du pied, comme un pli de coquetterie, m'allaient à merveille. La sangle en cuir de la belle selle anglaise fut vite réparée, monsieur Hubert, le maréchal-ferrant, renouvela les fers de Gipsy et je pus, enfin, monter ma jument, avec une joie sans pareille.

Certes, je l'avais bien préparée, chaque jour, à la longe, pour entretenir sa condition physique, mais je voyais bien qu'elle mourait d'envie, comme moi, de franchir les limites de son pré et de parcourir des kilomètres. C'est une aventureuse dans l'âme et la sédentarité ne lui sied que pour se reposer un peu avant de repartir vers de nouveaux horizons.
Heureuse d'abandonner ma vieille et fatigante bécane, je pris avec Gipsy des chemins de traverse pour rejoindre la bourgade où je me procurais *Le Monde*. Quand il me vit à cheval et sur le pas de sa porte, le marchand de journaux sourit et me recommanda de ne pas mettre pied à terre. Il n'avait pas d'anneau pour attacher la longe du licol de Gipsy. Il me tendit mon journal et me dit d'une voix nostalgique : « Vous me rappelez le bon temps, vous et votre jument, tandis que, maintenant, avec toutes ces voitures et leur raffut !… » Il haussa les épaules, souleva sa casquette et rentra dans son échoppe.
Cette incursion dans un bourg goudronné n'était pas ce que préférait ma sauvageonne. Elle n'aime pas le bruit, les inconnus, et déteste tout particulièrement les enfants. Leurs cris, leurs gesticulations, leurs familiarités. Mais elle allait vite se plier à ce détour quotidien, sachant combien il m'était nécessaire.
Après ce passage obligé dans un monde où les maisons se dispersent plus qu'elles ne se regroupent autour d'une Église, nous mettions invariablement le cap sur les berges de la Loire, que Gipsy affectionne tout particulièrement. Elle aurait même pu s'y rendre sans être guidée, comme si son instinct – ou boussole intérieure – lui indiquait où il fallait se diriger pour être dans les lieux et les éléments qui ont ses préférences. « En plus, nous avons les mêmes goûts, ma beauté ! » lui lançai-je en me penchant vers sa tête pour flatter son encolure. Ses oreilles avaient capté le message.
Comme je ne la destinais pas aux concours hippiques, je ne l'avais pas dressée à l'obstacle. Seulement à franchir des

fossés, des ruisseaux et à enjamber des troncs d'arbre que nous pouvions rencontrer sur notre chemin. L'entraînement fut progressif mais rapide.
Je la montais sans cravache ni éperons. Je n'aimais pas ces aides artificielles. Je leur préférais la voix, la main, les jambes, les talons : rien qui ne pût la brusquer.
Dans ce corps à corps avec elle où se mêlaient intuition et vigilance constante de ma part dans une douce fermeté, ce qui m'exaltait le plus c'était de sentir sa bouche dans ma main à travers les rênes et ses flancs contre mes jambes. La sensation de l'enserrer, non pour la posséder, mais pour parfaire notre accord, me procurait aussi une vive émotion. Oui, elle était faite pour moi ! Sans réserve.
Je pouvais sentir à ses naseaux frémissants, à son port de tête conquérant, combien Gipsy appréciait ces cavalcades bucoliques où elle révélait les traits dominants de son caractère : fougueux, capricieux, fantaisiste, affectueux, très intelligent.
Il lui arrivait parfois de s'arrêter, non pour rebrousser chemin ou en vertu de je ne sais quelle lubie, mais pour observer un arbre dont la forme semblait lui convenir. Il s'agissait presque toujours d'un frêne. Dans ces moments-là, je regardais aussi jusqu'à ce que Mademoiselle mît fin à sa contemplation.
À l'approche des rives de la Loire que l'on percevait à ses grondements tumultueux, Gipsy accélérait son allure, toute joyeuse de pouvoir fouler un sol sablonneux, mais suffisamment ferme pour ne pas s'y enfoncer.
Après avoir choisi un coin mi-ensoleillé, mi-ombragé pour lire mon journal et avaler l'en-cas qu'Ernestine m'avait préparé, j'attachais ma jument bien à l'ombre d'un arbre et lui donnais son propre déjeuner : un picotin d'avoine.

Le Monde contribua sans aucun doute à éveiller ma conscience politique avec la guerre d'Algérie et les luttes antiségrégationnistes des Noirs, aux États-Unis – qui, elles, n'étaient pas encore gagnées. De la même façon que le colonialisme, qu'il fût français, anglais, allemand, belge ou américain, me révoltait, je ne pouvais supporter qu'un chien domestique fût mieux traité qu'un(e) domestique noir(e). Il me paraissait aberrant que la simple couleur d'une peau pût vouer aux gémonies ceux et, celles qui ne l'avaient pas plus choisie que leurs ancêtres ne s'étaient portés volontaires pour être déracinés et traités comme de la marchandise, les chaînes aux pieds ! Aussi suivais-je de près dans la presse – la télévision était interdite à la maison – toute action, toute intervention destinée à mettre fin à la ségrégation raciale outre-Atlantique, comme à toutes formes de discrimination. Les Algériens avaient obtenu leur indépendance l'année précédente, les Noirs finiraient bien par atteindre leurs propres objectifs aux États-Unis, me dis-je, mais je craignais que la plaie du racisme ne survécut là-bas, comme ici, et partout ailleurs.

Un hennissement prolongé de Gipsy interrompit mes cogitations. Elle en avait assez de m'attendre sous un frêne et sans lecture ! Elle tirait sur la longe de son licol que j'avais attachée à une branche haute et souple. En réalité, elle avait soif. Je repliai mon journal, l'enterrai sous un tronc échoué sur la grève et remis le pied à l'étrier.

À nouveau soudées l'une à l'autre, nous rentrions toujours par d'autres chemins pour varier les plaisirs et alterner les allures – pas, trot enlevé, galop dans les grandes étendues sans obstacles, en foulées régulières.

De retour aux écuries, toujours d'un pas paisible, en fin d'après-midi, il me fallait libérer ma belle de son harnachement, laver à grande eau tous ses membres, curer les pieds, la bouchonner soigneusement à coup de brosse de chiendent et d'étrille. Quand elle était en sueur, j'utilisais de la paille pour assécher le poil, je lustrais sa robe avec une brosse douce, en enlevant tout vestige de poussière.

Parfois, après une randonnée où j'avais un peu forcé l'al-

lure, je lui massais les tendons – ce qu'elle appréciait particulièrement – et je terminai le pansage par le nettoyage de ses yeux avec du sérum physiologique. En effectuant tous ces gestes – un vrai rituel – je me disais souvent que si la toilette des humains devait être aussi longue et minutieuse, personne ne se laverait !
Puis, après sa troisième ration d'orge et d'avoine et quand elle m'offrait son meilleur profil dans sa robe reluisante et ses crins impeccables, je lui disais bonsoir d'une longue caresse sur son chanfrein, ma tête contre son encolure chaude. Elle n'aimait pas me voir partir. Je le sentais à des frémissements dans ses membres et à sa manière d'incliner la tête, comme une odieuse résignation. Il me fallait alors la rassurer, lui dire que nous avions encore de longues journées devant nous et que je ne l'abandonnerais jamais. Étais-je suffisamment convaincante ? Oui. Après ces déclarations qui lui semblaient aussi nécessaires que sa ration de céréales, elle relevait la tête pour reprendre son port altier et tournant sur elle-même pour offrir à mes yeux sa belle croupe puissante, sa longue queue noire et la parfaite obliquité de ses épaules, elle s'éloignait lentement dans le pré, apaisée, insouciante, et je pouvais alors m'éclipser.
En remontant l'allée de cèdres qui conduisait à la maison, je pensais que le nom de Gipsy lui allait à merveille. Née d'un pur-sang anglais et d'une pur-sang arabe, ma gitane de sangs mêlés réunissait dans ses propres gènes les qualités respectives de ses géniteurs : la distinction anglaise et le tempérament vif, arabe. Et ce nom, Gipsy, qui, dès le premier jour, sonna à mon oreille comme un feu crépitant et joyeux, une promesse d'échappées libres...
Que n'êtes-vous là pour admirer cette créature ? C'est autre chose que les carnes que nous montions chez le voisin !
Je ne remercierai jamais assez ma mère de m'avoir offert cette merveille et au bon moment. Je m'étonne encore de ce que Gipsy ait eu le pouvoir de muer ma torpeur en béa-

titude. Non qu'elle vous ait reléguée au second plan dans mon esprit, mais irrigué mes veines d'un autre flux. Elle ne vous remplacera jamais et vice versa.

Puisque je passais la plupart de mes journées avec Gipsy au grand dam de Sybil qui se sentait délaissée, elle insista pour que nous retournions dormir ensemble dans la cabane du pin. J'acceptai volontiers, mais non sans lui faire gentiment comprendre que si Ernestine acceptait tous ses caprices et encourageait même ses exigences un brin tyranniques, je ne serais jamais pour elle une Ernestine bis ; que nos années d'écart nous conduisaient à avoir des distractions différentes ; que je ne lui sacrifierai pas Gipsy quand j'en avais été et en serais privée pendant mes études. Comme je lui fis remarquer, qu'à son âge, je n'avais ni sœur aînée, ni sœur cadette pour me distraire et que je n'en étais pas morte ! « La solitude rend inventive », lui dis-je encore avant de lui demander :

– Tu as sûrement des amies dans ton école, pourquoi ne les invites-tu pas à jouer avec toi ?

– Leurs parents ne veulent pas. Ils pensent qu'en venant ici leurs filles prendraient des goûts et des manières qui ne sont pas les leurs ! D'ailleurs, poursuivit-elle, je n'ai jamais pu mettre les pieds chez eux, et quand mes amies me présentaient à leur père ou à leur mère à la sortie de l'école, je n'étais pas Sybil pour eux, mais « La fille du comte ! » C'est ridicule, non ?

Je réalisai que ma sœur avait commencé plus tôt que moi l'apprentissage de la différence des classes et que le nombre de fadaises ou de préjugés imbéciles uniquement fondés sur l'appartenance sociale – sans prendre en considération la personne – était déjà son lot. Je me demandais, cependant, pourquoi je n'avais rencontré aucun problème de cet ordre, dans cette même école primaire. Sybil était-elle « fière », malgré elle, ou l'assurance qu'elle affichait, parfois, était-elle perçue ailleurs comme de l'arrogance, un odieux esprit

de supériorité que donne une prétendue bonne naissance ? Ou, alors, par sa ressemblance frappante avec notre géniteur commun, avait-elle fait les frais d'une popularité paternelle locale, avoisinant, au fil des années, le degré zéro ?
– Bon, à quoi penses-tu ? me demanda-t-elle avec une pointe d'impatience non dissimulée.
– C'est vraiment dommage que tu ne puisses jouer ici avec des filles de ton âge, lui dis-je, mais puisque tu aimes tant l'escrime, pourquoi ne mets-tu pas à profit ces vacances pour l'exercer plus souvent ?
– Ernestine ne veut pas que Léon me conduise à la salle d'escrime avec son tacot trop dangereux, me répondit-elle.
– Alors demande à papa lui suggérai-je. Il est mieux disposé à ton égard qu'au mien et il t'accompagnera peut-être du moment qu'il ne s'agit pas d'aller jouer au casino des sous que tu n'as pas ! Un conseil : vas-y à fleuret moucheté avec lui, cela marche une fois sur dix !
Sybil sourit avant de hocher la tête négativement.
– En ce cas, ajoutai-je, tu attendras que j'aie mon permis de conduire l'année prochaine, car je serais très heureuse d'avoir une sœur championne du monde dans un art qui demande autant de grâce que d'adresse et de jugeote. Mais je te préviens déjà : je ne jouerai pas les chauffeurs pour des prunes. Tu décrocheras la première place sur le podium, compris ? Au fait, que préfères-tu comme arme : l'épée, le fleuret ou le sabre ?
– Le fleuret !
– Et moi, le sabre à cheval, claironnai-je, comme les fameuses Brigandes !

La dureté du sol de la cabane du pin ayant été fatale à mes os saillants, je décidai de le recouvrir d'une bonne « litière » de paille que nous hissâmes dans l'arbre par petits ballots attachés à une solide ficelle. Mais plus question ensuite de faire usage de la moindre allumette, bougie ou lampe-

tempête. Seules les étoiles nous tiendraient lieu de chandelle et c'était bien ainsi.
Sybil apprécia le confort suprême apporté par la paille sous nos sacs de couchage, mais avant de s'endormir, elle me demanda à brûle-pourpoint pourquoi notre père ne nous aimait pas. Embarras. Elle était très jeune et je n'allais pas lui confier ce que j'avais entendu derrière une porte du salon, quelques années auparavant. Et puis, je voyais bien qu'en dépit de ses plaintes, elle était attachée à notre père et que tant que durerait cet attachement, je ne pourrais lui livrer mes propres sentiments. Il me fallait donc rester prudente. Sans pour autant esquiver sa question, je lui répondis :
– Je crois que papa aurait préféré avoir un ou des fils.
– Mais pourquoi ? Qu'ont-ils de plus les garçons ? s'indigna-t-elle. Dans ma classe, ils étaient les derniers et avaient des jeux complètement débiles. Toujours à se bagarrer et ceux qui ne voulaient pas se battre ou qui se montraient gentils étaient traités de « filles » !
– Tu l'as vu toi-même, dis-je, ils n'ont rien de plus que nous, sauf dans l'esprit de certains pères dont le fils incarne leur double, leur relais et perpétuera leur nom.
– Mais, c'est stupide ! s'emporta encore Sybil. Si nous ne nous marions pas, toi et moi, nous aurons toujours le même nom, celui de papa !
– C'est vrai, soulignai-je, seulement, lui, s'est arrêté à une époque où la filiation entre père et fils était plus que primordiale : sacrée. Il nous faut donc vivre avec l'idée que, pour lui et, je l'espère, pour lui seul, nous ne serons jamais que des quantités négligeables ou des ectoplasmes décérébrés. Que choisis-tu ?
Ma sœur éclata de rire.
– Maintenant, poursuivis-je, je vais te raconter une histoire un brin cruelle qui va te démontrer que les ectoplasmes ne sont pas pour autant dépourvus de malice.
Tout intriguée, Sybil se releva de sa couche pour mieux

suivre mes propos, alors que la lune étincelante éclairait encore l'intérieur de notre cabane.
– D'abord, enchaînai-je, tu peux imaginer que je me suis posé les mêmes questions que toi au sujet de papa et qu'elles ne m'ont pas laissée indifférente. Alors, au lieu d'aller lui présenter un cahier de doléances et lui dire qu'il était un dinosaure avec des pensées et des mœurs d'un autre âge – ce qui m'aurait valu une correction maison – j'ai décidé de lui faire une blague…
– Ah oui, laquelle ? me demanda ma sœur, d'une voix émoustillée.
– C'était à l'époque où papa prenait ses repas, seul, dans la salle à manger, précisai-je. Un matin, je suis allée chercher un mannequin dans le grenier et l'ai habillé en jeune homme. Comme ce mannequin n'avait pas de tête, j'en ai fabriqué une avec un ballon que j'ai collé au cou et sur lequel j'ai peint des moustaches, des yeux, une chevelure courte et sur le front « Le Fils » ! Puis j'ai placé le tout sur la chaise qu'occupait maman, en face de papa, à table.
Sybil jubilait.
– Attends, ce n'est pas fini ! dis-je en riant moi-même. J'avais mis Ernestine dans le coup et elle fut parfaite. Au déjeuner suivant, il paraît que papa fit semblant de ne rien remarquer. Ce ne fut qu'au moment où en se penchant vers le mannequin pour dire : « Dois-je aussi servir ce jeune homme ? » que papa, excédé, s'écria : « Enlevez-moi ça et tout de suite ! »
Sybil fut prise d'un fou rire irrépressible avant de vouloir connaître la suite.
– Cela s'est arrêté là, papa a sûrement deviné qui était à l'origine de cette plaisanterie, mais à mon grand étonnement je ne fus pas l'objet de représailles.
– T'as vraiment un toupet monstre, moi j'aurais jamais osé, il me terrorise, je perds mes moyens devant lui, me confia-t-elle dans un long soupir.

– Ne t'inquiète pas, murmurai-je, tu vas apprendre à t'aguerrir, à ne plus trembler devant lui. Et puis, nous avons toute la vie devant nous alors que la sienne décline, et avec l'âge, il sera plus gâteux que sévère.
Après une pause et alors que nous étions maintenant dans le noir le plus complet, Sybil me demanda ce que je pensais du braque de notre père.
Je lui répondis que dès lors qu'il s'était procuré un chien et non une chienne, il était sûrement le fils idéal que j'avais prénommé « Frérot » !
Sybil pouffa une nouvelle fois.
– Je te ferai remarquer, ajoutai-je, que ce frérot ne cesse de fuir son maître pour nous rejoindre, comme quoi, les liens du sang sont toujours les plus forts !

Même si, enfant, adolescente, j'avais toujours trouvé le moyen de m'abstraire d'un sinistre climat familial, comme un orphelin peut jouer et rire sur les ruines de sa maison, je supportais mal la réclusion de maman. Je souffrais de la voir souffrir, s'étioler au fil des ans alors qu'elle n'a que trente-huit ans. Certains jours, sa situation m'irritait même vivement en pensant que je faisais aussi les frais d'une mésentente conjugale dont je n'étais pas responsable et pas plus que Sybil. Mais ma sœur semblait s'accommoder de ce désastre, moi pas.
Je résolus alors de confier à maman ce que j'avais sur le cœur. Sans faire allusion, bien sûr, à un *clash* que j'étais censée ignorer.
Elle n'était pas dans son lit, mais dans la salle de bains où j'entendais l'eau couler dans la baignoire. J'aurais pu repartir en songeant qu'elle allait peut-être consacrer un long moment à sa toilette. Mais je l'attendis en faisant les cent pas dans sa chambre bleue, impeccablement rangée et dans laquelle flottait un merveilleux parfum, plus masculin que féminin dont j'eusse été incapable d'identifier les

essences. Son plateau de petit déjeuner avait été laissé sur le lit ouvert. Elle ne buvait que du thé de Chine, avec deux biscottes, dans un service en argent, avec une tasse et une soucoupe en porcelaine blanche. Mais l'on eût cherché en vain dans cette chambre, à la fois austère et confortable, le moindre livre, la moindre photo et je me demandai comment maman pouvait meubler sa solitude sans lire.
Elle ne disposait pas, non plus, d'une radio. Alors, peut-être écrivait-elle, me dis-je en voyant son secrétaire ouvert sur des feuilles de papier noircies.
Ses ablutions finies, elle sortit de la salle de bains vêtue d'un long peignoir blanc en éponge, les cheveux retenus par une serviette nouée en turban. Ses traits étaient tirés – plus que d'habitude – constatai-je, et les cernes sous ses yeux accentuaient la tristesse de son regard qui s'éclaira, cependant, lorsqu'elle me vit. Sa silhouette fragile m'émut, mais ce n'était pas le moment de flancher et j'allais droit au but :
– Voilà, maman, j'ai mis ma robe d'avocate pour plaider ma propre cause : vous me manquez terriblement. Pendant mes sept ans d'internat, je ne vous ai aperçue que lors de mes vacances et dans les limites de nos repas, alors communs. Ces trois dernières années, vous vous êtes repliée ici où je ne pouvais vous dire que « bonjour » et « bonsoir » et toujours pendant les vacances… À la rentrée, je vais devoir repartir je ne sais où…
Ma mère s'assit sur le rebord de son lit pour se frotter vigoureusement les cheveux avec la serviette.
– Je t'écoute.
– Loin de moi l'idée de vous reprocher quoi que ce soit, mais je vous aime et j'ai besoin de vous.
Sa serviette glissa de ses mains, ses yeux s'embuèrent et je la vis chercher nerveusement son paquet de cigarettes. J'attendis qu'elle eût retrouvé le furieux objet de son envie pour m'agenouiller devant elle et préciser ma requête :

– Vous avez entrepris de magnifiques travaux dans cette propriété, mais il manque une roseraie. Eh bien, j'aimerais la dessiner et choisir chaque plant avec vous qui aimez tant ces fleurs.
Son visage s'éclaira d'un beau sourire et elle me demanda dans un halo de fumée :
– Mais où vois-tu cette roseraie ?
– Dans l'ancien verger, à côté du lavoir dont l'eau croupie pourrait servir aux arrosages... Rendez-vous compte, des Constance Spry au parfum de myrrhe, se détachant sur les vieux murs en pierres sèches, ce serait splendide, non ?
Ma mère continua à sourire entre deux bouffées de cigarette pendant que j'achevai ma plaidoirie :
– Léon préparera la terre du verger en la retournant et en la fumant et nous aurons les plus belles roses. De toute façon, vous n'avez guère le choix : j'ai déjà réuni des adresses de roseraies, car c'est maintenant, en pleine floraison, que se choisissent les plants pour éviter erreurs et déceptions. Quant à l'harmonie des teintes, je vous fais entièrement confiance.
Après avoir éteint son mégot, ma mère se pencha vers moi et me dit d'une voix chaude, teintée d'ironie :
– Chère maître ! Puisque vous alliez si bien la grâce à la persuasion, vous pouvez enlever votre robe, vous avez mon accord.
Je me jetai alors dans ses bras et nous restâmes ainsi, enlacées un bon et merveilleux moment.

Dès lors, maman rompit son isolement et réapparut au grand jour. Elle se prit même d'une vive passion pour cette quête de fleurs où devaient alterner roses anciennes et roses anglaises que nous préférions. Mais les unes s'avérèrent aussi difficiles à dénicher que les autres.
Pour nos déplacements et sachant que le cabriolet de ma mère n'avait pas roulé depuis des lustres, Léon l'avait remis

en état de marche, lavé, en astiquant les chromes comme un sou neuf, tout heureux de voir « Madame » reprendre goût à la vie. Cet homme est vraiment étonnant. Autant il sait rafistoler ses tôles ambulantes, autant il peut bichonner une voiture de luxe dans les règles de l'art ! En revanche, je ne l'ai jamais vu s'échiner sur la berline de mon père !

C'était la première fois que je partageais un projet, seule avec maman. Un projet en forme d'aventure aussi, puisqu'elle avait plus le sens des affaires que celui de l'orientation et qu'elle se moquait des cartes routières ! C'était la première fois, aussi, que je la voyais rire, d'un rire juvénile, insouciant, les cheveux au vent, au volant de sa voiture qu'elle maîtrisait parfaitement.
Sans être belle, elle a du charme, quelque chose de touchant, de prenant, et son regard intelligent ne peut laisser indifférent. Elle avait beaucoup minci depuis qu'elle s'était réfugiée dans sa chambre, mais elle se fichait de flotter dans ses robes devenues trop grandes.
Comme j'ai dix centimètres de plus qu'elle, les personnes qui ne nous connaissaient pas, nous prenaient pour des sœurs ou des amies proches. Nous avions surtout l'air de deux adolescentes en goguette et je savourais chaque seconde de ces précieux moments.
Dans nos pérégrinations diverses, nous nous arrêtions pour déjeuner dans les meilleurs restaurants que je découvrais et dans lesquels maman commandait toujours un excellent vin. C'était aussi la première fois que je trinquais avec elle et elle s'amusait de constater que je n'étais guère novice en la matière ! J'osai même lui confier que j'avais fait mes armes avec vous, dans le vieux chai de la propriété – sans jamais frôler le coma éthylique...
– Eh bien, j'en suis ravie, me répondit-elle. C'est peut-être toi qui reprendras un jour les vignes de ton père, comme j'aurais aimé le faire. Mais il m'a déclaré que « ce n'était pas

là un métier pour une femme ! » alors que je suis convaincue du contraire.

Après avoir repris une fourchette de beurre blanc dont elle raffolait, elle ajouta :

– Je ne dis pas que j'aurais excellé dans l'art de vinifier qui requiert des années d'expérience, mais dans la commercialisation et la gestion, oui ! Bref, c'est ainsi, mais c'est dommage, car il y a dans le vignoble de la propriété un potentiel complètement inexploité.

Je lui sus gré de ne pas insister sur les lacunes de mon père et qu'elle ne me prît pour confidente de ses déboires matrimoniaux. Et puis, je ne désirais surtout pas que d'autres allusions à ce père vinssent ternir ou gâcher mon intimité naissante avec elle. Mais je n'avais rien à craindre de cet ordre.

Après avoir commandé le dessert, ma mère leva son verre dans ma direction et déclara joyeusement :

– Buvons à ton avenir. Mais ne fais pas la bêtise d'interrompre tes études pour te marier et ne me ramène pas un militaire, ni un corniaud !

Le serveur qui, à deux pas derrière notre table, n'avait pas perdu une miette de notre conversation, eut du mal à réprimer un petit rire, pendant que je conclus dans une douce griserie :

– Je crois que vos vœux ont toutes les chances d'être exaucés !

Au cours de l'une de nos vadrouilles, je demandai à maman pourquoi je n'avais jamais rencontré sa propre famille. Je vis son visage s'assombrir, puis, après quelques secondes de silence, elle me confia :

– C'est une tragédie qu'à tort ou à raison, je préférais garder pour moi. Mes parents sont morts dans un naufrage au cours d'une croisière en Méditerranée. Ils m'avaient emmenée avec eux. J'étais leur seule fille et je fus sauvée in extre-

mis par un membre de l'équipage. J'avais huit ans. On n'a jamais retrouvé les corps de tes grands-parents. En un sens, c'est bien qu'ils aient disparu ensemble, car l'un n'aurait pas survécu à l'autre tellement ils s'aimaient. Mais d'un autre côté, je ne pourrai jamais faire leur deuil.
– Je suis désolée, maman, je ne voulais pas...
– Ne le sois pas, ma chérie, m'interrompit-elle. Il est bien que tu le saches maintenant, même si c'est un drame qui m'a laissée orpheline très jeune. J'ai été recueillie dans la famille d'un oncle, frère de ton grand-père, qui m'aura donné beaucoup d'affection et qui aura aussi très bien géré mon héritage.
– Quel était le métier de votre père ?
– D'abord, il avait un sens des affaires étonnant. Il pressentait sans faille ce qui allait marcher ou pas. Ainsi a-t-il acquis le brevet d'une poudre de lait, l'a commercialisée en France, puis dans le monde entier, avec un succès phénoménal.
Je ris intérieurement en comprenant soudain pourquoi ma mère s'était qualifiée de « vache à lait » dans son altercation violente avec mon père.
Et elle enchaîna :
– Mes parents me vénéraient. Pour l'un, j'étais sa « princesse » et pour l'autre, son « trésor ». Mon père avait décelé très tôt en moi ses dons commerciaux, alors que ma mère, plus jeune que son époux, n'y entendait rien. Elle, elle aimait le chant et elle avait une très belle voix de soprano qui me faisait pleurer chaque fois qu'elle l'exerçait.
Après un nouveau silence, elle me dit :
– Tu comprends maintenant pourquoi je n'écoute aucune cantatrice et que je n'emmènerai jamais mes filles en croisière ? Je ne désire même pas revoir la mer qui ne symbolise plus pour moi qu'un vaste cimetière.
J'acquiesçai avant de lui poser une autre question :
– N'avez-vous jamais regretté d'être fille unique ?
– Non ! J'étais tellement chérie que j'aurais peut-être mal

supporté toute concurrence, ironisa-t-elle. Mais après le naufrage, oui. Cela dit, j'ai des cousins et cousines qui sont comme des frères et sœurs pour moi, mais ils préfèrent me voir chez eux et sans ton père. Je considère aussi ta tante Millie comme une sœur. Elle est au courant de beaucoup de choses dans ma vie conjugale et je suis ravie de l'avoir choisie comme marraine pour toi – bien que les bondieuseries ne l'intéressent pas.

– Pourquoi a-t-elle accepté, alors ?

– Au titre de « marraine très spirituelle ! »

J'éclatai de rire et remerciai ma mère pour son choix.

Une averse nous obligea à nous arrêter pour fixer la capote en toile beige du cabriolet. J'aime beaucoup cette voiture fine, élégante avec sa carrosserie d'un beau vert foncé et je rêve de la conduire, un jour, pour découvrir de nouveaux espaces où je ne peux me rendre avec Gipsy. Je rêve aussi de vous associer à ces nouvelles échappées grisantes et sans autres destinations que celles dictées par nos fantaisies.

– À propos d'êtres chers, comment va ton amie Alba ? me demanda maman en reprenant le volant.

– Transmission de pensée ! J'étais justement en train de songer à elle. D'après sa mère que j'ai appelée il y a peu, sa « *niña querida* » fête ses derniers succès universitaires dans les monts Cantabriques, avec des ami(e)s.

– Quelle discipline a-t-elle choisie ?

– L'ethnologie et je vous parie qu'elle va traiter sa bande comme un sujet d'études ! dis-je en riant.

– Vu le personnage, déjà bien trempé quand je l'ai connue, c'est fort possible ! Mais quel dommage pour toi qu'elle n'ait pas continué ses classes en France !

– Ma chère maman, ne remuez pas le couteau dans la plaie. Vous savez combien j'ai souffert de son départ à Madrid, cela m'est aussi pénible de ne recevoir de ses nouvelles qu'au compte-gouttes. Qu'en sera-t-il lorsqu'elle sera en mission dans un lieu sans transmission ?

– Ne t'inquiète pas, ma chérie. Le pensionnat était une présélection où tu as eu la chance de connaître Alba. L'université est une sélection où tu vas sûrement faire de nouvelles et passionnantes rencontres. Tu es belle comme un cœur et tu es aussi surdouée.
– En tant que mère, vous êtes forcément de parti pris, répondis-je en riant encore. Vous savez, pourtant, que j'ai un caractère de cochon et que ces bestioles n'attirent personne !
– Détrompe-toi : d'abord tu n'as rien de porcin, ni le groin ni la queue. Tu as du caractère – ce n'est pas la même chose – et il vaut mieux cela que des neurones en mou de veau !
Inutile de vous dire que nous ne trouvâmes jamais les rosiers que nous cherchions. La seule chose qui m'importait, en réalité, c'était de partager quelques moments avec ma mère. Moments qui effacèrent, à coup sûr, toutes les années où nous fûmes éloignées l'une de l'autre.

Comme tous les étés, tante Millie vint passer quelques jours chez nous.
Elle se réjouit de voir maman ressuscitée, entreprenante, joyeuse et lui demanda en vertu de quel miracle elle devait ce changement spectaculaire. « L'amour ! » s'entendit-elle répondre malicieusement.
Puis, après avoir déposé dans un coin de l'entrée son invariable petite valise en cuir brun, bien patiné, et extrait de son sac un Leica, tante Millie voulut voir sa nièce et filleule en selle et dans ses bottes. « Séance tenante ! » ajouta-t-elle en souriant et en frappant le sol de sa canne.
– Ah, l'esprit kaki de cette famille, quelle plaie ! me moquai-je.
– Pas mal vu ton kaki ! apprécia-t-elle, mais j'espère que tu ne garderas que l'esprit, n'est-ce pas ?
– En doutiez-vous ma chère tante ? lui lançai-je en courant vers Gipsy.

Elle nous mitrailla, ma jument et moi, mais non sans mal, car je détestais, lui dis-je, être prise en photo et Gipsy ne tenait pas en place, pressée de déguerpir. « Je ne te demande pas ton avis ! J'ai tout de même le droit de m'accorder un petit plaisir, de temps en temps, non ? » me répondit-elle d'une voix impérieuse. Et la photographe obtint ce qu'elle voulut. Elle félicita la cavalière et sa monture, dans un mélange de ravissement et d'émotion dont je compris la raison peu après.

Pendant les séjours de tante Millie, mon père prenait ses repas avec sa sœur et maman, exceptionnellement. Je ne sais ce qu'ils pouvaient bien se dire dans ce chassé-croisé de mésentente masqué par les bonnes manières. Ce que je sais, par Ernestine, c'est que mon père désertait la salle à manger pour prendre son café avec son chien, dans la bibliothèque. Et qu'en revanche, tante Millie et maman s'attardaient à table dans des conversations redevenues animées et joyeuses et pas seulement parce qu'elles appréciaient toutes les deux l'eau-de-vie de poire !

En me promenant un jour avec ma tante, je lui ai demandé depuis combien de temps elle avait cessé de monter à cheval et pourquoi elle m'avait donné sa selle et ses bottes.

Je vis à une sombre expression de son visage que je venais de lui poser une question douloureuse.

Après quelques secondes de silence, elle me prit le bras et sans se départir de son allure altière, comme de sa voix assurée, elle me dit :

– Avant la dernière guerre, j'avais un cheval que j'ai sauvé de l'abattoir. Le pauvre animal était gravement blessé au membre antérieur droit, d'une maigreur impressionnante et, à ses dents, il devait bien avoir une dizaine d'années. Bref, je l'ai soigné jour et nuit, de manière purement intuitive, avec des remèdes de bonne femme, et il s'est remis d'aplomb, petit à petit.

– Vous avez dû savourer votre triomphe ! Pardonnez-moi de vous interrompre.
– Oui, je l'ai savouré, poursuivit-elle, car, sans vouloir me flatter, je crois qu'aucun vétérinaire équin et le meilleur fût-il, n'aurait eu le temps et la patience de se lancer dans une entreprise aussi hasardeuse. Il manque peut-être à ses messieurs la motivation affective, cette folie généreuse et génératrice de tant de bienfaits.
– Oui, mais reconnaissez que s'ils devaient s'attacher aux bêtes qu'ils soignent, ils ne pourraient exercer leur métier, objectai-je.
– Certes, mais dans certains cas désespérés, il y faut plus que du métier, crois-moi, une implication surnaturelle... Quoi qu'il en fût, la créature pitoyable, blessée, décharnée, s'est révélée un beau selle français, alezan aux crins noirs, que j'ai prénommé « Zyg » et que j'ai monté tous les jours, ici. L'hiver, je le rentrais dans le box des écuries qui est celui de Gipsy, maintenant.
La canne de tante Millie glissa sur une pierre avant de lui échapper. Je la ramassai aussitôt et je lui demandai ce qu'était devenu son cheval.
Son beau regard se voila et elle inclina la tête vers le sol, avec un léger tremblement des lèvres.
– Ne me répondez pas si vous ne le pouvez, lui dis-je en resserrant son bras contre le mien.
– Si, si, je vais te répondre, cela me fait du bien d'en parler, au contraire. Les douleurs muettes peuvent provoquer des maux réfractaires à tout traitement... Et puis la guerre fut déclarée. Ton père avait rejoint son régiment, ta grand-mère paternelle, ma préceptrice et moi-même vivions ici. Jusqu'au jour où deux soldats allemands sont arrivés chez nous pour réquisitionner la maison et mon cheval. Je ne pouvais le cacher car ils l'avaient déjà repéré. Mais quand Zyg a vu ces deux hommes ouvrir la barrière de la clôture en parlant une langue étrangère, il s'est rué sur eux et a mortellement tou-

ché l'un des soldats. Puis il a voulu s'attaquer à l'autre, mais celui-ci a eu le temps de saisir son Luger et de l'abattre d'une balle en plein front. Je n'oublierai jamais ce coup de feu et la manière dont mon cheval s'est écroulé dans une lente virevolte, comme un majestueux et dernier salut au monde.
– Mais où étiez-vous alors ? Vous l'avez su par un tiers ? m'enquérai-je encore.
– Non, j'étais bel et bien là. Comprenant que ces Allemands voulaient m'enlever ce que j'avais de plus cher pour le vouer à l'abattoir d'une guerre qu'ils nous imposaient, je les ai suivis pour les empêcher de commettre l'irréparable. Mais après le hennissement furieux de Zyg et sa première ruade, tout s'est passé très vite et je n'ai pu intervenir.
Je n'osai demander à ma tante ce qu'elle avait fait ensuite, mais elle y répondit d'elle-même :
– Surmontant un désespoir qui l'aurait convaincu du pouvoir de m'impressionner et d'une supériorité usurpée, je me suis avancée vers le soldat qui avait tiré sur Zyg et je l'ai insulté. Jamais je ne m'étais emportée de la sorte. L'on dit que les mots peuvent tuer, mais les miens le faisaient ricaner... Il a alors ressorti son pistolet accroché à son ceinturon, l'a braqué sur moi et m'a menacée de cette plaisanterie : « Jolie Mad'moiselle veut une balle, elle aussi ? »
« Je n'ai pas peur de vous ! Vous allez perdre cette guerre, mais rassurez-vous, vous serez mort avant et moi pas ! » lui rétorquai-je d'une voix impassible... Je pensais qu'il allait réellement appuyer sur la détente, mais non. Il a continué à ricaner, a rengainé son arme, s'est penché sur le crâne défoncé de son camarade, pendant que je regardais mon cheval qui avait l'air de dormir. En quelques secondes, je sus ce que je devais faire : quitter les lieux au plus vite...

Ma tante interrompit son récit pour s'asseoir sur un banc de pierre. Je lui proposai de rentrer si elle se sentait fatiguée, mais ce n'était pas le cas, elle tenait à achever cet « épisode » :

– En dehors du drame que je venais de vivre à cause de la guerre, cohabiter avec un état-major de la Wehrmacht et voir le drapeau allemand flotter dans notre cour, me parut inconcevable. Je revins à la maison cacher ma selle et mes bottes, rendre l'armurerie de la famille inaccessible aux Allemands, préparer un balluchon à l'insu de ma mère et de ma préceptrice, et j'attendis la nuit pour m'enfuir à vingt kilomètres de là, chez un cousin sûr et que j'aimais beaucoup. En réalité, je voulais aussi m'éloigner de ma mère, mais cela est une autre histoire.

Après un nouveau silence, ma tante sortit un mouchoir d'une poche de sa veste d'été pour essuyer son front et elle poursuivit d'une voix moins assurée :

– Pendant cette fuite nocturne et sans témoins sur un trajet que j'avais parcouru tant de fois avec Zyg, j'ai pu hurler mon désespoir fou, viscéral, incontrôlable et si démesuré que j'ai pensé qu'il me terrasserait.

Son visage était d'une pâleur impressionnante, mais elle se reprit :

– J'avais alors ton âge, aujourd'hui, dix-sept ans, j'ai continué malgré tout, mue par la volonté de ne faire aucun cadeau à l'adversaire. Ensuite, tu peux comprendre que je n'aie jamais pu me remettre en selle. Zyg était irremplaçable et tout autre cheval eût ravivé en moi la douleur d'avoir perdu le mien.

Ne voulant pas rester sur une note aussi triste, je fis remarquer à ma tante que Zyg avait fait la guerre à sa manière et qu'il devait être particulièrement intelligent pour avoir tout de suite flairé à qui il avait affaire « Et puis, ajoutai-je, il n'aura pas péri sous le postérieur d'un ennemi ! »

Tante Millie sourit et me dit :

– Oui, c'est vrai, j'ai pensé la même chose ensuite et cela m'a bien aidée… Nous rentrons ?

En marchant silencieusement à ses côtés et en me remémorant chaque mot que je venais d'entendre et qui m'avait lacéré le cœur, je me dis qu'à la place de tante Millie, je n'aurais pas survécu à la mort de mon cheval, un miraculé qui plus est, ou alors j'aurais pris un fusil dans l'armurerie pour abattre le meurtrier de Zyg. Je n'aurais pas réfléchi aux représailles. J'aurais vengé la mort de ce cheval qui n'avait déclaré la guerre à personne, lui, et qui n'aspirait qu'à vivre paisiblement…

Ce drame qui démontrait l'incroyable sang-froid et le cran de tante Millie, fit naître en moi d'autres questions sur sa vie pendant la dernière guerre et notamment, sur la claudication de sa jambe droite qu'elle attribuait à « une arthrose sans intérêt ! » Je ne croyais pas à cette explication. Je pressentais, je sentais qu'elle dissimulait des faits de la plus haute importance et pas seulement pour la connaissance de ma vie familiale. Mais comment le savoir puisque cette famille paternelle vivait sous le carcan du secret permanent ? Même maman semblait ignorer des pans entiers de la vie de sa belle-famille – y compris celle de mon père. Qu'avait-il fait, lui aussi, pendant cette même guerre ? Pourquoi avait-il cessé ses activités militaires avant l'âge de la retraite ? Je me promis d'en avoir le cœur net, un jour, et d'une manière ou d'une autre.

En attendant, ce que tante Millie venait de me confier, me rendit Gipsy plus précieuse encore et j'allais redoubler d'attentions pour elle dans la crainte de la perdre un jour. Comme j'allais désormais, et en mémoire de Zyg, embrasser avant chaque usage la selle et les bottes que ma tante avait sauvées des rapines allemandes.

La moitié des vacances venait de s'écouler à une vitesse vertigineuse. Mais dans mes échappées avec Gipsy, j'avais eu tout le temps de songer à mon avenir, après avoir longuement hésité sur le choix de mes études.

Le Monde avait suscité en moi un tel intérêt pour les événements politiques, que je fus d'abord tentée de m'inscrire à

Sciences-Po. Je pouvais entrer directement dans cette école avec ma mention au bac.

M'étant prise de passion pour la philosophie en terminale, la perspective d'une licence et même de l'agrégation, se profila à l'horizon.

Mais j'étais irrépressiblement attirée, aussi, par les lettres classiques, mes amours premières, et, tout bien réfléchi, tout bien pesé, j'optai pour ces études avec le désir de les suivre dans le Saint des Saints de la culture et du savoir qu'est la Sorbonne.

Mon choix fait, il me fallait maintenant obtenir l'accord des parents en raison de mon jeune âge et du fait que je serais livrée à moi-même dans la jungle parisienne ! J'éliminai d'emblée toute confrontation avec mon père. Hormis les motifs qu'il pourrait m'opposer, pensai-je, je m'attendais à ce qu'il me déclarât qu'une femme instruite représentait un péril conjugal, sinon, un péril tout court, et que la Sorbonne ne fût qu'un lieu de perdition ou un foyer révolutionnaire. Et je ne l'aurais sûrement pas convaincu si je lui avais répondu que c'était précisément l'effervescence intellectuelle séditieuse qui pouvait fasciner une fille de militaire ultraconservateur et catholique patenté – tendance Pie XII !

Je confiai donc mes intentions à mes deux puissantes alliées : tante Millie et maman.

La première les accueillit avec enthousiasme et me proposa spontanément de m'héberger dans son appartement « à deux pas de la Sorbonne, comme cela, tu pourras t'y rendre à pied. »

Maman approuva sans réserve mon choix et me rassura sur la manière dont elle allait le présenter à mon père. Sans doute la discussion eut-elle lieu à trois, lors d'un déjeuner ou d'un dîner et j'attendis impatiemment le verdict.

Il me fut favorable et ma mère me l'annonça après le départ de tante Millie, pendant que nous arpentions toutes les deux la future roseraie.

– Je n'ignore pas, me dit-elle, que tu as été mise au régime sec pendant sept ans. Je souhaite que tes années universitaires soient à la fois studieuses et heureuses à tous égards.
Et elle ajouta :
– D'une certaine manière, tu vas réaliser un rêve que j'ai dû interrompre.
En l'étreignant de toutes mes forces pour la remercier, je compris qu'elle avait sacrifié ses propres études à son mariage.

En prévision de mes futures absences et comme Léon n'était un palefrenier que par obligation – il eût été plus à l'aise avec un bourrin, me disait-il – il me fallait quelqu'un d'autre pour panser, nourrir et faire travailler Gipsy. La monte étant exclue. Je songeai immédiatement à Louisette que j'avais connue sur les bancs de l'école primaire du village. Je m'entendais très bien avec elle et ne l'avais jamais perdue de vue. Étant nées le même jour, nous ne nous appelions pas par nos prénoms, mais par « jumelle ! » En outre, elle aimait aussi les chevaux – atout majeur pour en prendre soin.
Je ne m'étais pas trompée. Elle accueillit avec enthousiasme ma proposition et nous décidâmes de commencer son apprentissage le plus tôt possible, afin de familiariser Gipsy avec sa nouvelle nounou et réciproquement.
À la fois bien charpentée et délicate, Louisette se révéla très douée pour le pansage et Gipsy ne manifesta aucune rétivité à son contact. Elle semblait même beaucoup apprécier sa voix douce et rieuse. Plusieurs matins consécutifs, je montrais à Louisette en quoi consistait le travail à la longe. Mais elle ne se contentait pas de l'exécuter, elle désirait aussi comprendre, savoir à quelle nécessité répondait ce travail, et ses questions, toujours pertinentes, témoignaient de son intérêt réel pour le monde équin si subtil et complexe.
Nous abordâmes ensuite le chapitre nourriture, fréquence et quantité des rations mélangées d'avoine et d'orge. Je pré-

cisai à mon élève qu'elle n'avait pas à se préoccuper de l'approvisionnement des céréales :
– Léon s'en charge, comme il s'occupe des commandes de paille et de foin de luzerne. Mais veille à ce que Gipsy ait toujours du foin dans son pré où il n'y a rien à brouter en ce moment et de l'eau claire dans son bac en granit. Et j'ajoutai : s'il pleut, ne te tracasse pas non plus, Gipsy s'abrite sous le gros chêne, la croupe contre le vent et la pluie. Voilà, je t'ai dit l'essentiel. De toute façon, je te laisserai ces instructions par écrit – même si je sais que tu as une mémoire infaillible !
– Mais qu'aurai-je à faire quand ta jument sera dans son box ?
– N'anticipons pas sur la seconde leçon, ma chère jumelle, lui répondis-je en souriant. Aux premiers froids je serai là et je te donnerai la marche à suivre. Maintenant, allons prendre un rafraîchissement à la maison, car j'ai encore quelques détails à mettre au point avec toi.
Louisette était aux anges, consciente de ce que je lui confiais là une mission de la plus haute importance.
Pendant que nous sirotions toutes les deux un verre d'eau mélangée à du jus de cassis, dans la grande cuisine, je réalisai tout d'un coup que je n'avais même pas demandé à ma jumelle si elle était durablement disponible. « Ah, les séquelles de la féodalité ! » Louisette éclata de rire avant de me rassurer :
– Je n'ai rien d'autre à faire que de donner un coup de main à ma mère le dimanche matin, après la messe. C'est à ce moment-là qu'il y a le plus de monde dans son épicerie. En dehors de ça, je suis des cours de comptabilité par correspondance pour tenir un jour un magasin plus grand, mais le commerce ne m'intéresse pas du tout !
Elle reprit une gorgée du breuvage bien frais et me déclara :
– Tu sais, j'ai toujours été attirée par les chevaux, eh bien, je n'ai pas changé. J'ai même voulu me faire embaucher

comme palefrenière chez des particuliers ou des éleveurs – les haras étant exclus, tout simplement parce que je suis une fille ! C'est pourtant un travail qui demande plus d'adresse que de force, non ?

– Écoute, lui dis-je, tout en lui servant un nouveau verre, tu vas faire tes armes ici et avec cette expérience, je suis sûre que l'on te regardera différemment.

Puis je lui tendis un carnet en lui demandant de le garder précieusement :

– Tu as là trois numéros de téléphone essentiels – le mien, chez tante Millie, celui du maréchal-ferrant et celui du vétérinaire équin. Mais s'il y a le moindre pépin, tu m'appelleras d'abord, d'accord ? Sache aussi que Gipsy est vaccinée contre la grippe et le tétanos et qu'elle est vermifugée pour l'automne et l'hiver. Enfin, dans ce même carnet, tu noteras bien tes heures.

Louisette protesta, arguant que je lui faisais un grand cadeau avec ma confiance en elle et le plaisir qu elle éprouverait à prendre soin de Gipsy.

Je lui répondis que c'était aussi un travail prenant et régulier et que je ne pourrais accepter qu'elle l'effectuât gracieusement pour moi. « Et puis, je ne souhaite pas que ta mère, que je respecte, puisse penser que j'exploite sa fille ! Alors, puisqu'il en va aussi de ma réputation locale… »

Et l'accord fut conclu selon mes desiderata.

Jamais je ne vis le visage de Louisette aussi rayonnant et elle ne put s'empêcher de m'embrasser comme du bon pain.

– Ah, dernière recommandation de la plus haute importance, lui dis-je encore, ne donne jamais à Gipsy une pomme entière à croquer, elle pourrait en mourir ! Toujours par petits morceaux et sur le plat de la main. Même chose pour les carottes et aucune sucrerie !

Louisette repartie, je me sentis rassurée. J'allais pouvoir quitter ma jument à la rentrée sans avoir à me soucier outre mesure de son sort. Elle me manquerait, naturellement, mais sans inquiétude majeure. Et puis, j'étais heureuse de remettre la huitième merveille du monde entre les mains de Louisette, comme si notre complicité de longue date était le meilleur garant du succès de sa tâche. Enfin, Gipsy, à la fois susceptible et sensible, ne se morfondrait pas avec une demoiselle aussi dévouée.

Voyant ma sœur préoccupée, morose, sans entrain au retour de l'une de nos baignades dans une boire de Loire, je lui proposai de dormir une nouvelle fois avec moi, dans la cabane du pin où, en réalité, je passais toutes mes nuits.
J'étais dans un demi-sommeil lorsque je l'entendis sangloter :
– Je ne veux pas aller en pension… Les études me barbent… Je veux rester ici…, me dit-elle.
– Sans rien faire ? Mais c'est impossible ! objectai-je.
Les sanglots redoublèrent. Ne sachant comment calmer sa détresse, je lui demandai si l'escrime était toujours sa plus grande passion.
– Oui ! me souffla-t-elle avant d'ajouter, je veux en faire un métier et si je suis pensionnaire, adieu mon rêve !
Cette perspective la terrassa, puis en proie à une exaspération soudaine, elle envoya balader son sac de couchage en me reprochant de ne pas la comprendre.
– Écoute, lui dis-je gentiment, j'aimerais savoir en quoi l'internat serait incompatible avec ta passion.
– D'abord, parce que j'ai juste l'âge pour pratiquer cet art sérieusement. Ensuite, parce que si je suis pensionnaire et que l'on m'autorise une leçon par semaine, ce ne sera pas suffisant pour un bon entraînement qui nécessite huit leçons par mois. Tu penses bien que l'on ne va pas me les accorder ! se plaignit-elle en reniflant.
– Alors, tu « t'escrimerais » sans la moindre instruction scolaire ? Tu serais championne et totalement inculte, c'est cela ? lui opposai-je encore.

– Mais non, il suffit que j'aie une préceptrice à la maison ! s'obstina-t-elle avant de recourir à cet autre argument : tante Millie n'a jamais été à l'école et cela ne l'a pas empêchée d'être plus cultivée que des diplômés !

– Bon ! admettai-je, mais ne te prends pas pour tante Millie, fais d'abord tes preuves. Maintenant, je te conseille d'éviter un nouveau *casus belli* en confiant tes intentions à papa.

L'éplorée ne geignait plus :

– Mais comment pourrait-il s'y opposer ? Cela devrait lui plaire, au contraire, puisque tous les maîtres d'armes en escrime sont des militaires !

Je ris.

– Fais-moi confiance, insistai-je. Je crois avoir un peu plus d'expérience qu'une jouvencelle pour savoir ce qu'il faut dire ou non à papa. Toi, tu vas trembler avant même de le voir et tu t'écrouleras à sa première objection. Je vais donc plaider ta cause, comme j'ai défendu la mienne, d'accord ?

Elle acquiesça et se blottit contre moi, un peu plus rassurée.

Dès le lendemain, j'exposai les objectifs et préoccupations de Sybil à maman, qui me répondit :

– D'abord, je veux que tu saches que je n'ai jamais été en faveur du pensionnat pour mes filles. En ce qui te concerne, j'ai dû m'incliner. Mais quand je t'ai vue quitter la maison, si menue, si fragile, si triste, je fus chavirée, car le plaisir d'une maman, c'est de voir son, ses enfants grandir et de les accompagner dans cette période délicate de l'adolescence. Non, j'ai trop souffert de ne pas te voir tous les jours, sachant qui plus est que tu n'étais pas heureuse non plus, sauf en présence d'Alba.

Après une pause pendant laquelle maman recouvrit son visage d'une crème hydratante et brossa énergiquement ses cheveux, elle poursuivit :

– Ton père a une vie sédentaire qui n'oblige pas Sybil à être pensionnaire. Et puis, dit-elle d'un sourire moqueur,

j'ai déjà conçu une cérébrale et je serai très heureuse d'avoir dans ma progéniture une escrimeuse vouée à un art aussi magnifique que l'équitation. L'équilibre sera parfait, car trop de matière grise dans une même famille est tout aussi préjudiciable que le contraire !
Je souris à mon tour.
– Enfin, conclut-elle, j'inscrirai ta sœur dans une bonne école des environs où elle se rendra en car. Elle aura une scolarité normale, en demi-pension.

Deux jours après, « l'affaire » Sybil était réglée – quoique mon père refusât d'adresser la parole à l'intéressée. Il avait agi de même avec moi lorsque maman lui imposa le choix de mes études à la Sorbonne. Mais cela ne modifia guère nos usages et n'entama d'un iota ma bonne humeur. Au contraire, le fait que maman pût imposer ses volontés et vues à un homme qui n'avait jamais reçu d'ordres que de ses supérieurs, à l'armée, me soulagea et me réconforta. Le vrai chef de famille c'était elle, désormais, qui avait aussi l'intelligence de ne jamais critiquer notre père ou de s'opposer à lui devant nous, ses filles.

Ce furent sans doute les plus heureuses grandes vacances que je devais connaître dans cette propriété familiale – hormis la tragédie qui avait eu lieu dans notre étang et celle que m'avait racontée tante Millie à propos de la mort de son cheval, auquel je songeais souvent, dans un mélange de fierté pour Zyg et de tristesse pour ma tante. La perspective de vivre avec elle dans une ville parée de tous les attraits et magnificences – mais qui m'était encore inconnue – m'enthousiasma.
Oubliée ma réclusion durable et nullement consentie au pensionnat ! L'avenir s'ouvrait sous d'heureux auspices et je ne devais songer qu'à cela.
Mais la palme de mes distractions estivales revint, naturelle-

ment, à ma Gipsy. Jamais nous n'avions fait d'aussi longues et belles randonnées, des dizaines de kilomètres sur les bancs de sable de cette Loire aux basses eaux. Loire somptueuse et versatile selon les heures de la journée.
Toutes les deux heures, quand nous chevauchions sur les chemins de halage, je m'arrêtais pour abreuver Gipsy à une boire – Mademoiselle préfère les eaux tranquilles aux courants du fleuve ! Je faisais aussi quelques haltes pour observer les oiseaux avec des jumelles empruntées à mon père. À Pâques, j'avais découvert le fascinant travail de terrassière qu'effectue l'hirondelle de rivage quand elle creuse un tunnel d'un mètre de long, à flanc de berges, pour nicher au fond, dans une petite chambre.
L'été, je scrutais les sternes et les gravelots qui pondent plus simplement leurs œufs dans une légère dépression creusée dans la grève… Le vanneau huppé, la mouette rieuse…
Sur notre parcours, il n'était pas rare de rencontrer des épaves de chalands, affleurant l'eau, et qui témoignaient de l'intense activité marinière sur la Loire avant l'arrivée du chemin de fer qui favorisa surtout les pêcheurs !
Cependant, la veille de mon départ et alors que je nettoyais le harnachement de Gipsy avec du savon glycériné pour notre dernière sortie de l'été, je sentis ma jument capricieuse, nerveuse, rétive. J'eus des difficultés à passer son mors, à la seller, au point qu'il me fallut hausser la voix. Nous partîmes au pas, comme d'habitude, pendant que j'ajustais les étrivières et je crus sage, ensuite, de limiter les allures au trot. Mais je ne sais comment je parvins à tenir en selle quand Gipsy faisait un écart sur un simple coup de tête. Et des écarts si soudains et brusques que je perdais souvent mes étriers et mon assiette. J'essayais, néanmoins, de garder mon calme et de lui parler d'une voix apaisante. En vain, j'étais assise sur un volcan éruptif et ses oreilles couchées en arrière me signifiaient clairement que Mademoiselle était très contrariée. Pour ne pas filer à l'anglaise, je lui avais

pourtant dit que je partais pour suivre mes études à Paris et que je reviendrais la voir le plus souvent possible. C'était bien cela. Elle ne se résignait pas à mon départ et se vengeait en essayant de me désarçonner !
Sur le chemin du retour où je continuais à être aux aguets pour maîtriser les réactions inhabituelles de cette sacrée demoiselle, nous sautâmes un fossé et aussitôt après, Gipsy se mit à boiter. Une fois à terre pour l'inspecter, je vis le glome de son membre antérieur droit saigner abondamment. Heureusement, nous étions aux abords de la propriété où je la reconduisis à pied.
Comme ma jument n'avait encore jamais eu le moindre incident, j'appelai le vétérinaire qui, après avoir bien douché la plaie saignante et au-delà, me rassura vite : « En sautant, elle a heurté son antérieur droit avec le sabot de son postérieur droit, c'est tout ! Le glome est légèrement fendu, mais avec une bonne application quotidienne de teinture d'iode, tout rentrera dans l'ordre d'ici trois jours. »
Oui, mais je ne pouvais quitter Gipsy ainsi. Je différais donc mon départ à Paris pour m'occuper moi-même de cette petite futée.
Dès que sa plaie fut cicatrisée et qu'elle eût retrouvé la souplesse du membre touché, je mis les choses au point et sans circonvolution : « Je ne suis pas dupe d'une blessure destinée à me séquestrer trois jours supplémentaires. Mes cours à la Sorbonne commencent après-demain, mais ce ne sont pas des leçons d'équitation ! Tu vas donc attendre gentiment mon retour, avec Louisette. Mais, dis-moi, toi qui es si maligne, comment se fait-il que tu confondes une séparation provisoire avec un abandon définitif ? »

PARIS

Ma mère m'accompagna à la gare où je tenais fièrement une belle valise en vachette qu'elle m'avait donnée « pour oublier celle du pensionnat. » Elle avait glissé dans la poche intérieure de mon imperméable une enveloppe contenant une somme d'argent conséquente pour mes « emplettes et distractions personnelles ». Elle m'offrit également un billet de première classe alors que je n'avais jamais voyagé qu'en troisième, dans des wagons bondés et bruyants. Après une éducation spartiate, j'allais enfin savoir ce qu'était le luxe – tout au moins dans un train.

Malheureusement, je devais partager ces nouveaux et incomparables conforts avec un homme d'un certain âge et fumeur de cigares qui, hormis une chevelure clairsemée et une bedaine prononcée, ressemblait étrangement à mon père : même tête, mêmes gestes précis, même soin apporté à sa mise. Il lisait un journal suisse et quand il me vit déplier le mien après que j'eus regardé attentivement les bords de Loire que le train venait de longer, je l'entendis me dire avec un accent : « Vous lisez *Le Monde* alors que vous êtes si jeune ? » « Quand j'aurai votre âge, monsieur, je lirai peut-être votre gazette ! » lui répondis-je avec une amabilité restreinte. Il sourit d'un air débonnaire – là, il ne ressemblait guère à mon père ! – et comprit que je ne désirais pas être dérangée ni entamer une conversation. Au bout d'un certain temps, l'air étant devenu irrespirable dans notre compartiment où l'ouverture de la fenêtre était bloquée, je repris ma valise, saluai le voyageur qui m'avait empestée et m'installai dans un autre compartiment, vide, celui-là, où je pus enfin apprécier tous les avantages de cette première classe : le confort des sièges avec des repose-tête revêtus d'un carré blanc immaculé, la moquette sur le sol, une lampe à l'éclairage tamisé posée sur une tablette en bois, des rideaux opaques, assortis au velours des sièges, un calme souverain…

Cependant, en regardant défiler le paysage – une morne

succession de champs asséchés par l'été et sans relief, des fermes isolées, dépourvues de caractère particulier, des troupeaux de vaches et de moutons, des poules rousses, aussi, mais pas de chevaux – je ne pus m'empêcher de penser à une scène troublante.

Trois semaines auparavant, en effet, et alors que je me rendais de bon matin seller Gipsy, j'aperçus mon père accoudé à la clôture du pré de ma jument. Comme il l'avait ignorée jusque-là, je me dis d'abord qu'il avait enfin consenti à faire la connaissance de cette merveille. Non, il ne s'agissait pas de cela. La tête dans les mains, mon père pleurait ! Lui que je croyais incapable d'exprimer la moindre émotion, le moindre chagrin ! J'étais abasourdie. Je me cachais derrière un arbre pour qu'il ne me vît pas et ne se sentît pris en flagrant délit de faiblesse qu'il s'interdisait d'habitude et en toutes circonstances.

Combien de temps resta-t-il à regarder Gipsy qui se tenait à bonne distance ? Je ne saurais le dire. Non que l'image que j'avais de lui en fût transformée ou qu'il m'inspirât une compassion soudaine, mais j'aurais donné tout l'or du monde pour savoir ce qui le bouleversait autant.

De toute évidence, présumai-je, s'il est venu là et non ailleurs et s'il est effondré devant Gipsy, c'est que sa douleur est liée à un autre cheval et à des événements que ma jument lui rappelle.

Alors, aurait-il, lui aussi, perdu dans un contexte tragique un cheval qu'il adorait ? Et comme sa sœur, tante Millie, aurait-il renoncé, ensuite, et à tout jamais, à en acquérir un autre ? me demandai-je. Le fait de n'avoir à aucun moment vu mon père en selle, accréditait cette hypothèse.

Ou bien, Gipsy lui évoquait-elle la mort, pendant la Seconde Guerre mondiale, de l'un de ses plus chers amis, officier de cavalerie ? supposai-je encore. Mais pleure-t-on encore un ami vingt ans après sa disparition ? J'en doutais sérieusement.

Puis, il me revint en mémoire que mon père s'était opposé à ce que ma mère me fît don de Gipsy – sans lui donner la moindre raison. Il me devint clair, alors, que cette raison était indissociable de son chagrin. Mais pourquoi n'en avait-il rien dit à ma mère ? Que lui cachait-il ? Oui, pourquoi ce mystère s'il ne recelait en lui-même un fait important ou grave ? Toutes ces questions me perturbaient.
Décidément, dans cette famille, pensai-je en regardant un paysage de plus en plus terne, l'on cultive le secret comme d'autres les légumes et je n'aimais pas cela. Je ne l'admettais que dans des circonstances où la vie d'autrui est en jeu. Mais là, nous n'étions pas en danger de mort, mais de vie, prise en otage par des silences délibérés.
Le train venait de dépasser le dernier arrêt avant Paris et je décidai de chasser de mon esprit toute pensée qui aurait pu assombrir mon arrivée dans cette ville que je brûlais d'envie de connaître et qui se présentait déjà dans mes rêveries comme une poudrière de surprises infinies et joyeuses.

Dans la foule de voyageurs et de personnes venues les accueillir au bout du quai, je reconnus aussitôt tante Millie à son allure incomparable. Son élégance naturelle – même avec un simple imperméable – en imposait. De ce fait, elle évitait les bousculades et toute approche familière. Quand je lui en fis la remarque, elle rit et balaya ce compliment : « Mais non, c'est seulement ma canne qui impressionne, d'autant que je n'ai pas encore l'âge d'en faire usage ! » Je reconnaissais bien là sa modestie et son ironie, mais je maintins mes propos. Contrairement à maman, très démonstrative dans ses marques d'affection, tante Millie embrasse à l'anglaise, c'est-à-dire dans le vide – ce que nous fîmes. Mais cette réserve ne me dérange nullement, car ses attentions valent à mes yeux toutes les tendresses du monde et moi-même je ne suis guère née sous le signe de l'effusion – du moins, le pensais-je alors.

Deuxième nouveauté de la journée après ce voyage en première classe : nous nous rendîmes chez tante Millie en taxi, ce qui me fit l'effet d'une arrivée princière. La circulation, assez dense en cette fin d'après-midi, me permit de détailler tout ce qui s'offrait à mes yeux... Cependant, face au vacarme des coups de klaxon et des pétarades des mobylettes, à l'agitation piétonnière sur les trottoirs, à la densité des immeubles et des magasins, à l'absence d'arbres ou d'autres végétations, je fus tout d'un coup prise de la nostalgie de la campagne que je venais de quitter. Une petite pluie mesquine accentuait la grisaille de ce monde que j'avais paré de nombre d'attraits. Bref, j'étais déçue et n'avais qu'une envie : faire demi-tour. Gipsy me manquait déjà, les vignes, la cabane du pin, ses odeurs résineuses, les couchers de soleil sur la Loire, le sourire ému de maman, à la gare...
Mais dès que je franchis le seuil de l'appartement de tante Millie, sous les toits d'un immeuble voisin du Sénat, me précisa-t-elle, ma déception et mes regrets disparurent. D'emblée, je me sentis en terrain familier dans cette enfilade de pièces sous les combles, reliées par un couloir tapissé de tableaux, d'estampes, de gravures, de dessins encadrés, que l'on devinait plus qu'on ne les voyait dans la faible lumière d'appliques anciennes. Le parquet à chevrons, datant sûrement de la construction de l'immeuble, remplace avantageusement tout tapis – et dans toutes les pièces. Celles-ci, trois chambres de taille moyenne et un « salon » spacieux, regorgent de livres sur les étagères moulurées et en chêne massif dont je connaîtrais la provenance plus tard. À la vue de tous ces ouvrages, mon émerveillement atteignit son point culminant – du moins c'est ce que je croyais.
« J'ignorais que j'allais vivre dans une annexe de la Bibliothèque nationale ! » lançai-je à tante Millie qui s'amusait de mes réactions. Je remarquais aussi à côté des livres une quantité de disques de musique classique, mais pas

d'électrophone – sans doute était-il dissimulé, comme la télévision, pensai-je, ma tante ayant une sainte horreur des objets utilitaires modernes. Le mobilier de ce salon est d'un raffinement exquis, les rideaux blancs provenant de « voiles marines » appris-je. Quant aux poutres sur un plafond incurvé vers les fenêtres, elles apportent cette touche de vétusté intime que je m'attendais plus à voir dans une maison de campagne que dans un appartement en ville.

La chambre qui m'était réservée était, elle aussi, remplie de livres, du sol au plafond, ce qui me fit rire, car je me demandais où j'allais mettre les miens ! « Ne t'inquiète pas, me dit mon hôtesse, je ferai un peu de place. » Et elle ajouta : « Cette table et cette chaise te serviront de bureau. » Et joie suprême, pour la première fois j'allais dormir dans un grand lit, comme les adultes !

La chambre de tante Millie est toute blanche et des ouvrages s'amoncellent sur les deux tables de chevet.

Là aussi, je remarquai, comme dans les autres pièces, une absence totale de photos et je souris en pensant à la réflexion qu'elle m'avait faite un jour, avec sa causticité coutumière. « Je déteste cette manie qu'ont la plupart des gens de tous milieux d'exhiber leur progéniture comme des trophées sacrés et uniques. Ce narcissisme familial où se mêlent le prolongement de soi, la perpétuation de la lignée, le symbole et la preuve de la fécondité dans une félicité souvent trompeuse, est indécent et excluant pour qui a fait un autre choix de vie et n'a pas le moindre lien avec ces bambins endimanchés au sourire niais. »

Je lui ai alors répondu : « Mais ne m'avez-vous pas prise en photo avec Gipsy ? » « Certes, en convint-elle, mais je n'impose ces photos à personne. Elles n'intéressent que moi et elles sont dans un album que je consulte au gré de mes envies. »

La visite de l'appartement se poursuivait.

– Voilà la chambre de Zaskia ! m'annonça mon guide, avant

d'ajouter : une très grande amie, qui te plaira sûrement !
Tiens, me dis-je, c'est la première fois que tante Millie fait allusion à cette personne. Pourquoi ne m'en a-t-elle jamais rien dit jusqu'ici, *a fortiori* s'il s'agit d'une « très grande amie » ? C'est pour le moins étrange !
Je crus bon de ne poser aucune question et d'attendre d'être présentée à cette dame que ma tante tenait manifestement en haute estime.
– Ici, la salle de bains commune, qui n'a d'autre intérêt que d'être pratique et la cuisine dont on ne saurait se priver aussi ! entendis-je d'une voix plus affirmée que péremptoire.
Et sur le même ton :
– Cette porte, au fond du couloir, est celle des commodités. Demain je te montrerai le jardin, car il fait nuit et il est l'heure de dîner.
– Un jardin ? demandai-je, interloquée.
– Oui, insista-t-elle, sur le toit j'ai des légumes, des arbustes et des fleurs !
Je savais que ma tante avait l'art de doser les surprises, mais l'idée qu'elle pût avoir un jardin potager et floral au-dessus de sa tête, en plein Paris, me parut stupéfiant et même invraisemblable. Pourtant, à la seule évocation de ce jardin entre ciel et terre, je me crus plongée, entraînée dans un monde de sortilèges qui ne tenait, pour l'instant, qu'à quelques mots.

Tante Millie disparut dans la cuisine pendant que je m'attardais, dans le couloir, devant deux belles gravures représentant, chacune, une tête de femme, de profil. Il s'agissait de la déesse grecque de la santé, pour l'une, et pour l'autre, d'une certaine Julia Luperca, une Romaine. Je me penchais sur les inscriptions latines au bas de cette dernière lorsque ma tante me demanda ce que je trafiquais.
– Je commence mes cours avec vos beautés gréco-latines ! répondis-je.

– Bon, viens maintenant sabrer le champagne en l'honneur de ton arrivée dans la plus belle ville du monde ! suggéra-t-elle.
Je réalisai alors que je n'avais pas encore pris le temps d'enlever mon imperméable ni de ranger mes effets personnels et que ma valise était toujours dans le couloir. Mais je m'en fichais. Je me sentais heureuse d'être dans un « repaire » où chaque chose, chaque objet semblait chargé d'une histoire que j'avais hâte de découvrir. Un repaire à l'image de son auteur : élégant et charmant, à la fois hors du monde et au cœur de celui-ci. Un repaire qui ne s'impose pas comme certains de ces intérieurs conçus pour paraître, mais qui suscita chez moi de prime abord, et au-delà, un envoûtement subtil.
Tante Millie me tendit un verre à pied, de forme conique et biscornue. Ne connaissant rien en verrerie, je lançai une boutade :
– Une autre antiquité grecque ou romaine ?
Elle sourit :
– J'aimerais bien, mais nous nous contenterons de notre cher pays et du XVIIIe ! J'ai trouvé ces deux verres chez un antiquaire champenois et il me plaît de savoir qu'ils ont été entièrement façonnés, tournés à la main, d'où ces irrégularités qui les rendent uniques et même attendrissants. Et puis regarde ces bulles dans le verre lui-même et imagine qu'elles contiennent toujours l'air de l'époque, des lieux où ces petites merveilles ont été conçues, c'est fascinant, non ? Allez, à nous deux, ma grande chérie, je suis très heureuse que tu sois là ! ajouta-t-elle en levant son verre d'un geste gracieux et, assurément, d'une experte !
Je lui dis que c'était la première fois que je buvais du champagne et que je ne savais si j'en avais l'âge et le mérite.
Elle rit :
– Comment ? Il serait temps que tu t'y mettes sérieusement ! À ton âge, je peux te dire que je connaissais mieux que

personne la cave de mon père, ton grand-père. Il est vrai que – et sans vouloir les offenser – nos parents ne faisaient guère de différence entre les nectars et les piquettes ! Raison de plus pour sauver les premiers de cette confusion ! Alors, que penses-tu de celui-ci ?
– Je crois que je tiens de vous jusqu'au fond de ce verre, lui répondis-je sans flatterie.
Elle m'offrit un visage radieux et me servit un second verre pendant que le téléphone sonnait.
– Je te laisse deux secondes, je parie que c'est ta mère ou Zaskia, me dit-elle, avant de disparaître dans sa chambre.
Assise à la table de cuisine où l'on ne peut prendre ses repas qu'à deux, dans de délicieux effluves de soupe de légumes, j'admirais la manière dont tante Millie avait tiré le meilleur parti d'un espace étroit. Là aussi, du chêne pour les étagères, les placards et masquer le réfrigérateur, remarquai-je. Notre petite table était recouverte d'une jolie nappe blanche, damassée, sur laquelle était posé, en guise de seau à glace, un pot en grès qui avait sûrement fait la Révolution ! Le comble du chic pour frapper le champagne ! L'alignement des casseroles en fonte noire, me rappela celui de notre arrière-cuisine, comme le sol en tomettes vieux rose. Mais le plan de travail, avec des anciens carreaux blancs et bleus, devait être signé par la conceptrice des lieux. « Tout me plaît, ici, tout ! » me dis-je avec enthousiasme, chaque détail est beau, pensé, recherché et s'intègre dans un ensemble parfait et chaleureux. Le retour de tante Millie interrompit mes observations et rêveries.
– C'était ta mère et je lui ai dit que tu avais sûrement dû prolonger ton voyage en Alsace pour faire la tournée des caves puisque je ne t'avais pas vue à la gare !
Je ris.
– Elle t'embrasse, naturellement, et compte venir bientôt pour voir comment tu es séquestrée, ici !
Nos échanges pétillants se poursuivirent pendant un dîner

succinct, mais à mon goût. Le fond de champagne accompagna la salade de fruits. En me servant les dernières bulles, tante Millie me déclara :
– Je suis heureuse de voir que tu tiens bien la route, c'est très bon signe !
– Aurais-je, selon vous, plus de disposition pour lever le coude que pour potasser ? lui demandai-je dans une euphorie partagée. Où pensez-vous que mon estomac soit déjà culotté comme une vieille barrique ? ajoutai-je en débarrassant nos couverts.
– Non, me répondit-elle, je n'ai pas insinué que tu es une poivrote-née. Je suis simplement ravie que tu apprécies les bons vins. C'est une grande qualité, à mes yeux, et j'aurais été navrée de ne te servir que de l'eau – quel ennui !
Comme je désirais garder bon pied bon œil pour mon premier cours de propédeutique, le lendemain matin, et sachant aussi que tante Millie allait poursuivre sa nuit avec des lectures diverses, je lui demandai la permission de me retirer, en la remerciant de son accueil.
La première chose que je fis en regagnant ma chambre où une bonne fée avait déjà ouvert le grand lit sur des draps de famille, brodés, fut de sortir de mon cartable la photo de Gipsy, qui m'avait suivie en pension et de la mettre bien en évidence sur la table de chevet. Je ne voulais pas marquer ainsi mon territoire, seulement avoir à mes côtés et sous mes yeux, ma vestale préférée, le plus haut symbole de mes attaches personnelles.

Tante Millie m'accompagna à la Sorbonne sous une bourrasque. N'ayant qu'un parapluie pour deux, nous nous serrions l'une contre l'autre, avançant au rythme de ma tante que je suivais aveuglément. Elle avait beau me décrire les environs, les rues que nous empruntions, je ne distinguais rien. Il ne faisait pas froid, heureusement, mais le bas de mon imperméable collait à mes jambes et mes chaussures

trempées comme mes socquettes, ressemblaient à de pauvres savates. « Pour une entrée triomphale dans ce temple universitaire, c'était réussi ! » me dis-je, en souriant et en butant contre un pavé.
Arrivées devant la Sorbonne, tante Millie me remit un plan du quartier pour le retour, avec une clé de son appartement, que je glissai dans mon cartable, puis elle me souhaita bonne chance dans la langue de Shakespeare.
Une foule d'étudiants se pressait déjà dans la cour. Ceux et celles qui n'avaient pas de parapluie se protégeaient le crâne avec leur cartable et je fis de même. D'après leurs échanges animés, certains, certaines semblaient déjà se connaître et je les enviais. Non que j'eusse le sentiment d'être reléguée à la province d'où je venais et qu'une barrière imperceptible me séparât des Parisiens, mais le passage sans transition d'un pensionnat religieux à ce milieu universitaire mixte et laïque, me parut aussi étrange que brutal. Néanmoins, je saluais du regard mes nouveaux condisciples, pendant que l'eau de pluie qui avait aussi saturé ma queue-de-cheval, dégoulinait dans mon cou.
À l'heure dite, tout ce petit monde se bouscula vers les entrées conduisant à l'amphithéâtre Richelieu où nous allions suivre notre premier cours de lettres.
Quand je pénétrai à mon tour dans les lieux, la plupart des places étaient déjà prises sur les gradins semi-circulaires et dans le parterre, en face de l'estrade. En revanche, les balcons étaient encore désertés et je m'installai dans l'un d'eux, ravie d'avoir une vue plongeante et panoramique de cette salle impressionnante.
Je fus d'abord surprise de constater que nous n'avions pas de pupitre ni de tablette pour écrire. Il nous fallait prendre les notes sur nos genoux. « Question d'habitude ! » me dis-je en regardant ma voisine et novice qui semblait se demander s'il valait mieux croiser ses jambes ou mettre ses cuisses à plat pour écrire plus facilement.

Avant de trancher moi-même la question, je remarquai avec dépit qu'il y avait là plus d'étudiantes que d'étudiants et cela me parut curieux. « Les filles seraient-elles plus douées pour les lettres et les garçons pour les maths et les sciences ! Mais l'on ne naît pas avec le gène de la littérature, des mathématiques ou du microscope ! » me dis-je, perplexe.
N'ayant aucune envie de faire mes études de lettres avec une majorité de mes semblables – après avoir atteint les pics de la saturation et de l'asphyxie au pensionnat – je regrettai, tout d'un coup, de ne pas m'être inscrite à Science-Po !

L'impatience me gagnait et je commençais à trouver très inconfortable le beau banc de chêne clair sur lequel j'étais assise. Ma voisine passait son temps à sortir et à remettre un cahier dans son cartable, quand elle ne vérifiait pas, une nouvelle fois, le contenu de sa trousse, hésitant entre un stylo-plume et un crayon à bille. Son apparence de nonne en civil, comme ses gestes répétitifs et ses effluves de naphtaline, ne m'incitèrent guère à lui adresser la parole. Je faillis tout de même lui dire : « Pardon, ma sœur, mais votre parapluie inonde ma chaussure ! » Je n'en fis rien et retirai mon pied. Alors qu'elle avait soigneusement plié son imperméable sur ce qui nous tenait lieu de dossier à mi-hauteur, j'avais gardé le mien dont l'étanchéité laissait à désirer : j'étais trempée jusqu'aux os, mais n'en avais cure.
En observant de nouveau la disposition de cet amphithéâtre, son caractère à la fois intime et solennel, je ne pus m'empêcher de songer à tous ceux et celles, enseignant(e)s, écrivain(e)s, romancières, intellectuel(le)s plus ou moins prestigieux, qui nous avaient précédés dans ces lieux et sur ces mêmes bancs. Cela m'impressionna autant que le fait d'être passée d'un simple pupitre de pensionnat à des gradins étagés d'une université mondialement renommée et convoitée. Mais cette trajectoire ascensionnelle ne me grisa pas au point de me compter au nombre des futures étoiles.

Je me dis seulement que ces figures tutélaires d'un passé lointain ou récent, me tiendraient aimablement compagnie le temps de ces études qui furent aussi les leurs.

Le professeur fit son entrée et un silence succéda au brouhaha de l'auditoire. C'était un homme d'un certain âge, vêtu d'un costume sombre sur un corps spectral. De ma place éloignée de l'estrade, je ne pus distinguer son visage, seulement ses lunettes à montures foncées qui accentuaient l'austérité du personnage. Une chape de plomb s'abattit sur mes épaules. Un poids accru par la voix nasillarde de l'enseignant et sa manie de se moucher tous les trois mots dans un grand mouchoir à carreaux qu'il pliait ensuite soigneusement pour le déplier aussitôt. Un rhume ? Non. Un tic comportemental et qui allait nous être infligé toute l'année ! Je pensai alors à la Mère supérieure et implorai son secours. L'attention soutenue de l'auditoire et qui me sembla proche d'une servilité moutonnière, m'étonna. Puis, je réalisai que nous étions dans un cours « magistral », où l'on absorbait sur les bancs ce que l'on énonçait sur l'estrade. Telle était la règle des études supérieures, qui érigeait le rôle et le savoir de l'enseignant en pouvoirs sacrés. L'écoute massive à laquelle nous contraignaient ces us, ne me convenait pas et je fus tentée de quitter l'amphi. Mais j'attendis que le professeur nous donnât les informations principales : le programme de l'année, la liste des auteurs et de leurs œuvres à lire impérativement, etc.

En regagnant l'appartement de tante Millie, j'entendis de la musique en provenance du salon, mais nulle trace de ma parente. Je me rendis aussitôt dans la salle de bains pour y suspendre la serpillière saturée d'eau qui me tenait lieu d'imperméable, quand et alors que je m'apprêtais à sécher mes cheveux, je saisis une paire de ciseaux et coupai ma queue-de-cheval à hauteur de la nuque. Ce ne fut qu'en

voyant cette masse éparse sur le sol, sombre et humide, que je réalisai mon geste définitif et en fus enchantée. Je me sentis légère et libérée à jamais et de mon enfance et de mon adolescence où j'avais dû porter ces cheveux en tresses, en nattes, puis en queue-de-cheval alors, qu'en réalité, je rêvais d'une coupe courte, à la fois seyante et pratique.
En me regardant dans la glace, j'éclatai de rire, car peu douée pour cet exercice et dotée d'une épaisse chevelure, j'avais dû m'y prendre à plusieurs reprises avec les ciseaux pour un résultat en dents de scie que l'on pouvait qualifier de désastreux ! Un épouvantail à moineaux n'eût pas été plus efficace que ma nouvelle tête.
– Tu ris toute seule, maintenant ? s'étonna tante Millie qui venait de rentrer.
En découvrant l'objet de mon hilarité, elle aussi s'esclaffa avant de me conseiller « de réparer les dégâts » chez sa coiffeuse, « tout près d'ici ».
Aussitôt dit, aussitôt fait. Mais pour bien aligner mes cheveux, la coiffeuse dut raccourcir la coupe à hauteur du lobe des oreilles, de sorte que Jeanne la Folle qui était entrée dans son salon se mua en Jeanne d'Arc à la sortie.
J'étais aux anges, car je ne ressemblais ni à une gamine, ni à une adolescente attardée, ni à un garçon manqué ou non, mais à moi.
Tante Millie en convint :
– Personnellement, je te préfère ainsi, avec une tête qui reflète ta personnalité, mais qui risque de chavirer autant de garçons que de filles !
– Ah bon ? m'étonnai-je naïvement.
– Oui, insista-t-elle avec un brin de malice. Et ainsi tu auras le choix !
Plus tard dans mon lit, je réfléchis à la prophétie de tante Millie, car je ne m'étais jamais posé la question de savoir si je pouvais séduire ou si j'étais moi-même attirante. Et pour une bonne raison : je m'en fichais totalement.

Merci, très chère, pour vos encouragements. Ils vont m'être nécessaires. Je crois que ma plus grande déception, finalement, c'est moins le professeur de lettres que cette pépinière d'étudiantes, trop sérieuses et ternes. Après toutes ces années entre chipies, j'espérais une bouffée d'air au contact d'étudiants. Nous avons été élevées toutes les deux sans garçon et j'ai envie de connaître ces Papous – en tout bien tout honneur, puisque la bagatelle ne m'intéresse toujours pas ! Mais je crains que, même ceux que je vais côtoyer cette année, ne se confondent avec la grisaille ambiante. Qu'en est-il de votre côté où les étudiantes en ethnologie doivent être assez rares, non ? Mais ne m'annoncez pas que vous êtes amoureuse de l'un de ces êtres crapoteux, cacochyme, contrefait, balourd, gaga… En d'autres termes, d'un bel hidalgo !

L'emploi du temps à la Sorbonne nous laissant beaucoup de liberté, je la mis à profit pour parfaire ma métamorphose par des achats vestimentaires. De la même manière que j'avais sacrifié ma longue chevelure, je désirais, maintenant, me débarrasser à jamais de toute jupe, de toute robe que j'avais détesté porter, après y avoir été contrainte. Fini l'air de fille modèle ou sage – et surtout godiche – qu'elles me donnaient. Je voulais vivre en pantalons ou en knickers parce que ces vêtements ne symbolisent pas l'homme, à mes yeux, mais la liberté de mouvements. Et puis, on ne se déplace pas de la même manière avec une jupe ou un pantalon, des chaussures à talons hauts ou des mocassins. Finie aussi l'injonction paternelle de ne pas croiser les jambes lorsque l'on s'assied et de tirer sur le bas de sa jupe pour ne pas découvrir les cuisses. Toutes ces contraintes vestimentaires et gestuelles me paraissaient absurdes et ne parlons pas des bas attachés à ces prothèses que sont les porte-jarretelles !
Je ne savais pas que mes envies allaient totalement à l'encontre de la mode féminine d'alors, mais je m'en fichais ! Je

ne désirais être enfermée dans aucune catégorie opposée, « parisienne » ou « provinciale », dans aucun genre, « garçon » ou « fille ».

Je me mis d'abord en quête d'un nouvel imperméable que je dénichai dans une boutique d'articles d'équitation : un long et bel imperméable de cavalerie, en toile épaisse et d'un vert passé, avec deux attaches intérieures pour y glisser ses bottes. Ainsi, les deux pans du vêtement ne peuvent se soulever et battre de l'aile, au galop, et cette astuce assure une bonne protection sous la pluie. C'était exactement ce qu'il me fallait aussi pour monter Gipsy.
Dans cette même boutique, j'allais me procurer également une paire de boots en cuir noir, fermés par une lanière et une boucle latérale, de fabrication anglaise. Et je ne résistai pas à un beau cardigan en shetland gris, avec des boutons en cuir tressé, marron.
Pour ne plus avoir à porter le duffle-coat beige que je traînais depuis quatre ans, je le remplaçai dans un autre magasin par un long manteau droit, en drap de laine gris-bleu foncé, avec deux poches à rabat, un double boutonnage et une martingale sur une fente cavalière du plus bel effet. Je le gardai sur moi, par plaisir, et pour ne pas m'encombrer de paquets dans la suite de mes achats que je désirais compléter par un pantalon.
En passant devant une vieille boutique qui ne payait pas de mine, mon regard fut attiré par de magnifiques tissus exposés dans la vitrine : des cachemires, des tweeds, des soies, des flanelles, des velours côtelés ou non, des serges… Sans hésiter, je poussai la porte où une petite cloche annonçait toute entrée et ne vis d'abord que des costumes d'hommes sur des mannequins. Puis un bonhomme replet, au crâne chauve et portant des lunettes rondes surgit de l'arrière-boutique, avec une craie plate dans la main. Après l'avoir salué, je lui fis part de mon souhait.

– C'est pour votre ami ou un frère ? me demanda-t-il avec un fort accent dont je ne pouvais identifier l'origine.
– Non, c'est pour moi !
Le tailleur, sur ses gardes, revint à la charge :
– Un déguisement, peut-être ?
– Oui, de tous les jours ! répondis-je en souriant.
– Mais, mademoiselle, avez-vous bien regardé mon enseigne « Tailleur pour hommes » ?
– Non, je n'ai vu que vos beaux tissus.
Et j'ajoutai comme une évidence :
– Je serai votre première cliente, voilà tout.
Le tailleur me regarda interloqué, un tiroir-caisse à la place des yeux :
– Mais je dois vous dire que les pantalons sur mesure sont beaucoup plus chers que ceux du prêt-à-porter !
– Sans doute, monsieur, mais je ne trouverai jamais un pantalon à ma taille ailleurs, ni dans le tissu qui me plaît, comme celui-ci, précisai-je en désignant un coupon de flanelle grise.
– Vous savez ce que vous voulez, vous alors ! me dit-il en tirant sur le mètre souple suspendu à son cou.
M'adossant à son vieux comptoir, encombré et faiblement éclairé, je poursuivis mon offensive :
– Pardonnez-moi de bousculer vos usages, monsieur, mais vous n'aurez pas à le regretter, car si le pantalon que je désire me convient tout à fait, nous nous reverrons.
Je l'avais enfin déridé. Il se mit à glousser en soulevant ses épaules et quand il lut mon nom que j'avais inscrit sur un carnet, il enleva ses lunettes comme s'il eût ôté son chapeau en guise de civilités et balbutia, obséquieux :
– Mademoiselle est de la noblesse ?
– Oui, mais non de robe, de pantalon sur mesure ! lui lançai-je en riant et en m'éclipsant au son de la cloche de sa porte.
Je marchai ensuite à un mètre au-dessus du trottoir. Ravie

d'avoir vaincu les réticences conventionnelles de ce tailleur « pour hommes » qui avait certainement dû me prendre pour une givrée avant de s'incliner devant mes origines sociales. C'était la première fois que je découvrais le pouvoir magique que peut exercer le fait de posséder une particule. « Alors, voilà, me dis-je encore, il suffit d'un petit "de" précédent votre nom pour que l'on déroule un tapis rouge sous vos pas. » Je trouve cela absurde.
Les passants se retournaient sur moi dans les rues. Évidemment, je marchais d'un pas puissant, conquérant, tout à ma joie de pouvoir me constituer une garde-robe à mon goût et sans limites financières, après les années d'uniforme au pensionnat et les restrictions de tous ordres. Mais ce qui me plaisait le plus dans ces achats, c'était de concevoir ce que j'allais me mettre sur le dos, avec des envies très précises. La griserie qui en résultait pour moi pouvait surprendre n'importe quel quidam sur les trottoirs puisque je ne marchais pas, comme eux, tête baissée tel un automate, je donnais à voir mon plaisir et, apparemment, ce n'était pas chose commune dans cette capitale.

Très chère, votre dernière missive ne vous ressemble guère : morose, dépourvue d'ironie, trop sérieuse. Me cacheriez-vous quelque chose d'ennuyeux ? Maladie ? Mauvaise rencontre ? Soucis familiaux ? Merci de me répondre au plus vite et de mettre un terme à des questions peut-être sans fondement, je l'espère.

Après trois semaines de pluie incessante, le soleil fit son apparition dans un ciel sans nuages. J'allais, enfin pouvoir monter sur le toit et voir si tante Millie n'avait pas confondu son jardin avec trois pots de géraniums !
On accède à ce toit par une porte au fond de la cuisine, puis, par quelques marches et une seconde porte. Quand tante Millie ouvrit cette dernière en accompagnant son

geste d'un radieux « Alors, voilà, ce n'est pas Versailles, mais beaucoup mieux ! » je restai sans voix, stupéfaite, subjuguée. Mes yeux écarquillés balayèrent cet espace constitué, à droite, d'un potager parfaitement entretenu, et à gauche, d'un jardin ornemental au sol recouvert de gravillons blonds. J'apprendrai plus tard que tante Millie les avait dénichés dans un triage des alluvions de la Loire. Une haie dense et bien taillée, surnommée « coupe-vent » sans être « coupe-vue », entoure le jardin en forme de terrasse. Des rosiers anciens – comme ceux que nous avions cherchés avec maman – ponctuent cette disposition magnifique et qui devait l'être d'avantage encore en pleine floraison, pensai-je. D'autres plantes parachèvent le décor, notamment, des lauriers blancs et des buis ronds ou coniques dans de grands pots de terre cuite, d'un bel ocre pâle.
Mais ce qui acheva de m'envoûter, c'est l'intimité secrète du « salon d'été », tout à gauche, précédé d'une arcade de rosiers grimpants, avec deux grandes statues féminines, en pierre, qui se font face de part et d'autre d'une grande table rectangulaire en teck.
Tante Millie savourait mon enthousiasme tout en faisant mine de l'ignorer. En réalité, elle était sûre de mes réactions et bien avant que je ne découvre ce paradis perché.
Je m'amusais de la voir si bien doser ses effets, telle une ensorceleuse dont je me doutais qu'elle me réservait encore quelques surprises de taille. Mais pour l'instant, elle inspectait je ne sais quel arbuste en sérieux déclin, vêtue d'une veste en toile brune, revenue de toutes les guerres, sur une longue jupe noire : le fin du fin !
– Je présume que ces deux statues symbolisent quelque chose, non ? me hasardai-je.
– Tu présumes bien. Zaskia les a trouvées chez un sculpteur florentin et m'en a fait don.
– Mais elles doivent peser très lourd ! Comment avez-vous fait pour les monter jusqu'ici ?

– Tu sais, le Saint-Esprit fait bien les choses quand il se mue en treuil.

Évidemment, elle a réponse à tout, me dis-je en riant. Alors, continuons à la questionner :

– Dites-moi, tante Millie, puisque vous semblez si liée à votre amie Zaskia, comment se fait-il que je ne l'aie pas encore rencontrée ? Elle n'habite pas Paris ?

– Si, mais Mademoiselle étant l'une de nos plus brillantes physiciennes, elle parcourt le monde de colloques en conférences. En ce moment, elle est aux États-Unis et elle rentrera dans une quinzaine de jours. Seulement l'autodidacte que je suis n'entend rien à ses communications savantes, me dit-elle en se penchant sur des roses esquintées par la pluie.

Enivrée par les senteurs aromatiques en provenance du potager, je me promis de faire part de cette découverte à Léon en lui écrivant le soir même. De lui dire combien j'étais heureuse de prolonger ici mon monde premier, celui des légumes, des fleurs, des arbres fruitiers et de me sentir ainsi et toujours reliée à lui. Mais si je lui dis que mon ciel de lit parisien est constitué d'un potager et d'un jardin d'agrément, il va sûrement croire que ce ciel m'est tombé sur la tête !

Aucun bruit ne provenait de la circulation pourtant dense quelques dizaines de mètres plus bas et ce silence donnait un surcroît d'irréalité à ces lieux magiques. J'imaginais là des chaises longues et un vaste parasol blanc... J'imaginais des dîners aux chandelles dans les lueurs de la ville... Je m'imaginais aussi aux beaux jours en train de travailler à cette table, de lire ou de rêvasser dans les pépiements des moineaux et les roucoulements des pigeons. J'avais hâte de connaître ces privilèges, alors que je connaissais déjà celui de savourer des légumes et des fruits cultivés sur le toit d'un immeuble, ce qui me parut alors le comble d'un art de vivre, à la fois délicieux et poétique.

Puis j'entendis tante Millie me demander d'aller lui chercher un panier « dans le poulailler ! »

– Pardon, quel poulailler ?
– Dans la cabane au bout du potager !
Évidemment, dissimulée par un grand écran de lierre, je n'avais pu l'apercevoir.
En voyant que le poulailler en question servait de remise à des outils et du matériel de jardinage, à des paniers en bois ou en osier, à une claie remplie de pommes, à des engrais naturels etc. je me dis que, cette fois, ma chère tante avait voulu me circonvenir ou me prendre pour une parfaite idiote.
– Tenez, voilà votre coq ! lui dis-je en déposant le panier à ses pieds, d'un ton et d'un geste peu amènes.
– Mademoiselle prendrait-elle la mouche ? me lança-t-elle d'un rire moqueur.
Puis, plus sérieusement, elle ajouta :
– Je t'assure que cette remise fut d'abord un poulailler et c'est grâce à lui que j'ai choisi de vivre ici. Que veux-tu, j'aime l'insolite !
Cet insolite allait donner une tout autre dimension à l'appartement sous les combles, déjà fascinant en lui– même. Je n'avais éprouvé ce sentiment qu'une seule fois, alors : dans la cabane du pin, de notre propriété, où la sensation de dominer la terre sans atteindre le ciel, transportait mon esprit dans les sphères d'une rêverie vertigineuse et sans fin.
D'un baiser sur sa main, je remerciai ma tante d'avoir créé là cette féerie qui se laisse plus deviner qu'elle ne s'impose.
– Ne me remercie pas, me dit-elle en se débarrassant de sa veste éculée. Que veux-tu comme salade avec notre tourte aux petits lardons ?
Entre deux bouchées de tourte et de succulente batavia, je demandai à ma tante pourquoi elle avait choisi de vivre à Paris.
– Parce que j'y ai là mes amis et mes activités. Mais je ne désirais pas habiter n'importe où pour avoir seulement un

pied-à-terre ici. Comme il s'agissait d'un choix de vie à long terme, je ne devais pas me tromper de lieu. Ma sélection fut vite faite : ce serait soit l'île Saint-Louis, cette admirable figure de proue entre deux bras de la Seine, soit le Quartier latin, creuset de l'effervescence intellectuelle parisienne avec, notamment, la Sorbonne et ses célèbres cafés littéraires et politiques, puisque l'on y débat autant de littérature que des affaires du pays et du monde.
Tante Millie s'interrompit pour rajouter quelques feuilles de batavia dans le saladier vide.
– Mon troisième impératif était que je ne voulais vivre que sous les combles, parce qu'ils sont l'âme d'une habitation à mes yeux. Mais tout ce que j'ai vu, ici et là, m'a déplu, soit en raison de l'étroitesse des lieux, soit par manque de lumière, de vue ou d'ascenseur. Et, en visitant ces combles-ci, qui, à l'origine, étaient constitués d'une enfilade de petites chambres de domestiques, sans chauffage, avec des latrines communes au fond du couloir, le propriétaire m'a fait grimper sur le toit où j'ai découvert un vrai poulailler, avec de vraies poules et de vrais coqs ! Et là, ce fut le coup de foudre. Imagine ta propre réaction devant cette volaille sur un toit parisien et dominant les sénateurs eux-mêmes !
Je ris en entamant une crème brûlée.
– Devant ma stupéfaction et mon enthousiasme, le propriétaire – loin d'être un sot – me dit : « Madame, si vous voulez les combles et ce toit avec le poulailler, il vous faudra acquérir tout l'immeuble. » Et avant même d'aborder l'aspect financier de cette acquisition globale, je lui donnai mon accord sur-le-champ ! Cela vaut bien un autre petit verre, n'est-ce pas ?
J'acquiesçai en souriant et en attendant la suite.
– J'ai englouti presque tous mes biens dans cette opération, mais je ne le regrette pas. L'immeuble sans ascenseur était alors délabré. Les appartements avaient été occupés pendant la guerre et par des familles qui ne pouvaient assumer

le moindre loyer. Celles qui avaient une cheminée avaient même brûlé les persiennes pour se chauffer. J'ai vite compris que le propriétaire n'avait pas lui-même les moyens de rénover l'immeuble et qu'il désirait s'en débarrasser au plus vite. À la fin de nos transactions, il me l'aurait presque offert !

Elle se leva pour préparer son café dans une vieille cafetière pendant que je finissais mon dessert.

– Le lendemain de l'acte de vente, je me suis tout de même dit que j'avais peut-être fait la plus grande folie de ma vie. Je pensais bien sûr à toutes les rénovations et à l'installation d'un ascenseur qui m'est, personnellement, indispensable.

Tante Millie se servit une seconde tasse de café pendant que je rejetai un coup d'œil à ma montre, car j'avais un cours de grec en début d'après-midi. Nous avions encore un peu de temps.

– Comme tu le sais, je ne crois ni en Dieu, ni au Diable, mais je dois avoir un ange gardien. À peine sortie de chez un notaire avec l'ex-propriétaire de cet immeuble, j'ai acheté un journal immobilier pour consulter ses petites annonces et j'ai lu celle-ci : « Maçon qualifié, sérieux, rapide, recherche travaux dans Paris » avec un numéro de téléphone. Et c'est ainsi que j'ai rencontré Pepe, un Catalan réfugié en France depuis 1939 et qui, d'emblée, m'a paru très sympathique.

En me voyant plier ma serviette, tante Millie fronça les sourcils :

– Je t'ennuie peut-être?

– *You are fishing for compliments ? You will never bore me.*

– Je peux donc continuer ?

– *Please, do !*

– Après avoir inspecté tout l'immeuble avec moi, Pepe m'a dit dans quel ordre je devais effectuer les travaux dont il acceptait de se charger. Non seulement il s'est révélé un excellent maçon à l'ancienne, mais il a aussi plusieurs cordes à son arc : plomberie, électricité, peinture, jardinage… Grâce à lui, j'ai pu me passer également d'un archi-

tecte. J'ai conçu les plans et Pepe me disait si telle cloison pouvait s'abattre ou non, si tel mur était porteur ou non. Bien sûr, il a pris un ou deux aides pour le gros œuvre – dont la chape solide et étanche qu'il a fallu couler pour soutenir la charge du jardin potager, le ravalement de la façade fait en crépi à la chaux... L'un de ses cousins, menuisier, a remplacé chaque persienne de cette façade et c'est lui aussi qui a monté tout ce qui est en chêne ici.
Je me levai à mon tour pour me préparer une tisane de menthe fraîche, en suppliant la conteuse de me donner d'autres détails d'une belle aventure qui ne se lisait pas sur les murs de cet immeuble ressuscité.
– À la fin des travaux qui ont duré un an et demi, j'ai demandé à Pepe de me rejoindre dans ma cuisine. Il nous arrivait souvent de déjeuner ensemble quand je fus installée et quand les autres appartements étaient encore en chantier. Et je lui annonçai, ce jour-là, que pour le remercier d'un travail colossal qu'il avait fait avec autant de compétences que de dévouement – il ne comptait plus ses heures – je désirais lui offrir, ainsi qu'à sa famille, l'appartement du rez-de-chaussée. Il a alors lâché sa fourchette, m'a regardée, stupéfait et s'est mis à pleurer comme un enfant. Puis, il s'est repris : « Mais, Señora, je ne suis qu'un simple maçon, mes parents sont de pauvres paysans qui n'ont jamais eu leur propre maison, je ne mérite pas ce cadeau ! » Je lui ai répondu : « Pepe, il ne s'agit pas de cadeau puisque cet appartement est aussi le fruit de ton travail. » Et j'insistai : « Accepte mon offre, elle est équitable puisque tu m'as permis de réaliser de grandes économies en ne faisant pas appel à d'autres corps de métier – sûrement plus onéreux et moins efficaces que toi. Et puis, pour tout te dire, j'ai besoin de ta personne ici, pour veiller sur l'immeuble, faire face à d'éventuelles interventions matérielles, jeter un œil sur les locataires, mais aussi pour créer un jardin potager sur ma terrasse, en échange de quoi tu garderas pour toi et

les tiens les trois quarts des légumes et tu me réserveras le reste. Bien entendu, je te donnerai un fixe pour ces tâches qui ne t'empêcheront pas de poursuivre ton premier métier. D'accord ? »

Il s'est remis à pleurer et à balbutier quelques mots dans sa langue natale. Et en voyant ses larmes couler sur la table, je me suis dit que je n'avais sans doute jamais rendu un homme aussi heureux que lui, ce jour-là !

– Mais j'imagine qu'il vous vénère au plus haut point, non ?

Tante Millie sourit tout en finissant sa tasse de café :

– Il me respecte oui, mais sans la moindre servilité ou obséquiosité. Je ne les aurais pas supportées. Je continue à penser que je lui dois une fière chandelle et qu'il m'est plus indispensable que l'inverse. Autrement dit, c'est moi qui lui suis reconnaissante de pouvoir compter sur lui en toutes circonstances. La tranquillité morale qui en résulte est inestimable.

– Mais comment se fait-il que son appartement soit fermé ?

– Ah oui ! J'ai oublié de te dire qu'il a une épouse, Elena, et quatre enfants. L'aînée, Francesca, est mariée – et les trois autres, Cristina, Inès et Fernando, dit « Nando » vivent ici. Toute la petite famille a dû se rendre aux obsèques d'un parent proche, près de Barcelone – bien que Pepe ait refusé de retourner en Espagne du vivant de Franco.

Puis passant du coq à l'âne, tante Millie me demanda si je n'avais pas un cours à la Sorbonne.

– Oh bon sang ! Je file et serai de retour à cinq heures. Mes hommages, Madame !

Le professeur de grec étant souffrant, son cours fut annulé, à ma grande déception. Car, autant je traînais toujours la patte pour me rendre aux cours de lettres, autant je courais à ceux de grec. Et pourtant, de prime abord, je ne fus guère séduite par l'enseignante, une petite bonne femme

sans grâces particulières, mais qui m'impressionna et me passionna vite par ses dons oratoires, portés par une voix forte et claire.
En quittant la Sorbonne je ne m'attardais pas avec des étudiants qui voulaient se rendre dans un café. Je préférai rentrer directement chez tante Millie.

Mais avant de pousser la porte de son immeuble, je m'attardais quelque temps devant sa belle façade que je regardais d'un autre œil depuis que je connaissais la genèse de la rénovation du bâtiment. J'imaginais Pepe juché sur un échafaudage, une truelle dans une main, le bac de crépi dans l'autre et s'appliquant à étendre son mélange sur toute cette surface, plus haute que large. J'imaginais l'ampleur de la tâche pour un seul homme et ce que l'on ne voyait plus : la préparation de ce chantier où il avait sans doute fallu piquer le mur, remplacer des pierres, niveler l'ensemble avant le revêtement final. Bien sûr, m'objectera-t-on, il ne s'agissait pas d'une pyramide égyptienne, ni d'un temple maya où la montée de lourds et gigantesques blocs de pierre relevait du prodige, mais toutes proportions gardées, l'œuvre de Pepe méritait bien de passer à la postérité.

Lorsque je sortis de l'ascenseur, où il faut encore grimper quelques marches avant d'atteindre le palier qui accentue le caractère privé de l'appartement sous les combles, me parvinrent les sons d'une musique classique que tante Millie écoutait inlassablement, un concerto de Brahms, je crois. Ce n'était pas forcément le signe qu'elle fût là. Si elle devait s'absenter pour la moindre petite course, elle n'arrêtait pas l'électrophone pour avoir le sentiment, en rentrant, d'être accueillie chez elle par ses compositeurs favoris.
Mais elle était là, attablée à son secrétaire, en train d'écrire à je ne sais qui. Elle s'interrompit :
– Je vois à ta mine, que tu rentres avec un nouveau ques-

tionnaire… Quel est le sujet du jour ? me demanda-t-elle en me lançant un regard malicieux et en remplissant nos tasses de thé aux délicats effluves.

– Cela peut vous paraître étrange, mais je ne connais toujours pas tous les membres de ma famille. Papa ne m'a jamais parlé de votre mère, ni de votre père et…

– Tu sais, notre histoire familiale n'est guère réjouissante et je ne vois pas pourquoi je te l'infligerais. Mais ta curiosité est légitime. D'abord, je n'ai pas connu mon père, car il est mort peu avant ma naissance de complications pulmonaires et respiratoires. Il était militaire de carrière, officier de cavalerie pendant la guerre de 14-18 où il a été, comme tant d'autres soldats, exposé à de fortes doses de gaz toxiques. La guerre l'aura épargné, mais non ces gaz qui l'ont tué à petit feu et douloureusement, paraît-il. Mais avant de mourir, il aura eu le temps d'inculquer à son fils, ton père, le goût des armes et des armées, comme sa vénération sans bornes pour le maréchal Pétain.

Je me doutais que tante Millie n'avait pas épousé les idéaux familiaux.

– Pour en revenir à ton grand-père, j'ajouterai seulement que, d'après la photo qui trônait dans la chambre de ta grand-mère, il fut un grand et bel homme, aux cheveux bruns et au regard volontaire. Ton père lui ressemble beaucoup.

Je buvais les paroles de tante Millie, mais j'avais aussi avalé tout son cake ! Elle me demanda de lui apporter sa « drogue favorite » et le cendrier restés sur le secrétaire. Puis, après avoir allumé cette drogue avec un vieux briquet plat, à essence, elle aborda le chapitre maternel :

– Ta grand-mère n'avait rien d'attirant, elle. Affligée d'un visage sans grâces, d'une voix de stentor et d'une corpulence dressée comme une forteresse invincible, elle était toujours vêtue de noir – le deuil de son époux – qu'elle porta jusqu'à sa mort, en 1944. Voilà le contenant ! Quant au contenu, elle aura pu se prévaloir de quelques vertus : misogynie, médisance, bigoterie. Tu me diras que cette trilogie n'est qu'une simple déclinaison d'une sottise culminante et je te l'accorderai volontiers !

Je ris – tout en craignant que le portrait n'empirât.

– Je fus pour elle une « malédiction », « une catastrophe à tous égards », « une apocalypse », « la pire chose qui pût lui arriver ». Je reprends là ses propres termes. Et je le fus dès ma naissance, puisqu'elle n'attendait et n'espérait qu'un second fils. Apprenant qu'il s'agissait d'une fille, elle s'est mise à vociférer, paraît-il, a refusé de me regarder et de m'allaiter, naturellement. Une nourrice des environs s'en est chargée. Tant mieux, car son lait au goût de miel sans fiel m'a sauvée d'un dépérissement certain.

Je ne riais plus du tout, à la fois abasourdie et glacée intérieurement. Tante Millie s'interrompit pour ramasser sa serviette qui avait glissé de la table. Elle ne me laissa voir aucune émotion particulière, comme si son récit familial concernait quelqu'un d'autre.

– Dès que je fus en âge de marcher et de balbutier quelques mots, a commencé le dressage qui devait faire de moi une enfant servile, obéissante et pieuse.

– Le résultat est conforme au vœu initial ! ironisai-je.

– Oui, sourit-elle, et malheureusement pour ma génitrice, que je n'ai jamais pu appeler « maman », mais « Madame ». Je ne me suis pas pliée à ses volontés alors que je n'avais pas encore la faculté de comprendre consciemment qu'elles m'étaient néfastes. Et quasi meurtrières. Comme quoi, les enfants savent très tôt ce qui leur est bon ou mauvais, me dit-elle en allumant une autre cigarette.

– Mais je n'ai pas pu échapper aux messes dominicales où nous nous rendions en break conduit par un cocher, la reine-mère trônant à l'avant avec son Enfant Dieu, ton père, et moi, assise à l'arrière, à la place des malles, endimanchée jusqu'au cou, avec de ridicules gros nœuds blancs dans les cheveux, ou une coiffe aussi désespérante ! L'on m'aurait mis un pot de chambre sur la tête, l'effet eût été le même ! J'avais du mal à imaginer le spectacle, surtout devant le si beau visage qui me faisait face.

Tante Millie poursuivit imperturbable :

– Quand je refusais de dire ma prière du soir, je devais égrener tout le chapelet à genoux, au pied de mon lit, y compris l'hiver, dans une chambre sans chauffage, alors que ton père dormait avec ta grand-mère dans une chambre disposant d'un poêle.

– Mais n'avez-vous jamais été malade ? m'inquiétai-je.

– Non, jamais, pas même un rhume ! L'effet des prières sans doute ! Mais j'avais aussi mes petites vengeances. Par exemple, j'étais requise d'office pour fleurir la grotte de la Vierge, au fond du jardin. Seulement, je ne mettais jamais d'eau dans les vases ! J'avais de la peine pour les fleurs, mais non pour la dévote. Curieusement, elle qui était frappée de suspicion maladive à mon endroit, ne s'est jamais douté de quoi que ce fût, et moi, j'attendais impatiemment l'hiver où j'étais délivrée de ce rite. Tu l'auras compris, voilà l'origine de mon aversion profonde pour toutes formes de bondieuseries.

« Mon Dieu, comme je partageais ses propos ! » me dis-je intérieurement en la regardant auréolée de volutes.

– Aux repas, enchaîna-t-elle, ton père était toujours servi le premier, ensuite ta grand-mère et je n'avais droit qu'aux restes. C'était bien ainsi, car à ce régime-là, je ne risquais pas d'égaler en volume et en tour de taille cette si chère mère ! En fait, j'étais tout le temps taraudée par la faim et d'une maigreur qui n'inquiétait que notre brave cuisinière. Avec sa complicité, je finis par me rendre à la cuisine un peu avant les déjeuners et dîners pour me nourrir la première, en choisissant les meilleurs morceaux de viande rouge ou de poulet, puis j'arrivais à table comme si de rien n'était, ravie de pouvoir dédaigner les reliefs qui m'étaient destinés,

d'un : « Je n'ai pas faim, merci ! » Les bras croisés, je regardais alors d'un air détaché, mais intérieurement narquois, la mère et le fils se repaître sans jamais m'adresser la parole. Le contraste entre la douceur de la pièce où nous nous trouvions et la dureté de l'enfance de tante Millie était saisissant. Je bénissais le ciel de n'avoir pas connu cette grand-mère que je n'aurais pu aimer et qui serait sans doute offusquée de n'avoir que deux petites-filles !
Puis, je demandai à ma tante si sa mère l'avait frappée.
– Hélas, oui ! Des gifles cinglantes et douloureuses quand sa chevalière heurtait l'une de mes tempes. Pour potelée qu'elle fût, sa main n'en était pas moins leste ! Si je refusais de faire le lit de ton père, une claque ! Si je refusais de dire le bénédicité à table, une autre claque ! Si je refusais de mettre une robe qui m'allait comme des bretelles à un lapin, encore une claque ! Et si j'avais le front de m'habiller en page, tout simplement parce que j'aimais cette tenue, j'avais droit à deux claques et ainsi de suite.
– Mais mon père n'essayait-il pas de vous défendre ?
– Tu sais, il a sept ans de plus que moi et il avait bien d'autres chats à fouetter alors. De toute façon, s'il avait tenté de me secourir ou de s'interposer, il eût perdu les faveurs maternelles dont il bénéficiait.
Je bouillais intérieurement contre lui, mais m'abstins de tout commentaire à son sujet pour écouter ce que tante Millie avait encore à me dire.
– Les claques étaient un moindre mal. Le pire c'était l'enfermement dans la cave humide, froide et sans lumière. En étant bouclée là des heures, voire deux jours et nuits consécutifs, sans la moindre couverture et sans boire ni manger, la punition relevait plutôt d'une grave maltraitance et d'un cauchemar sans fin.
– Mais, pourquoi ? m'exclamai-je, offusquée.
– Parce que je m'étais sauvée dans le parc pour ne pas faire ma première communion, ou parce que j'avais eu le

front de dire à ta grand-mère que je la trouvais si méchante qu'elle me précéderait en enfer !
Je me retins de rire.
– Une autre fois parce qu'elle avait voulu me frapper avec la cravache de ton grand-père – objet sacré entre tous, après le crucifix ! Mais j'ai été plus rapide qu'elle. Je l'ai arrachée de ses mains et je l'ai jetée dans le feu de la cheminée en lui disant que les cravaches étaient faites pour les chevaux et non pour cingler les enfants ! Crime de lèse-majesté : deux jours de cave en plein hiver !
Après une pause pendant laquelle tante Millie se leva pour allumer une troisième lampe et fermer les volets intérieurs des deux fenêtres du salon, elle se tourna vers moi :
– Ma seule arme, c'était l'esprit de repartie, l'insolence. Certes, je savais ce que j'encourais si j'en faisais usage, mais le plaisir de river son clou à un suppôt du sadisme béni, était irrépressible.
– Mais vous avez dû vivre un enfer ! m'indignai-je encore.
– Oui, d'autant que je n'avais aucune amie puisque je n'allais pas à l'école, que je n'avais rien à lire – sauf des traités d'équitation militaire que je peux te réciter par cœur. Quant à ma préceptrice anglaise, je ne pouvais rien lui confier, quoi qu'elle fût plutôt gentille, mais totalement inféodée à ta grand-mère.
Tante Millie me demanda d'entrouvrir une fenêtre et de lui rapporter un nouveau paquet de cigarettes.
– Comment avez-vous pu tenir le coup aussi longtemps ? lui demandai-je en me rasseyant.
– J'ai tenu, tu vois ! Pendant mes séjours à la cave, j'ai eu le temps de penser que la souffrance amoindrit ou aguerrit, comme l'injustice peut vous rendre cinglée ou combative. Bien qu'ayant la taille d'une allumette, je me suis donc forgé une carapace. Par exemple, et même dans les pires moments, je n'ai jamais pleuré pour ne pas donner à ta grand-mère le plaisir de croire qu'elle pouvait m'atteindre.

Mes larmes auraient été un aveu de faiblesse et auraient comblé sa volonté de m'anéantir. Maintenant, si j'avais eu le malheur de l'aimer et de rechercher son affection en pure perte, j'aurais souffert bien davantage. Alors le fait qu'elle demeurât toujours pour moi une parfaite étrangère, m'a permis de subir ses coups et ses punitions stoïquement – ce qui ne les excuse pas pour autant. Je ne lui ai jamais pardonné de me mépriser et de me brutaliser du seul fait d'être née fille.

Elle aspira une nouvelle bouffée de cigarette blonde, inhalant la fumée avec une volupté non feinte.

– Aviez-vous peur de votre mère ?

La réponse fusa :

– Non, jamais. J'ai seulement éprouvé à son égard une exécration telle que je m'ingéniais à la fuir, notamment dans le parc où elle ne se rendait jamais. Je parlais aux arbres, mes plus sûrs confidents, mes meilleurs alliés. Il me suffisait de les toucher, de m'appuyer contre eux pour sentir dans mes fibres une onde apaisante. Et je pouvais rester là des heures, sourde à la cloche qui annonçait les repas. Ou alors, je me réfugiais dans le chai pour écouter le vin chanter dans les fûts et me servir un petit verre ou deux… au passage.

Je souris à l'évocation de mes propres et précoces inclinations du même ordre.

– Mais, dis-moi, as-tu faim ? me demanda-t-elle. Ce soir, nous avons un potage aux fanes de radis et aux oignons poêlés.

Repue de cake, je lui répondis que je pouvais attendre encore un peu. En réalité, j'avais surtout faim de l'entendre évoquer des souvenirs qui, aussi pathétiques fussent-ils, m'éclairaient sur mes ascendants et surtout, sur la personnalité hors du commun de ma tante – alors qu'elle aurait pu être brisée à vie.

La chaude lumière des lampes du salon auréolait son visage d'une grâce surnaturelle et projetait sur son beau collier d'or aux mailles torsadées, une lueur de feu en déclin. Je la trouvais somptueuse et me demandai par quel mystère une mère telle que la sienne avait pu mettre au monde un être aussi majestueux, parée d'une force d'airain.

Après s'être drapée d'un jeté en cachemire bleu dense comme ses yeux, je la vis prendre alors une expression rayonnante :

– Et puis, je devais avoir douze ans, quand est arrivé dans la cour pavée un superbe cavalier à tête d'archange, au corps élancé et puissant, qui déclina aussitôt son identité sans descendre de sa monture : « Je suis Hélie, l'un de tes lointains cousins de la branche paternelle. Je viens présenter mes civilités à la maison. » « Et moi, je suis Millie, sans branche ni feuillage et votre tante vient de s'absenter. » Ce n'était pas vrai. « Au moins aurais-je fait ta connaissance ! » me dit-il en me hissant sur l'encolure de son cheval. Puis, nous fîmes le tour de la cour à deux reprises. J'étais aux anges, au zénith d'une félicité que je n'avais encore jamais connue – bien que je ne fusse pas dans une position très confortable, m'agrippant à la crinière du cheval pour ne pas tomber.

Le récit de ma tante prenait une tournure telle qu'elle pouvait me laisser croire au début d'une belle idylle.

En prenant congé, Hélie promit de venir me chercher pour que je rencontre sa mère dont il était le fils unique et que je connaisse leur demeure, à quelques arpents de vigne de la nôtre.

De ce jour, je ne me sentis plus seule. Je n'avais fait qu'entrevoir ce cousin, mais je pressentais que nous allions très bien nous entendre et qu'il jouerait un rôle important dans ma vie.

– Entre la puce et l'archange le courant est donc passé, dis-je en enfilant un pull. Mais votre mère a-t-elle été au courant de cette rencontre ?

– Non, elle m'aurait reproché de ne pas l'avoir avertie et si elle avait été là, elle aurait tout gâché en se mettant en quatre devant un membre d'une famille plus prestigieuse que la nôtre. Autrement dit, elle s'intéressait moins aux personnes qu'à leurs titres !

Mais revenons à Hélie, sujet plus intéressant. Il tint sa promesse. Il m'a présentée à sa mère qui, elle, m'a prise tout de suite en affection dans le regret de n'avoir pas eu de fille, après Hélie. Quant à leur demeure, je n'en ai jamais vu de plus belle avec ses douves en parfait état. J'ai éprouvé un tel coup de foudre pour ces vieilles pierres que je me suis arrangée pour y rester le plus souvent possible quand Hélie était là, car il préparait déjà Polytechnique.

– Excusez-moi de revenir à votre mère. Je m'étonne qu'elle vous ait laissée dormir hors de son toit.

– Hélie avait un grand ascendant sur elle. Il décidait, elle obtempérait. Et puis, je n'allais pas n'importe où, ni chez des étrangers. J'ai donc appris à monter à cheval, très vite, à tirer sur des cibles non vivantes et j'ai pu lire là-bas nombre d'ouvrages qui eussent été censurés chez nous. Et surtout, pour la première fois, je me sentais aimée, appréciée, reconnue. Quant à Hélie, il réunissait toutes les qualités : l'esprit, l'élégance morale, le courage, la bonté. Je le considérais comme un frère d'élection et je pouvais tout lui confier. Quand il a su ce que j'avais subi avec ta grand-mère, il est venu la voir et la menacer du pire châtiment qui pût lui être infligé : être à jamais radiée des réceptions du gotha local. Et il lui porta l'estocade : « Ce ne sera pas le cas de votre fille que j'aurais rêvé pour sœur. Elle est plus intelligente et vaillante que n'importe quel garçon de nos familles ! »

Je jubilais.

– Mais après le départ d'Hélie, ta grand-mère, blessée à mort dans sa vanité la plus sotte, s'est à nouveau transformée en furie, me reprochant d'avoir raconté des mensonges et de lui avoir causé un tort considérable. Je l'ai vue alors se saisir d'une trique, mais loin de flancher et de protéger mon visage de mes bras, je me suis plantée devant elle et

d'une voix cinglante, je lui ai dit : « Hélie m'a appris à tirer et m'a même donné un revolver chargé – c'était vrai. Si vous touchez à un seul de mes cheveux, c'est vous qui serez ma cible, et je ne vous manquerai pas. Un coup suffira et l'opprobre vous suivra au-delà de votre trépas ! »
Je jubilais encore.
Sidérée par ma menace et mon audace, elle resta bouche bée, avant de quitter le vestibule dans un furieux froissement de ses jupes noires. Dès cet instant, ta grand-mère ne m'adressa plus la parole qu'à la troisième personne et je connus enfin la paix. Elle n'était pas bornée au point d'ignorer qu'après les propos d'Hélie et mon impudence, elle avait perdu tout son pouvoir abusif sur moi. Mais cela ne changea pas mes sentiments à son égard.
Le mal était fait et de manière irrémédiable.
– Hélie est-il ce cousin chez lequel vous vous êtes réfugiée le jour de la mort de Zyg ?
– Oui, effectivement. C'est lui, aussi, qui a ramené mon cheval de l'abattoir à nos écuries, en me donnant des conseils pour le soigner – bien qu'il le considérât « au bout du rouleau ». Comme il m'a offert le harnachement, y compris la selle et les bottes sur mesure qui t'appartiennent désormais.
– Je comprends votre désir impérieux de reporter votre affection sur un animal, mais pourquoi vous êtes-vous rendue alors dans un abattoir pour vous procurer un cheval ?
– C'est simple. Ta grand-mère ne me donnait pas un sou pour mieux me ligoter. J'ai donc pensé à un abattoir et cette idée s'est révélée excellente. Bien sûr, lorsque l'équarrisseur m'a vue arriver, il ne m'a pas prise au sérieux. Mais quand j'ai décliné le nom d'Hélie en me faisant passer pour sa sœur avec un aplomb monstre, il s'est incliné et les négociations n'ont pas traîné.
– Mais pourquoi n'avez-vous pas pris un chat ou un chien ?

– Toute petite, c'est ce que je désirais, mais ta grand-mère ne voulait aucune bête chez elle. L'idée d'avoir un cheval a surgi dans mon esprit quand j'ai vu celui d'Hélie et la possibilité de me déplacer à ma guise – surtout loin de la maison !

– Vous parlez de votre cousin au passé, Tante Millie. Il n'est plus ?

Elle hocha la tête négativement, sans ajouter quoi que ce fût. Je vis sur son visage jusqu'alors serein, une douleur que j'avais déjà perçue lorsqu'elle me confia les circonstances de la mort de Zyg. Je compris qu'il ne me fallait plus lui poser de questions au sujet de cet homme.

La nuit qui suivit ces confidences, je ne pus m'endormir que fort tard. Trop choquée, bouleversée par ce que j'avais entendu, je ressassais les mots qui s'étaient à jamais inscrits dans ma mémoire, en saluant l'art avec lequel ma tante les avait prononcés sans jamais s'apitoyer sur son sort. D'une pirouette ironique ou drôle, elle rendait légers, sans être anecdotiques, les événements, les personnages de son enfance meurtrie.

La figure de cette grand-mère terrifiante me hantait et je me demandais comment une mère avait pu haïr à ce point son enfant du seul fait d'être une fille ! Comment elle avait pu chérir, mettre sur un piédestal son fils et réserver à sa fille un sort aussi épouvantable ! Cela dépassait mon entendement, mais je compris l'origine de la misogynie de mon père : il l'avait bue au sein maternel et dans les idéaux militaires et traditionalistes qu'il devait servir et qui sont encore les siens.

Je me demandais aussi comment une fille qui avait été détestée, martyrisée par sa mère pouvait aimer à son tour, ou si elle était marquée à vie au fer rouge du doute, de la suspicion, de l'incrédulité face à quiconque lui déclarerait ses sentiments. Tante Millie vivait seule et n'avait pas eu d'enfants. Était-ce un hasard ?

Je mesurais alors, le privilège qui était le mien d'être vénérée, en tant que fille, par ma propre mère. Son amour – qui aura bien compensé l'indifférence méprisante de mon père – m'aura donné une force, une assurance que tante Millie, elle, avait dû acquérir seule. Je ne l'en admirais que d'avantage.
Mais comme elle a aussi le don de susciter dans ses révélations des questions qui demeurent en suspens, notamment au sujet d'Hélie, cela m'intriguait au plus haut point. Je sentais, ou il me plaisait d'imaginer, qu'ils avaient vécu une histoire d'amour connue d'eux seuls, car la manière enthousiaste, rayonnante dont elle avait évoqué l'arrivée de ce « superbe cavalier » à tête « d'archange », relevait d'un éblouissement que je ne pouvais attribuer qu'à un coup de foudre ou à une émotion particulièrement forte. Elle m'avait aussi laissé entendre qu'ils étaient devenus inséparables et je les voyais à cheval tous les deux, s'exerçant au tir, jouant aux échecs devant un âtre flamboyant, discuter pendant des heures de sujets passionnants, faire le tour des douves sur une plate de Loire en balades ô combien romantiques ! Et puis, le fait qu'Hélie fût l'un des rares jeunes gens de la famille à ne pas avoir embrassé une carrière militaire, avait dû séduire tante Millie, comme son intelligence. Elle déteste la bêtise. Et j'en déduisis, que se percevant elle-même comme un être singulier ou à part, elle avait, très tôt, recherché l'exception faite homme ou femme.
J'étais troublée, enfin, par le fait d'ignorer les circonstances de la mort de ce cousin. Un accident ? Une maladie ? « Non, pensai-je, tante Millie n'aurait pas fait mystère de ces causes. » Je supposais alors que cette mort était due à des faits graves, mais lesquels et où et quand ?
Une interrogation suivant l'autre, je me demandais ce que ma tante avait fait après s'être réfugiée chez Hélie et sa mère, la nuit qui suivit la mort de son cheval. Avait-elle vécu avec eux pendant toute la guerre ? Je ne la voyais pas

faire de la tapisserie pendant l'Occupation. Mais pourquoi ne me parlait-elle pas de cette période ? Tout comme mon père, invariablement muet à ce sujet.

Et vous, ma chère et plus que cela, comment auriez-vous réagi si vous aviez été maudite, tyrannisée par votre mère ? N'auriez-vous pas ensuite haï vos semblables, voué aux gémonies toutes les femmes ? Puisque, paraît-il, on a tendance à reproduire les maux que l'on a subis dès le plus jeune âge. Rares sont celles qui font de leurs épreuves une rédemption personnelle, comme ma tante.
En tous cas, je mesure tous les jours le privilège que j'ai de vivre à ses côtés et j'espère que vous, qui ne la connaissez pas encore, ferez un saut à Paris avant de partir en mission. Vous verrez, à elle seule, tant Millie vaut toutes les tribus que vous allez étudier !

Le lendemain, je n'avais pas cours. Après un bon petit déjeuner, je proposai à ma tante de l'accompagner dans sa promenade quasi quotidienne et matinale au jardin du Luxembourg. Elle se forçait à cet exercice pour entretenir la forme de sa jambe droite.
Les feuilles des arbres étaient tombées et une kyrielle de jardiniers s'employait à ratisser et nettoyer les massifs. L'air était encore relativement doux et de rares promeneurs accentuaient l'immensité des lieux. De mon côté, j'étais fière d'étrenner mon nouvel imperméable de cavalerie.
– Vous m'avez parlé de votre héritage maternel, mais en quoi consistait-il ? Votre mère avait-elle des biens personnels ? attaquai-je, bille en tête.
– Oui, un très vilain et prétentieux petit château du XIXe, ainsi que des bois. Comme je n'avais pas l'intention de croupir là-bas, j'ai vendu les bois à une société de chasse et la bâtisse d'opérette à un couple fortuné qui la trouvait à son goût et rêvait d'avoir une vie de châtelains ! Quand ils

ont eu la bonne idée de me confier leur rêve, j'ai doublé le prix de vente initial que j'avais tenu secret, bien sûr !
J'éclatai de rire avant de lui demander :
– Mais n'avez-vous pas regretté notre demeure ?
– Non. D'abord, parce que je savais depuis longtemps qu'elle était destinée à ton père, ensuite, parce que ce fief est définitivement mort pour moi avec Zyg. Je n'y suis retournée que pour te voir.
– Vous avez été désavantagée à tous les niveaux. C'est foncièrement injuste et révoltant ! m'emportai-je.
– Ce désavantage, comme tu le dis, était inscrit dans mon sort, mais je n'envie rien à ton père, car la vente de mon héritage m'a permis de tourner une page familiale que je n'avais pas envie de relire et d'avoir ici une vie qui me convient tout à fait.
Je compris aussi que son immeuble représentait aujourd'hui un capital croissant et plus important que celui de notre propriété – murs, vignes, terres, parc confondus – et que ma tante avait pris une belle revanche sur sa mère et sa volonté post-mortem de maintenir sa fille en état d'infériorité matérielle.
Tante Millie voulut faire une petite halte sur l'un des bancs du jardin pour reposer sa jambe et jeter un peu de pain rassis à une flopée de pigeons plus gras que nous deux !
Puis elle se tourna vers moi :
– Au moment de nos partages, je suis allée voir ton père, fraîchement marié, et je lui ai dit : « Tu n'ignores pas avoir été favorisé par le testament maternel au nom de je ne sais quelle chimérique équité ! Rassure-toi, je ne vais pas te demander un sérieux dédommagement, mais des compensations minimes. Un, les planches de chêne du parc, que j'ai fait couper, débiter et sécher derrière le verger. Deux, un peu de linge de maison – c'est tout ce que nous avions de beau en provenance de ton grand-père, me précisa-t-elle – .
Trois, une barrique de muscadet tous les ans, et quatre,

le tire-bouchon de notre meilleur vigneron, décédé. Et j'ai ajouté : si j'ai besoin d'autre chose je te le ferai savoir. »
– Mais papa ne vous a-t-il rien objecté de l'ordre : « Tout ce qui est ici est à moi, désormais ? »
– Non, car pour lui je ne convoitais que des broutilles telles qu'un tire-bouchon ! (Elle sourit). Il a eu très peur que je lui réclame une part de l'armurerie que j'ai pourtant sauvée des réquisitions allemandes et les meubles Empire qu'il adore, alors que je n'aime que le Directoire. Et puis, en dépit du fait qu'il soit mon aîné, j ai acquis plus d'ascendant sur lui que l'inverse. Je dirais même qu'il me craint. Alors voilà, le chêne a servi à façonner les bibliothèques, le parquet, tous les volets intérieurs, les étagères et les placards de la cuisine. Et j'ai toujours du muscadet dans ma cave !
J'étais ébahie et très heureuse d'apprendre que tout le bois de l'appartement parisien provenait de ce parc où tante Millie se réfugiait, comme nos chênes l'avaient un peu consolée de ses premières misères.

Elle reprit sa marche à mes côtés, laissant les pigeons picorer et se disputer le pain qu'elle leur avait lancé.
– Le plus drôle de ces partages, poursuivit-elle, a eu lieu quand il s'est agi de trouver de la bonne terre, du sable et des gravillons pour mon jardin potager. J'ai d'abord demandé à Pepe d'évaluer le nombre de mètres cubes nécessaires aux plantations que j'avais déjà prévues. Le calcul fait, rendez-vous fut pris pour trois ou quatre allers et retours en direction de l'ouest. Et tout d'abord, dans la propriété familiale où je comptais prendre du terreau du parc. Le meilleur qui soit. Je crois que je ne me suis jamais autant amusée avec Pepe que pendant ces escapades. Le seul inconvénient fut que nous ne pouvions guère nous parler dans la cabine du camion. Sa tôle faisait un raffut de décollage d'avion !
J'écoutais le récit de ces odyssées sans en laisser une miette aux pigeons.

– Arrivée chez ton père, je l'avertis aussitôt de mes intentions en ajoutant : « Je vais te rendre un double service. D'abord, et tu en conviendras toi-même, les allées cavalières du parc sont saturées d'eau une bonne partie de l'année. Nous allons donc prélever la terre sur les côtés en creusant, ainsi, des fossés de drainage. Ensuite, cette opération ne te coûtera rien puisque je la prends à ma charge. » « Mais que veux-tu faire de toute cette terre ? » me demanda-t-il. « Comme je suis ruinée, je vais la vendre à des horticulteurs ! » lui répondis-je, pendant que Pepe s'efforçait de ne pas rire.
Connaissant les personnages, sauf Pepe, je me mis moi aussi à rire, surtout en imaginant la perplexité de mon père et son attitude guindée. Peut-être même aura-t-il pensé que sa sœur déraillait complètement.
– Nous fîmes deux chargements de terreau, un de gravillons, avec un peu de sable de Loire pour buter les futures asperges du potager, me précisa ma tante.
– Mais pourquoi avez-vous choisi des alluvions de la Loire ? lui demandai-je. Il y a des dépôts plus proches de Paris, non ?
– Parce que la Loire demeure à mes yeux le plus beau fleuve de France qui, outre ses alluvions, draine des vins admirables et variés. Et puis, je garde de la Loire des souvenirs impérissables lorsque je longeais ses berges avec Zyg, en compagnie ou non d'Hélie, ou lorsque nous partions pêcher des civelles en pleine nuit d'hiver. Les petits bateaux de pêche avec leurs lumières rouges et vertes formaient comme une joyeuse procession de lucioles sur l'eau sombre... c'était féerique !
J'espérais qu'elle m'en dirait davantage sur ses distractions ligériennes. Mais non ! Elle se tut, songeuse et le regard au loin, cherchant dans les poches de son manteau ses inséparables cigarettes et briquet. Après la première aspiration, elle revint à ses virées avec Pepe :
– Évidemment, nous avons joint l'utile à l'agréable. En

raison de l'état de notre véhicule et la tenue de terrassier de Pepe, nous ne pouvions prendre nos repas que chez des Routiers. En ce temps-là, la carte était plus que correcte, mais nous n'avions droit qu'à un pichet de rouge très moyen. Seulement, notre cher Pepe lève le coude une fois et il est paf ! Après notre repas, il me disait invariablement et sur un ton très digne :
« *Senõra,* je suis désolé, mais je ne peux conduire maintenant. » Alors, il allait s'allonger sur le terreau, les gravillons ou le sable à l'arrière de son camion pour faire un somme, pendant que je l'attendais dans la cabine en lisant *Le Monde* !
– Mais vous ne le connaissiez pas encore très bien à ce moment-là, puisque vous m'avez dit avoir commencé les travaux de l'immeuble par la transformation du toit, avançai-je.
– Certes, ces périples avec Pepe et surtout les repas que nous avons partagés en parlant aisément et en toute confiance, m'ont permis de mieux connaître l'homme et son parcours, de son pays natal au nôtre.
– Lequel ? demandai-je avec impatience.
– Pepe – qui est en réalité son nom de guerre – s'est joint, très jeune, aux républicains espagnols qui ont lutté entre 1936 et fin 1938 contre les franquistes et leurs alliés, puisque Franco aura eu l'appui de Mussolini et d'Hitler. C'est lors de cette guerre que Pepe a rencontré Elena, à peine âgée de seize ans, qui ravitaillait les troupes républicaines, dont la sienne. Ils se sont plu « *at first sight* » et ont vite transgressé les préceptes de l'Église catholique en matière de sexualité, dans la crainte de perdre leur propre vie à tout moment.
Tante Millie interrompit son récit pour regarder un joyeux batifolage de moineaux dans l'allée où nous avancions. « Ils arrivent à point nommé, ces deux-là ! » dit-elle avec amusement, avant de reprendre sa marche et l'histoire de Pepe et d'Elena :

– Une petite fille leur est née qu'ils ont prénommée Francesca, par amour pour notre pays. Quand Franco a finalement pris le pouvoir, ils ont choisi – comme nombre de républicains – de s'exiler en France, en traversant les Pyrénées, à pied, avec leur bébé dans les bras. Il n'était pas question pour eux de vivre sous une dictature militaire, sous la férule d'un homme qu'ils avaient combattu en vain et qui pouvait encore les faire arrêter et fusiller. Après, ils ont atterri dans un camp de réfugiés sordide, bien éloigné de cette terre d'asile qu'ils avaient imaginée et magnifiée.
– Mais comment leur petite fille a-t-elle survécu à ces épreuves ?
Je pensais surtout à la traversée montagneuse.
– Je suppose qu'elle n'était pas la plus mal lotie avec le lait de sa mère. Pour les parents, c'était sûrement autre chose ! Dans la tente qui leur servait d'abri précaire sur une plage grouillant de réfugiés affamés, loqueteux et hagards, ils ont très vite compris qu'ils ne pourraient compter que sur eux-mêmes. Ils ont fui le camp où ils risquaient d'être séparés, en direction du sud-ouest d'abord, où, grâce à ses dons de maçon, Pepe a travaillé sur divers chantiers qui l'auront finalement conduit, lui et sa petite famille, à Paris. Et c'est là qu'ils ont eu le privilège d'assister à la Libération, les premiers chars qui pénétrèrent dans Paris portant les noms de Madrid, Guernica, Brunete, Guadalajara.
– Des noms espagnols, pourquoi cela ?
– Parmi les quelque cinq cent mille réfugiés républicains en France, nombre de volontaires ont rejoint ensuite les Forces Françaises Libres, notamment la 2e D.B. du général Leclerc. Mais au lieu de se mêler à la liesse en voyant ces chars triomphants, Pepe s'est mis à genoux et a pleuré, paraît-il. La victoire de la France et de ses alliés effaçait pour lui celle de Franco, mais non les innombrables victimes de la guerre civile espagnole et celle de la Seconde Guerre mondiale. Pepe m'a aussi confié que les trois quarts de

sa propre famille ont péri sous les coups de la répression franquiste et que parmi ses camarades espagnols engagés dans la Résistance en France et déportés à Mauthausen, un seul en est revenu, qui est aujourd'hui le parrain de sa seconde fille, Cristina.
– Mais peut-être Pepe a-t-il travaillé pour des entrepreneurs proches du gouvernement de Vichy, même sans le savoir ? risquai-je, en me faisant l'avocate du diable.
– Ne dis jamais cela ! répondit tante Millie, d'un coup de canne sur le sol. Il aurait pu, oui, et gagner beaucoup d'argent, mais sa façon à lui de résister ce fut de choisir ses employeurs, avant de se mettre à son compte. Ce n'était pas évident dans le contexte d'alors où les collabos étaient « partout », comme la sinistre gazette du même nom.
– Excusez-moi, tante Millie, je ne voulais pas offenser Pepe. Ma question était dénuée de suspicion et de malveillance.
– Je te l'accorde, mais tu sais, martela-t-elle encore, si tous les Français s'étaient comportés comme lui, nous aurions très vite gagné cette guerre et sans même le concours des alliés !
Après avoir atteint l'Observatoire, nous fîmes demi-tour par des allées latérales.
– Pepe et moi avons eu bien d'autres sujets de conversation au cours de nos « haltes-Routiers », poursuivit-elle et notamment celle-ci. Je lui ai demandé en vertu de quel miracle il se distinguait en tout de ses congénères – surtout latinos ou méditerranéens – dans ses rapports respectueux avec les femmes. Il s'est mis à rire avant de répondre : « Je suis un sentimental avant tout et c'est l'intelligence, la personnalité qui m'attirent d'abord chez les femmes. Elena m'a plu parce qu'elle n'était déjà pas une fille facile quand nous nous sommes rencontrés. Aujourd'hui, j'ai trois filles, trois fortes têtes comme leur mère, et je suis le plus heureux des hommes ! »
– C'est merveilleux, non ? ajouta ma tante en tournant son

visage vers le mien. Je ne pouvais trouver mieux que ce rescapé de Franco.

> *Cariña mia,*
> *Merci de m'avoir précisé les raisons de votre morosité. Ce n'était donc que cela ? Une déception amoureuse avec une étudiante de votre fac ?*
> *Je craignais le pire à votre sujet : une maladie grave et plus grave qu'un fourvoiement sentimental.*
> *Cependant, j'ai beaucoup de mal à vous croire. J'imagine plutôt la situation inverse : une cohorte de filles à vos basques, pantelantes, désespérées, et vous, bourreau des cœurs, consolant les affligées de boutades qui vous sont chères et laissant dans votre sillage ce petit parfum d'insolence propre à susciter quelques émois... Oubliez vite cette péronnelle qui ne vous méritait pas. Le cœur en bandoulière ne vous sied guère.*

Je reçus un coup de fil de Louisette m'annonçant les premiers grands froids. En réalité, depuis que j'avais quitté la propriété, je l'appelais deux fois par semaine d'une cabine pour ne pas abuser de la ligne téléphonique de tante Millie. Ainsi avais-je régulièrement des nouvelles de ma jument, heureuse de savoir qu'elle allait bien et que tout se déroulait sans le moindre problème. Je décidai de les rejoindre le week-end suivant pour expliquer à Louisette ce qu'il conviendrait de faire dès que j'aurais conduit moi-même Gipsy dans son box, Mademoiselle ayant horreur d'être enfermée.

Dans le train, je fus en proie à des sentiments et interrogations diverses. D'abord la joie de revoir Gipsy, ma mère, Sybil, Léon, Ernestine et Louisette à qui j'apportais un beau pull irlandais, en laine blanche torsadée et une écharpe en shetland, de sa couleur préférée, le vert. Une joie accrue par l'impression de les avoir quittés depuis un temps infini alors qu'il s'agissait seulement de quelques semaines. Mais avec une tante de l'envergure de la mienne, les heures s'écoulaient vite.

Ensuite, je songeais à ma longue conversation avec elle au jardin du Luxembourg. Je savais tout de la vie de Pepe et de sa femme, de l'enfance, de l'adolescence et de l'installation de tante Millie à Paris, mais rien de ces cinq années de la Seconde Guerre mondiale.

Et puis, tout d'un coup, après un arrêt à Angers et alors que le train s'ébranlait lentement dans une épaisse fumée noire, un nom surgit dans mon esprit, comme une lueur d'espoir, la clé de révélations précieuses qui mettraient fin à une curiosité obsédante. Le nom de Zaskia. « En tant qu'amie proche de tante Millie, supposai-je encore, elle est forcément au courant des principaux événements de sa vie. » Je redoutais, cependant, que le mystère fût partagé et scellé en un pacte entre elles deux. Mais je ne voyais pas d'autre solution que d'interroger son amie, par un biais ou un autre, dès son retour des États-Unis.

Quand j'ouvris la porte de l'appartement de tante Millie au retour de mon week-end dans notre propriété, encore ivre de délicieuses odeurs de foin de luzerne que j'avais respirées dans l'encolure de Gipsy, j'entendis des rires sur un fond de musique américaine et de conversation animée, en provenance du salon. Et une voix grave, plus grave que celle de ma tante... Je m'avançais timidement, sans prendre le temps d'enlever mon imperméable. Deux dames étaient en train de trinquer joyeusement, si absorbées par leurs propos que je fus tentée de me replier dans ma chambre. J'esquissai néanmoins un « bonsoir » qui fit sursauter le duo.

– Ah, te voilà ma grande ! s'exclama ma tante. Zaskia, je te présente ma fille, pardon ! Ma nièce.

– Très heureuse de vous rencontrer, madame.

Madame se tut, me regarda longuement, troublée, puis émue au point que ses yeux s'embuèrent, avant de déclarer, stupéfaite, à tante Millie :
– Mais c'est toi au même âge ! La ressemblance est inouïe !
Elle se reprit vite :
– J'ignorais que tu avais conçu ta nièce par parthénogenèse, petite cachottière !
Tante Millie éclata de rire :
– En effet ! C'est un événement encore sans précédent et digne d'une communication scientifique… Et puis, avoue que si je ne dosais mes surprises, tu t'ennuierais follement avec moi ! Quant à toi, créature de mes entrailles inféconde, dit-elle en me regardant, va chercher une autre flûte et viens fêter avec nous le retour de Zaskia.
Je ne me fis pas prier, pendant que l'électrophone continuait à émettre une musique de jazz, inhabituelle chez tante Millie.
Les papotages pétillants se poursuivirent, qui me laissèrent le loisir d'observer Zaskia de la tête aux pieds – bien que la tâche me fût rendue difficile par l'épais nuage de fumée de cigarettes qui envahissait le salon.
Ce qui me frappa d'emblée ce fut son apparence masculine, avec un pantalon et une veste noire sur un fin pull à col roulé du même ton. Ses cheveux blancs, très courts et rejetés en arrière, m'étonnèrent aussi. Je n'avais encore jamais rencontré une femme habillée de la sorte et n'en fus nullement choquée puisque je rêvais moi-même de ne revêtir aucune tenue traditionnellement féminine. Quel âge pouvait-elle avoir ? Tante Millie ne me l'avait pas précisé. Ses cheveux blancs ne la vieillissaient pas non plus. Sans égaler la beauté de ma parente, il émanait de ses yeux noirs, vifs, et de sa bouche sensuelle, un attrait indéfinissable. Elle fumait également, mais des brunes. J'étais donc en présence de « l'une de nos plus grandes physiciennes » et je ris intérieurement en pensant que cette matière m'avait toujours rebutée !

En suivant leurs échanges faits de tendres piques, de joutes verbales et d'une indéniable connivence, je pensais aux nôtres avec nostalgie, nous imaginant, vous et moi, à l'âge de tante Millie et de Zaskia, toujours complices, toujours liées, toujours heureuses de nous voir, sans l'ombre d'une déception, d'une lassitude ou d'ennui.

Ne voulant rompre leurs retrouvailles, je prétextai la préparation d'un cours pour regagner ma chambre. Après avoir effleuré le front de tante Millie – comme d'habitude – je tendis ma main à Zaskia qui m'attira vers elle pour m'embrasser, non à l'anglaise, mais sur la joue. Un baiser tendre, suivi d'un : « Très heureuse de te connaître, enfin ! »

Allongée sur mon lit, je ne pus lire le livre que je tenais à la main en songeant que, sans l'avoir requise, je possédais déjà une information essentielle grâce à Zaskia. En effet, si j'étais le portrait craché de ma tante au même âge, selon elle, c'est donc que les deux femmes se connaissaient depuis la Seconde Guerre mondiale et que j'aurais, ainsi, toutes les chances de compléter le puzzle « Tante Millie ».

Le lendemain, évoquant mon intérêt pour les découvertes scientifiques de Zaskia – pieux mensonge pour une noble cause – je demandai à ma tante de bien vouloir me donner le numéro de téléphone de son amie. Je l'appelai ensuite d'une cabine et comme j'insistai sur le caractère urgent et important d'un rendez-vous, seule avec elle, nous convînmes de nous retrouver l'après-midi du lendemain, au café des Deux Magots. Certes, j'avais alors un cours de lettres à la Sorbonne, mais j'aurais séché même un cours de grec pour voir Zaskia.

Elle préféra que nous nous installions au premier étage du café, face-à-face, sur de confortables banquettes. « Espaces privilégiés pour des confidences particulières », me dit-elle en souriant. Elle commanda un Gin tonic et moi un soda – pétrifiée, intimidée, ne sachant pas comment j'allais aborder l'objet de ce rendez-vous.

– Alors, de quoi s'agit-il, ma belle ? me demanda-t-elle en extrayant une cigarette de son paquet de brunes.
Je remarquai qu'elle avait le même briquet doré, plat, à essence, que tante Millie. Décidément… Puis, je me lançai par un biais que je n'avais pas prévu :
– Vous avez un joli prénom, d'où vient-il ?
– Il est slave, mais je suis née en France de parents russes et juifs qui vivaient à Saint-Pétersbourg avant de fuir la révolution bolchevique. Et pour cause ! Ils étaient fortunés. Ils ont perdu tous leurs biens dans cet exil, mais mon père les aura reconstitués ici, en tant que banquier. Nous habitions une grande et belle maison dans le 17e arrondissement, avec mes grands-parents maternels et mes quatre frères et sœur dont je suis l'aînée.
Zaskia s'interrompit pour prendre une gorgée de gin. Puis elle poursuivit :
– J'ai eu, ici, l'enfance la plus choyée, la plus heureuse qui fut. Nous étions une famille très unie, soudée par l'exil, dans une maison qui ressemblait plus à une datcha qu'à un hôtel particulier. Mes frères, ma sœur et moi-même avons été élevés dans la laïcité des écoles publiques, alors que mon père avait largement les moyens de nous envoyer dans des établissements privés. Il n'était pas question de pensionnat. Nos parents, dont nous étions le bien le plus précieux, nous voulaient près d'eux – mais non sous leur coupe.
Elle se dépouilla de son manteau et de son écharpe, mais non de son mégot qui achevait de se consumer.
– Nous vivions dans le culte de la musique, ma mère étant une excellente violoniste et mon père l'accompagnait au piano. Quant à nous, les enfants, nous demeurions sagement assis aux côtés de l'un et de l'autre, dans la plus profonde extase. La musique a coulé dans nos veines avant le russe et le français, dit-elle, le regard brillant. Il y avait toujours du monde à la maison pour ces concerts familiaux où mes parents revêtaient leurs plus beaux atours et nous

nous couchions comme les adultes, fort tard ou à l'aube… Tu aimes la musique toi ?
– Oui, beaucoup, seulement mes connaissances dans ce domaine sont plus que limitées. À la maison il n'y avait qu'un cor de chasse et une cloche que l'on sonne pour les repas !
Zaskia sourit avant de me proposer de m'emmener au concert « malheureusement sans Millie qui ne peut rester longtemps assise à cause de sa jambe ».
Changeant de sujet, je lui demandai si elle avait fait toutes ses études à Paris et pourquoi elle se passionnait pour une science aussi ardue que la physique.
– Oui, j'ai suivi toute ma scolarité ici. J'ai été chercheuse très jeune – et la seule femme dans cette discipline. Tu me demandes pourquoi elle m'intéresse ? Parce que la physique se penche sur l'origine de l'univers, de la nature. C'est compliqué, ardu, certes, mais pour moi la recherche est un jeu exaltant, une enquête sans fin. L'on recueille des faits, des indices, l'on formule des hypothèses, l'on suit des pistes qui peuvent aboutir à des impasses ou s'avérer prometteuses. Mais contrairement à la démarche policière qui recherche des certitudes, celle du scientifique est de toujours douter des preuves et des lois qu'il a établies pour approfondir la connaissance.
Elle commanda un autre Gin tonic et moi, un deuxième soda.
– Mais je ne veux pas t'ennuyer avec mes histoires, me dit Zaskia en serrant l'une de mes mains. Parlons plutôt de toi, car je ne te connais que par bribes, celles que ta tante aura bien voulu me consentir.
– À côté de vous, je ne suis qu'une infime particule, un minuscule électron libre ! Alors, je vous en prie. Continuez.
Je la vis sourire, allumer une nouvelle cigarette et regarder la salle qui commençait à se remplir dans un brouhaha peu propice aux échanges paisibles.

– Début 1939, je suis partie en Angleterre pour parfaire ma formation à l'université de Cambridge où j'ai loué une chambre chez l'habitant, car je préférais cela à l'impersonnalité d'un studio ou aux cellules de nonnes de l'université. Je désirais aussi améliorer mon anglais en vue de publier mes recherches dans des revues scientifiques. Mes parents comprenaient mes objectifs, mais souffraient de notre séparation. Ils sont venus à Cambridge, le temps d'un week-end, pour voir où et comment j'étais installée, et quand ils sont repartis, j'étais bien loin de penser que je ne les reverrais plus.
Son regard se voila alors d'une tristesse aiguë. Puis elle se tourna vers l'une des fenêtres, comme pour me dissimuler son émotion. Je lui pris la main qu'elle avait posée sur la table et après une toux rauque, elle enchaîna :
– À partir de l'occupation allemande, toute communication privée entre l'Angleterre et la France fut quasiment impossible. Coupée de ma famille, du jour au lendemain, j'écoutais la BBC sans arrêt, espérant glaner des informations sur la situation en France. En 1941, j'apprends d'un speaker, à la voix odieusement impersonnelle et détachée, que le gouvernement de Vichy a interdit aux Juifs d'exercer leur profession et que tous leurs biens seront réquisitionnés.
– Mais ce n'est pas possible ! protestai-je.
– Hélas ! Certains s'en sont même réjouis. Ainsi, en consultant plus tard la presse française sur cette période, ai-je pu lire à la une d'un journal parisien : « L'épuration commence. Les Juifs enfin chassés de toutes les fonctions publiques de la nation ! »
« C'est inimaginable », me répétai-je, outrée, pendant que Zaskia gardait tout son calme.
– À partir de là, dit-elle, l'angoisse ne m'a plus quittée, la peur non plus, avec un terrible sentiment d'impuissance et de culpabilité. Je m'en voulais de ne pas être auprès des miens, de ne pouvoir partager leur sort. Je désirais les rejoindre à tout prix, mais des amis m'en ont dissuadée,

pensant, à juste titre, que je ne ferais que me précipiter dans la gueule du loup.
Après avoir tapoté son briquet sur la table, d'un air songeur, elle enchaîna :
– Réduite à une sécurité qui me parut grotesque et ne sachant rien de mes proches, je suis tombée malade. Je ne pouvais plus travailler. Je ne voulais plus vivre.
Je vis Zaskia s'adosser à sa banquette comme pour prendre du recul par rapport aux événements qu'elle retraçait. Je découvrais sur son front deux rides, deux longs sillons parallèles, sans doute tracés par ses maux dont j'ignorais encore qu'ils prendraient une dimension, une ampleur effroyables.
– Et puis, le 8 septembre 1942, j'ai lu dans le *Times* un extrait du discours que Winston Churchill avait prononcé la veille, à la Chambre des communes. Bien qu'employant des euphémismes sans donner d'indication des lieux et tout en manifestant son indignation avec véhémence, il annonçait, je cite : « La déportation massive des Juifs de France et les horreurs qui accompagnaient la dislocation préméditée et définitive de familles entières… »
– Mon Dieu ! m'écriai-je. Mais alors pourquoi Churchill n'a-t-il pas tout de suite cherché à intervenir ?
– Bonne question. Qui le demeure ! De mon côté, et grâce à une information donnée par la BBC faisant état de l'extermination de 700 000 Juifs polonais par les Allemands, j'ai fini par comprendre que cet arrêt de mort frappait et frapperait tous les Juifs sans distinction, avec le concours actif des pays occupés par les troupes allemandes. En même temps, et en raison de la prudence légendaire de mon père, je gardais l'espoir fou que ma famille avait pu se mettre à l'abri chez des amis russes, dans le sud de la France. En attendant, et loin d'aggraver mon état, le fait de croire que les miens avaient pu échapper à toute poursuite, me sortit de ma prostration douloureuse.

– Comment cela ?
– Quand j'ai refermé le *Times*, ma décision était prise : j'allais, moi aussi, combattre activement le nazisme et sur-le-champ. C'était aussi la seule manière de juguler mon angoisse. Alors, après avoir pris congé de mon laboratoire, je me suis engagée dans le Corps des Volontaires Françaises, placé sous l'autorité du général de Gaulle. Mais j'ai vite déchanté lorsque j'ai vu que l'on réservait aux femmes des tâches subalternes de secrétariat et autres. J'étais même furieuse que l'on pût nous considérer comme de gentilles auxiliaires et non comme des combattantes à part entière.
– Y avait-il une autre alternative ? demandai-je avec empressement.
– J'ai demandé à recevoir une formation militaire intensive que dispensait alors une école particulière de l'armée anglaise, située dans une immense propriété entourée d'un parc. Cette école était spécialisée dans l'entraînement au tir avec des pistolets et revolvers de tous calibres, le maniement des armes blanches, poignards, couteaux à cran d'arrêt, l'art de tuer silencieusement ou *silent killing*, les techniques du *close-combat*, le sabotage. Je devins instructrice, non sans mal, les femmes y étant admises au compte-gouttes. Heureusement, j'avais des atouts majeurs avec mes connaissances en chimie.
Je continuais à l'écouter, passionnée.
– Cet entraînement était physiquement éprouvant, car on ne laissait rien au hasard et il exigeait de tous ses membres, endurance, adresse et implication totale. C'est là, qu'un peu plus tard, j'ai rencontré ta tante.
À ces mots prononcés de manière anodine, comme si une section de sabotage était le lieu idéal pour une rencontre entre deux femmes, je sursautai, stupéfaite.
– Pardon ? Mais que faisait-elle là ?
– La même chose que moi ! Elle ne t'en a rien dit ?

– Non. Pas un mot. J'ignore toujours ce que ma tante a fait pendant cette guerre.
– Cela ne m'étonne pas Elle est extrêmement discrète sur ses hauts faits d'armes. Mais, si tu le veux bien, nous parlerons d'elle une autre fois. Pour l'instant, sache simplement qu'à nous deux, nous avons fait beaucoup de dégâts parmi les troupes allemandes. Du joli travail, même ! En somme, de la broderie anglaise, ajouta-t-elle avec un contentement visible.

Zaskia m'adressa une invitation au prochain concert de Yehudi Menuhin, à la salle Pleyel. Je ne connaissais pas encore ce violoniste, pourtant très célèbre, mais je me doutais que le choix de Zaskia n'était pas uniquement déterminé par la renommée de l'interprète.
Ce fut le premier concert auquel je me rendis et dans une salle archicomble. J'avais une prédilection pour le piano, mais dès les premières notes de violon du concerto de Brahms, je me sentis emportée, transportée. À mes côtés, le ravissement et les larmes alternaient sur le visage de Zaskia qui suivait les mouvements de l'archet, les yeux fermés.
Sans doute, pensai-je, la musique est-elle le seul vecteur qui la relie encore à ses parents, et le violon, à sa mère. Elle confirma mes pensées par la suite, en ajoutant :
– Seule une interprétation de cette qualité me donne le sentiment que maman est toujours en vie et si je ferme les yeux dans un concert, c'est pour imaginer que c'est elle qui est sur scène.
– Mais son violon, le piano de votre père, que sont-ils devenus ? osai-je lui demander plus tard.
– J'avais juré de ne plus jamais remettre les pieds dans ce que fut notre datcha. Mais une nuit, je me suis réveillée en sursaut en pensant que le violon de ma mère avait dû être préservé des vols et saccages de tous ordres puisqu'elle prenait toujours soin, après usage, de le ranger dans un

petit placard de la maison, bien fermé à clef. Il faut que je te précise que ce n'est pas un simple violon, mais un stradivarius d'origine, que l'on confiait chez nous au plus doué, à la plus douée, à chaque génération. Comme un flambeau. Posséder un stradivarius avait donc valeur de consécration pour l'élu(e), mais aussi de don provisoire, avec l'obligation de le transmettre tel qu'on l'avait reçu. La réception et la transmission de cet objet sacré donnaient toujours lieu à une fête, avec force vodka et sans autre lumière que celle de nombreux candélabres, tout le monde en tenue de soirée, bien sûr !
Zaskia prononça ces mots d'un regard mi-pétillant, mi-lointain, se gardant de me communiquer la souffrance attachée à l'évocation de ces rites à jamais révolus.
– Qu'avez-vous fait après ce réveil nocturne ?
– Eh bien, dès le lendemain, je suis retournée chez notre voisin Maxime, pour lui faire part de mes intentions et lui demander un passe, car la clé de la cachette avait sûrement disparu. Maxime tenta d'abord de me dissuader : « Cela va te faire du mal de retourner là-bas, surtout si tu ne retrouves pas le violon, tout a été pillé, tu sais ». Mais il s'inclina devant mon insistance.

La datcha était totalement vide, ouverte à tous les vents par des fenêtres aux carreaux brisés. Plus aucun meuble, plus aucun tableau, plus aucun objet, le piano disparu, lui aussi. Mais j'allais droit à ce que je cherchais, le cœur battant la chamade quand Maxime essaya plusieurs clés avant d'ouvrir la serrure et de découvrir l'étui du violon patiné par des siècles. Le stradivarius était là, intact, comme s'il avait été rangé la veille. Moi qui ne crois en rien, je me suis agenouillée, en proie à une émotion telle qu'elle me laissa sans voix, pendant que Maxime s'écriait en pleurant : « Ma Zaskia, c'est un signe, c'est un signe ! »
Émerveillée et profondément touchée par cette scène, je

dis à Zaskia qu'un tel miracle pourrait vous faire croire en Dieu. Elle se contenta de rire avant de poursuivre :
– Le stradivarius est chez moi, toujours sous mes yeux quand je suis là, car j'ai besoin et un besoin viscéral de le voir, de le toucher, même si je ne peux en jouer et je ne le dissimule qu'en mon absence.
Je comprenais bien qu'elle me parlait de ce violon, non comme d'un simple rappel, mais comme une personnification de sa mère, la dernière, en outre, à avoir utilisé et pris soin de l'instrument. Et le fait est, qu'en me parlant de ce moment décisif pour elle, son visage irradiait une lumière qui ne pouvait se confondre avec le reflet de ses cheveux blancs.

Zaskia allait jouer un grand rôle dans ma connaissance de la musique classique et plus que tante Millie qui l'écoutait souvent sans me donner la moindre précision sur les compositeurs, les interprètes, les instruments. Je me contentais alors de lire la pochette du disque pour connaître l'origine de telle sonate, tel concerto, tels impromptus… Zaskia, elle, est intarissable dans ce domaine, sans jamais être pédante et sans omettre des anecdotes intéressantes sur la vie des « créateurs » ou des « serviteurs », comme s'il s'agissait de parents proches.
– Tante Millie écoute souvent Myra Hess. La connaissez-vous ?
– Et comment ! Quelle figure ! C'est une pianiste britannique, elle, et une grande spécialiste de Brahms, de Beethoven, de Mozart. Je l'ai vue jouer, à Londres, en 1943 et dans des circonstances exceptionnelles. À la déclaration de la guerre, son premier acte de protestation pacifique aura été de renoncer à ses tournées aux États-Unis pour revenir en Angleterre où elle allait créer une sorte de patriotisme musical, sans précédent. Ayant appris que la National Gallery – l'un des grands musées londoniens – avait été vidée de

tous ses tableaux et sculptures que l'on a cachés quelque part dans le Pays de Galles pour les protéger des bombardements allemands, Myra Hess s'est débrouillée pour donner des concerts dans ce musée déserté. Ils avaient lieu « *at lunch time* » et pour un schilling. Autrement dit, pour rien ! Eh bien, je n'ai jamais vu autant de monde se presser dans un lieu où la musique classique s'était substituée aux œuvres d'art. Des hommes, des femmes de milieux très divers. Pour pouvoir tous entrer, l'on s'asseyait par terre – et même sur scène !

Le jour où j'étais là, les bombes tombaient et explosaient de toutes parts, mais Myra Hess continuait à jouer, imperturbable, nous offrant cette grâce musicale – peut-être la dernière – et ce défi à la mort elle-même, était à la fois magnifique et hallucinant. Il aura duré de 1939 à 1946, attirant des foules !

J'enviais secrètement Zaskia d'avoir été témoin d'un tel événement où la force de la musique aura eu raison d'un affolement légitime, de la crainte de retrouver un cratère à la place de sa maison, de la peur de mourir.

– Ce que j'ai beaucoup apprécié aussi, chez Myra Hess, poursuivit-elle, c'est de n'avoir pas voulu occuper le devant de la scène en profitant de sa notoriété. Elle a aussi convié à ses concerts spéciaux quelque sept cents musiciens et musiciennes afin de les faire connaître d'un large public. Je l'admire d'avoir inlassablement opposé la musique à la guerre.

– Comment voyez-vous l'avenir ?

– Il nous faudra compter sur une jeune pianiste argentine, Martha Argeritch et sur une certaine Espagnole, très prometteuse, paraît-il. Tu verras, je sens, j'en suis même sûre, que des musiciennes talentueuses vont s'affirmer en plus grand nombre en relayant leurs devancières et ce ne serait qu'un juste retour des choses.

Très chère,
Quelle étrange coïncidence ! Au moment où j'apprends par Zaskia l'existence d'une pianiste espagnole « plus que prometteuse », mais qu'elle n'a pas nommée, vous m'écrivez que vous avez fait la connaissance d'une pianiste madrilène « aussi douée que belle ». La vôtre se prénomme Salomé F. S'agirait-il de la même ? Je meurs d'envie de le savoir et que vous me donniez plus de précisions à son sujet.
Mais limite-t-elle ses récitals à l'Espagne ? En ce cas, je serai vouée à l'imaginer ou à ne la découvrir que par vos propres appréciations. Surtout ne m'envoyez pas de photo d'elle. Je n'aime pas les images désincarnées.
Merci de me dire que j'ai une chance folle d'être sous la double protection de ma tante et de Zaskia. Je bénis chaque jour cette parenté réelle et élective, riche d'enseignements divers sans être antinomiques. L'une et l'autre sont très différentes physiquement, comme nous deux, mais s'accordent sur l'essentiel, comme vous et moi, également – à moins que vous ne soyez devenue un suppôt de Satan !
Mais, diablesse ou pas, sachez que mes pensées ne vous quittent que pour mieux vous retrouver.

Je fis, enfin, la connaissance de Pepe, dans le hall de l'immeuble de tante Millie, alors que j'allais prendre le train pour rejoindre les miens pendant les vacances de Noël.
– *Mucho gusto, señorita*, me dit-il en réajustant une barre de cuivre qui retenait le tapis de l'escalier.
– Vous êtes Pepe ?
– *Si* ! Et vous, la fille cachée de la *señora* ?
– *Exactamente* ! répliquai-je en souriant.
Il me tendit la main et la serra d'une poignée solide, franche.
– Vous nous quittez ?
– Seulement quinze jours.
– Alors je vais vous accompagner, à l'aéroport ou à…

– La gare Montparnasse.
Il saisit ma valise, la glissa à l'arrière de son camion et je grimpai aussitôt dans la cabine.
– Ce n'est pas un taxi de luxe, mais vous voyez, ça roule !
Je riais intérieurement en songeant aux équipées de ma tante avec cet homme en tous points semblable à ce qu'elle m'avait décrit : trapu, robuste, le regard vif, le tempérament enjoué et généreux.
– Moi, mes enfants ne me ressemblent pas, me dit-il à un feu rouge. Je n'en suis peut-être pas le père ! ajouta-t-il d'un grand rire. Tant mieux pour eux, car je ne suis pas « Gary Coupère » – excusez-moi pour l'accent !
En un rien de temps, nous fûmes à la gare où je le remerciai de m'avoir conduite et je le saluai d'un « *Hasta luego, señor* », qu'il sembla apprécier.

J'étais plongée dans l'un de mes livres de cours, au fond d'un café du Quartier latin, lorsqu'une fille au charmant visage de pâtre grec renversa mon orangeade en ôtant sa veste pour s'asseoir à une table voisine.
– Que je suis maladroite ! Excusez-moi, me dit-elle d'un sourire éclatant, avant de demander au serveur de bien vouloir réparer ses dégâts et de m'apporter un autre verre qu'elle réglerait avec le sien.
J'appréciai le geste dans ce monde estudiantin plus caractérisé par la désinvolture que par les civilités. Ma table essuyée et l'orangeade remplacée, la jeune fille se présenta :
– Je m'appelle Électre, de père grec et de mère crétoise et j'étudie la peinture aux Beaux-Arts. Et vous ?
– Je crois être française des deux côtés de mes ascendants et je me barbe royalement à la Sorbonne !
– J'aime beaucoup votre côté mi-garçon, mi-fille...On ne sait à qui s'adresser. Intéressant !
Notre échange fut interrompu par l'arrivée d'un grand gaillard aux cheveux ébouriffés, qui se pencha pour embrasser ma voisine sur une joue. Puis, les présentations faites, j'appris que je venais de rencontrer le meilleur ami d'Électre, un Roumain par son père et Albanais par sa mère, étudiant aux Beaux-Arts, lui aussi, mais en sculpture. Un courant de sympathie immédiat gagna notre trio et je n'étais pas mécontente de délaisser mes lectures studieuses pour une conversation animée et joyeuse avec ces deux étrangers. Le seul fait que l'un fût d'origine albano-roumaine et l'autre gréco-crétoise me donna le sentiment d'élargir mes propres frontières et de voyager avec eux dans des contrées qui, lointaines jusque-là, me devenaient maintenant proches par leurs seules voix.
Je fus soumise à un double tir de questions diverses. Ils voulaient notamment savoir où j'habitais, mais je fus évasive.
– Mais vous aussi, vous avez un prénom grec ! réalisa subitement Électre en me regardant surprise et ravie.

Je les intriguais manifestement alors qu'ils me plurent par leur gentillesse, leur insouciance apparente et leur envie manifeste de croquer la vie à pleines dents !
En les quittant sur la promesse d'un prochain rendez-vous, j'eus la certitude de m'être fait deux nouveaux amis de mon âge – ou à peu près – car Électre et Constantin devaient avoir franchi le cap des vingt ans.
Quand je fis part de cette rencontre à tante Millie, ne lui cachant pas mon enthousiasme, elle me répondit avec son ironie habituelle :
– C'est très bien, car tu aurais fini par te lasser de tes deux vieilles biques !

Après un repas que je fis avec eux dans un petit restaurant grec, Électre et Constantin me proposèrent de finir la soirée dans l'une de ces fameuses caves de Saint-Germain où se concentrait, paraît-il, le gratin parisien des arts, des lettres et de la chanson. La réputation de ces lieux était telle que je ne me fis pas prier – bien que je n'eusse pas encore l'âge d'y accéder.
Le seul fait de descendre dans ces caves me parut déjà une aventure excitante en soi, autant que celle que me réservaient des entrailles bondées et enfumées. Pour la provinciale que j'étais encore, il y a peu, ce monde souterrain, grouillant de créatures de toutes sortes, ne pouvait que me fasciner et m'intimider. Mais en réalité, il n'y eut ni fascination ni timidité, car le brouhaha et la fumée étaient tels que les célébrités présumées m'apparurent comme de réels fantômes. Et puis, la chanteuse prévue s'étant désistée, mes amis m'embarquèrent dans une boîte de nuit où la musique à plein tube interdisait toute conversation.
Électre m'entraîna sur la piste, dans un twist endiablé que je ne savais pas danser, pas plus le rock ou le be-bop. Je préférais regagner notre banquette et regarder les danseurs s'agiter dans des contorsions invraisemblables et qui

ne semblaient pas les épuiser. Quand vint le temps des slows, un grand garçon m'invita et j'acceptai pour ne pas passer pour une mijaurée, d'autant que je n'aurai eu à faire que du sur place.

Mais à peine m'avait-il enlacée, qu'il se colla à moi et d'une manière lascive qui me déplut fortement. Quand je voulus desserrer son étreinte pour le quitter, il me retint brusquement, cherchant à m'embrasser sur la bouche, sans préavis. Dégoûtée et furieuse, je le giflai aussitôt en le traitant de « goujat ».

– T'aimes pas les garçons, c'est ça ? me demanda-t-il, bien éméché.

– Je n'aime ni votre vulgarité, ni votre brutalité. Je n'aime pas non plus que l'on me tutoie d'office, compris ?

L'esclandre avait fait se retourner des couples de danseurs rigolards. Je me sentais en mauvaise posture lorsque Constantin vint à ma rescousse, s'adressant au malotru :

– Il y a des filles qui se méritent, celle-là n'est pas pour toi. Dégage !

La simple carrure de Constantin mit un terme à cet incident pénible. Mais, pour moi, la fête était finie et je n'avais qu'une seule envie, rentrer.

De retour chez tante Millie, je revis en image la cave et cette boîte de nuit qui ne m'encouragea guère à y retourner. J'en retins surtout la tenue et le comportement des filles dont l'unique dessein était d'émoustiller les garçons. Ainsi découvrais-je un autre genre féminin : les pépées, créatures aguicheuses, frivoles, outrageusement maquillées, vêtues de corsages moulants et de ces jupes ballonnées à la mode, en tissu Vichy, qui prenait la moitié d'une banquette, coiffées de chignons gonflés, sur le modèle d'une certaine star de cinéma. Les jambes recouvertes de bas sur des chaussures à talons fins avec lesquels on devait mesurer ses pas ou se tordre les chevilles ! Je ne comprenais pas l'obsession chez elles d'être accouplées. Vous me direz sans doute que je n'ai jamais été amoureuse. Certes, mais là, et de toute évidence, il s'agissait moins d'amour que d'avoir un jules à tout prix – ce qui me paraît complètement aberrant ! Pourquoi ces filles qui déploient une énergie considérable dans cette quête, n'ont-elles pas plutôt l'envie d'être libres, indépendantes, de tracer leur route sans la moindre béquille conventionnelle ? Mais je crois que ce qui m'a le plus atterrée en observant les unes et les autres, c'est le regard extatique qu'elles portaient à l'objet de leur culte, pendant que les bénéficiaires de cette dévotion conforme à *Nous Deux*, l'accueillaient manifestement comme un dû ! Pitoyable, non ? J'ai donc quitté la boîte de nuit avec le sentiment d'être à mille lieues de cette faune, de ses mœurs et je serais très heureuse d'être considérée comme une antiquité préhistorique ou une curiosité impalpable si ces titres devaient me préserver à jamais du sort des pépées !

Quelques jours après cette sortie, je reçus un coup de fil d'Électre me demandant de la rejoindre au plus vite dans le café où nous nous étions rencontrées.

À son visage décomposé et livide, je compris qu'il lui était arrivé quelque chose de grave – ce qu'elle me confirma aussitôt :

– Je suis enceinte !

– Tu plaisantes ! Tu n'as peut-être pas de règles comme cela m'arrive souvent, lui dis-je pour la rassurer.

– Non, ce n'est pas un retard, mais un début de grossesse de huit semaines exactement. J'ai consulté un médecin.

– Bon sang ! Mais que vas-tu faire ?

– Je ne veux pas avoir un enfant maintenant, qui foutrait en l'air mes études et ma vie. Je ne veux pas accoucher sous X et passer le reste de mon existence à me dire que j'ai abandonné mon gosse et que je ne le reverrai jamais. Ne parlons pas de mes parents. Ils ne supporteront pas une telle offense, puisque je n'ai pas de mari. Ils ne rejetteront

pas la fille, mais la fille mère, oui ! me dit-elle d'une voix particulièrement angoissée.
Sa détresse me chavira aussi. Je lui pris la main tendrement avant de lui demander :
– Et le père ?
– C'est l'un de mes profs !
J'étais interloquée. Décidément, pensai-je, j'avais encore beaucoup de choses à apprendre.
– Il est au courant ?
– Non et je ne lui dirai rien. Il est marié et père de famille.
– En as-tu parlé à Constantin ?
– Non plus, car sa première réaction serait de me traiter de gourde. Et puis, je suis persuadée que les hommes ne peuvent comprendre nos problèmes de femmes, même et surtout s'ils en sont aussi responsables.
Un voisin de table ayant entendu les propos d'Électre, prononcés à voix haute, se mit à ricaner et je le priai de se mêler de ses propres affaires.
– En attendant, poursuivit-elle, je dois trouver une solution à mon problème et je ne vois pas laquelle.
– Écoute, lui dis-je, je ne connais rien à la question, mais je peux en parler à la tante qui m'héberge. Elle est l'efficacité, la discrétion mêmes et elle à réponse à tout.
– Tu es vraiment un chic type !
– Pardon ? Tu t'adresses au voisin, peut-être ?
– Excuse-moi pour ce lapsus, me répondit-elle, en souriant, je n'ai pas vraiment ma tête à moi, en ce moment, mais d'accord pour ta tante.
L'espoir d'une issue favorable à ses préoccupations de taille, lui redonna du rose aux joues et je la quittai consciente d'être chargée d'une mission décisive pour sa vie et son avenir.

En faisant part le soir même à tante Millie de la nouvelle qu'Électre m'avait annoncée, sa première réaction fut de lever les bras au ciel et de me dire navrée :

– Ton amie est dans un sacré pétrin ! L'avortement est encore interdit en France, selon la loi de 1920, aggravée en 1939 par de lourds emprisonnements et amendes conséquentes. Résultat : des milliers et des milliers de femmes, enceintes malgré elles, n'ont pour recours que des moyens du bord, dangereux, parce que très souvent mortels.
– Comment cela ? Quels moyens ?
– Aiguilles à tricoter, baleines de parapluie, queues de persil, potions prétendument abortives et j'en passe.
– Mais pourquoi mortelles ?
– Parce que ces choses se font sans asepsie, ou alors sommaire, ce qui peut entraîner une septicémie fatale. Et puis toute maladresse peut provoquer une perforation de l'utérus, tout aussi mortelle, précédée d'hémorragie et de douleurs abominables – m'a-t-on dit – car je n'y ai jamais été exposée. Dieu merci !
– Électre m'a parlé de « faiseuses d'anges » et je n'ai pas compris.
– Ce terme – pour le moins douteux – désigne les femmes qui pratiquent des avortements clandestins, à vif, bien sûr, moyennant une bonne rétribution. Je te signale que la dernière femme qui fut guillotinée en France, en 1943 – soit sous le gouvernement de Pétain – était précisément une faiseuse d'anges. Elle s'appelait Marie-Louise Giraud.
– Quelle horreur ! m'exclamai-je, sans pouvoir réprimer un hoquet d'indignation et de dégoût.
– Je ne te le fais pas dire ! D'autant que les moyens contraceptifs étaient et sont toujours interdits – sous la très forte injonction de l'Église, relayée par le gouvernement.
– Mais n'y a-t-il pas quelques médecins qui peuvent pratiquer des interventions sûres dans leur cabinet ?
– Peut-être quelques-uns, mais je ne les connais pas. Et puis, ils risquent, eux aussi, de lourdes pénalités.
– Comment êtes-vous au courant de toutes ces choses ?
– Ce n'est pas ta grand-mère qui a fait mon éducation

sexuelle – tu t'en doutes ! C'est la vie. Je me suis penchée sur les conséquences de la loi de 1920 quand j'ai perdu une amie d'un avortement pratiqué chez elle à la suite d'un viol incestueux. Au moment où elle m'a appelée, il était déjà trop tard Je t'épargne les détails. Elle est morte dans mes bras en me disant : « Plus jamais ça ! » Et je lui ai promis de m'y engager.
– Parce que cela se passe aussi entre les membres d'une même famille, lui demandai-je, incrédule.
– Bien sûr ! C'est même très courant, mais personne ne le sait parce que ces exactions sont couvertes par la loi du silence qui isole totalement les victimes. On les rend honteuses de ce qu'elles ont subi malgré elles.
– Quel cauchemar !
– Oui, et dans le cas de cette amie, j'aurais remué ciel et terre pour lui rendre justice. Malheureusement, elle n'est plus là pour témoigner et le coupable court toujours.
– Qu'avez-vous fait alors ?
Et tante Millie me raconta qu'elle avait accompagné plusieurs fois dans une clinique suisse, des jeunes filles mineures et « accidentellement » enceintes. Elles avaient pu disposer là-bas d'une interruption de grossesse dans les meilleures conditions médicales.
Pour en revenir à Électre, ma tante suggéra d'appeler le médecin qui s'était chargé de ces interventions ou son successeur, pour prendre rendez-vous le plus vite possible.
– Mais cela doit coûter une fortune avec le voyage et Électre n'a pas un sou, ou si peu !
– Nous nous arrangerons. La seule chose que je te demanderai, c'est d'accompagner ton amie. Elle ne doit pas rester seule.
J'en convins sans la moindre hésitation.

Deux jours après, nous étions dans le train qui nous conduisait en Suisse. Notre wagon n'était constitué que de voyageurs et je m'en étonnai puisque tous les trains que j'avais

pris jusque-là, transportaient surtout des familles.
– Les hommes font des affaires et les femmes des histoires, me déclara Électre sur un ton mi-ironique, mi-amer. Tu ne le savais pas ?
Je ne pus m'empêcher de rire, car Électre ne s'était nullement gênée pour livrer ses pensées à voix haute sans susciter d'autres réactions que des froncements de sourcils, des croisements de jambes nerveux, et des toux de réprobation.
Le reste du voyage se déroula lentement, poussivement même, avec de multiples arrêts.
– Ce train se traîne, c'est exaspérant ! s'exclama Électre dans une tension perceptible.
Pour la distraire un peu de son obsession majeure, je lui demandai de me parler de son lieu de naissance, de sa famille, de son parcours jusqu'à Paris, alors que nous traversions de belles forêts enneigées du Jura.
– Oh, tu sais, je n'ai pas grand-chose à te dire. Mes parents vivent en Crète, à Héraklion, où ils tiennent un commerce florissant de denrées alimentaires et d'artisanat typiquement crétois ou grec : copies d'amphores, etc., qui partent comme des petits pains. En fait, c'est un joyeux bazar, très bien situé sur le port, où j'adorais me fourrer, petite, pour observer les clients de toutes nationalités et m'imprégner des merveilleuses senteurs du magasin.
– Tu es née dans cette ville ?
– Non, chez ma grand-mère maternelle qui habite dans un petit village au centre de l'île, où il y a plus d'ânes que d'habitants ! précisa-t-elle en souriant.
– Ton père était-il content d'avoir une fille ?
– Non, d'autant que mes parents n'ont pas eu d'autres enfants. Mais quand il a réalisé que sa « rejetonne » n'était pas complètement idiote, il s'est ravisé et s'attendait à me léguer un jour son commerce. Mais ce n'était pas mon truc. Je n'ai jamais su vendre ni compter.

– Alors, comment as-tu réussi à lui imposer tes dons artistiques et ta volonté de venir à Paris pour étudier aux Beaux-Arts ?
– C'est ma mère qui a plaidé ma cause et je ne sais avec quels arguments. Mais il est vrai qu'elle est très habile pour mener son patriarche de mari par le bout du nez ! Elle a d'abord obtenu que j'aille faire mes études secondaires dans le prestigieux Institut français d'Athènes, en logeant chez une parente.
– Voilà pourquoi tu parles si bien notre langue ?
– Oui, mais les études auraient très bien pu tourner court !
– Pourquoi ?
– Parce que cet Institut français est une pépinière du gratin grec. Quand j'ai commencé à subir quolibets et remarques sarcastiques de la part d'élèves qui voyaient à mes tenues et à mes manières que je n'appartenais pas à leur monde, je les ai mouchées en leur disant que j'étais une descendante en ligne directe de Praxitèle et que mon père était, lui-même, un sculpteur de renommée internationale. Après j'ai eu la paix.
– Bravo !
– Le plus drôle de l'histoire, c'est que ces filles ignoraient même le nom de Praxitèle !
– Moi aussi, t'avouerai-je.
– Oui, mais toi tu sais beaucoup de choses dans d'autres domaines et tu n'as jamais cherché à me diminuer ou à m'en mettre plein la vue.
J'accueillis le compliment avec plaisir avant de lui demander ce qui l'avait conduite à poursuivre ses études à Paris.
– Une femme, figure-toi !
– Mais encore ? dis-je intriguée.
– En visitant, un jour, le musée archéologique d'Héraklion, je suis tombée sur un fragment de fresque, représentant le profil d'une femme très fardée et connue sous le nom de « La Parisienne ». Ne me demande pas pourquoi ce nom, mais la fresque m'a subjuguée et m'a conduite aux Beaux-Arts.

– Pas du jour au lendemain, je suppose ?
– Bien sûr ! À l'âge des pâtés de sable, je gribouillais déjà sur n'importe quoi : papier, carton, galets, bouts de bois... Et plus tard, je préférais me rendre dans les ruines du palais de Knossos que d'aller voir je ne sais quel navet au cinéma – même un péplum !
J'avais réussi à la détendre un peu alors que nous étions à mi-parcours et qu'elle me parlait avec passion de son île natale dont elle semblait connaître le moindre site archéologique, la moindre grotte, le moindre sentier de chèvre, la moindre plage.
– Ta si chère Crète ne te manque pas trop ?
– Non, pas pour l'instant car je n'aurais pu y faire mes études. Mais j'y retourne chaque année, à mon anniversaire.
Au fur et à mesure que nous approchions de la frontière suisse, je sentis Électre se raidir, en proie à quelques tremblements dans ses mains.
– Tu te rends compte de ce que je vais faire ? J'en suis malade. J'ai peur de souffrir, peur tout court, me dit-elle à voix basse en me saisissant le bras.
Moi-même, je n'en menais pas large et me serais bien passée d'être mêlée à une aventure de cet ordre. Mais ce n'était pas le moment de reculer, ni de flancher et je tentai de rassurer Électre en lui murmurant à l'oreille : « Si ma tante nous envoie là-bas, c'est qu'elle est sûre de son choix. Tu peux lui faire confiance. Tout se passera bien, ne t'inquiète pas. »
Un douanier helvète vint contrôler nos billets, nos pièces d'identité avant de nous demander ce que nous allions faire en Suisse et si nous transportions de l'argent !
Je sentis Électre prête à lui voler dans les plumes, aussi pris-je les devants :
– Nous transportons que nous-mêmes (en réalité et sur les recommandations de tante Millie, j'avais glissé dans ma culotte l'argent suisse qu'elle m'avait remis pour régler le médecin et, éventuellement, une nuit d'hôtel à deux).

Ensuite, j'ai promis à mon amie de lui montrer le lac Léman avant son retour définitif en Crète.
– Mais vous ne verrez pas grand-chose de ce temps, tout est gelé, répondit le douanier suspicieux, avec un accent aussi rapide que le train.
– Nous n'avons pas le choix du temps ni de la date de visite ! répliquai-je sur le point de m'énerver.
– Bien, alors mesdemoiselles, bonne visite !

Nous prîmes un taxi de la gare à la clinique où nous arrivâmes avec un peu d'avance sur le rendez-vous. Dans la salle d'attente, quelques femmes nous avaient précédées – ce qui rassura un peu Électre, comme l'aspect immaculé de la clinique.
– C'est ça la Suisse ! lui dis-je, alors que je découvrais le pays, comme elle.
Puis ce fut le tour d'Électre que je vis disparaître dans le cabinet du médecin, d'un pas mal assuré qui me retourna. J'aurais alors tout donné au monde pour lui épargner cette épreuve. Mais je n'avais pu que la serrer fortement dans mes bras quand une assistante vint la chercher avec délicatesse et gentillesse.
Ignorant la durée de l'intervention, je décidai de sortir dans la rue pour chasser mon impatience en marchant. La clinique se trouvait non loin du lac Léman où je me rendis aussitôt, pour en effet, ne rien voir, qu'une épaisse brume hivernale au-dessus de l'eau. Je m'avançais néanmoins sur un ponton où étaient amarrés quelques voiliers recouverts d'une housse de protection. C'était la première fois, aussi, que je voyais ces embarcations qui n'avaient de vivant que leurs haubans dont le cliquetis métallique rompait le silence alentour. J'aurais pu les imaginer en plein mouvement, leurs voiles gonflées par le vent et formant une flottille colorée sur le lac, mais je ne pouvais penser qu'à ce qu'Électre était en train de subir et cela me pétrifia.

De retour à la clinique, la même assistante m'apprit qu'Électre se reposait dans une petite salle attenante au cabinet et que « tout s'était bien passé ». Puis elle me demanda de la suivre pour régler l'intervention, et au coût de celle-ci, j'en déduisis que le marché des avortements devait être particulièrement lucratif dans ces lieux.
Je rejoignis enfin Électre, allongée sur un petit lit et qui me dit d'un air triste :
– Voilà, c'est fait, mais je suis trop fatiguée pour reprendre le train tout à l'heure.
– Ne t'inquiète pas, j'ai repéré un petit hôtel au bord du lac, nous y passerons la nuit et nous repartirons demain matin, si tu le peux. Il faut juste que j'aille changer nos billets pour ne pas les perdre.

Notre jolie chambre à deux lits donnait sur un lac toujours invisible. Électre s'étant endormie, je me rendis à la gare, puis j'appelai tante Millie pour l'informer « du bon déroulement des opérations et de notre retour différé ». Elle me demanda de me rendre directement chez elle, avec Électre « car elle doit impérativement se reposer quelques jours et elle n'est pas à l'abri d'un contrechoc, surtout si elle est émotive ou très sensible ».
Je retrouvai Électre assise sur son lit, en larmes et irascible :
– Comment vais-je pouvoir être heureuse maintenant, avec le souvenir de ce cauchemar qui va me hanter, me coller à la peau toute ma vie pendant que ce salaud continuera à faire ses coups en douce, avec des vierges de préférence, pour avoir le privilège d'être « l'initiateur ». Tu parles d'un exploit ! Eh bien, si c'est son truc d'être le premier, il n'a qu'à s'attaquer à une nouvelle voie en montagne ! Là, il ne fera de mal à personne, surtout s'il n'en revient pas !
Elle s'arrêta quelques secondes pour se moucher pendant que je m'asseyais au pied de son lit.

– Il faut virer ce genre de type de tout enseignement, tu m'entends ? poursuivit-elle sur le même ton. À vingt-trois ans, nous sommes peut-être majeures mais pas encore des adultes. C'est facile de nous abuser avec l'ascendant que donne le rôle de prof – surtout s'il a une belle gueule et qu'il est habile –, facile de profiter de notre différence d'âge et d'expérience. Le viol commence là pour moi, dans le rapport inégal entre un adulte et une élève impressionnable, comme je le suis. Et ce sont les mêmes individus qui, après avoir expédié leur « affaire » dans un hôtel discret, rentreront chez eux, la bouche en cœur, pour jouer les bons époux et père de famille, dans la plus parfaite hypocrisie. C'est dégueulasse ! Dégueulasse ! s'écria-t-elle en donnant des coups de poing sur son lit et en enfouissant sa tête dans l'oreiller, secouée de sanglots.
Je vins m'allonger à côté d'elle, la pris dans mes bras et lui dis doucement :
– Électre, tu n'as pas été violée, car j'imagine que tu ne t'es pas rendue dans cet hôtel contre ton gré. Tu as été circonvenue.
Elle se retourna vers moi et me regarda, furibonde, comme si j'avais mis de l'huile sur le feu :
– C'est un euphémisme et je m'étonne que toi, si précise dans ta langue, tu n'appelles pas un chat, un chat ! J'ai bel et bien été forcée sous le coup d'une ivresse qui n'était pas celle de l'extase amoureuse, vois-tu !
– Comment, tu n'avais pas de coup de cœur pour ce type ?
– Non, il m'épatait par son érudition, c'est tout. D'autres étudiantes sont folles de lui, moi pas. D'ailleurs, je ne saurai jamais pourquoi il a jeté son dévolu sur moi. Je ne suis pas un prix de beauté, je suis haute comme trois pommes…
– Mais tu n'es pas idiote !
– Sans doute (et je parvins à lui arracher un sourire) quoique les garçons et les hommes préfèrent les gourdes bien

roulées. Si tu as le malheur d'être maligne, tu passes pour une emmerdeuse, un bas-bleu...
– Revenons à ton histoire avec ce prof.
– Avant l'hôtel, il m'avait entraînée dans une rhumerie où tout en absorbant punch sur punch, je dus entendre Monsieur pérorer sur le plus grand peintre contemporain à ses yeux, et je me barbais royalement. Je ne suis intervenue que pour lui faire remarquer, qu'en général, son admiration ne se portait que sur des artistes déjà consacrés et qu'il me paraissait plus difficile, plus audacieux, aussi, de déceler et de révéler le talent des inconnus, hommes et femmes.
– Bien vu ! Mais pourquoi l'as-tu suivi dans cette rhumerie ?
– Je n'ai pas imaginé une seconde que c'était un piège. Comme je suis en année de diplôme, j'ai pensé qu'il allait me parler de mon travail et de ce que je ferai ensuite. Je me suis fait avoir. Voilà. Ivre morte, je ne sais plus comment il m'a entraînée dans cet hôtel où je n'avais qu'une seule envie : dormir. Je ne voulais pas coucher avec lui pour simplement savoir ce que c'est et avoir le sentiment de ne plus être une gamine, comme le font tant d'autres idiotes.
Après avoir bu tout un verre d'eau, Électre me confia plus calmement :
– J'ai donc été violentée dans cet état-là, le fumier ayant mis sa main sur ma bouche pour m'empêcher de crier et d'alerter tout l'hôtel. Il m'aura fait très mal, accompagnant sa besogne d'insultes infectes du genre : « Sale petite pucelle, tu vas voir ce que c'est que de devenir une putain, une vraie garce ! » Plus je me débattais, plus il était violent et ordurier.
– Mais..., dis-je, outrée.
– Laisse-moi continuer. Il faut que je vide mon sac. Je crois que j'ai perdu connaissance. À mon réveil, je ne savais plus qui j'étais, où j'étais. En tout cas, seule, mes vêtements éparpillés dans la chambre, et moi, nue dans des draps ensang-

lantés, avec des douleurs atroces dans le bas-ventre, j'ai failli t'appeler, mais je me suis dit que tu étais sûrement en train de dîner avec ta tante.
– Tu as essayé de joindre tes parents ?
– Non, je ne voulais pas les affoler. J'avais peur des réactions de mon père. C'est une bonne pâte, mais une pâte fracassante si on touche à un cheveu de sa fille, et ma mère en serait devenue folle. Alors, quand j'ai réalisé ce qui venait de se produire, j'ai pris une longue douche comme pour me laver de cette souillure, me suis rhabillée, puis j'ai regagné mon atelier où j'ai vomi.
– Es-tu retournée aux Beaux-Arts ?
– Oui, dès le lendemain, pour ne pas me suicider, mais j'ai déserté les cours de Monsieur... Ce qui me révolte aussi, c'est que je ne pourrai jamais l'attaquer en justice, non pour me venger, mais pour mettre un terme à ses saloperies et à des saloperies qui ne me sont pas uniquement destinées. Avec la suffisance et la couardise qui le caractérisent, il se défausserait, s'abriterait derrière sa prétendue honorabilité professionnelle, conjugale, paternelle, me traiterait d'affabulatrice ou de mythomane et c'est moi, la victime, qui passerait pour l'accusée ! Cela me rend dingue d'imaginer ce scénario et je t'assure que si je possédais une arme, je l'aurais déjà flingué. C'est tout ce qu'il mérite !
– Oui, mais tu serais en prison !
– Peut-être, sûrement même, seulement avec une conscience tranquille, tandis que là, l'impuissance me fiche en l'air autant que le fait d'être la seule à payer physiquement et moralement.
Électre but un autre verre d'eau que je lui tendis, avant de poursuivre sa diatribe :
– Ce salopard n'a pas fait que souiller mon corps en le violant, il a aussi brisé ce que j'avais de plus précieux – mon intégrité – et il aura à jamais mis fin à mon insouciance. Je ne serai plus la même, désormais. Et cela vaut quoi, selon

toi ? Je te le redis : une balle dans la peau ! Le drame c'est qu'il faille en passer par là pour comprendre mes pulsions meurtrières. Et pourtant, je ne suis pas une violente. J'ai failli m'appeler Angelica, ajouta-t-elle d'un triste sourire.
Elle avala des comprimés – ceux que lui avait remis la clinique.
– Tu as mal ? lui demandai-je.
– Non, oui, seulement des contractions.
Puis après avoir reposé son verre sur la table de nuit et essuyé ses yeux rouges, elle me fixa longuement et d'un air où pouvait se voir toute sa détresse :
– Comment veux-tu que je regarde un type maintenant ?
– Le monde des hommes n'est pas fait que des répliques de ton prof, et puis, toi l'artiste, tu peux toujours regarder autre chose, non ?
– Tu ne comprends pas, répondit-elle, agacée, avant de revenir à ce qui la préoccupait maintenant. Comment vais-je faire la différence entre un violeur réel, potentiel ou non ? Elle est marquée sur leur front, peut-être ?
– Tu parles à une béotienne, car je connais mieux les chevaux que les hommes, tordus ou non ! Veux-tu manger quelque chose ?
– Non, merci. Je ne peux rien avaler.
Elle se retourna sur le côté et se remit à pleurer.
Elle pleura toute la nuit.

Au petit matin, je demandai à Électre si elle était en mesure de reprendre le train.
– Oui, partons d'ici !
Notre wagon était à moitié vide. Nous allons pouvoir parler tranquillement, pensai-je. Mais Électre se tut une bonne partie du trajet, le regard et les pensées tournées vers le paysage encore plus enneigé que la veille. De mon côté, épuisée par une nuit de veille, je m'assoupis aussitôt.

À mi-parcours, je fus réveillée par Électre, à nouveau très amère :
– L'avortement n'est pas un simple arrachage de dents, ni l'ablation d'un kyste. C'est grave dans la décision et dans l'acte, et pourtant, je ne suis pas un mégaphone du Vatican ou de tous les cathos-réacs en te disant ça. Si la loi qui l'interdit en France et ailleurs est abolie un jour, il ne faudra pas banaliser la chose. Ce qu'il faut, ce sont des moyens contraceptifs pour toutes. Évidemment, la contraception ne supprimera pas les viols, mais leurs conséquences, oui !
Tout en partageant les propos et la rage d'Électre, j'ajoutais :
– Avec ou sans contraception, on ferait bien aussi d'éduquer les filles à ne pas être obnubilées par les garçons. Les ennuis commencent là, pour moi.
– Tu voudrais rayer tous les types de la terre ?
– Non, éliminer les conséquences de leurs pouvoirs et de leurs abus, oui ! Je veux n'être traitée ni en subalterne ni en supérieure mais en égale. Là, je t'assure que les individus comme ton prof ne se croiraient plus tout permis !
– Mais dis donc, toi, tu es une sacrée graine de rebelle !
– Une toute petite à côté de ma tante ! À son propos, elle t'attend chez elle le temps que tu te remettes complètement.
– Non ça va aller, je ne veux déranger personne.
– Écoute, la question est réglée et je t'assure que tu seras très vite requinquée. Ma tante est une personne généralement assez distante, mais très présente dans les cas extrêmes.
Mi-gênée, mi-ravie, Électre tourna sa tête vers la vitre de notre compartiment avant de me dire qu'elle avait faim et qu'elle boirait bien un peu de café.
Quand je vis qu'elle avait un peu repris du poil de la bête, je lui demandai si elle comptait retourner aux Beaux-Arts. La réponse fusa :
– Non, c'est fini ! Jusqu'à présent j'ai réussi à éviter ce prof en séchant ses cours, mais je ne veux plus vivre dans la

crainte de le croiser dans la cour, ou dans un escalier. Je n'ai pas peur de lui, mais de ma réaction.
– Mais alors, tu n'auras pas ton diplôme ?
– Ce n'est pas grave, car j'ai acquis suffisamment de connaissances théoriques et pratiques pour revenir définitivement à mes amours premières : la fresque.
– « La Parisienne »?
Son visage s'éclaira d'un sourire joyeux. Pour la première fois depuis longtemps.
– Mais où vas-tu te rendre ?
– En Italie, dans la meilleure école où l'on enseigne les techniques de la fresque, mais rassure-toi, je ne me prends pas pour Piero Della Francesca.
– Connais pas !
– Tu plaisantes ? L'un des plus grands artistes italiens ? Le sommet de l'art pictural du quattrocento ?
– Ma chère Électre, dois-je te rappeler que je ne fais pas des études d'histoire de l'art et que j'aspire à être autre chose qu'une encyclopédie, même vivante !
Au bout d'un certain temps où nous demeurâmes silencieuses, je compris que la meilleure façon pour Électre de tourner la page de son épreuve, c'était de changer de lieu.
Comme je m'y attendais, Électre fut subjuguée par tante Millie et son appartement, mais elle ne voulut pas croire que ma tante n'était pas ma mère :
– Tu me caches quelque chose alors que j'ai tout dit !
J'ai cru qu'elle allait s'emporter et sa réaction m'amusa.
– Les lois de Mendel, tu connais ? Elles ont levé le mystère de la transmission des caractères héréditaires. Ma tante étant la sœur de mon père, j'avais donc une chance de lui ressembler.
Électre demeura incrédule.
– Bon, d'accord ! admit-elle, mais tu avoueras que ma surprise est plus que normale. Je ne suis pas une portraitiste, sinon, je vous aurais croquées toutes les deux !

– Ne regrette rien, tante Millie aurait refusé, non pour t'être désagréable, mais parce qu'elle ne se considère pas comme un modèle et moi non plus !
Électre apprécia la boutade :
– Je suis tombée sur de drôles de bonnes femmes !
La chambre « de Zaskia » avait été préparée et Électre me demanda de qui il s'agissait :
– De ta sœur, d'une autre mère de substitution ?
– Non, de la meilleure amie de ma tante. Elle dort là après chaque dîner bien arrosé et qui s'achève tard. Comme Zaskia vient souvent, cette pièce est devenue « sa chambre ». Elle, aussi, c'est « quelqu'un ». Très différente physiquement de ma tante, mais pas en esprit. Je regrette que tu ne la connaisses pas.

Pendant notre copieux déjeuner, tante Millie s'employa à mettre à l'aise sa nouvelle invitée, comme elle savait le faire avec toute personne timide.
– Tenez ! dit-elle, quand j'ai un coup de pompe, je ne prends ni douche ni solution vitaminée, je bois un petit verre de vin rouge et la machine repart sans manivelle.
– Le vôtre est fameux, mais il monte à la tête, Madame !
– Ce n'est pas grave. Vous allez vous reposer dans une douce euphorie !
Avant d'aller s'allonger, Électre me demanda si j'aurais la gentillesse d'aller dans son atelier pour lui rapporter un peu de linge de rechange :
– Tu verras, il est dans une commode, près du lit.
– Ah bon ? Je ne sais pas pourquoi je vous imaginais, toi et Constantin, à la cité universitaire.
– Non, Constantin habite un studio et comme je peins de grandes toiles, il me fallait un atelier que je loue pour trois fois rien à un artiste qui s'est exilé en Allemagne pour mieux connaître le parcours des grands maîtres du Bauhaus.
– Peux-tu me répéter le dernier mot ?

– Tu ne vas pas me dire que tu ignores certaines des figures notoires de cette école, comme Klee, Kandinsky... ?
– À ton contact, Électre, j'ai l'impression de devenir de plus en plus idiote !
– C'est peut-être ce qui te manque ! railla-t-elle. C'est reposant l'idiotie... pas besoin de se torturer les méninges, sourires béats... quelle félicité !
– En attendant, as-tu besoin d'autre chose ?
– Oui, j'aimerais que tu passes chez mon fournisseur de matériel de peinture, à telle adresse. Il me faut un carnet de croquis et des bâtonnets de sépia. Tu mettras ces achats sur mon compte.
– Bien, Mademoiselle ! Auriez-vous l'intention de dessiner ici ?
– À côté de la Callas, ma déesse et compatriote, qui travaille sa voix quatorze heures par jour, on ne peut pas dire que je sois moi-même une forcenée dans mon domaine. Mais je ne peux pas vivre sans papier à dessin, ni crayon. Ils me sont plus indispensables qu'une trousse de maquillage !

Dorlotée par tante Millie pendant que j'étais à la Sorbonne, sommeillant la plupart du temps, Électre retrouva rapidement ses forces.
Un soir, au cours du dîner, ma tante lui demanda le nom du professeur maudit, la spécialité de son enseignement, les jours et les horaires de cours avec lui, les noms de la rhumerie et de l'hôtel où il l'avait entraînée et, enfin, les coordonnées du médecin qui l'avait examinée.
Électre ne se souvenait plus de l'enseigne de l'hôtel. Et pour cause ! Mais quand elle vit tante Millie noter les précisions dans un petit carnet qu'elle glissa dans l'une de ses poches, elle eut peur :
– Qu'allez-vous faire, Madame ? Je ne veux pas avoir d'autres ennuis ni être confrontée avec ce... Il vaut mieux laisser tomber puisque j'ai déjà quitté l'école.

– Ne vous inquiétez pas, ma chère enfant. Je ne vais pas mener une enquête policière. Faites-moi confiance, je n'entreprendrai rien qui puisse vous nuire.

Dès le lendemain, tante Millie s'absenta et revint quelques heures plus tard, avec une enveloppe cachetée qu'elle tendit à Électre. Elle contenait, en billets de banque, le montant exact de ce que ma tante m'avait remis pour nos frais de voyage en Suisse, ceux de la clinique, de l'hôtel et des taxis.
– Voilà, lui dit-elle, cela n'effacera pas ce que vous avez subi, mais le fait que votre professeur m'ait donné cette somme sur-le-champ est une preuve et une reconnaissance des torts qu'il a envers vous. Au moins pourrez-vous penser qu'il s'en est matériellement acquitté.
– Madame, je ne sais quoi… je suis très émue… je…
– Ne me remerciez pas. Je mesure ce que vous avez enduré et au regard de vos maux, ma participation est bien modeste. Mais j'aimerais que vous reteniez de mon accueil un souvenir moins dicté par la compassion que par la sympathie immédiate. Ma chère nièce sait choisir ses ami(e)s !

On ne saura jamais ce que fut la teneur de l'échange entre tante Millie et cet homme et j'aurais vraiment voulu être une petite souris pour y assister. Je sais seulement que personne ne résiste à ma tante : elle peut être aussi habile qu'implacable. Et puis, j'ai constaté en maintes circonstances mettant en jeu son côté justicier, que ses atouts s'élèvent alors de plusieurs crans. Il était clair que la situation d'Électre l'avait indignée, comme moi-même, et que la sachant totalement démunie pour y faire face légalement, elle emploierait ses propres moyens. Ayant toutes ou les principales cartes en main pour ce faire, j'imagine qu'elle avait mis le suborneur dans une posture telle qu'il pouvait craindre un scandale qui eût brisé sa vie professionnelle, conjugale et familiale.

J'imagine aussi que, très froidement, elle lui présenta les comptes de notre expédition en Suisse, et qu'il dut s'incliner sans discuter. Évidemment, ma tante n'avait pas entrepris cette démarche pour rentrer dans ses frais. En soulageant partiellement Électre du poids de ses souffrances par cette intervention, il me devint clair que tante Millie avait été mue par la volonté de rendre aussi justice, symboliquement, à son amie morte dans ses bras, d'un autre viol.

Nous préparâmes, Constantin et moi, le déménagement d'Électre. Dans le capharnaüm de son atelier où il était difficile de se mouvoir sans se heurter à des caisses ou objets divers, elle avait mis à plein tube un disque de Maria Callas, mais Constantin ne le jugea pas de circonstances :
– À force de l'écouter, tu l'as complètement rayé et maintenant, sa voix saute, tressaute, dit-il en faisant des bonds de cabri. La plus grande cantatrice du monde mérite mieux que ce disque cacophonique !
Assise sur l'une des caisses, j'observais la scène hilarante et surréaliste. Je n'avais jamais vu Constantin et Électre se parler autrement qu'en se chamaillant, mais avec suffisamment d'humour de part et d'autre pour que cela ne tourne à l'aigre ou au pugilat.
Constantin changea de microsillon et des notes, à la fois nostalgiques et fougueuses de violons emplirent aussitôt l'atelier. Comme j'ignorais l'origine de cette musique, Constantin me précisa qu'elle venait des Tziganes de son pays. Des Roms, exactement. Il est vrai qu'elle correspondait mieux à un déménagement ! pensais-je intérieurement. Et elle nous aida à chasser toute tristesse dans la dislocation imminente de notre trio.
– Dis donc, Électre ! intervint Constantin. Tu as l'air toute contente de t'en aller. Dis tout de suite que Paris n'a plus aucun intérêt à tes yeux et que tu en as marre de nos tronches !

– Ce que tu peux être sot, parfois, c'est incroyable ! rétorqua-t-elle, en remplaçant les violons tziganes par des airs de sirtaki, qui firent immédiatement couler dans ses veines, le flux de ses origines.
Les déménageurs réunis s'étaient mués en joyeux drilles.
Après que les grandes toiles eurent été décrochées des murs pour être emballées, Électre décida qu'elle n'emporterait que ses effets personnels.
– Tu ne vas tout de même pas mettre tout ça à la poubelle ? s'offusqua Constantin. C'est du travail, non ?
– Pour moi, ce ne sont que des essais sans importance, une étape vers autre chose qui me correspond mieux, s'entendit-il répondre du haut d'une échelle.
Je compris qu'Électre voulait se débarrasser de tout ce qui lui rappelait son professeur de peinture.
– Bon, eh bien je vais les garder, mais sois gentille de signer ces toiles, car lorsque tu seras célèbre, moi je serai enfin riche ! lui lança notre Roumain, dans un grand éclat de rire et en roulant ses « r » comme d'habitude.
– Vil spéculateur ! répliqua Électre, avant de lui demander d'aller acheter de quoi grignoter sur les caisses et les cartons.
Constantin parti, Électre me tendit un petit cadre enveloppé, avec ces mots :
– C'est la seule chose que je voulais garder, mais je préfère te la donner.
Je découvris une très belle aquarelle dans les tons ocre, beige et bleu, figurant une petite fille dans les ruines d'un édifice antique.
C'est moi dans le palais de Knossos, me dit-elle mi-enjouée, mi-émue.
Émerveillée par ce qui se dégageait de cet ensemble exécuté d'une main sûre et sensible, je ne sus quoi répondre :
– Électre, je ne peux accepter un tel cadeau. Il est si personnel, si indissociable de ton histoire…

– Je te demande de le prendre, m'interrompit-elle. J'en ferai d'autres, mais celui-ci sera à toi.
Je me penchais alors pour l'embrasser de tout cœur.
Tante Millie trouva sur son lit un paquet enrubanné, contenant le carnet qu'Électre m'avait demandé de lui acheter. Il était rempli de dessins au sépia des différents aspects de l'appartement.
Des aspects bien choisis et reflétant parfaitement l'atmosphère envoûtante de chaque pièce. L'artiste y avait mêlé des détails qui témoignaient d'un œil subtil, avec une pointe d'humour, aussi, dans la présence d'un cendrier dans chaque croquis.
Un carnet précédé de ce petit mot :
« Madame,
Dans mon île natale, on a coutume de rendre au centuple une aide ou la moindre offrande. Je ne le puis, du moins, pas encore.
Alors, acceptez ces souvenirs de vos magnifiques lieux, en témoignage de ma plus profonde gratitude.
Électre. »
Elle avait exécuté ces dessins quand nous n'étions pas là, ma tante et moi. Le carnet demeura sur la table de chevet de tante Millie – qui apprécia le cadeau, le coup de crayon et la délicatesse.

Chère fugueuse,
J'ai essayé de vous appeler plusieurs fois, dernièrement – en vain. Avez-vous changé de numéro de téléphone, ou avez-vous pris la poudre d'escampette ? Je voulais vous entendre, vous parler, car je viens de vivre un moment pénible que vous relatera ma missive.
Je peux vous dire que ce qui est arrivé à Électre, associé aux informations sordides que tante Millie m'a données sur ce sujet, ont radicalement changé ma perception des hommes et de notre monde. Jusque-là, je croyais que, seul,

mon père incarnait une masculinité détestable. Je réalise qu'il n'est pas une exception, mais le produit d'un système qui accorde seulement aux hommes tous les droits, toutes les libertés, tous les pouvoirs – y compris celui de violer – avec l'assurance que leurs méfaits seront impunis, tus par les victimes et assumés exclusivement par elles, si elles n'en meurent. Je ne peux aimer ce monde-là.

Électre est partie, hier, vers son destin italien et nos adieux furent poignants, elle, si menue, si frêle sur ce quai de gare et sur le seuil d'une nouvelle, mais incertaine aventure ! Certes, elle voulait absolument s'initier aux techniques de la fresque, mais elle aurait pu passer son diplôme aux Beaux-Arts et partir après. C'est ce que n'arrêtait pas de lui dire Constantin en ignorant les raisons de ce départ précipité – le pauvre avait la larme à l'œil. Il tenta pourtant de faire quelques blagues de dernière minute pour détendre l'atmosphère – en vain. Moi seule savais avec Électre que ce départ était aussi une fuite délibérée et une sauvegarde quoique le viol ne soit pas une spécialité française, j'imagine !
En grimpant sur le marche pied du train en partance, Électre contint son émotion pour lancer à Constantin : « À bientôt, Brancusi bis ! » Et à moi : « Bonté divine, je reviendrai pour fêter votre premier grand prix littéraire ! » S'en suivirent quelques mots d'un dialecte sans doute crétois.
Vous me direz pourquoi les rares filles auxquelles je m'attache finissent toutes par s'exiler…
Je ne pense pas vous écrire pendant un certain temps. Je suis « sonnée », mais ne me prenez pas encore pour une cloche !

Depuis le départ d'Électre, Constantin a transféré son amitié sur ma personne et je ne le regrette pas, car il s'avère d'une compagnie instructive et très agréable – malgré son air d'ours mal léché !

Électre m'ayant piquée au vif avec son Pietro Della Francesca, j'ai décidé de combler mes lacunes dans le domaine des arts en visitant tous les musées de la capitale, avec Constantin. Possédant un solide bagage et rêvant d'égaler un jour son célèbre prédécesseur et compatriote – le sculpteur Brancusi –, Constantin se révéla un excellent pédagogue sans pédanterie : je ne pouvais trouver meilleur guide.

Nous avons commencé par le Louvre et nous y sommes encore. Mais je doute que nous en ayons fait le tour avant la fin de l'année !

Un jour, et alors que nous visitions le Département des antiquités grecques, étrusques et romaines, je me suis arrêtée, amusée, devant un splendide torse masculin, d'origine ionienne :

– C'est la première fois que je vois un homme nu, émasculé, qui plus est ! C'est bien ma chance ! m'exclamai-je.

Constantin me regarda, surpris :

– Toi, vierge ? C'est impossible !

– Mon cher, tu sauras que ma virginité relève des denrées non comestibles, et de ce fait, impérissables ! rétorquai-je drapée du péplum de ma fierté ironique qui le fit sourire.

Puis nous poursuivîmes notre visite dans ces salles gigantesques où le moindre de nos pas résonnait comme un orchestre aux heures d'affluence. Quand je vis que Constantin s'attardait particulièrement devant des statuettes de jeunes hommes en bronze, je lui demandai, à brûle-pourpoint, s'il aimait les garçons.

– Pourquoi, ça se voit ?

– Non, mais comme tu passes plus de temps devant un Kouros que devant une Koré, je suppose que tu as des goûts plus orientés qu'orientaux !

Il se mit à rire avant de confirmer ma supposition.

– Ça te dérange ?

– Au contraire ! Avec toi j'ai, j'aurai une paix royale et

pour une fois je pourrai me dire qu'un garçon s'intéresse à moi pour d'autres raisons que les seins et les fesses que je n'ai pas !
– Détrompe-toi, c'est ton côté jeune éphèbe de la période classique qui m'a plu tout de suite ! dit-il en me taquinant.
– Bon, alors je m'en vais ! répliquai-je en riant.
Ensuite, dans ces entrailles du Louvre recelant des merveilles, Constantin me confia, à voix basse, son histoire personnelle.
Après avoir découvert son attirance pour ses semblables, dans un camp de jeunesse roumain – « l'équivalent de vos scouts », précisa-t-il –, il prit la décision de fuir son pays.
– Mais, pourquoi, ce n'est pas un péché, non ?
– Chez nous, c'est un crime, une insulte à la nature, et mon père dont je suis le fils unique, m'aurait corrigé à mort ou fait enfermer chez les fous.
Je tombais des nues, horrifiée :
– Et ta mère ?
– Elle ne m'aurait peut-être pas considéré comme un monstre, mais sûrement reproché de ne pas me marier et de la priver de petits-enfants. Et puis, elle se serait mise à pleurer tous les jours en me rendant coupable de sa malédiction. C'est cela, aussi, l'amour maternel ! ajouta Constantin, avec une ironie amère.
Je ne savais quoi lui répondre.
– En fait, poursuivit Constantin, c'est un drame qui m'a décidé à partir sans retour. Deux de mes amis pris en « flagrant délit » dans la nature par un paysan qui s'est empressé d'en avertir leurs parents respectifs, ont préféré mourir ensemble en se jetant d'une haute paroi des Carpathes que d'être séparés. Ils avaient seize et dix-sept ans. J'ai fait mon balluchon ce jour-là et pris la route à pied, sans un sou en poche. De toute façon, j'aurais quitté la Roumanie à cause de son régime politique qui transforme le moindre quidam en despote, délateur, flic ou bête de somme ! Ne me parle

jamais de communisme, c'est une honte d'asservir les peuples en prétendant les libérer.
– Rassure-toi, je ne pense pas être la mieux qualifiée pour aborder cette question !
Glacée par ce que Constantin venait de me dire et ne pouvant plus me concentrer sur les chefs-d'œuvre alentour, je lui proposai de quitter le musée et d'aller faire quelques pas dans le jardin des Tuileries.

Nous marchâmes quelque temps silencieux, dans un espace plus peuplé de chiens que d'êtres humains !
Au bout d'un moment, je demandai à Constantin comment il s'était débrouillé en France.
– D'abord, j'avais déjà des rudiments de votre langue car les Roumains sont très francophiles. Ensuite, j'ai cumulé les petits boulots – garçon de café, livreur en Vespa, veilleur de nuit, manutentionnaire dans un grand magasin, etc. J'ai vivoté ainsi, en louant une chambre misérable, en me lavant aux douches municipales, mais je ne regrette rien. J'ai appris beaucoup de choses. Enfin, je suis entré aux Beaux-Arts – c'était mon objectif premier – pour apprendre la sculpture, en bénéficiant du fait que cette discipline est ouverte à tous les non-diplômés. Maintenant, j'ai un studio et une rémunération régulière, puisque je suis l'assistant d'un sculpteur d'œuvres abstraites, en marbre, mais je préfère travailler le bronze qui est une matière plus ductile que la pierre.
– De quand date ta vocation ? Je ne parle pas de tes penchants pour les…
– Du Ve siècle avant notre ère, au moins ! dit-il dans un grand éclat de rire. Tout gamin, je m'amusais déjà à sculpter des personnages avec le seul matériau dont je disposais alors : la terre glaise. Je le faisais en cachette de mon père qui pensait que ce n'était pas des distractions de garçon et que cela ne me mènerait à rien. Il voulait faire de moi ce qu'il est : contremaître dans une usine !

– N'as-tu jamais regretté ton pays d'origine, tes racines ?
– Les montagnes, les villages escarpés, la musique des Roms, oui, mais les gens lessivés, déshumanisés par un régime détestable, non. Deux ans après mon arrivée en France, j'ai envoyé une lettre à ma mère pour lui dire en substance ceci : « N'essayez pas de me rechercher par la police internationale, car si elle me met la main dessus, je me suiciderai comme mes amis Mircea et Sergiu. Maman, tu as épousé un imbécile, je sais que tu en souffres, mais si je me suis sauvé, c'était pour vivre et non pour crever à petit feu dans un pays déjà mort. »
– Es-tu vraiment heureux, ici ?
– Oui, même si tout n'est pas rose pour les individus de mon espèce.
– Que veux-tu dire ?
– Que cette chère patrie des droits de l'homme considère encore les homos comme des invertis, des malades, des tarés et j'en passe. Mais, je préfère être taré et libre qu'un taré sous électrochocs !
Je vis à la pâleur soudaine de son visage et à la crispation de sa mâchoire, combien il était affecté et révolté par cette discrimination qu'il développa :
– L'ennui – mais ce n'est pas particulier à la France – c'est qu'aussi longtemps que le modèle homme-femme sera dominant partout, nous aurons à subir le mépris, le rejet, l'insulte et autres faveurs de ce genre, qui peuvent conduire au suicide. Ma seule sauvegarde est que je n'ai rien d'efféminé et que je réserve mes inclinations à ceux qui les partagent. Aux autres, je ne dis rien.
– Tu es donc obligé de te cacher la plupart du temps ?
– Je ne me cache pas, je me protège des réactions odieuses dont nous sommes l'objet, de leurs effets pervers et les plus graves, à mes yeux, qui sont la honte de soi, la culpabilité, l'envie de se marier pour donner le change ou acquérir un semblant de conformité parfaitement hypocrite et stupide.

En plus, dans ce cas de figure, tout le monde est malheureux. Bref, une vraie connerie !
Je me contentai de l'écouter sans l'interrompre, découvrant un monde qui m'était encore totalement étranger.
– Inversement, poursuivit-il, tout aussi hypocrites sont les hommes mariés qui fréquentent des garçons à l'insu de leur femme et de leurs gosses. Je n'ai aucune complaisance ou compassion pour ces types qui jouent sur tous les tableaux en voulant le beurre – l'alibi social – et l'argent du beurre – la proie clandestine. Quand on préfère les garçons, on les choisit et on modèle sa vie en conséquence. Point.
Je tombai une fois de plus des nues :
– Parce que ça existe aussi ?
– Bien sûr ! Cela a toujours existé. Si on pouvait recenser tous les cas, tu serais édifiée. Mais personne ne le sait, bien sûr, la chambre conjugale masque les chambres extra-conjugales, comme la façade officielle, les liens officieux.
Constantin se pencha pour ramasser une petite pierre blanche dans l'allée où nous avancions. Il l'inspecta d'un œil d'archéologue du dimanche, avant d'affirmer le plus sérieusement du monde :
– Du pur marbre de Samos, vestige d'une œuvre de Pythagoras ou de son école. Date ? Ve siècle avant J.-C., époque déterminante où la sculpture grecque abandonne le hiératisme archaïque pour le mouvement. À la forme même de ce marbre, nous voyons bien que nous sommes en plein classicisme !
Réprimant un fou rire, je répondis sur le même ton :
– Impressionnant, cher Maître ! Moi, j'opterais plutôt pour un simple gravillon en provenance de la Seine. Période indéterminée !
Constantin tourna vers moi un visage de gamin boudeur :
– Tu me casses ma baraque, vilaine !
Et il lança au loin sa trouvaille qui faillit atterrir sur la queue d'un chien.

Après cet intermède plaisant, je voulus poursuivre notre première conversation :

– Je ne voudrais pas t'ennuyer et encore moins t'offenser, mais voilà : je n'aime pas du tout ce terme « homosexuel » qui sous-entend que la relation entre hommes se limite au sexe.

– Ce mot ne m'emballe pas non plus, même s'il est vrai qu'entre garçons le sexe est prépondérant. Mais je ne parle là que de mon expérience. Elle me prouve que l'attirance peut se passer de mots, de préliminaires et même, de sentiments.

– Quelle tristesse ! dis-je en m'affalant sur un banc. Nous appartenons vraiment à deux planètes différentes, car je ne peux imaginer concevoir un attrait puissant sans un séisme cardiaque. Peut-être suis-je cucul la praline, mais je n'en démordrai pas. Ce doit être sinistre de se réveiller avec un partenaire que l'on a désiré sans l'aimer.

Constantin haussa les épaules en souriant avant de prendre un air rêveur et de me demander :

– Alors que propose la littéraire pour remplacer le vilain mot ?

– Laisse-moi réfléchir un peu… ce genre de vocabulaire n'est pas au programme de propé – du moins, pas encore ! Il faudrait trouver quelque chose qui serait à la fois explicite et poétique. Pas facile !

Constantin qui avait passé un bras derrière mon dos, sur le banc, me jeta un regard mi-coquin, mi-intrigué, l'air de dire : « Je me demande bien ce qu'elle va dénicher ! »

– Ça y est ! triomphai-je. Évidemment, c'est une invention maison, mais qui devrait plaire à tous tes adonis, éphèbes, kourcï, etc. Je suggère « androphile », du grec *andros*, l'homme et *philein*, aimer. L'androphile a donc cette double qualité d'apprécier son semblable avec son cœur et son corps. Autrement dit, mon cher ami, c'est un amoureux et un amant. Qu'en penses-tu ?

– Pas mal du tout ton truc et quand je me présenterai ainsi, personne ne comprendra ! C'est parfait et en plus, c'est joli à l'oreille, tandis qu'homosexuel sonne comme une fornication bestiale.
– Bon, tu es d'accord pour androphile ?
– Vendu ! me répondit-il d'une tape sur la main. Et pour les filles, que dirais-tu ?
– Une colle à la fois, s'il te plaît ! J'ai déjà trouvé un mot en quelques secondes alors que nos académiciens ont mis trois siècles pour désigner l'homosexualité masculine ou féminine et ses adeptes par des termes tous plus rébarbatifs les uns que les autres.
– Moi, je ne connais que les injures. Si tu veux insulter n'importe quel type, traite-le de « pédé » et tu verras.
– Je ne préfère pas. Je persiste à croire que si ces insultes demeurent dans nos dictionnaires, c'est une manière de les légitimer dans le langage courant. Dans la réédition d'un dictionnaire, on supprime des mots et on en inclut d'autres. Alors pourquoi garde-t-on les injures à l'encontre des homosexuels, hommes et femmes ?
Constantin demeura silencieux quelque temps, le regard sombre. Un vent froid s'était levé et les chiens avaient disparu. Nous étions seuls, désormais, dans ce vaste jardin d'où l'on percevait les bruits d'une circulation intense entre la rive gauche et la rive droite.
– Je crains que ton nouveau mot ne puisse s'appliquer à ma personne, me dit Constantin, avec une tristesse perceptible dans la voix.
– Pourquoi ?
– J'ai été tellement matraqué sur le plan affectif dans ma famille, tellement réprimé dans des élans qui me semblent pourtant naturels, que je me blinde en ne m'impliquant pas côté cœur. Je suis donc condamné aux pulsions physiques passagères. C'est peut-être la raison pour laquelle j'attache beaucoup d'importance à l'amitié avec des garçons ou des

filles comme Électre ou toi. Dans ces liens que l'on dit inoffensifs, je peux tout donner.
Je n'en doutais pas. La générosité est la première chose qui m'a frappée chez lui – avec ses cheveux en bataille.
En le quittant ce jour-là, je décidai de l'appeler Kouros en souvenir de ses confidences sur fond d'antiquités grecques – même s'il n'a d'hellène que les pieds invariablement chaussés de belles sandales.

Deux jours après cette dernière conversation aux Tuileries, je reçus ce mot :
« *Ma chère Koré,*
Je te remercie de ta sympathie et de la confiance que tu m'accorde. Sache que c'est réciproque et que, depuis que nous nous voiyons, je me sens moins entouré d'analphabètes ou de frustes.
Bien amicalement, Kouros.
P.-S. Excuse mon orthographe – je crains d'appartenir définitivement à la tradition orale – ».

En cinq mois à Paris, j'en ai plus appris que pendant dix-sept ans ailleurs. Certes, la lecture du *Monde* m'avait ouvert les yeux sur nombre de réalités nationales et mondiales que j'ignorais, mais celles-ci retransmises par des articles, me demeuraient abstraites, désincarnées, voire étrangères. En revanche, la découverte du viol et de l'avortement d'Électre, du mépris des homosexuels, tel que m'en a parlé Constantin, m'ont donné le sentiment d'avoir pris un sacré coup de massue sur la tête. Face à des témoins directs ou indirects de fait extrêmement graves, je ressens dans ma chair des souffrances que je ne pouvais même pas soupçonner jusqu'alors.
Mais je dois dire que ce qui m'a le plus remuée, c'est ce qui est arrivé à Électre. Je me sens directement concernée en tant que fille par le viol, en réalisant aussi qu'aucune femme ne peut en être préservée.
Il y a peu de temps encore, peut-être aurais-je considéré les viols comme de sordides faits divers ou des accidents isolés, mais plus maintenant. Il n'y avait ni faits divers ni accidents isolés, mais des abus de pouvoir encouragés par une société violente, injuste et inégalitaire.

Aux premiers beaux jours printaniers, nous n'hésitâmes pas, tante Millie et moi, à passer nos après-midi – du moins ceux où je n'avais pas de cours – dans le jardin potager déjà nettoyé pour recevoir de nouvelles plantations. Bien emmitouflée dans un transat, j'éprouvais la sensation grisante d'être sur le pont d'un paquebot fendant souverainement l'océan pour laisser dans son profond sillage des remous d'écume d'une blancheur immaculée…
De l'appartement nous parvenait le son d'un aspirateur indiquant la présence de Rosa, la femme de ménage et cousine d'Elena – une vraie perle, qui travaillait toujours en chantonnant et ne repartait jamais sans s'être préparé une tasse de café, selon un rituel instauré par « Madame ». Rosa, aussi, avait une vénération pour tante Millie et craignait

toujours qu'elle ne fît une chute en perdant sa canne ou en glissant sur le parquet trop bien ciré.

J'étais en train de lire dans *Le Monde* un article ironique sur le Woman's lib américain, qui me fit rire – moins les commentaires du journaliste que les impertinences de ces demoiselles. Ma tante, elle, rafistolait en bougonnant l'anse de son panier aux légumes – en réalité, un « baquet » en châtaignier ayant servi aux vendanges de la maison.

Mais, pour l'instant, avec son bonnet de laine et sa vieille veste, elle avait plutôt l'air d'un loup de mer auquel il ne manquait que la pipe !

Délaissant ma lecture, je lui demandai ce qu'elle pensait du remue-ménage des féministes américaines.

– Beaucoup de bien et j'espère que ce mouvement traversera vite l'Atlantique pour secouer les esprits, ici aussi. L'embourgeoisement de nos mœurs et surtout ce que j'appelle la « mâlitude » de notre monde, sont suffocants et méritent bien qu'on leur inflige quelques irrévérences.

– Qu'entendez-vous par « mâlitude » ?

– Le pouvoir des mâles sur les femmes. Il ne faut pas la confondre avec la masculinité qui peut être respectable – comme devrait l'être la féminité. La « mâlitude », elle, ne respecte en rien les femmes et, en cela, elle est détestable. Ce fléau doit être combattu, éradiqué à jamais et les féministes s'y emploient. Pas seulement les Américaines.

Tante Millie s'interrompit pour me dire que l'anse du baquet était fichue et qu'il lui faudrait tailler une jeune branche de châtaignier pour remplacer celle-ci.

– Vous avez fait allusion à « quelques irrévérences ». De quoi s'agit-il, lui demandai-je en me rapprochant d'elle pour mieux entendre ses propos sous un vent devenu vif.

– D'actions spirituelles et pertinentes, destinées moins à choquer qu'à faire réfléchir.

– Par exemple ?

– Je songe à l'une d'elles depuis un certain temps. As-tu

remarqué que l'écrasante majorité des rues de Paris est personnifiée par des noms d'hommes – dont nombre d'illustres inconnus ?
Je me mis à rire avant d'avouer que je n'y avais guère prêté d'attention.
– Bon, alors il serait temps d'apporter quelques modifications à ce dispositif !
Sachant ma tante capable de toutes les ruses, je me demandai bien ce qu'elle allait concocter maintenant…
– Eh bien, nous allons remplacer ces personnages par des noms de femmes qui auraient mérité la postérité. Une cinquantaine suffira.
Je trouvai l'idée excellente :
– Mais comment allez vous procéder ?
– Rien de plus simple : d'abord, je vais recenser nos promues, représentatives de tous les domaines – politique, littérature, sciences, arts. Ensuite, je choisirai les rues ou places à débaptiser, de préférence les plus fréquentées. Enfin, ton ami, Constantin, se chargera de fabriquer les nouvelles plaques en carton, sur mesure, de les peindre à l'identique et nous les collerons sur les officielles. Nous ferons cela de nuit pour aller plus vite et sans être importunés.
– Qui, « nous » ?
– Quatre équipages menés par ceux et celles qui ont leur permis de conduire : Zaskia, Francesca, Pepe et Constantin. Quatre voitures de trois personnes : le conducteur et les colleuses. Personne n'est au courant, mais j'ai déjà l'accord de nos dames.
– Et si nous nous faisons arrêter ?
– Aucun problème ! Nous dirons à ces messieurs que nous organisons un jeu de piste qui ne dégrade en rien le mobilier urbain.
– On dirait que vous avez dirigé des commandos toute votre vie ! m'exclamai-je en riant et je n'eus pour réponse qu'un haussement d'épaules.

Quand Zaskia revint de son dernier colloque scientifique à Stockholm, les nouvelles plaques de rue étaient prêtes et en pleine nuit, les voitures se dirigèrent vers leur mission selon les directives précises de notre mentor qui, dans son organisation parfaite, avait même pensé à des échelles pour atteindre les plaques hors de notre portée.
Je roulais avec tante Millie, Elena et Pepe, excité comme un diable. Il n'avait pas encore imaginé sa « patronne » sous les traits d'un chef de bande. Sa femme, d'habitude réservée, ne cachait pas non plus son enthousiasme et ne cessait de répéter « *Es una idea muy inteligente* » ou « *Viva las mujeres* ». Ma tante indiquait à Pepe la direction à prendre, sans le moindre plan. Cette nuit-là, elle avait mon âge, le visage d'une gamine s'apprêtant à faire une bonne farce aux aînés, avec cette détermination et cette autorité que donne le plaisir d'être en parfait accord avec soi.
Quant à moi, j'étais partagée entre l'émotion de participer à une renaissance – celle des oubliées de l'Histoire – et la griserie de commettre une transgression salutaire.
Nous commençâmes par la rue Danton, aussitôt muée en rue Olympe-de-Gouges, révolutionnaire féministe. Ah oui ! J'ai oublié de vous dire que tante Millie avait pris soin de préciser sur nos plaques la fonction de chacune des ressuscitées. Ensuite, nous substituâmes à la place Paul-Claudel, le nom de sa sœur, Camille Claudel dont j'avais déjà découvert les admirables sculptures avec Constantin. En raison du destin tragique de cette artiste, j'étais particulièrement heureuse d'envoyer aux pelotes ce frère qui l'aura fait interner jusqu'à sa mort.
Pepe se garait juste devant notre champ d'opération, moteur allumé pour pouvoir repartir à toute vitesse en cas d'intervention policière. Tante Millie distribuait les plaques et surveillait les abords pendant qu'Elena et moi collions nos cartons, en riant. En un rien de temps, des généraux, des batailles de l'armée napoléonienne, des politiciens enter-

rés depuis belle lurette, furent avantageusement remplacés par des poétesses, romancières, philosophes, résistantes, scientifiques, archéologues, exploratrices, pirates, pianistes, violonistes – sans oublier une alpiniste, Marie Paradis, la première femme à avoir gravi, en jupons encombrants, le mont Blanc, au XIXe siècle.

Pour parachever avec humour notre expédition particulière, nous féminisâmes le boulevard des Italiens – dûment représenté, désormais, par les Italiennes – et nous allions agir de même dans la rue suivante, lorsqu'une voiture s'arrêta à notre hauteur. En voyant la nouvelle plaque, dédiée aux boulangères le conducteur moustachu nous demanda ce que nous étions en train de faire. Imperturbable, tante Millie lui répondit d'abord par une boutade : « Je représente le syndicat des boulangères qui veulent sortir du pétrin. » À la tête circonspecte de l'homme que ma tante avait gentiment roulé dans la farine, je réprimai un fou rire tout en refermant le pot de colle. Puis, il s'entendit répondre plus sérieusement les raisons de notre « balade nocturne ». Contre toute attente, il les trouva amusantes et intéressantes au point de proposer à l'instigatrice de passer sur les ondes de l'émission de radio qu'il animait et il nous tendit sa carte.

Rendez-vous fut pris pour le lendemain, « à une heure de grande écoute ». Telle était la condition *sine qua non* de l'interviewée.

Consigne avait été donnée à tous les membres de cette aimable virée de se retrouver chez tante Millie, à l'aube, pour un copieux petit déjeuner et pour vérifier également si l'une de nos équipes n'avait eu des ennuis avec la police ou des noctambules agressifs. Mais rien de tel. Zaskia arriva la dernière, car ses douze plaques devaient être réparties sur plusieurs arrondissements éloignés les uns des autres. « Jamais je ne me suis autant amusée et merci Millie de m'avoir réservé Ginette Neveu, Sofia Kovalesvskaïa, Simone Weil, entre autres. »

Constantin, lui, félicita ma tante d'avoir honoré la mémoire de Camille Claudel qu'il vénérait particulièrement et dont il fit le panégyrique : « Il se dégage de chacune de ses œuvres une puissance émotionnelle que je ne retrouve pas dans les sculptures de Rodin... Il y a chez elle un supplément d'âme et de grâce... » Puis il se remit à citer l'un des vers de Baudelaire gravés sur le socle d'une femme nue sculptée par son idole, en commençant par un lapsus : « Je suis beau... pardon ! – Je suis belle, ô mortels, comme un rêve de pierre... » Je ris moins de sa langue qui avait fourché que de son accent roumain pour rappeler Baudelaire.

Quant aux filles de Pepe et de Rosa, elles se demandèrent pourquoi elles auraient cherché en vain dans leurs manuels d'histoire et de littérature les noms de femmes que nous venions d'apposer dans Paris. Elles étaient curieuses de connaître la vie et les œuvres de chacune – « *Hay qué preguntar lo a vuestros profesores* », intervint pertinemment Elena.

Puis, notre rebelle en chef demanda la permission de se retirer, non sans avoir préalablement annoncé à ceux et celles qui l'ignoraient, son intervention à la radio. Nouvelle qui décupla l'enthousiasme fébrile de chacun(e) et nul doute que, toutes affaires cessantes, des oreilles seraient collées à leur poste.

Tante Millie me demanda de l'accompagner à la radio. Nous partîmes en avance, en taxi, car ma tante voulait passer dans certaines de « nos » rues pour voir si nos plaques n'avaient pas été enlevées. Elles étaient encore là, rutilantes à la lumière du jour, et nous pûmes même assister à quelques scènes cocasses entre automobilistes déroutés et piétons déconcertés, certains tournant fébrilement les pages de leur plan des rues de Paris, les autres levant les bras au ciel, d'autres, encore, regardant attentivement ces nouveaux noms, dans un concert de klaxons et d'imprécations. « Il n'a pas plu, heureusement, car les cartons n'auraient pas tenu ! » dis-je à ma tante, tout heureuse d'être à l'origine de ce cafouillis.

J'admirais maintenant la sérénité avec laquelle elle se rendait au studio d'enregistrement en assumant son « irrévérence » jusqu'au bout.

Le temps d'antenne accordé était d'une heure, comprenant, à la fin de l'interview, les questions des auditeurs et des auditrices.

Elle s'assit à une table, devant un micro et face à l'animateur qui, dès qu'une lumière verte s'alluma, posa sa première question :

– Madame (et il déclina son nom) vous avez, la nuit dernière, rebaptisé cinquante noms de rues de Paris en noms de femmes, pourquoi ?

– D'abord, Monsieur, auriez-vous l'obligeance de les citer toutes, lui demanda-t-elle, en lui tendant sa liste.

Après la lecture, tante Millie enchaîna :

– C'était une promenade d'agrément destinée à attirer l'attention sur l'absence – sans doute délibérée – de personnalités féminines autrement plus intéressantes à mes yeux que les 70 généraux, les 15 abbés, les 80 saints immortalisés dans nos rues, pour ne prendre que ces exemples.

– N'y a-t-il pas de saintes ? demanda l'animateur.

– Si, 16 ! Mais, Monsieur, allons à l'essentiel. Sur nos milliers de rues, il n'y a qu'une vingtaine de noms de femmes mentionnés, hormis les saintes. Une vingtaine, alors que l'on peut compter des centaines et des centaines de noms d'hommes – dont nombre ne nous évoquent rien aujourd'hui. À moi, donc, de vous interroger. Cette répartition est-elle conforme à l'Égalité inscrite dans notre devise républicaine ?

Hésitation et gêne de l'animateur qui tente de démontrer ensuite que les femmes étant absentes en politique, dans

les sciences, dans les arts, cela peut expliquer qu'elles soient si peu représentées ou passées à la postérité.
– Prenons l'exemple de la politique, rétorqua tante Millie. Au gouvernement, actuellement, pas une femme ! Pourquoi ? À l'Assemblée nationale, 482 députés – dont 8 femmes. Pourquoi ? À la fin de la Seconde Guerre mondiale, elles étaient 33 sur 586, sans doute en raison du droit de vote qui venait de nous être accordé (un siècle et demi après vous) et du rôle éminent de certaines résistantes. Au sénat, 318 sénateurs. Pourquoi ? Serions-nous congénitalement incapables de légiférer et de gouverner ? En réalité, tout cela montre un écrasant pouvoir masculin dans toutes les instances politiques et autres, et si les femmes en sont absentes ce n'est certainement pas en raison de leurs incompétences présumées, mais d'un refus des hommes de partager leurs prérogatives avec elles.
L'animateur voulut interrompre ma tante, mais elle poursuivit sur le même ton, à la fois calme et inébranlable :
– Vous savez, je n'invente rien. Je ne fais que reprendre les propos de cette femme admirable, Olympe de Gouges, guillotinée en 1793 par ses amis républicains pour avoir osé réclamer l'égalité civique entre hommes et femmes. Eh bien, cher Monsieur, cet assassinat réel entérinait la mort symbolique des femmes dans cette société bleu-blanc-rouge, dont la belle devise demeure totalement fallacieuse.
– Mais dans les sciences, les lettres, les arts, il s'agit moins de partager des prérogatives que d'avoir du talent, non ? objecta l'animateur.
– Croyez-vous que le talent se confonde toujours avec la renommée ? Dans le curieux monde qui est le nôtre, j'ai pu constater que le talent sans consécration est plutôt le lot des femmes. J'ai recensé plus de 70 pianistes, violonistes, violoncellistes, compositrices de diverses nationalités, pourriez-vous m'en citer une seule ?
Embarras de l'animateur.

– Pouvez-vous me donner le nom d'une grande peintre ou sculptrice qui, malgré la reconnaissance de se pairs ne soit vite retombée dans l'oubli ?
Silence de l'animateur.
– Quant à la littérature, les romancières ne figurent qu'en quantité infinitésimale dans les programmes scolaires et universitaires, alors que 70 écrivains ont donné leur nom à des rues parisiennes. Enfin, dois-je vous rappeler que les jeunes filles n'ont eu accès aux études supérieures qu'un siècle après les jeunes gens. Cela veut dire, concrètement, que si des filles et des garçons disputaient aujourd'hui une course à pied, les filles partiraient loin derrière les starting-blocks de leurs concurrents. C'est ce que l'on appelle sans doute aussi l'égalité des chances !
– Revenons à votre liste de personnages féminins, intervint l'animateur. Qui était Émilie du Châtelet que vous avez sans doute fait figurer sur la place du même nom ?
– Bien sûr ! Elle fut l'une des premières physiciennes au XVIIIe siècle, notamment pour avoir traduit et mis à la portée de tous – ce qui n'était pas une mince affaire – les fameuses théories de Newton. Voltaire qui fut son amant, la considérait comme l'un des plus grands cerveaux de l'époque.
– Vous voyez que des hommes peuvent s'incliner devant des talents féminins, souligna l'homme de radio, avec un malin plaisir.
– Des hommes très intelligents, oui ! s'entendit-il répondre.
– Et pourquoi la « rue des Algériennes » ? demanda-t-il.
– En hommage à toutes celles qui ont courageusement, et au prix de leur vie, combattu pour l'indépendance de leur pays, mais qui, après cette victoire, ont été sommées par leurs compagnons d'armes de reprendre le voile de leurs servitudes ancestrales.
– Je vois que vous avez sélectionné d'autres étrangères aussi…

– En effet, puisque la condition des femmes est sensiblement la même de Paris à Pékin, de Copenhague à Johannesburg, de New York à Moscou, à quelques différences près entre celles qui semblent l'accepter et celles qui la subissent de plein fouet.

– Mais, vous, Madame, n'appartenez-vous pas à un monde privilégié ?

– Au sujet des privilèges, cher Monsieur, dois-je vous rappeler que ceux de mon monde d'origine ont été abolis depuis quelques lustres ? Les hommes et les femmes de ce même monde n'auront été égaux que devant l'échafaud. Au risque de vous surprendre, je n'ai pas été particulièrement choyée. Je suis une autodidacte, inscrite dès mon plus jeune âge à l'école de la vie. Elle m'a appris beaucoup de choses, comme elle m'a rendu sensible à toutes formes d'injustices.

– Seriez-vous une comtesse rouge ? demanda l'animateur sur un ton un brin railleur.

– Ni comtesse ni rouge !

– Une dernière question, Madame, avant celles de nos auditeurs Que souhaiteriez-vous pour vous-même ?

– Ne pas me retrouver la seule femme au gouvernement ou au Panthéon !

Sur ces mots qui suscitèrent l'hilarité générale dans le studio, une assistante vint annoncer à l'animateur que le standard avait explosé sous le nombre d'appels des auditeurs – surtout des auditrices enthousiasmées par l'initiative symbolique de tante Millie dans les rues de Paris et par ses propos à la radio. L'animateur, fair-play, rendit compte en direct de cette explosion et de l'impossibilité de répondre à tous les appels. Toutefois, il en retint deux, pendant que la même assistante plaçait des écouteurs sur les oreilles de ma tante.

Le premier intervenant, un homme « féru d'histoire militaire » s'indigna de ce que « sa » rue La Fayette devînt celle de Madame de La Fayette – c'était pour lui « scandaleux » et « une atteinte à la mémoire d'un grand homme ».

Je vis l'interviewée sourire, qui s'attendait sûrement à ce genre d'appel auquel elle répliqua :
– Monsieur, je comprends votre courroux sans le partager et vous conseille vivement de tempérer vos humeurs par la lecture de *La Princesse de Clèves* – chef-d'œuvre de Madame de La Fayette, grande femme de lettres du XVIIe siècle, la première à avoir introduit dans le roman la dimension psychologique et dont l'influence dans notre littérature demeura profonde et incontestable.
– Deuxième question, d'une auditrice, cette fois-ci, et historienne, précisa l'animateur.
– Madame, dans un journal officiel de 1945, j'ai découvert votre nom, associé aux plus hautes décorations militaires pour faits de Résistance dans l'Ouest. S'agit-il d'un homonyme ou êtes-vous cette même personne ?
Le visage de tante Millie devint plus grave :
– Je vous le confirme. Mais permettez-moi de ne pas m'étendre sur mon cas. Je ne fus pas la seule à résister et à recevoir ces distinctions.
La réponse de tante Millie me fit l'effet d'une bombe, comme elle suscita chez l'animateur la plus grande stupéfaction. Pouvait-il imaginer, en effet, qu'il avait convié sur son plateau, non une originale anonyme, mais une héroïne de la Résistance ?

L'émission eut un tel succès, amplifié par la presse dès le lendemain, que l'interviewer proposa à tante Millie une tribune régulière sur les sujets de son choix. Agacée par sa célébrité soudaine, elle demanda un délai de réflexion avant de s'engager dans cette nouvelle aventure. Elle s'en ouvrit d'abord à Zaskia, sans lui cacher ses réticences, lui faisant valoir, à tort ou à raison, que ce qui intéressait l'homme de radio c'était davantage son taux d'écoute que ce qu'elle aurait à dire. « Tu sais, aussi, que je préfère grattouiller mon jardin que d'être sous les feux de la rampe. Toute cette agitation m'assomme ! »

Mais Zaskia balaya ces réserves en suggérant à ma tante de concevoir des portraits vivants des femmes figurant sur nos plaques de rue. À l'appui de cette suggestion, elle démontra que « ces plaques allaient être enlevées si elles ne l'étaient déjà de sorte que ta tribune transformerait l'essai ». Puis elle ajouta : « Tu es une encyclopédie de rebelles à toi toute seule, ton éloquence, ton humour, ton esprit, ta voix feront le reste ! »
Tante Millie prétexta que cela lui demanderait beaucoup trop de travail en recherches bibliographiques, en écriture de chacun de ces portraits puisqu'elle ne pourrait les improviser en direct « et pendant tout ce temps-là, mes plantes vont crever ! »
Zaskia revint à la charge : « Pepe peut se charger de ton jardin et je t'aiderai dans les recherches. Les portraits brossés et présentés par toi, nous les réunirons dans un ouvrage que nous n'aurons aucun mal à faire éditer ensuite, puisqu'ils auront fait un malheur sur les ondes. Maintenant, assez tergiversé ! Je te somme d'accomplir cette mission de salubrité publique dans le désert idéologique qui est le nôtre, aujourd'hui. Pense à toutes les auditrices que tu vas passionner, convaincre, en suscitant peut-être des vocations auxquelles elles n'ont pas songé. »
J'assistais, silencieuse à ce tête-à-tête piquant, en approuvant les arguments de Zaskia qui finirent par l'emporter. Mais au fond de moi, je demeurais sur une terrible et immense frustration, celle qu'avait suscitée la révélation du rôle de tante Millie pendant la dernière guerre mondiale.
Je n'étais pas la seule à éprouver ce sentiment.
Dès mon retour du studio d'enregistrement, le téléphone n'avait cessé de sonner de la part d'ami(e)s, de connaissances. Aux félicitations, aux questions posées dont la plupart s'adressaient manifestement à la Résistante, celle-ci répondait par des boutades, des pirouettes ou des silences qui finirent par m'agacer.

Notre célébrité étant toujours au bout du fil, je descendis dans la rue pour appeler Zaskia d'une cabine et lui confier ce que j'avais sur le cœur : « Comme il est clair que tante Millie n'a pas collaboré pendant la guerre – ce qui aurait pu justifier son silence – dis-je d'emblée, il n'y a aucune raison que j'ignore plus longtemps tout un pan de son histoire. J'ai le droit de savoir, mais tante Millie ne me dira rien, c'est clair. Vous êtes donc la mieux placée pour m'informer. Je ne peux plus attendre ! »

Zaskia me répondit qu'elle me comprenait parfaitement et qu'elle était prête à me répondre un jour de la semaine où je n'aurais pas cours.

Impatiente, fébrile, je retrouvai Zaskia un matin, tôt, devant l'une des entrées du bois de Boulogne où je m'étais rendue en autobus.

Nous étions à la mi-avril et le temps était exceptionnellement doux.

– Par où veux-tu que je commence ? me demanda-t-elle en m'entraînant dans une allée.

– Eh bien par le commencement ! C'est-à-dire, à partir du moment où, après la mort de son cheval, ma tante a fui la maison en pleine nuit, pour se rendre chez Hélie.

– Lui avait alors déjà constitué un embryon de réseau de Résistance avec trois jeunes gens de ses connaissances, humiliés par l'Armistice, déterminés à ne pas vivre sous le joug allemand et à le combattre coûte que coûte. Hélie s'en était ouvert à ta tante, en lui offrant, d'emblée, d'être son bras droit.

– Elle était très jeune pour assumer de telles responsabilités ! m'étonnai-je.

– Oui, mais il avait totalement confiance en elle et lui reconnaissait des qualités de chef, de stratège, d'organisatrice, de prudence aussi. Et puis, l'un comme l'autre avaient une parfaite connaissance du terrain. Il n'y avait pas une

lande, une forêt, un chemin creux qu'ils n'eussent parcouru à cheval, ensemble.
– C'était, donc, un réseau à deux têtes ?
– Oui, et le choix d'Hélie s'est révélé judicieux.
– Était-elle la seule jeune fille ?
– Pendant un moment, oui, mais deux autres y furent associées quand le réseau s'étendit à dix membres. Après l'arrivée de Millie, le groupe comprenant un imprimeur, un garagiste, un électricien et futur radio, est èntré dans la clandestinité. Ta tante redoutait que sa mère n'avertît les Allemands installés chez elle de sa disparition et ne la fît rechercher. L'imprimeur lui fabriqua immédiatement des faux papiers. Quant à Hélie, lui, il craignait que leur propre château ne fût réquisitionné, aussi, et ne désirait pas mettre la vie de sa mère en danger.
– Mais où vivaient-ils, où dormaient-ils ?
– D'abord Hélie disposait d'une fortune conséquente, léguée par son père. Il aura tout financé : matériel, voitures, vélos, armes, vivres, etc. Ensuite, il connaissait tout le monde dans votre région et il ne lui était guère difficile de trouver des gîtes sûrs pour lui-même et Millie. Quant aux autres qui avaient un métier officiel, ils rentraient dormir chez eux pour ne pas éveiller le moindre soupçon.
– Quelles actions ou missions ont-ils accomplies ?
– Surtout du renseignement : positionnement des troupes allemandes, mouvements de leur flotte le long de la côte, repérages de leurs stocks de matérie, etc. Informations qui seront transmises aux Forces Françaises Libres dès que le contact sera établi avec Londres.
– Hélie et tante Millie travaillaient-ils ensemble ?
– Non. Hélie qui parlait parfaitement l'allemand, s'est mis dans la peau d'un homme d'affaires avisé pour rentrer en contact avec des huiles de la Wehrmacht qui se réunissaient souvent dans les bars de grands hôtels. Ne me demande pas quelle camelote il leur aura proposé. Ce que je sais,

en revanche, c'est qu'il aura obtenu nombre de tuyaux précieux sur les besoins matériels de l'ennemi.

– Et le rôle de tante Millie ?

– Trop jeune pour conduire, elle circulait à vélo et avait son secteur d'observation propre. Elle ne notait rien, bien sûr, et pouvait compter sur une mémoire phénoménale. Elle fut contrôlée à plusieurs reprises, mais « on lui aurait donné le bon Dieu sans confession » m'a dit la mécréante. À vrai dire, au début de l'Occupation, les soldats allemands considéraient la France à la fois comme un sol conquis et un pays de cocagne dont ils appréciaient les vins, les fromages et les « *Cholies mat'moiselles* ». Ils plaisantaient volontiers et se comportaient de façon galante. Ta tante ne s'est pas privée de jouer sur ces cordes pour mieux les berner. Ensuite, elle retrouvait Hélie dans des lieux connus d'eux seuls.

Après une pause silencieuse où Zaskia alluma une cigarette et regarda les arbres alentour qui commençaient à verdir, elle reprit le cours de son récit :

– Tout s'est bien passé pendant presque deux ans, jusqu'à ce jour du 9 septembre 1942 où tous les jeunes du réseau devaient se réunir dans une ferme isolée. Mais, ta tante, de retour d'une mission à vélo, a crevé un pneu sur un chemin de pierres. Celles-ci font bien les choses ! Juste avant d'arriver à la ferme avec retard, elle a été alertée par des bruits anormaux. Elle s'est alors cachée derrière un arbre et a vu un camion de la Gestapo stationné devant la ferme.

Mon cœur battait à tout rompre en écoutant Zaskia évoquer cette scène, comme si elle en fut elle-même le témoin.

– Le premier, poursuivit-elle, qu'elle a vu sortir par la porte, les mains ligotées dans le dos et encadré par deux gestapistes, fut Hélie. Le choc a été tel pour elle qu'elle faillit crier et courir vers lui. Elle n'en fit rien, heureusement, comme il fut heureux qu'il n'y eût pas de chien ! Elle eut le temps d'apercevoir qu'il la cherchait du regard, un regard très inquiet, pendant que les sbires le poussaient sans ménage-

ment à l'arrière du sinistre fourgon. Puis elle a vu les autres membres du réseau rejoindre Hélie sous les vociférations allemandes « *Schnell* », « *Schnell* », alors que des coups de trique pleuvaient pour accélérer le chargement. Elle aura vu, enfin, G., la dernière recrue du réseau, palabrer à l'écart avec un gestapiste et qui sera monté après les autres.
– Qu'a fait ma tante, alors ?
– Elle a attendu que le véhicule disparaisse tout à fait pour sortir de sa cachette et elle a aussitôt appliqué les consignes en cas d'arrestation collective : fuir les zones d'intervention du réseau, et rejoindre par tous les moyens et au plus vite, les Forces Françaises Libres, en Angleterre. Alors, avec le même vélo crevé qu'elle fit réparer en chemin, elle a mis le cap sur un port des Côtes-du-Nord, pédalant pendant deux jours avec l'énergie du désespoir et la peur au ventre, puisqu'elle pouvait tomber à tout moment sur des patrouilles allemandes.
– Ce fut le cas ?
– Oui, vers deux heures du matin, elle a croisé deux soldats vert-de-gris, en side-car, qui lui ont fait signe de s'arrêter avant de lui demander ses papiers et ce qu'elle faisait sur cette route en pleine nuit. Avec l'aplomb que tu lui connais, elle a répondu : « Messieurs, ne me retardez pas, car je me rends de toute urgence au chevet d'une parente mourante ! » Les deux Allemands l'ont saluée et laissée filer. Cette scène est d'autant plus cocasse que ta tante était toujours armée.
– Comment cela ?
– Elle ne s'est jamais séparée du revolver que lui a offert Hélie. En l'occurrence, elle le portait sur son ventre, maintenu par une bande Velpeau.
– Et les balles ?
– Dans un petit sac en cuir qu'elle plaçait près de la crosse. Comme ta tante était déjà plate comme une limande et qu'elle portait alors une vareuse : ni vu ni connu ! Je continue… Arrivée à bon port, elle s'est déguisée en marin,

après s'être coupé les cheveux. Puis elle a trouvé un marin-pêcheur pour la conduire sur les côtes anglaises, faisant la traversée sous des filets de pêche, au fond de la cale, épuisée et malade comme un chien.
– Mais pourquoi s'est-elle cachée là ?
– Parce que nombre de bateaux de pêche français étaient arraisonnés par les Allemands qui voulaient savoir s'ils ne transportaient pas d'armes ou de passagers suspects – Juifs, Résistants.
Zaskia s'arrêta pour allumer une brune et enchaîna :
– Heureusement, le petit chalutier qui transportait ta tante, n'eut à subir que deux inspections de routine. À la deuxième, le marin allemand s'est étonné de ne voir aucun poisson à bord. Le pêcheur breton ne s'est pas démonté : « C'est normal, avec tout le boucan que vous faites, vous avez fait fuir les poissons ! Maintenant, mon filet ne ramène plus que vos mines ! »
– C'était gonflé ! Comment l'Allemand a-t-il réagi ?
– Il a ri et n'a pas poussé plus loin son investigation. Mais si le marin-pêcheur était tombé sur un adversaire moins complaisant, lui, ta tante et le chalutier auraient été envoyés par le fond et sans sommation ! Tous ces patriotes risquaient donc gros.
– Où a-t-elle débarqué ?
– Dans un petit port, près de Bornsmouth.
– Ensuite ?
– Après s'être rendue au Q. G. des FFL, à Londres, elle a atterri aux ATS – dans ce camp militaire anglais et non mixte dont je t'ai déjà parlé. Et comme j'étais déjà instructrice dans la section sabotage, c'est là que nous nous sommes vues pour la première fois.
Zaskia se mit à tousser avant de me dire d'une voix plus grave :
– Maintenant j'ai un secret à te confier que je te demanderai de ne jamais dévoiler.

– Promis, juré, Madame ! Lui répondis-je en accompagnant mon serment d'un mouvement de bras solennel.
– Eh bien quand cette grande gigue en battle-dress et cheveux très courts s'est présentée dans ma section en tant que « nouvelle élève », j'ai été foudroyée, alors que cela ne m'était encore jamais arrivé.
– Je n'en suis pas surprise, dis-je en souriant.
– Tu lis dans les cartes ?
– Non, j'ai tout de suite vu que votre attachement pour ma tante était particulièrement fort.
Après quelques pas silencieux dans ce bois parfaitement entretenu, Zaskia me parut soudainement bien songeuse et revint sur son premier émoi :
– Mais je ne lui ai jamais déclaré ma flamme, car j'ai senti qu'elle était ailleurs. Il ne lui était pas nécessaire de se promener avec une pancarte *Do not disturb* ! Tout dans son comportement, son refus de toute familiarité, ses mots frappés au sceau d'une ironie cinglante, son visage soucieux, indiquait qu'elle était habitée par un drame et une détermination farouche.
– Mais arriviez-vous à contenir vos sentiments ?
– Je ne le sais pas moi-même. J'évitais seulement dans nos exercices d'entraînement ceux qui nous auraient mises en contact étroit, comme le *close-combat* ou le *silent killing*, me précisa-t-elle en souriant. Je n'ai rien dit, rien montré pour gagner sa confiance et son amitié. Et puis, comme nous partagions la même chambrée, nos deux lits de camp côte à côte, elle s'est ouverte à moi pour me raconter d'abord ses deux années de Résistance, l'arrestation et la fin de son réseau qu'elle attribuait déjà à une trahison interne.
– Le type qui bavardait avec un gestapiste au moment où ils furent tous pris ?
– Oui. Ta tante l'a soupçonné dès son recrutement par Hélie et ce choix fut leur seul désaccord. Par la suite, elle s'ingénia à ne rien confier à cet individu – même si elle n'avait

aucune preuve tangible de sa dangereuse duplicité. Elle fit part de ses soupçons et craintes aux autres membres du réseau, mais le ver était déjà dans la pomme.
– Quelle était son inquiétude majeure lorsqu'elle évoquait tout cela ?
– Le fait d'ignorer ce qu'il était advenu de ses compagnons et compagnes du groupe. Cette incertitude la torturait au point qu'elle eût souhaité partager leur sort jusqu'au bout. Tu connais ta tante, surtout solidaire dans l'adversité.
– Vous parlait-elle d'Hélie, particulièrement ?
– Oui, il ne quittait pas ses pensées. Elle craignait le pire pour lui en tant que fondateur du réseau. Mais elle savait qu'il dédouanerait tous les autres et ne dirait rien qui pût exposer ta tante, puisque sa tête a dû être mise à prix aussitôt.
– Étiez-vous jalouse d'Hélie ?
– Curieusement, non. Millie ne m'a jamais précisé la nature réelle de leur lien en dehors de leur combat commun. J'aurais peut-être été férocement jalouse d'une personne qui m'eût ravi mon amour. Ce n'était pas le cas. Je me suis éprise d'une très jeune Résistante, obnubilée par des événements graves que je me devais de respecter.
– La jeune Résistante s'est-elle doutée de ce que vous éprouviez pour elle ?
– Avec sa perspicacité légendaire, sûrement. Mais, là aussi, elle n'a jamais abordé cette question avec moi.
– Et vous, Zaskia, avez-vous confié à ma tante vos préoccupations propres au sujet de votre famille ?
– Naturellement et j'ai été très touchée par l'attention que Millie leur portait. Elle n'aura cessé de me remonter le moral. Sa sollicitude, plus que cela, son empathie a beaucoup contribué à nous rapprocher.
– En somme, vous aviez toutes les deux de graves soucis différents, mais un objectif de guerre commun.
– Exactement, et je peux te dire que l'entraînement de ta

tante n'a pas traîné. L'élève a vite surpassé le maître en matière de sabotage et Millie était insurpassable à l'escalade et au tir. Elle n'avait pas son pareil non plus pour démonter et remonter un colt ou manier une Sten.
– Qu'est-ce que c'était ?
– Une mitraillette. Quand je lui ai demandé d'où venait son adresse, elle m'a répondu qu'elle s'était exercée très jeune avec Hélie et que, maintenant, il lui suffisait de penser à leur traître ou à la Gestapo pour ne pas rater son coup !
– Combien de temps votre entraînement a-t-il duré ?
– Un peu plus de deux mois car nous avons enchaîné de nombreux stages. Ta tante était pressée d'en découdre sur le terrain des hostilités et j'ai demandé à être parachutée avec elle en France, alors que j'aurais pu rester en Angleterre et poursuivre mes cours de sabotage, tranquillement. C'était inconcevable. Je ne pouvais la laisser s'exposer seule.
Mais avant notre départ, nous avons eu un break que nous avons mis à profit pour nous détendre un peu dans les pubs de Londres qui grouillaient alors de soldats et de civils.
– Malgré les bombes ?
– Oui, la vie continuait malgré tout, amplifiée par le risque de la perdre. Nous n'avions pas le cœur à rire, toutes les deux, mais cette sortie fut très plaisante. Comme nous nous promenions bras dessus, bras dessous, dans nos uniformes rutilants, un soldat anglais nous a demandé : « *Hey girls, are you lovers ?* » Et ta tante lui a répondu du tac au tac : « *Since ever, so what ?* » qui l'a laissé coi.
Je ris.
– Où que nous allions, elle avait un succès fou qui aurait pu m'agacer et même m'exaspérer, mais non, j'étais fière d'être à ses côtés, dans une complicité qui pouvait d'autant plus se prêter aux suppositions du soldat qu'il y avait nombre de *lovers* dans nos camps de filles. Je suppose que du côté des hommes c'était la même chose. Quoi qu'il en fût, dans un pub, j'ai fait découvrir du whisky irlandais à Millie, qu'elle

n'a pas du tout apprécié et pas plus qu'une certaine bière. Elle a réclamé du vin français et l'a obtenu ! Nous sommes rentrées à la caserne et la première chose que ta tante a faite ce fut de glisser son revolver sous son oreiller, comme elle l'avait fait dans nos camps.
Après un temps d'arrêt où le regard de Zaskia fut attiré par un écureuil dans un pin, elle conclut sa virée londonienne :
– Le lendemain, j'ai entraîné Millie à la National Gallery pour entendre Myra Hess dont je lui avais beaucoup parlé. Cette fois-là, il s'agissait des sonates de Mozart pour piano seul, dans une salle toujours archi comble.
– Et le grand jour est arrivé ?
– Oui, par une nuit de pleine lune et glaciale. Nous avons été parachutées en Bretagne sur un terrain balisé par des lampes de poche disposées en L, signe de reconnaissance pour le pilote.
– Qu'avez-vous fait de vos parachutes ?
– Une équipe de maquisards s'est chargée de les récupérer et de nous mettre en contact avec le chef du maquis. Tu peux imaginer que tout était parfaitement organisé, la moindre erreur pouvant nous être fatale. Nous avons aussi bénéficié de nombreux soutiens civils car la population bretonne fut particulièrement hostile à l'Occupation allemande, et combattante.
– En quoi consistaient précisément vos interventions ?
– Nous devions déstabiliser, voire paralyser l'ennemi par tous les moyens, notamment en faisant sauter leurs centraux téléphoniques, leurs dépôts de munitions, de carburant et de matériel de toutes sortes.
– Mais c'était extrêmement risqué, car je suppose que les dépôts étaient bien surveillés !
– Oui, cela aura demandé habileté, rapidité d'intervention et ruse.
– Comment vous répartissiez-vous les rôles ?
– Celui de ta tante était le plus exposé, car c'est elle qui pla-

çait la charge et le détonateur. Et moi, plus loin, j'actionnais la mise à feu.
– Mais étiez-vous seules ?
– Non, nous travaillions en équipe possédant mitraillettes et armes blanches pour éliminer toute sentinelle et protéger notre repli.
– Vous n'avez jamais eu d'ennuis graves ?
– Pas pendant un an et demi et c'est vraiment miraculeux ! Mais un soir et alors que nous avions pour mission de faire sauter le maximum de trains de troupes allemandes pour les empêcher de renforcer celles des côtes normandes avant le débarquement des Alliés, ta tante a essuyé le feu d'une riposte. Pendant qu'elle courait se mettre à l'abri, elle a reçu une balle dans la hanche droite. Elle s'est écroulée et a eu la présence d'esprit de faire la morte pour ne pas être achevée.
– Et vous, où étiez-vous ?
– Les autres membres de notre équipe et moi-même avons eu le temps de nous cacher dans les fourrés. Et là, j'ai vraiment eu peur. Non des Allemands qui ratissaient les alentours, mais de perdre Millie. Nous avons dû attendre que les Boches s'éloignent pour secourir ta tante. Elle souffrait horriblement, mais elle était vivante ! Le temps d'improviser un brancard avec des branches, nous l'avons transportée dans l'unité de soins du maquis. Après avoir inspecté la blessure qui comportait de sérieux risques de gangrène et d'amputation, le médecin a estimé qu'elle devait retourner en Angleterre pour y être opérée d'urgence et dans les meilleures conditions. Ce qui fut fait en Lysander.
– Vous dites « Ly... » ?
– Oui, un petit avion anglais qui reliait l'Angleterre à la France combattante, en assurant les parachutages de personnes et de matériel, surtout des armes.
– Vous deviez être bouleversée de la voir partir ?
– C'est le moins que l'on puisse dire. C'est moi qui étais amputée et morte d'inquiétude pour elle.

– Est-ce cette blessure qui a provoqué la boiterie ?
– Oui. Après l'opération où on lui a extrait la balle fichée dans l'os, elle a dû rester six mois à l'hôpital – temps de rééducation compris – mais, pour elle, il ne fut plus question de retourner au front. Elle ne pouvait se déplacer qu'avec une canne et ne serait plus en mesure de courir.
– Mais, vous, qu'avez-vous fait pendant ce temps-là ?
– Le Débarquement requérant le maximum d'opérations de sabotage, je suis restée sur le terrain jusqu'à la victoire en Normandie. Ensuite, j'ai demandé à être mutée en Angleterre pour avoir une formation dans les transmissions. En effet, la Libération de Paris n'a pas mis fin à la guerre qui s'est poursuivie à l'Est avec une intensité et une sauvagerie particulières des SS dans les Ardennes où les Allemands, déjà conscients de leur défaite, auront encore joué leur va-tout.
– Votre demande a-t-elle été agréée ?
– Oui. J'ai pu ainsi revoir ta tante régulièrement. Mais nous avions des obsessions respectives majeures. Millie voulait absolument savoir ce qu'il était advenu de son réseau premier – obsession qui ne l'avait jamais quittée – et moi, je désirais retrouver mes parents que je croyais encore en lieu sûr. Dès que ta tante a pu quitter l'hôpital, elle m'a demandé de l'accompagner en France pour y mener sa propre enquête. J'ai obtenu une permission dans ce but. Comme il nous fallait absolument une voiture pour être libres de nos mouvements, j'ai emprunté celle de Maxime et nous avons mis le cap sur l'ouest, en premier lieu chez la mère d'Hélie.
– Ma tante devait être particulièrement…
– Oui. Dieu sait si nous avions affronté de multiples dangers, mais je ne l'avais encore jamais vue aussi anxieuse, le regard fixe, la bouche pincée, les mains plongées dans les grandes poches de son loden. Nous arrivâmes devant un splendide château, entouré de larges douves.
« Je reviens », me dit ta tante, en ouvrant la portière. En

la voyant se diriger vers la grille d'entrée, si frêle malgré sa grande taille, soutenue par une béquille coudée qu'elle rêvait de pouvoir remplacer par une belle canne, la démarche encore mal assurée, mon cœur se serra, d'autant que cette visite allait être décisive pour elle. Cela faisait deux ans qu'elle attendait ce moment, rongée par l'incertitude et l'angoisse que je pouvais d'autant mieux comprendre que j'ignorais toujours ce qu'il était advenu des miens. Au bout d'un temps qui me parut interminable, j'aperçus Millie descendre lentement les imposantes marches de la demeure, tenant une feuille à la main, qu'elle lut en s'appuyant contre un mur des douves. Puis, je la vis s'effondrer. Bouleversée de la voir ainsi, je la rejoignis et la serrai dans mes bras. M'offrant alors un visage ravagé par la douleur, elle me tendit la feuille avec ces mots : « C'est la dernière lettre d'Hélie. J'aimerais que tu la lises aussi et que l'on en fasse un double pour toi. » Zaskia sortit ce double d'une poche de son manteau et me pria, à son tour, de le lire :

« Le 3 mai 1943,
Mon aimée,
J'espère que cette lettre te parviendra. J'ai chargé mon aumônier, le père Benoît, de la déposer chez maman, afin qu'elle échappe à la censure de la Gestapo. Tu avais raison : nous avons été donnés par G. qui aura transformé notre dernier rendez-vous à la ferme en souricière pour le compte de nos ennemis et pour lui-même. En réalité, il collaborait avec eux dès le début de l'Occupation. Après notre arrestation qui t'aura heureusement été épargnée pour des raisons que j'ignore, toi, la ponctualité même, nous avons été conduits à la prison de N., où nous fûmes "interrogés", c'est-à-dire torturés pendant des jours. Nos deux plus jeunes, Henri et Denis, ont succombé à leurs supplices. Notre radio, Camille, Jeanne et les autres ont été déportés en Allemagne, il y a peu.
Personne n'aura parlé.
Quant à moi, j'aurai le "privilège" d'être fusillé demain matin.

Je ne te demande pas d'être forte en apprenant la nouvelle. Je sais que tu l'es, belle Minerve, et tu l'as prouvé par tes actions périlleuses, préparées et conduites haut la main.
"Méfie-toi des rats qui ont une face de bon lapin", m'avais-tu dit à propos de G. Je l'ai compris trop tard et du seul fait d'avoir accordé ma confiance à un garçon que j'ai côtoyé sur les bancs de l'école primaire. Mais la dernière fois où je l'ai vu me narguer dans le bureau de nos tortionnaires, j'aurai au moins eu la satisfaction de moucher le mouchard, de le voir blêmir et même suer à grosses gouttes : "Tu peux faire le fanfaron à bon compte, n'est-ce pas ? À ta place, je n'en mènerai pas large, car tu seras abattu comme un porc. Si tu préfères collabo, traître, vendu, ordure, à l'espèce porcine, tu choisiras."
Sache que je ne crains pas d'affronter le peloton. C'est un sort auquel tout Résistant pouvait et peut s'attendre.
Je meurs pour un idéal qui, lui, ne s'éteindra pas.
J'aurais seulement aimé poursuivre mes tâches à tes côtés et jusqu'à la victoire – car nous vaincrons, j'en suis sûr. Sache aussi que nos souvenirs éblouissants, comme l'espoir de t'imaginer combative sur d'autres fronts, m'auront permis de ne pas flancher sous les sévices. Tu m'auras donné les plus grandes joies.
Ta vie m'importe plus que la mienne et nous serons toujours ensemble si tu demeures ce que tu es.
Hélie. »

– Minerve était-il le nom de Résistance de ma tante ? demandai-je à Zaskia, alors que j'étais profondément secouée par ce que je venais de lire.
– Oui, répondit-elle et ce nom lui allait comme un gant. Quand j'ai redonné cette lettre à Millie, je pleurais, moi aussi. Mais elle s'est vite ressaisie : « Je vais surmonter la mort d'Hélie, en aucun cas la trahison de G. Je sais ce qu'il me reste à faire, ajouta-t-elle d'une voix qui avait le tranchant d'un couperet. Cet imbécile aura eu la bonne idée de nous dire un jour que sa plus grande passion était la

pêche. Eh bien, s'il est encore en vie, nous avons peut-être une chance de le trouver dans l'un des trois étangs les plus proches de son village. Allons-y ! » Je l'approuvais d'autant plus, en reprenant le volant, que face à la débâcle de leurs amis nazis, les collabos cherchaient à se planquer, ou à nier leurs méfaits et leurs crimes s'ils étaient traînés devant un tribunal, ou bien encore, à se racheter une conduite en inventant des actes de résistance – un comble ! Ta tante regardait en silence tous les paysages que nous traversions et qu'elle n'avait pas revus depuis longtemps. Sur son visage, le bouleversement avait fait place à une expression implacable. Nous fîmes le tour de deux étangs, en vain. En contournant le troisième, nous aperçûmes de dos, un seul homme assis sur un panier de pêche et si manifestement absorbé par son loisir qu'il n'entendit pas les bruits de notre voiture sur une berge défoncée. « C'est lui ! me dit Millie, je l'aurais reconnu entre mille à sa corpulence, à ses épaules avachies. Arrête-toi là, j'y vais ! » Je savais ce qui allait se passer et je l'admirais de suivre jusqu'au bout ce que lui dictait son devoir alors qu'elle se dirigeait vers l'individu à pas lents, mais déterminés. Et là je te rapporte ses propos, car j'étais garée trop loin pour entendre leurs échanges :
« Arrivée à sa hauteur, j'ai touché son épaule avec le bout de ma béquille, sans le saluer, bien sûr. Il a sursauté en me demandant ce que je "foutais" là.
– Comme toi, je suis venue à la pêche ! Je n'ai aucune nouvelle des membres du réseau depuis le 9 septembre 1942. En tant qu'informateur zélé, tu pourras peut-être éclairer ma lanterne ?
– Je sais rien, bafouilla-t-il, et viens pas m'enquiquiner avec ces vieilles histoires. J'ai aut'chose à faire !
– Moi aussi ! Et tu vas arrêter de me raconter des salades. Malheureusement pour toi, j'étais là ce jour-là, cachée derrière un arbre. J'ai entendu. J'ai vu. Et j'ai surtout vu que tu étais plus qu'aimable avec l'un des agents de la Gestapo

que nous n'avions pas convié à ce rendez-vous. Tu lui demandais l'heure, peut-être ?
Il se contenta de hausser les épaules sans rien répondre, les yeux fixés sur son bouchon.
– Tu vas peut-être me dire qu'en tant qu'agent double, tu avais délégué ta doublure ?
– C'est pas vrai, s'énerva-t-il. J'ai été arrêté comme les autres après avoir essayé de négocier notre libération.
– Pour être le seul, aujourd'hui, à pouvoir pêcher tranquillement ? Je ne te demande pas ce que tu auras reçu pour une si belle prise ! Il me suffit de te regarder de la tête aux pieds pour voir que l'on peut s'engraisser en toutes circonstances – surtout les plus tragiques. Je ne te demanderai pas, non plus, comment on passe à travers les mailles d'un filet que l'on a tendu soi-même !
Il protesta encore de son innocence, mais je lui ai coupé le sifflet :
– Assez de mensonges qui salissent la mémoire de ceux que tu as envoyés à la torture et à la mort. J'ai ici – et je sortis la lettre d'Hélie – une preuve irréfutable et accablante de ta forfaiture : le dernier témoignage que ton copain d'enfance m'aura écrit, la veille de son exécution. Voici les passages qui te concernent…
Pendant cette lecture, je l'entendis seulement se plaindre de n'avoir aucune touche ! Exaspérée par sa veulerie, indignée aussi par le fait qu'il voulait ignorer la gravité des assertions d'Hélie, comme si j'avais lu un faux, j'ai arraché la canne de ses mains et l'ai balancée dans l'étang, en lui disant :
– Puisque tu sais si bien nager en eaux glauques, vas-y ! Mais d'abord tu vas me regarder en face, comme je le fais moi-même, alors que ta tête me répugne.
Décontenancé par le fait de ne plus tenir entre ses mains son objet sacré, il me lança un regard vitreux qui me laissa de glace.
– Que les choses soient claires : je ne viens pas régler mes

comptes personnels. C'est Minerve qui te parle, la seule survivante d'un réseau que je codirigeais avec Hélie. Il n'aura commis qu'une seule erreur – celle de te recruter. Moi je m'y suis opposée dès que je t'ai vu.
Il tenta une diversion en me demandant :
– Qu'est-ce que c'est cette voiture là-bas ?
– Celle de mon témoin. La guerre n'est pas finie. Tu n'ignores pas ses lois et les nôtres à l'égard des salauds de ton espèce.
Je sortis alors mon revolver de ma poche et quand il vit l'arme braquée sur lui, il ricana et me lança, bravache :
– Tu parles, les femmes ne savent même pas tirer !
Ce furent ses dernières paroles. Je l'ai descendu d'une seule balle en plein front, comme le soldat allemand avait abattu mon cheval. »
– En revenant vers la voiture, ta tante tint à me rassurer avec son mordant coutumier : « Ne t'inquiète pas pour la détonation, la chasse est ouverte » En faisant demi-tour, je n'eus que le temps d'apercevoir un gros corps plié en deux, la tête immergée dans l'étang et je ne pus m'empêcher de dire à ta tante : « Cette fois, ta guerre est vraiment finie. » Je m'attendais à ce qu'elle voulût rencontrer le dernier confident d'Hélie, en prison, le père Benoît – et nous prîmes aussitôt la direction de N. Chemin faisant, Millie déclara :
– C'est dur de tuer un homme à bout portant.
– Tu n'as pas tué un homme, répliquai-je. Tu as éliminé une ordure. Mais dis-moi, l'as-tu fait avec le revolver qu'Hélie t'a offert ?
– Oui, tu sais bien que je suis démobilisée et que ce revolver ne m'a jamais quittée.
– Eh bien, c'était un cadeau précieux, voire prémonitoire. Hélie et toi étiez ensemble dans cet acte symboliquement parfait !
Nous roulâmes en silence pendant quelque temps. Puis, j'ai demandé à ta tante comment nous allions retrouver ce

père Benoît – s'il était encore de ce monde – et sachant que Benoît signifie aussi bien un prénom qu'un nom.
Ta tante ironisa sur le fait que mes origines judaïques pouvaient ignorer les usages catholiques. Elle me précisa que le nom d'un père était associé à son nom et pas à son prénom. Puis, elle ajouta :
– Comme nous avons les dates où le père aura vu Hélie, nous irons directement à l'évêché qui nomme ou désigne les aumôniers, avec l'accord, en l'occurrence, des Allemands qui contrôlaient la prison.
Mais je supposais qu'une grande majorité de ces évêques avaient donné leur bénédiction au régime de Vichy.
– Tu as raison, me répondit Millie, mais il y a eu des prêtres admirables qui, sous le couvert passe-partout de leur fonction, ont plutôt servi la Résistance. Le père Benoît est sûrement l'un d'eux, sinon, il n'aurait jamais transmis la dernière lettre d'Hélie, à ses risques et périls.
Ta tante me guida ensuite dans des rues qu'elle connaissait par cœur :
– Nous arrivons à l'évêché. Attends-moi là. Je n'en ai pas pour longtemps.
En effet, un quart d'heure après, elle est revenue vers la voiture en me disant :
– Le père vit toujours, mais dans une maison de retraite non loin d'ici. Filons !

Millie m'a demandé de l'accompagner dans cet entretien qui m'intéressait aussi au plus haut point. Pour elle ce serait sûrement une autre épreuve, mais je comprenais son désir de connaître avec précision des détails sur le contexte et la vie d'Hélie dans cette geôle. En l'attendant dans le parloir, je vis Millie tendue, impatiente, faire les cent pas autour d'une table centrale en bois impeccablement cirée et vierge de tout objet ou documents. La sobriété gagnait les murs d'un gris pâle où ne figurait qu'un crucifix. Puis, un petit

homme ni jeune ni vieux fit son entrée en nous saluant. Et dès que Millie lui eût précisé son nom et son lien avec Hélie, le regard du père s'illumina de joie :
– Que je suis heureux de vous savoir en vie ! Très heureux ! Répéta-t-il d'une voix presque enfantine.
Puis, en tournant vers moi son regard à la fois bon et rieur, il demanda si j'étais une parente, une amie ? Millie déclina alors mon identité – pas très catholique – avant de me présenter comme son alter ego.
Le père esquissa un sourire et se doutant bien des raisons de notre déplacement, nous entraîna dans le jardin, alors que le soleil commençait à se voiler. Millie le remercia d'abord d'avoir transmis la dernière lettre d'Hélie.
– Ne me remerciez pas, répondit-il, d'une voix douce. Pour un homme de cette trempe, les risques que j'ai pris me semblaient encore une faveur. Et pourtant, les choses ont plutôt mal commencé entre nous, ajouta-t-il en souriant.
Millie manifesta son étonnement.
– Dès ma première visite dans sa cellule, Hélie m'a envoyé balader : « Je n'ai pas besoin d'un confesseur, mais d'un confident. Je n'ai plus confiance en quiconque désormais, *a fortiori* en un aumônier qui a ses entrées dans une prison aux mains des SS et rien ne me dit que vous n'appartenez pas, vous aussi, à l'Église de Vichy ! » Se levant alors d'une paillasse qui lui tenait lieu de lit, et bien que dans un état physique lamentable, ses pieds entravés, il s'est tenu debout et m'a lancé d'une voix affaiblie par la souffrance, mais très distincte : « Ne perdez pas votre temps avec moi. C'est tout ce que j'ai à vous dire ! » J'ai donc dû repartir comme j'étais venu, poursuivit le père. Mais j'étais très impressionné, autant par la personnalité du détenu, empreinte d'un charisme indéniable – même si l'homme était physiquement diminué – que par la franchise de ses propos, qu'à vrai dire, je n'étais pas loin de partager.
– Vous n'en êtes pas resté là, je suppose ? lui glissa ta tante.

– Non, je l'ai revu peu après, à la suite d'un interrogatoire qui avait dû être particulièrement rude. Son corps n'était que plaies vives, profondes, le visage tuméfié, les yeux fermés et j'ai vraiment cru qu'il allait trépasser. Alors je l'ai soigné avec les moyens du bord.
– C'est-à-dire ? intervint Millie.
– J'étais infirmier avant mon sacerdoce. Mais je vous avoue que j'ai été partagé entre l'envie d'abréger définitivement ses souffrances pour qu'il ne soit plus exposé à des supplices d'une barbarie sans nom et celle de le remettre sur pied. Jamais je n'avais été confronté à un tel dilemme. J'ai finalement opté pour les soins et Dieu me dira si j'ai eu raison ou tort.
– Mais, Hélie, lui, souhaitait-il mourir ou survivre ? Vous ne pouviez pas vous substituer à lui ? protesta Millie.
– Je l'ai retrouvé inerte et muet. Il l'est resté plusieurs jours et n'est revenu à lui que progressivement, grâce à la solidité de son cœur et à une force vitale exceptionnelle. Je n'ai enrayé que l'infection des plaies. Ainsi ai-je gagné sa confiance, mais il ne fut jamais question de religion entre nous. J'ai respecté son credo.
– Mais encore ? m'enquerrai-je à mon tour, car Millie savait, elle.
– Eh bien, il avait une noblesse d'âme hors du commun, doublée d'une civilité et d'une générosité aussi rares. Par exemple et chaque fois qu'il le pouvait, il chantait, non pour tuer le temps ou défier ses geôliers, mais pour remonter le moral de ses camarades, jeunes gens et jeunes filles, trahis comme lui et au sort incertain, croupissant dans des cellules voisines. Des chansons de son cru, qu'il improvisait au fur et à mesure, n'ayant rien pour écrire. Des chansons gaies où il était question de jeux de mots spirituels, d'amour, d'espoir.
– Vous souvenez-vous de certaines d'entre elles ? lui demanda Millie.

– Non, hélas, car je ne sais pas chanter et je n'ai pas eu la présence d'esprit de noter les paroles. Mais il m'a bien fait rire, un jour, en me disant qu'il avait radicalement exclu de son répertoire les chants militaires et la *Marseillaise* qu'il considérait comme un « appel au meurtre ! » Il détestait sa portée « revancharde », « sanguinaire » il ne comprenait pas que la République ait pu en faire son hymne national.
– Je le reconnais bien là ! ponctua Millie d'un bref sourire.
– Il aimait sa terre natale, ses racines, enchaîna le père, mais il s'opposait farouchement à tout esprit nationaliste ou cocardier et il s'est mis à composer un chant reflétant ses pensées. C'était magnifique, prenant, exaltant. Il souhaitait que tous les peuples s'unissent un jour sur de hautes valeurs communes.
– Permettez-moi de vous interrompre, lui dit ta tante, mais Hélie n'était pas un doux rêveur. Il avait un idéal élevé, certes, mais doublé d'une lucidité aiguë et d'une vision concrète de notre monde. C'était un pur, très averti.
– Bien sûr, Mademoiselle, cela ne fait pas de doute et vous le connaissiez mieux que moi.
Nous marchâmes un moment silencieux dans ce jardin clos parfaitement entretenu, Millie à la droite du père et moi, à sa gauche. Je n'ai jamais connu Hélie, mais de l'imaginer ainsi, en train de composer des chants alors qu'il se savait condamné à la fleur de l'âge, de garder sa dignité dans une cellule sans doute glaciale et infecte, subissant ses tortures sans une plainte pour ne pas gratifier ses bourreaux de ses cris, me toucha profondément. De son côté, Millie ne manifestait aucune surprise. Chaque révélation du père confirmait le personnage qui avait le plus compté pour elle.
Et puis, quand il fut certain que je n'étais pas un faux ami, il m'a demandé des choses plus sérieuses.
– Rien ne vous oblige à nous les confier, mon père, lui dit Millie. La guerre n'est pas achevée.
– Pour moi, si, s'entendit-elle répondre, et ce que j'ai à vous

dire ne met personne en danger. Et puis, demain, je serai peut-être dans l'impossibilité de vous dire quoi que ce soit. Hélie m'a demandé d'aller vérifier que les ramifications de votre réseau avaient bien été préservées de l'arrestation de la « branche aînée ». Il m'a aussi chargé de leur demander de retrouver G. pour l'exécuter. Mais je n'ai pu contacter personne. Quant à G., je pense qu'il a dû se protéger avec ses amis.

– Je me suis chargée de son sort. Il ne sévira plus, lui annonça Millie.

– Au regard de ses méfaits, je ne peux dire « Paix à son âme ». Je plains sa mère, dit-il en marchant la tête baissée et les bras croisés.

Le père s'arrêta en s'excusant, pour renouer son lacet de chaussure. Nous vîmes qu'il avait quelque difficulté à se relever et nous l'y aidâmes. Ce simple geste avait semblé lui demander un effort surhumain.

– Ah ce sacré dos, c'est mon Golgotha ! soupira-t-il, en souriant. Mais ce n'est pas le moment de jouer les « Pater Dolorosa », selon l'expression d'Hélie. Continuons. Il m'a fait le portrait de G. lorsqu'ils étaient ensemble à l'école primaire. « C'était un garçon qui n'était pas sot, mais qui jalousait mes notes, mes origines sociales, mon ascendant sur les autres écoliers. En fait, il m'enviait tout ce qu'il n'avait pas, mais il masquait sa jalousie. Je comprends seulement maintenant l'origine de sa duplicité et son entêtement à vouloir ma peau, sans avoir le courage de m'affronter d'homme à homme ».

– Mademoiselle, poursuivit le père Benoît, vous me faites un grand plaisir en correspondant en tous points aux confidences qu'Hélie m'a faites à votre sujet. Vous reveniez sans cesse dans ses pensées, avec inquiétude ou émerveillement. Il se demandait pourquoi vous n'étiez pas au dernier rendez-vous ou si vous n'aviez été l'objet d'un incident grave. D'un autre côté, il était heureux que vous ayez échappé à

l'arrestation car votre sort eût été plus cruel que le sien.
– Ah bon ? Lequel ? demanda Millie.
– En raison de l'importance de vos responsabilités au sein du réseau, c'est la pendaison ou la décapitation à la hache qui vous attendait dans quelque geôle en Allemagne.
– Mais pourquoi n'aurais-je pas été fusillée avec Hélie puisque nous avions tout partagé ?
– Le peloton est réservé aux hommes. Cela ne veut pas dire que j'approuve cette discrimination qui avait sûrement pour but d'humilier celles qui ont osé défier et combattre l'ennemi en transgressant leur rôle traditionnel.
– Mon Dieu, il est vraiment temps de mettre fin à tout cela, répondit Millie en faisant quelques pas sur le côté.
– Voulez-vous que nous arrêtions là l'entretien ? nous demanda le père.
– Non, si vous n'y voyez aucun inconvénient, je désire savoir quels furent les derniers instants d'Hélie.
Ta tante, revenue près de nous, prononça ces mots d'une voix parfaitement calme.
– Dès qu'Hélie connut sa sentence, sans le moindre procès, il me demanda de l'accompagner. Avant le lever du jour, il voulut se raser et mettre des vêtements civils propres, les siens étaient maculés de sang. La nouvelle veste était trop étroite pour sa taille, alors il ne garda que le pantalon trop court, lui aussi, mais qu'il enfila dans ses bottes, et la chemise blanche, avec son inséparable petite écharpe nouée à son cou. Ensuite, il écrivit d'un trait deux lettres, l'une pour sa mère et l'autre qu'il vous destinait, avec cette ultime recommandation : « Je tiens à ce que vous soyez le premier à annoncer la chose à ma mère. Il n'est pas question de laisser les Allemands vous précéder. Et comme mon corps ne lui sera pas rendu, mais enfoui je ne sais où, vous lui porterez, avec ces deux lettres, les seules choses qui m'appartiennent. Cette écharpe qui venait de mon père et mes bottes. Une dernière précision : ma mère déteste

qu'on l'appelle "Madame la duchesse". Madame lui convient parfaitement et prenez soin d'elle ».
Je pris la main de ta tante pendant que nous déambulions encore dans ce jardin où le soleil s'était éclipsé.
– Je vous en prie, mon père, continuez, dit-elle d'une voix ferme.
– Quand on est venu le chercher dans un concert de gamelles, il m'a donné une bonne tape sur l'épaule, assortie d'un « Merci pour tout » et « Allons-y ! ». Un peloton de soldats allemands et l'officier qui commandait le tir l'attendaient dans une carrière où nous nous sommes rendus en fourgon avec un surveillant armé. Attaché au poteau, il a refusé qu'on lui bande les yeux, en lançant de sa belle voix : « *Aequo animo* ! » Et quand on l'a mis en joue, il chantait en regardant le ciel. Voilà !
Ta tante me serrait la main fortement, sans l'ombre d'une tristesse sur son beau visage. Il irradiait, au contraire, une lumière particulière, celle qui émane des êtres que la douleur transcende.
Le père Benoît se moucha longuement avant d'ajouter :
– Profondément bouleversé par sa mort, je fus dans l'impossibilité de continuer à exercer mes fonctions dans cette prison. J'ai demandé à l'évêché d'en être relevé, ce qui me fut accordé. J'étais à la veille de ma retraite. En réalité, je me suis souvent rendu chez la mère d'Hélie qui ne surmontait pas l'exécution de son unique fils.
– Avez-vous pu lui rapporter l'écharpe et les bottes ? s'enquit ta tante.
– Oui, mais au prix d'une tractation très pénible avec l'officier allemand pressé d'achever ses basses œuvres. En revoyant les bottes, la mère d'Hélie m'a dit : « Comme mon fils ne s'en séparait jamais, elles vont le personnifier et ainsi aura-t-il une sépulture chez nous, dans notre jardin privé. Vous m'aiderez dans cette tâche, n'est-ce pas ? » Elle a donc fait faire un coffre en bois de chêne, de la taille des bottes,

a enveloppé ces dernières dans un drap brodé aux armes de la famille, avant de les déposer elle-même au fond du réceptacle. C'était très émouvant. On eût pu croire qu'elle enterrait un bébé. Ensuite, j'ai refermé le coffre et je l'ai enfoui au pied d'un rosier blanc. Plus tard, une simple dalle en granit, de la taille du coffre en bois, a été posée à cet endroit, et sur laquelle furent simplement gravés les prénom et nom d'Hélie, avec sa date de naissance. C'est tout. C'est donc une tombe un peu particulière mais qui a valeur d'éternité.

– La mère d'Hélie est très pieuse – mais dans les limites du raisonnable, intervint ta tante. Vous a-t-elle demandé de dire ou de faire dire une messe dans leur chapelle privée ?

– Non, elle connaissait les pensées agnostiques de son fils et les a respectées. Mais je ne vous cache pas qu'après cette inhumation symbolique et poétique, je suis allé me recueillir seul dans cette chapelle où reposent le père d'Hélie et quelques-uns de ses ancêtres. Toutefois, ce n'était pas seulement l'aumônier qui s'agenouillait, c'était aussi l'ami.

Puis il s'éclipsa quelques minutes pour revenir avec un panier de pommes qu'il nous offrit.

– Ce sont des draps d'or et des pattes de loup. L'aumônier est devenu jardinier ! acheva-t-il d'une voix malicieuse.

Nous sûmes plus tard, car ta tante eut l'occasion de le revoir à plusieurs reprises, que ces deux variétés de pommes – vraiment succulentes – faisaient partie des vivres que le père glissait dans sa soutane pour les transmettre clandestinement à Hélie.

Après avoir salué le père, nous avons pris aussitôt la direction de Paris, car ma permission s'achevait le lendemain, enchaîna Zaskia. Tu l'ignores, mais le règlement de notre corps militaire, stipulait que nous nous engagions jusqu'à la fin des hostilités sauf, bien sûr, en cas de décès ou blessures graves.

Zaskia s'arrêta pour chercher nerveusement son briquet dans l'une de ses poches, pendant que je contemplais le vol d'un échassier que je ne m'attendais pas à découvrir dans un bois citadin.
Après avoir retrouvé son « feu » aussi indispensable pour elle que les « bésicles » qu'elle utilisait pour lire ou écrire, elle reprit tranquillement le fil de son récit :
– Nous ne fîmes même pas une halte pour dîner. Ta tante n'avait pas faim. Elle croqua seulement une Drap d'or, qui, selon elle, venait sûrement du jardin des Hespérides ! Elle savait que ces pommes étaient les préférées d'Hélie, mais ignorait qu'il ait pu en bénéficier dans sa sinistre geôle. Puis elle ressentit des élancements douloureux dans sa jambe droite, qu'elle attribua moins aux séquelles de sa blessure de guerre qu'à « un trop plein d'émotions ». Je dus, en conséquence, m'arrêter à plusieurs reprises pour qu'elle puisse détendre sa jambe en faisant quelques pas. En voyant sa grande silhouette dans la lumière des phares, en pensant à tout ce que nous venions de partager et d'apprendre en si peu de temps, mon cœur se serra. D'un autre côté, je me dis que pour elle l'enquête était terminée. Maintenant elle savait. Sa tragédie propre ne pouvait plus être torturante. Elle s'inscrivait dans un deuil rendu possible par la connaissance des faits.

Une légère brise se leva pendant que nous marchions sans but dans ce bois encore déserté.
– Mais, dis-moi, j'ai l'impression que nous avons fait dix fois le tour des lieux. N'es-tu pas fatiguée ?
– Non, pas du tout !
– Tu sais, ce rapide mais dense périple à l'Ouest m'aura encore plus liée à Millie que toutes nos actions de guerre.
– Voulez-vous dire que vous étiez encore plus éprise d'elle ? lui demandai-je avec un brin de malice.
– Non, le fait d'avoir lu la dernière lettre d'Hélie adressée

à ta tante – une lettre d'amour assurément – comme le fait d'avoir entendu les propos du père à son sujet, m'ont vivement impressionnée d'un côté et dégrisée de l'autre. Face à cette autre ferveur magnifiée par des circonstances dramatiques, mes sentiments ont pris une tout autre dimension…
– Laquelle ?
– Eh bien, j'aime toujours Millie, elle occupera toujours une très grande place dans mon cœur, mais dans un lien de sœur choisie, qui est tout aussi fort que l'autre. Je le pense sincèrement.
Elle s'arrêta quelques instants pour contempler le lac Saint-James dont la surface lisse n'était agitée que par des ballets de cygnes et de canards s'ébrouant dans l'eau sombre.
– C'est curieux, mais vous me parlez de votre reconversion sentimentale comme d'une démission ou d'une relégation volontaire. Vous seriez-vous sacrifiée ?
Zaskia se mit à rire.
– Je n'ai rien relégué, je ne me suis pas sacrifiée – j'aime différemment, c'est tout –, sans aigreur, sans jalousie ni ressentiment. Je me suis trouvée devant une évidence que j'avais occultée ou sous-estimée. Je l'ai admise et cela ne m'a en rien diminuée, du moins, je ne le pense pas, mais j'y ai assurément gagné en légèreté.
– Dites-moi encore, qu'a fait ma tante jusqu'à la fin de la guerre puisqu'elle ne pouvait plus combattre ? demandai-je encore à Zaskia pendant que nous rebroussions chemin.
– Après m'avoir accompagnée au train avec l'injonction de lui donner régulièrement de mes nouvelles, elle est allée vivre chez Éléonore, la mère d'Hélie, à la demande de cette dernière qui, ravagée par la mort de son fils, ne voulait plus s'occuper de rien, ni voir personne. Elle a donc confié à ta tante la gestion de la propriété – tâche qu'elle aura accomplie de main de maître, avec un personnel pléthorique. C'est là qu'elle aura appris – par le journal – la mort de sa propre mère.

– S'est-elle rendu à son enterrement ?
– Non, et Éléonore non plus. La seule chose qui ennuyait ta tante c'était d'avoir à régler la succession. Mais tu connais l'histoire où, là encore, elle s'est débrouillée comme un chef ! Millie étant alors orpheline, Éléonore lui a dit solennellement : « Tu n'auras pas été ma belle-fille, mais tu seras ma fille ! »
– Ah bon ? dis-je, stupéfaite.
– Millie a d'abord refusé par principe, mais devant l'insistance persuasive de cette femme qui a fait valoir qu'elle n'avait plus que ta tante au monde et qu'elle ne voulait pas que la tombe symbolique d'Hélie revînt à l'État – elle ne fit même pas allusion à la demeure classée – Millie a accepté.
– Mon Dieu ! m'écriai-je, cela veut dire qu'elle héritera de tous ces biens, un jour, et à deux pas de notre propriété ? Quel retournement de situation ! Quel camouflet pour mon père qui croyait être privilégié par rapport à sa sœur ! Le sait-il seulement ? demandai-je en riant.
– Non, elle a estimé avec raison que cet héritage-là ne concernait en rien ton père. Il ne sait même pas qu'elle passe une grande partie de l'été et tous les Noël avec Éléonore. Maintenant, assez parlé ! Je t'emmène dîner dans un très bon restaurant russe.
En cours de route, je ne pus m'empêcher de demander à Zaskia ce qu'était devenue l'écharpe d'Hélie puisqu'elle n'avait pas été « enterrée » avec les bottes.
– Millie m'a dit qu'Éléonore avait préféré la garder telle quelle et sous verre dans sa chambre, et je la comprends tout à fait si elle l'avait vue au cou de son époux, puis de son fils.

Pendant que nous savourions des zakouski dans ce restaurant bondé, Zaskia m'annonça :
– Pour clore ce chapitre sur la guerre, sache que ta tante a reçu les plus hautes distinctions militaires – dont la croix

de guerre avec palmes. Mais elle ne voulait pas se rendre à la remise des décorations parce qu'elle estimait ne pas devoir être félicitée pour un engagement qui pour elle allait de soi. « Et puis, avança-t-elle, je ne veux pas être mêlée à ceux ou celles qui feront de leurs faits d'armes supposés ou tardifs, leur fonds de commerce ! » Réserve prophétique, hélas. Finalement, nous nous sommes rendus à cette cérémonie, que ta tante a conclue ainsi : « J'adresse ces honneurs au fondateur de notre réseau – dont elle a décliné les prénom et nom – trahi et arrêté par la Gestapo, le 9 septembre 1942 avec huit autres membres de notre groupe, et fusillé le 4 mai 1943. J'ai échappé miraculeusement à cette arrestation grâce à une crevaison de vélo. J'ai combattu ensuite en Bretagne, dans une section de sabotage, avec mon amie Zaskia K., ici présente, qui, elle, aura eu le privilège de se battre jusqu'à la victoire. Dois-je préciser que je n'ai fait là que mon devoir ? Maintenant, il est important pour l'Histoire que l'on sache que des Françaises en nombre et de toutes conditions, auront joué un rôle éminent dans la Résistance et que les héros désignés ne sauraient faire oublier les héroïnes inconnues, que je salue. »
Je devais apprendre plus tard et par tante Millie que Zaskia avait aussi été décorée, mais par les Alliés.

En fin d'après-midi, le lendemain, quand j'émergeai après un long sommeil ponctué de visions funestes et radieuses, je me rendis dans le salon où tante Millie préparait sa prochaine « causerie » radiophonique. Le sujet en était, cette fois, une femme corsaire et ma tante avait l'air de s'amuser beaucoup à croquer cette dame.

– Mais d'où sors-tu ? me demanda-t-elle en me voyant en pyjama et les cheveux ébouriffés.

– J'ai passé toute la journée d'hier au bois de Boulogne, avec Zaskia. Ensuite, nous avons dîné dans un restaurant russe.

– À papoter, je présume ?

– Si vous appelez des papotages ce que vous avez vécu et fait pendant la dernière guerre ! répliquai-je en souriant.
– Ah bon, Zaskia t'a raconté tout cela ?
J'ai cru qu'elle allait se fâcher, mais, à ma grande surprise, elle se montra parfaitement sereine.
– Oui, elle m'a tout dit, à ma demande, et je suis très heureuse d'avoir comblé des lacunes décisives dans votre biographie.
– Pourquoi diable ?
– Vous savez, comme moi, que mes références familiales – à l'exception de maman – ne sont guère emballantes. Votre guerre redore notre blason et je suis maintenant plus que fière de porter le même nom que le vôtre. Mon propre parcours n'égalera sans doute jamais ce que vous avez fait, mais j'espère que vous n'aurez pas à rougir de mes choix personnels.
Attendrie par mes propos, tante Millie caressa longuement ma tête pendant que je me penchai pour baiser sa main. En me relevant, je lui demandai :
– D'où vient la belle canne à tête de serpent en argent qui a remplacé votre béquille. L'avez-vous trouvée chez un antiquaire ?
– Non, c'est Éléonore qui me l'a donnée dès que j'ai pu me débarrasser de ce vilain soutien orthopédique.
– Elle vous va comme un sceptre !
– N'exagérons rien !
– J'ai une autre question à vous poser. Avez-vous une photo d'Hélie ?
– Oui, de lui et de son père. Tu vas voir comme la ressemblance est frappante.
En effet, je vis les mêmes traits fins, la même bonté dans le regard, avec une pointe de malice, même chevelure, dense et bouclée, mêmes grande taille et allure.
– Deux chevaliers splendides, deux figures d'un autre monde ! m'exclamai-je.

– Veux-tu mon avis ? J'en conviens ! me répondit-elle d'un sourire tendre et d'une fierté non feinte.
Tante Millie disparut dans sa chambre pour en revenir avec un paquet de cinq chemises blanches à col ras et un jeu de jolis boutons de plastron, en nacre.
– Hélie les a portées, adolescent, et il les désignait ironiquement par ses « chemises de guillotiné ! » Rassure-toi, on peut les mettre dans d'autres circonstances ! précisa-t-elle sur un ton pince-sans-rire. Quand elles furent trop petites pour lui, il me les a données. Maintenant, elles sont à toi. Il y a juste à faire un point au poignet de celle-ci. Elena s'en chargera très bien.
– Mais je ne peux accepter un tel présent, objectai-je, à la fois émue et gênée.
– Tu préfères qu'elles moisissent au fond d'une commode ? Je veux les voir vivre sur toi ! Et comme tu es plate comme une planche à pain, elles t'iront à merveille.
Et je me suis inclinée devant ce don obligé et sans prix.

Je ne sais comment j'ai réussi mes examens de propé en n'ayant pratiquement rien fichu cette année tant elle aura été chargée en révélations troublantes, en émotions diverses qui m'auront bien éloignée de mes études – quand je ne désertais pas moi-même les cours. Et puis, pour tout vous dire, après toutes ces années d'enfermement en pensionnat, j'avais envie de me relâcher un peu, de vivre en toute insouciance – même si cela ne fut pas toujours le cas –, de m'accorder des libertés que je n'avais pas encore connues, avec le plaisir souverain de n'en rendre compte à personne, tante Millie n'ayant rien d'une garde-chiourme. Certes, je suis passée de justesse en licence et n'ai à en tirer nulle gloire, mais je suis passée et « c'est le principal » en convint ma tante.
Les résultats me sont parvenus le jour même de mes dix-huit ans où je reçus un mot de maman, assorti d'un « bon

pour l'autonomie de ton choix ». Je l'appelai aussitôt pour la remercier avec une pointe de provocation :
– Voilà ! Je vous annonce que j'ai commandé une Aston Martin !
– Pardon ? Tu veux jouer les Sagan, maintenant ? Pas question ! Si cette jeune romancière veut se tuer au volant de son bolide ou rester paralysée à vie à la suite d'un grave accident, libre à elle. Mais, toi, tu ne seras pas son émule !
J'éclatai de rire devant la réaction attendue de ma mère.
– Rassurez-vous, je vais raisonnablement opter pour une petite boîte à savon qui se gare facilement en tous lieux et dont la vitesse n'excède pas celle d'un escargot sur une terre sèche.
– De quoi veux-tu parler ?
– D'une Mini Cooper.
– J'aime mieux cela. C'est parfait pour la ville, mais attends que je ne sois plus de ce monde pour conduire un cercueil roulant !
Avant mon permis de conduire, j'eus donc une Mini Cooper, bleu nuit, avec un toit ouvrant en guise de capote – que je regrettai sincèrement. D'un autre côté, je ne voulais pas jouer l'une de ces gosses de riches qui paradent au volant de leur cabriolet décapotable et me dis que c'était déjà un grand privilège que d'avoir une petite voiture qui me permettrait d'être plus « auto-nome » encore.
Toutefois, j'ai fait modifier le siège avant du passager pour que tante Millie puisse y allonger sa jambe sans risquer la moindre crampe douloureuse. Ainsi, pourrai-je la conduire où il lui plaira, que Zaskia soit là ou non.
J'ai retardé mes vacances pour passer mon permis de conduire. Je l'obtins sans difficulté car j'avais depuis longtemps fait mes classes au volant du vieux tacot de Léon.

Ce fut, donc, au volant de ma Mini que je pris, un beau matin, la direction de notre propriété.
Mais, tout en appréciant de plus en plus cette nouvelle acquisition, je me dis que je ne la maîtriserais vraiment que le jour où ses entrailles mécaniques n'auraient plus de secret pour moi.
J'allais donc passer une bonne partie de ces vacances les mains dans le cambouis, chez le garagiste de maman, féru de voitures anglaises. Je ne me contentais pas d'apprendre les rudiments d'un bon entretien de ma voiture, où à pouvoir faire face aux pannes les plus courantes. Je voulais tout savoir sur les pièces essentielles du moteur, les organes de transmission, l'installation électrique.
Le garagiste, un homme chauve et charmant, s'amusait de voir l'apprentie mécano – « surtout une fille » le buste plongé sous le capot du moteur, ou le corps allongé sous le pont des vidanges, pour inspecter chaque détail du véhicule que l'on ne voyait jamais. Aucun élément n'étant fortuit, j'admirais l'œuvre du carrossier.
Puis, quand je pus nommer sans hésitation chaque partie du moteur et en connaître la fonction précise, je me dis que mon apprentissage était terminé – au grand regret du garagiste prêt à m'embaucher ! Lui aussi était en avance sur son temps, les femmes dans sa spécialité étant toujours cantonnées au secrétariat.
Je consacrai le reste du temps à Gipsy qui vit d'un très mauvais œil arriver cette concurrente en tôle. J'eus beau lui dire que je n'opposais pas l'une à l'autre et qu'elles se complétaient, au contraire, rien n'y fit. Elle n'aimait pas cette voiture et le manifesta par de furieux hennissements.

Pour remercier Louisette des services inestimables qu'elle m'avait rendus avec Gipsy, je lui ai offert, au volant de ma Cooper, un week-end sur la côte sauvage. Elle n'avait encore jamais vu l'océan, ni trempé ses pieds dans l'eau salée. Pendant qu'elle barbotait au bord du rivage en ramassant des coquillages qu'elle destinait à sa mère, je piquai une tête dans cet océan vif et limpide où je nageai jusqu'à épuisement. Certes, je transgressais les volontés de maman qui avait toujours refusé de nous emmener Sybil et moi au bord de la mer, mais quel plaisir ! Quelle volupté !

Nous dormîmes à la belle étoile, à la lisière d'une pinède, sur un matelas d'aiguilles, bercées par le ressac des vagues sur les rochers, ivres de soleil, d'embruns, de senteurs d'iode et de résine.

Je n'aperçus mon père qu'à trois reprises, toujours flanqué de son chien, mais il ne daigna pas me dire quoi que ce fût et c'était bien ainsi. Je savais par Ernestine qu'il désapprouvait mes cheveux courts et mon allure « d'adolescent ! » Il n'avait pas aimé mes cheveux longs, non plus.

Contrairement à ses habitudes estivales, tante Millie ne vint pas nous rejoindre. Elle consacra toutes ses vacances à Éléonore qui se remettait d'un infarctus. Mais le fait de la savoir à vingt kilomètres de chez nous, me fit l'effet d'une veilleuse rassurante.

Un soir où nous étions seules, maman et moi, à prendre le frais sur les marches du perron, je ne pus m'empêcher de lui raconter l'enfance de tante Millie dans ces mêmes lieux et son parcours pendant la dernière guerre. Maman suivait avec passion mon récit, qu'elle ponctuait d'exclamations indignées ou admiratives. Au terme de mes révélations, elle me dit seulement : « Ta tante a dû terriblement souffrir, sans rien en montrer. Ce qu'elle a fait pendant la guerre, ne m'étonne pas. » Puis, me prenant tendrement dans ses bras, elle ajouta : « Je suis très heureuse qu'elle soit ta marraine et que tu vives chez elle, même si tu me manques. Je suis heureuse aussi de n'avoir pas connu ma belle-mère. Quant à ton père, s'il ne m'a jamais parlé de sa sœur ni même montré ses citations militaires dans le Journal officiel, la raison en est simple : le frère et la sœur n'ont sûrement pas fait la même

guerre. Je pense également et j'en suis même certaine, que Millie est la seule personne qu'il craigne – bien qu'elle soit sa cadette. Mais tout de même, c'est une sacrée cachottière ! »
Après une pause où elle étira le bas de sa robe sur ses jambes repliées, maman me confia qu'elle s'était remise au tennis et qu'elle suivait des cours d'économie par correspondance, avant d'ajouter :
– Je n'ai pas eu le plaisir d'être étudiante pour m'être mariée trop tôt, mais maintenant je me suis remise dans le bain en me consacrant à une science qui m'intéresse au plus haut point et pour laquelle je crois avoir quelques aptitudes. Évidemment, ton père juge cette « lubie » ridicule à mon âge, alors que j'ai à peine le double du tien, mais je n'en ai cure. Ce qui m'importe c'est que mon propre père eût été ravi de mon choix.
– C'est la meilleure nouvelle de cet été ! répondis-je avec enthousiasme et en l'embrassant chaleureusement.
– La mauvaise nouvelle c'est que ta sœur me préoccupe beaucoup. Certes, elle a remporté le championnat régional d'escrime, mais elle n'a rien fichu en classe cette année puisqu'elle doit redoubler sa sixième. En peu de temps, elle est devenue terriblement insolente, voire odieuse. Je ne sais plus quoi faire d'elle.
Je demandai à ma mère pourquoi Sybil n'était pas chez nous et elle me répondit qu'elle passait quelques jours chez une amie « une petite mijaurée sans intérêt ».

J'attendis le retour de ma sœur et quelques jours ensuite – pour bien l'observer – avant de lui demander de m'accompagner dans le parc. Elle le fit sans hésitation en pensant, sans doute, que j'allais lui réserver une bonne surprise.
Pendant que nous nous engagions dans l'allée centrale parfaitement entretenue par Léon, je lui dis :
– J'ai appris que tu as gagné ton premier championnat d'escrime, bravo !

– Oui et papa s'est déplacé pour y assister, tu te rends compte ? me répondit-elle comme si l'onction paternelle était pour elle la plus grande des faveurs.
– Très bien ! Mais j'ai aussi vu ton bulletin scolaire où les performances et appréciations sont d'un autre ordre. Comment expliques-tu ton redoublement ?
Sybil avançait à mes côtés, le regard rivé sur ses sandales :
– Je me barbe en classe. Les profs sont nulles !
– Tu ferais mieux qu'elles, peut-être ? J'ai un autre point de vue que le tien : tu ne fais que ce qui te plaît. Je t'ai évité la pension, cette année, mais là, tu en prends directement le chemin.
– Ah non ! trépigna-t-elle. Surtout pas ça !
– En l'espace d'un an, tu as beaucoup changé et je pense sincèrement que tu files un mauvais coton. Les défauts que tu avais déjà, petite, se sont accentués. Tu es plus capricieuse, plus arrogante que jamais. Mais pour qui te prends-tu ?
– Et toi, pourquoi me grondes-tu ? me lança-t-elle ses mains sur ses hanches.
– Je suis ta sœur aînée. Je me suis occupée de toi à chacune de mes vacances pour que tu ne sois pas toute seule, ici. Je t'ai aussi appris beaucoup de choses. Je me permets donc de te mettre en garde contre des travers très désagréables pour ton entourage et qui se retourneront contre toi, tôt ou tard.
– Heureusement que j'ai des amies, dit-elle dans un soupir de fausse victime. Elles me trouvent très bien, elles ! ajouta-t-elle avec une pointe de morgue dans la voix.
– Elles ne sont pas difficiles ! À ta place, je ne me féliciterais pas d'avoir comme amies des béni-oui-oui ou des gamines à ma botte. Et parlons-en : la prochaine fois que je te vois en train de les épater avec « ton » château, « ta » cour d'honneur, « tes » vignes, bref, avec une propriété qui n'est pas la tienne, j'expliquerai à tes chères amies ce qu'est le comportement d'une petite parvenue. L'esbroufe n'a pas sa

place ici, compris ? Tu sais que je suis assez forte en reparties cinglantes, alors évite d'en faire les frais d'une manière qui serait très humiliante pour toi.
– C'est pour ça que tu m'as fait venir dans le parc ?
– Bien sûr, et pour te dire ce que tu ignorais jusqu'à présent : plus on bénéficie de privilèges matériels et sociaux et moins l'on doit s'en prévaloir.
– Je ne comprends pas, me rétorqua-t-elle sur un ton sec.
– Eh bien, tu vas comprendre ! lui dis-je, menaçante. Bon, assez discuté : je te donne jusqu'à la Toussaint pour avoir un bulletin scolaire correct. Sinon, tu vas morfler comme moi j'en ai bavé là où tu sais.
– Non, je t'en supplie ! gémit-elle.
– Maintenant, ne me demande pas d'étrenner ma nouvelle voiture. Je n'ai aucune envie de faire plaisir à une sœur qui pense que tout lui est dû, se prend pour un phénix alors qu'elle est incapable d'écrire deux mots en français, sans faute d'orthographe !
– Mais tout le monde n'est pas doué comme toi ! me répondit-elle en essayant de m'amadouer.
– Faux prétexte, car tu n'es pas frappée de crétinerie irréductible ou congénitale. Quant à mes bonnes notes, elles ne sont pas tombées du ciel. J'ai travaillé, alors que, toi, ce n'est pas un poil que tu as dans la main, mais un balai dont tu ne sais même pas te servir ! Tu penses que cette tâche est réservée à la femme de ménage de maman ?
– Je n'ai pas dit ça, bougonna-t-elle.
– À propos de balai, je t'annonce aussi, qu'à partir d'aujourd'hui, je passerai chaque jour l'inspection dans le foutoir, que dis-je ?, dans la porcherie qui te sert de chambre, et gare à toi si je trouve ton lit sans dessus dessous, tes vêtements propres ou sales, éparpillés ou jetés en boule sur le sol – parmi les âneries consternantes qui te servent de lecture. Tu seras priée également de mettre tes affaires à laver dans un panier que tu descendras toi-même à la lingerie.

– Oh là là ! Mais ça va être le bagne ici ! soupira-t-elle encore.
– Ce ne sera plus ton hôtel, c'est clair. Ta réaction est typique d'une péronnelle pourrie et qui pense n'être entourée que de bonnes. Terminée l'époque où tu croyais qu'on pouvait tout te passer. Fini le temps où tu pensais n'avoir que des droits. Il est urgent que Mademoiselle du Schnock apprenne ce que sont ses devoirs et des civilités qui ne relèvent ni du bagne, ni du supplice.
– J'en ai marre que tu me parles comme ça !
– Évidemment, tu préfères les sérénades de ta basse-cour, les gazouillis de tes pimbêches... Moi je n'ai aucune envie de jouer les cerbères, mais tu es devenue tellement insupportable que si tu ne changes pas ton fusil d'épaule tout de suite, nous serons définitivement divisées. En attendant, je te préviens que j'ai l'intention de dormir seule dans la cabane du pin pendant toutes ces vacances. Toi, tu peux en avoir l'usage pendant l'année, moi pas.
– Je n'y vais pas parce que j'ai peur, toute seule.
– C'est ton problème ! Désormais la balle est dans ton camp, je ne transigerai en rien sur ce que je t'ai dit et retourne à la maison ranger ta chambre !
Comme je m'y attendais, elle s'est mise à sangloter avant de rebrousser chemin. Mais ses larmes de crocodile coulèrent sur moi comme l'eau sur les plumes d'un canard.
Je poursuivis mon chemin, seule, vers le fond du parc dont vous ne reconnaîtriez pas l'allée centrale, asséchée par les fossés de drainage où tante Millie avait prélevé le terreau pour son jardin potager. De l'art de joindre l'utile à l'agréable !
Je revins par un chemin latéral encore envahi de hautes herbes sèches et de broussailles épineuses qui lacérèrent mes bottes. Nous ne pourrions plus y passer à cheval. Mais j'aime le côté sauvage qui longe un bois de charmes et une pinède dense, traversée par des trouées de lumière.

Contre toute attente, la mise au point que j'avais faite avec Sybil dans le parc, fut d'une grande efficacité. Elle rangea sa chambre correctement – même si quelques lectures insipides traînaient encore au pied de son lit. Oui, la chemise de nuit était bien sous l'oreiller, le drap replié sous le matelas, les vêtements accrochés dans le placard, au-dessus de la rangée de chaussures, le petit linge rangé dans la commode et les affaires sales descendues dans la lingerie. Même un coup de balai – certes expéditif – avait été donné.
Mais j'attendis que le changement s'inscrivît dans la durée pour en complimenter Sybil.
Entre-temps, j'eus à intervenir aussi fermement au cours d'un déjeuner que je partageais avec Léon, Ernestine et ma sœur. Sybil se tenait avachie sur sa chaise, les coudes sur la table, se servant plus de ses mains que de ses couverts, puis, elle repoussa son assiette à moitié pleine en disant à Ernestine : « J'ai plus faim ! » Mon sang ne fit qu'un tour :
– Sybil, tu ne quitteras pas cette table avant d'avoir fini ta viande et ton gratin de courgettes !
– Je ne peux pas me forcer tout de même ! répondit-elle sur un ton geignard, appelant du regard Ernestine à la rescousse.
– Est-ce que tu te forces pour avaler toutes tes cochonneries sucrées, du matin au soir ? Je te préviens, tu n'auras plus d'argent de poche pour ça. Tu t'en mordras les doigts, mais cela ne te coupera plus l'appétit. Maintenant, as-tu déjà oublié qu'Ernestine cuisine pour nous des plats variés et délicieux avec les légumes de Léon ? En rejetant cette nourriture, c'est eux que tu méprises et ça, je ne le tolérerai pas. Excuse-toi tout de suite !
Elle le fit de mauvaise grâce, en se balançant sur sa chaise.
– Je n'accepterai pas, non plus, que tu te comportes comme une gosse privilégiée et repue quand des millions de gens et des enfants dans le monde meurent de faim. C'est inadmissible !

Sybil se mit à sangloter et chercha sa serviette de table qui était par terre, sous sa chaise. Je l'attrapai avant elle et la lui lançai :
– Arrête de pleurnicher ! Tu ne m'impressionnes pas. Je sais ce que tu attends : la tarte aux pommes napée de gelée de coings. Eh bien, s'il y a de la place pour le dessert dans ton estomac, il y en a aussi pour tes restes. Avale-les tout de suite !
Elle termina son assiette, en rabaissant ses coudes, en se redressant sur sa chaise, en se servant de sa fourchette et son couteau.
– Tu as encore envie de dessert ? lui demandai-je ironiquement.
– Non !
– Alors, plie ta serviette et débarrasse ton couvert.

À ma demande, avec justifications à l'appui, maman priva Sybil de tout argent de poche. Finis roudoudous, réglisses, boules de gomme, sucres d'orge et autres friandises.
– Mais si je continue à bien ranger ma chambre et que je me tiens correctement à table, je n'aurai pas droit à un petit sou ? me demanda Sybil sur un ton enjôleur.
– Non, car tu n'as pas à être récompensée pour des tâches et des comportements normaux. Tu me vois demander une pièce pour avoir ciré mes chaussures ? Tu gagneras tes sous par ton propre travail ou tes exploits – s'il y en a !
– Alors, j'irai en demander à papa ! me dit-elle, tout heureuse de me narguer.
– Bonne idée ! répondis-je, narquoise. Tu connais, comme moi, sa générosité légendaire, alors je te conseille de prendre un grand sac pour y loger tous tes billets !
Comme la propriété d'Éléonore était à cinq lieues de la nôtre, je mourais d'envie d'y faire un saut avec ma jument. Après avoir délaissé la route pour couper à travers champs, nous traversâmes un beau paysage de bocage, aux prés

enclos de haies trop hautes pour les franchir à cheval. Promenade exquise permettant toutes les allures dans les senteurs de genêts en fleur, ravivées par un soleil ardent. Gipsy était particulièrement fringante, car elle ne connaissait pas encore ce parcours. De mon côté, je songeais à toutes les chevauchées que tante Millie avait faites dans ces mêmes lieux, avec Zyg, et surtout, le dernier, à pied, en pleine nuit et en proie à un chagrin fou. Sans la comparer à maman que j'aime profondément, je me dis que mon attachement pour elle allait au-delà de notre parenté. Vous m'avez écrit un jour que j'avais beaucoup de chance de l'avoir pour tante, mais c'est plus que cela.
Nous arrivâmes, Gipsy et moi, en fin de matinée, à la lisière de ce monument du XVIIe siècle qui surpassait en dimensions, en entretien, en beauté l'idée que je m'en étais faite. Et puis, ces douves contenues par des murs qui entouraient le château, parachevaient la majesté des lieux. Mais en songeant que ma tante vivait là avec Éléonore, mais sans Hélie, je ressentis une peine que Gipsy traduisit par un hennissement.

Après avoir renouvelé le foin qui me servait de litière dans la cabane du pin, je savourais le plaisir d'être à nouveau perchée dans cet arbre, sans autre compagnie que celles de la lune et des étoiles.
À la lueur de la lampe-tempête posée dans un récipient métallique stable, j'écrivis de nombreuses lettres : à Zaskia qui séjournait dans une villa de Maxime, sur la côte normande ; à la Mère supérieure pour lui annoncer mon admission en première année de licence de lettres ; à Électre, très heureuse de sa nouvelle vie italienne ; à Constantin, enfin, obligé de rester à Paris pour trouver une nouvelle fonderie.
Oui, j'aimais ces soirées et nuits solitaires dans la cabane où le temps me paraissait, comme moi-même, suspendu, avec le sentiment qu'il m'appartenait aussi, totalement.

Tout en écrivant dans cet intérieur au confort rustique, je guettais l'arrivée d'une dame blanche qui venait toujours se percher sur la même branche du pin et que ma présence ne dérangeait nullement. Seul, son vol lourd m'indiquait qu'elle partait en quête d'une proie et le caractère sans pitié de ce trépas annoncé était la seule ombre au tableau.

Oiseau de je ne sais quel augure,
Je m'apprêtais à vous adresser une missive cinglante pour m'avoir laissée sans nouvelles depuis trois mois – au moins – lorsque j'ai reçu de vous, ce matin, une invitation pour deux personnes au récital de votre amie et pianiste Salomé F. qui va jouer prochainement à Paris, au théâtre des Champs-Élysées. Merci pour cette offre que je partagerai avec Zaskia.
Mais vous n'avez pas accompagné l'invitation d'un seul mot, de sorte que je suis contente, d'un côté, furieuse, de l'autre.

Les jours qui précédèrent ce concert, je me sentis dans un état de fébrilité inexplicable. Certes, je mourais d'envie de connaître, enfin, cette pianiste dont Zaskia et vous-même m'aviez parlé, comme j'étais impatiente d'avoir peut-être de vos nouvelles par elle, si je parvenais à l'aborder. Mais en raison de sa notoriété croissante et de la foule qu'elle attirerait, tout échange personnel me paraissait improbable.

Le soir du récital, je soignai particulièrement ma mise avec un pantalon et une veste en drap noir, sur l'une des chemises blanches, ayant appartenu à Hélie. Tante Millie m'aida à mettre les boutons de plastron et elle épingla sur un revers de ma veste le ravissant et discret camée en cornaline, représentant une tête de femme grecque, de profil. C'est mon seul bijou, offert par ma tante pour mes dix-huit ans, et j'y tiens particulièrement. Pas de maquillage, non et jamais – juste un trait de khôl à la base des yeux. Quant à mon teint, encore hâlé par l'été, il me donnait une mine acceptable.
Je devais retrouver Zaskia à l'entrée du théâtre, chacune s'y rendant avec sa propre voiture.
Très bien placée aux premiers rangs de l'orchestre, dans une salle comble, je fixai mon regard sur le piano à queue et le siège encore vide qui occupaient à eux seuls la scène.

Mon excitation n'échappa guère à Zaskia qui m'en fit la remarque, avant de me complimenter sur ma tenue.
L'artiste se faisait attendre dans le brouhaha du public.
Elle arriva, enfin, du côté gauche de la scène et je crus défaillir devant sa ressemblance frappante avec vous : même grande taille mince et juvénile, même démarche déterminée, même chevelure brune, ondulée sur les oreilles, dans un ensemble noir et blanc semblable au mien – à quelques détails près.
– Mon Dieu, c'est le sosie d'Alba ! dis-je à Zaskia pendant que la pianiste s'inclinait gracieusement, mais sans affectation, sous les applaudissements.
– Elle est très belle, convint Zaskia, tout aussi désireuse que moi de découvrir les talents annoncés de Salomé F.
Puis elle prit place devant le piano, dans un silence total.
Le récital devait commencer par les *Études* de Chopin et dès les premières notes exécutées avec autant de précision que de délicatesse – sans l'ombre d'une mièvrerie – les battements de mon cœur s'accélérèrent en même temps que je ressentis dans tout mon être un trouble jamais éprouvé auparavant. Je n'écoutais plus la musique. Mon regard allait de ce beau profil aquilin aux longues mains fines qui couraient sur le clavier, alors que le buste demeurait parfaitement droit. J'étais sous le choc et ne fus pas la seule, car aux dernières notes des *Études*, les applaudissements furent tels que l'interprète fut rappelée à plusieurs reprises.
À l'entracte, Zaskia choisit d'aller prendre un verre au foyer pendant que je restais à ma place. Je n'avais envie de parler à personne, mais de me concentrer sur le maelström intérieur que la pianiste venait de déclencher en moi. Je ne cessai de me dire : « Je ne quitterai pas ces lieux sans lui parler ! » comme je me demandais si vous aviez fait exprès de me mettre en présence de votre double – ce qui ajoutait à ma confusion et à ma perplexité. D'un seul coup, vous me reveniez en chair et en os et non plus sous la forme

d'une image estompée par des années de séparation. Je crus vraiment être la proie d'un mirage.

La deuxième partie du récital fut consacrée à deux sonates de Beethoven qui impressionnèrent même la grande mélomane exigeante qu'est Zaskia. Mes connaissances musicales ne pouvant se comparer aux siennes, je me laissais emporter, envoûter par les sonorités subtiles que la magicienne faisait jaillir de ses mains. La fin de « La Tempête » fut accueillie par une ovation telle – tous les auditeurs debout – que l'artiste fut encore rappelée. Elle se remit au piano pour jouer un nocturne de Chopin. Et mon ravissement fut à son comble quand elle salua à plusieurs reprises, sous un autre concert de bravos.
La scène désertée, je pris congé de Zaskia en lui annonçant mon intention de rejoindre Salomé F. dans sa loge. « Je te comprends, me répondit-elle d'un sourire empreint d'une légère tristesse. Elle n'est pas seulement belle, elle est aussi très douée. Sa carrière éblouissante est toute tracée ! »
Évidemment, je ne fus pas la seule à vouloir l'approcher, à cette différence près que je ne tenais pas le programme du concert à la main en quête d'un autographe. La pianiste sortit de sa loge pour signer aimablement, mais sans s'attarder aux compliments qu'on lui adressait.
De mon côté, je me tins volontairement à l'écart de tous ses admirateurs. Adossée à un pilier, les bras croisés, j'observais ce rituel avec le désir impétueux d'en voir la fin.
Puis, à la dernière signature, je me glissai discrètement dans la loge – en réalité, une véritable serre remplie de bouquets de fleurs enveloppés de papier cristal. Elle referma la porte en sursautant devant ma présence et jugulant alors la timidité abyssale qui me tenaillait, je lui déclarai :
– Pardonnez mon intrusion, je cherche un emploi d'habilleuse de musicienne surdouée, le talent étant le seul critère de ma requête !

Elle éclata de rire avant que je n'ajoute en souriant :
– Plus sérieusement, je suis l'amie française d'Alba qui m'a adressé une invitation à votre concert.
Ses yeux s'illuminèrent alors :
– Ah, c'est vous Roxane ? me demanda-t-elle d'une voix chaude.
J'acquiesçai.
– Ravie de mettre un visage sur un prénom mille fois prononcé.
En regardant attentivement le sien, je vis qu'il ne comportait pas de cicatrice au-dessus du sourcil gauche ni de fossette au menton. En revanche, une belle bouche sensuelle – heureusement sans rouge à lèvres –, une denture impeccable et les yeux plus gris que noirs, me frappèrent.
– J'ai une faim de louve et très envie d'avaler des huîtres bretonnes ! dit-elle avec une avidité perceptible. Que diriez-vous de m'accompagner ?
Je ne m'attendais vraiment pas à une telle proposition qui me ravit et me gêna aussi. Ne sachant pas sur quel pied danser, je lui répondis qu'elle avait sûrement reçu de nombreuses invitations à dîner ou à souper et que je ne désirais pas modifier son programme. Je la remerciai, néanmoins, de ne pas avoir rejeté l'intruse qui l'avait précédée dans sa loge et m'apprêtais à la quitter ainsi. Tout cela ne tenait pas debout, naturellement, car je n'aspirais qu'à prolonger notre tête-à-tête, tout en le redoutant aussi. Comme vous le savez, je n'aime pas plus être désarçonnée que décontenancée. Après avoir haussé les épaules, elle me regarda droit dans les yeux :
– Appartiendriez-vous à cette espèce très ennuyeuse de personnes qui aiment se faire prier ? En ce cas, je me verrai dans l'obligation de vous enlever ! me lança-t-elle, moqueuse, pendant qu'elle enfilait un long et chic pardessus, de la couleur de ses yeux.

Je la conduisis dans l'une des plus vieilles brasseries à banc d'écailler du Quartier latin, ayant ce triple avantage d'être excellente, d'être bien fréquentée et de fermer tard.
Je n'avais pas faim, mais mon inappétence me permit de mieux l'observer et de m'en délecter. J'aimais la vitalité gracieuse qui émanait de chacun de ses gestes. En attendant le plateau de fruits de mer qu'elle avait commandé avec des huîtres du Morbihan, elle me demanda de choisir un bon cru sur la carte des vins.
– Excellent choix ! me dit-elle après une première gorgée.
Ce préambule eut l'avantage de me décontracter un peu, mais je demeurais sous un envoûtement qui lestait mon esprit et me faisait craindre d'être terriblement fade ou gauche.
Puis, consciente de jouer mon va-tout dans ce dîner inespéré, je lui demandai :
– Comment se fait-il que vous parliez aussi bien notre langue et sans le moindre accent ?
– Ma mère est Française et interprète à l'ONU. Je lui dois tout, car c'est elle qui m'a mise au piano dès mon plus jeune âge et m'a toujours encouragée depuis. C'est une femme merveilleuse. Très intelligente. Très forte aussi.
– Et votre père ?
– Il était madrilène et chirurgien. L'année de ma naissance en 1939, les franquistes l'ont fusillé pour avoir soigné et sauvé nombre de républicains.
– Je suis désolée. Pardonnez-moi cette question, répondis-je en regardant mon assiette vide.
– Ne le soyez pas. Même si je ne l'ai pas connu, je suis fière qu'il soit mort au champ de son devoir et de ses convictions. L'épreuve, c'est ma mère qui l'a subie, car elle aurait pu se réfugier en France avec moi, mais elle a préféré défier la dictature de Franco en restant à Madrid et dans l'univers de mon père auquel je ressemble, paraît-il.
J'appris ainsi qu'elle avait vingt-cinq ans et que sept ans nous

séparaient. « Comment pouvais-je intéresser une femme plus âgée que moi ? » me demandai-je avec inquiétude. « Et qui plus est, une virtuose, alors que rien ne m'avait particulièrement distinguée, jusque-là ? »
– À quoi songez-vous ? Vous avez l'air triste, me dit-elle en beurrant une petite tranche de pain bis.
– À mille choses et je me pose autant de questions. Quand vous êtes au piano, vous semblez ne jouer que pour vous. C'est la première fois que je vois cela.
– C'est aussi la première fois que quelqu'un me le dit et c'est bien vu : je m'abstrais de tout devant un clavier, comme j'imagine qu'un écrivain écrit d'abord pour lui.
– Repartez-vous demain ?
– Non. Je me suis accordé trois jours ici parce que c'est la première fois que je viens à Paris et que j'y donne un récital. Et puis, je voudrais visiter le Département des peintures espagnoles au Musée du Louvre pour compléter les connaissances que j'ai des tableaux qui sont au Prado.
Enfin, j'osai lui poser une question plus personnelle :
– Pourquoi ai-je l'honneur de dîner avec vous, ce soir ? Parce qu'Alba est notre amie commune ?
Elle reposa sa fourchette :
– Non, je ne pouvais deviner votre lien avec Alba quand l'habilleuse en quête d'emploi s'est introduite dans ma loge. J'ai trouvé cela très drôle, comme le contraste entre votre apparence et vos propos. J'aime l'audace quand elle s'accompagne d'humour et de civilités.
– Mais je suis un ersatz de chérubin à côté de vous !
– Un ersatz qui a plus d'un tour dans son sac ! plaisanta-t-elle en levant son verre en direction du mien. Je ne sens pas les années qui nous séparent. Quant à savoir pourquoi je suis là ce soir, seule avec vous que je ne connaissais que par procuration, je pense que ce n'est pas de l'ordre du choix. Vous ai-je répondu ?
– Oui, non... je ne sais pas, balbutiai-je pendant que les

battements de mon cœur se confondaient avec un allegro. Nous restâmes un moment silencieuses, elle parfaitement détendue sur la banquette où elle avait posé sa veste, et moi, croisant et décroisant mes jambes sous la table. Comment traduire cette situation étrange où l'on est, d'un côté, en proie à un trouble profond, et de l'autre, contrainte de n'en rien laisser paraître ?

Je la raccompagnai à son hôtel, rue du Cherche-Midi, la mort dans l'âme, certaine de ne plus la revoir. Puis au moment où elle descendit de voiture, elle se retourna vers moi pour me baiser la main tendrement et me dire : « À demain, au Louvre, à 14 heures, n'est-ce pas ? Je travaille toute la matinée. »

Inutile de vous dire que je ne fis pas ma toilette en rentrant et que le reste de la nuit fut blanche. Je ne savais si je devais vous remercier ou non de m'avoir envoyé cette invitation au concert de Salomé, dont les conséquences me parurent d'abord irréelles. Mais je devais bien convenir de ce qu'un événement majeur venait de se produire dans ma vie personnelle, sans pouvoir en qualifier la nature. Événement qui me laissait à la fois éblouie et irritée car je ne maîtrisais plus rien. Est-ce cela le coup de foudre, qui vous subjugue avant de vous anéantir ?
Je me remémorais chaque seconde de ma soirée avec cette femme magnifique, spirituelle, fougueuse, terriblement séduisante.
Tout d'un coup, je réalisai que j'avais cours l'après-midi, mais je décidai de le sécher car si je pouvais le rattraper, en revanche, je n'aurais peut-être plus la possibilité de revoir cette femme vouée à parcourir le monde et à l'envoûter par son art. Cette perspective me plongea dans une profonde tristesse que je finis par chasser en songeant à cet « *Alea jacta est* » que vous m'aviez lancé quand nous nous som-

mes croisées pour la première fois dans le grand escalier du pensionnat.
Je la retrouvai au musée, dans une tenue de sport-ville qui lui allait à merveille. Mais fût-elle vêtue de hardes, mon sentiment eût été le même. Moi, j'arborais mon imperméable de cavalerie qu'elle trouva très à son goût, avant de me demander des nouvelles de ma jument « célèbre, même à Madrid ! »
– Comment cela ? dis-je intriguée.
– Je dois vous faire un aveu : Alba m'a lu nombre de feuillets de votre correspondance. Je sais donc, ainsi, que Gipsy remporte tous les suffrages dans votre cœur ! dit-elle en riant.
– Je le confirme ! répondis-je sur le même ton joyeux pendant que nous faisions face aux œuvres qui intéressaient Salomé.
Je me permis de lui préciser que j'ignorais tout sur le sujet.
– Qu'à cela ne tienne, si vous saviez tout sur tout, votre vie serait d'un ennui mortel et votre compagnie aussi ! N'est-ce pas, cavalière émérite ? répliqua-t-elle sur un ton toujours enjoué.
Ainsi, les noms d'Utrillo, de Zurbaran, de Rivera n'eurent-ils plus de mystère pour moi, mais j'avoue ne pas être sensible à leurs thèmes mystiques. Je préférais fixer mon attention sur mon guide et à son insu même.

Elle me proposa ensuite d'aller prendre une tasse de thé dans son hôtel, en faisant préalablement un détour dans une pâtisserie orientale pour y acheter quelques friandises.
– Je raffole des gâteaux au pavot, pas vous ?
– Je connais le mot gâteau, celui du pavot aussi, mais les deux ensemble, non !
– La jeune étudiante n'absorberait-elle que des nourritures spirituelles ?
– Pour l'instant, je suis une inconditionnelle des vins et de la

cuisine française, mais mon estomac n'est pas xénophobe ! dis-je sur un ton volontairement docte qui l'amusa.
– En ce cas nous allons savourer des petites merveilles !

Toutes les tables du petit salon de l'hôtel étant déjà occupées, Salomé suggéra que nous allions dans sa chambre, avec nos breuvages fumants et nos sucreries. Une belle chambre, toute blanche, où trônait un grand lit revêtu d'un piqué – comme les rideaux – et de nombreux oreillers, alignés en quinconce et masquant presque la tête du lit. Une simple commode en merisier – qui me rappela celle d'Ernestine – surmontée d'une grande glace, tenait lieu de rangement et de coiffeuse. Les murs étaient heureusement vierges de tout tableau et j'appréciai particulièrement le grand palmier disposé dans un coin de la chambre, près d'une fenêtre. L'ensemble reflétait une sobriété raffinée, à l'image même de son occupante provisoire.
– Est-ce vous qui choisissez vos hôtels quand vous êtes en tournée ?
– Non. Tout est retenu à l'avance par mon imprésario. Quelque fois, c'est une catastrophe, mais je dois dire que jamais je ne suis descendue dans un lieu aussi agréable que celui-ci et dans une rue très silencieuse, le soir.
Puis nous nous installâmes dans deux fauteuils répartis autour d'une table basse où était disposée une coupe en verre, remplie d'épices à dominante cannelle.
En suivant Salomé dans sa chambre, j'avais craint qu'elle ne m'entraînât dans je ne sais quel traquenard. Mais maintenant, j'étais rassurée – quoique toujours sidérée qu'elle eût choisi une inconnue et mineure de surcroît, pour lui tenir compagnie.
Devina-t-elle mes pensées ?
– Je suis bien avec vous, me dit-elle entre une bouchée de gâteau et une gorgée de thé. J'ai besoin d'anonymat et de faire l'école buissonnière dans des échappées clandestines.

Et elle se leva pour décrocher le téléphone posé sur sa table de chevet.
Plusieurs questions me taraudaient depuis notre dîner :
– Alba ne m'a pas répondu depuis longtemps. Avez-vous de ses nouvelles ?
– Oui, elle a eu un accident au début de l'été. Rassurez-vous, sans gravité. Au cours d'une randonnée avec des amies dans des endroits escarpés, elle a glissé sur un rocher trop lisse, pour atterrir dans un trou profond où elle s'est fracturé le bras et la jambe gauches. Heureusement, les fractures n'étaient pas ouvertes, car elle aurait eu des séquelles ennuyeuses. Mais elle a tout de même dû s'aliter un bon moment.
Je frémis à l'idée que si elle avait été seule, la chute lui eût été fatale.
– Merci de me rassurer. Mais, dites-moi, comment l'avez-vous rencontrée ?
– Il y a trois ans, dans une réception à l'ambassade de son père où je fus conviée à jouer devant un parterre de diplomates accompagnés de leurs épouses. À la fin, et sans me dire qu'elle était la fille des hôtes, sans m'adresser, non plus, les compliments d'usage, elle m'a arrachée aux invités pour m'entraîner sur la terrasse, avec deux coupes de champagne en me déclarant, d'emblée : « Réservez votre talent à ceux qui le méritent ! » Cela m'a plu et j'ai passé le reste de la soirée avec elle. Voilà. Nous avons beaucoup ri et bu. Elle est irrésistible et elle aura immédiatement suscité en moi un électrochoc amical.
– Purement amical ? osai-je lui demander, en proie à une jalousie soudaine que je m'efforçai de ne pas montrer.
– Encore une tasse de thé ? me proposa-t-elle, en tenant la théière d'une main ravissante.
– Non merci ! Suis-je indiscrète ?
– Pas du tout, me répondit-elle en ramassant un morceau de gâteau sur la moquette grège. Je ne peux m'éprendre de

personnes qui me ressemblent physiquement. Les liens narcissiques ne m'intéressent pas. L'amour requiert le contraste, comme la peinture, et des différences conciliables. Alba grappille sans s'attacher. Quant à moi, je suis entièrement vouée à ma passion première, incompatible avec une implication amoureuse sérieuse et suivie. Ce n'est pas toujours drôle, mais c'est ainsi : le revers d'un esclavage choisi.
À ces derniers mots, je fus submergée par une fatigue intense, autant due à une nuit sans sommeil qu'à un trop-plein d'émotions. Je demandai à Salomé la permission de m'allonger sur le grand lit où après n'avoir enlevé que mes boots, j'enfouis mon visage dans un voluptueux oreiller où je m'endormis aussitôt.
À mon réveil, deux heures plus tard, la nuit était tombée et je me retrouvai seule dans la chambre éclairée par les lanternes de la rue.
Revenue de ma surprise, j'allumai les deux lampes de chevet et me dis que Salomé avait sûrement filé à un autre rendez-vous.
Intriguée par le fait qu'elle ne m'en eût pas avertie, j'appelai la réception pour savoir si elle m'avait laissé un message. « Non, rien du tout, nous l'avons seulement vue sortir d'ici, il y a un bon moment », me répondit l'hôtelier.
Je ne savais plus quoi faire.
Rester à l'attendre, en faisant semblant de dormir ? Non, cela me parut inconvenant. Je ne voulais pas passer pour l'une de ces admiratrices prête à toute extravagance insistante pour son idole. Ma fierté – plus que la politesse – m'enjoignait de quitter les lieux au plus vite.
Je mis un peu d'ordre dans mes cheveux avant de rechausser mes boots, lorsque Salomé poussa la porte de la chambre, les bras chargés de paquets divers :
– Pendant que vous jouiez les « Belle au Bois Dormant» , j'ai fait quelques emplettes. Il faut bien que nous fêtions notre rencontre et mon premier concert à Paris, non ? C'est ce soir

ou jamais, car je reprends l'avion pour Madrid, demain, à 18 heures.
J'étais interloquée :
– Croyez-vous que l'ignorante que je suis en musique soit digne d'honorer votre concert, dans un tête-à-tête avec vous ?
– Et vous, pensez-vous que j'ai fait mes classes en lettres classiques, et mineure de surcroît ?
Je ris.
– Bon, nous avons des lacunes respectives, ajouta-t-elle, et c'est très bien ainsi !
– Permettez-moi alors de prévenir la tante chez qui je vis. Je devais dîner avec elle et sa meilleure amie.
En un quart de seconde, les paquets furent ouverts sur la table basse où Salomé avait fait monter des couverts.
– Ce sera un buffet froid, naturellement, mais délicieux. Ne vous inquiétez pas pour le breuvage – j'ai acheté mon préféré, car je me méfie de ceux des hôtels –, on va nous l'apporter incessamment. On mettra le seau par terre car il n'y a plus de place sur la table.
Puis, elle sortit deux bougies qu'elle disposa sur deux coupelles et le symbole me toucha.
Devant toutes ces agapes plus alléchantes les unes que les autres, la faim me revint aussi vite qu'elle avait disparu, la veille, et je me sentais follement heureuse.
En complétant le buffet de fruits frais – dont du chasselas bien doré –, Salomé me demanda de l'appeler par son prénom, ce « vous » impersonnel ne lui convenant pas.
– C'est impossible, lui répondis-je. Je viens à peine de vous rencontrer et je ne peux me permettre une telle familiarité.
– Il ne s'agit pas de cela, mais de lien particulier, me précisa-t-elle.
– Je ne vous reverrai sans doute jamais pour avoir ce lien.
– Qu'en savez-vous ? Il est déjà là et je reviendrai sûrement jouer à Paris.
– Au bras d'un époux et mère de triplés peut-être ?

– Pourquoi pas ? répliqua-t-elle en riant au moment où le champagne arriva en livrée, avec deux coupes. Salomé me laissa le soin d'ouvrir la bouteille et je vis à ses fines bulles qu'il était certainement de qualité. Je remerciai secrètement ma chère tante de m'avoir communiqué son goût pour ce vin et initiée à son rituel : « Surtout pas de bruit à l'ouverture, le bouchon ne doit pas t'échapper ! »
– À nous, me dit-elle.
– À vous, répondis-je à la beauté racée qui me faisait face... Ce champagne est exquis, mais pas assez frappé. Attendons qu'il ait pris plus de fraîcheur. Savez-vous d'où vient l'expression « frappé » pour un vin ?
– J'avoue mon ignorance, susurra-t-elle en croquant un beignet aux écrevisses.
– Du champagne, précisément, quand les glaçons viennent frapper les épaules de la bouteille dans un seau à glace.
– Très joli et ces coups-là ne blessent pas !
Pendant que je savourais moi-même les beignets, je me dis que je ne savais toujours rien de la vie personnelle de cette femme et, surmontant alors toute réserve, je lui demandai si elle avait aimé un ou des hommes.
Ma question la fit sourire :
– Aimé, non. Mais j'ai eu un béguin pour un jeune aveugle et élève, comme moi, à Barcelone. Nous jouions souvent tous les deux à quatre mains, notamment *La Fantaisie* de Schubert. C'est un être exquis, d'un talent remarquable, d'une sensibilité accrue par sa cécité et avec lequel je pouvais être certaine qu'il ne s'intéressait pas à moi pour mon apparence. C'est reposant, mais ce n'était qu'un béguin. Il est devenu le frère que je n'ai pas eu.
– J'ai du mal à imaginer que vous ne soyez très courtisée si je peux avancer une supposition facile !
– Courtisée, oui, mais je n'aime pas les courtisans et je m'ennuie vite avec les hommes. Tenez, goûtez ces cœurs d'artichaut à la tapenade !

– Mais la compagnie des filles ou des femmes peut être très assommante aussi ! Quand j'étais en pension, croyez-moi, je ne me suis guère amusée – à l'exception de l'intermède Alba.
– Bien sûr, la sottise, comme l'ennui, n'ont pas de genre, mais il se trouve que, jusqu'à présent, les êtres de valeur que j'ai rencontrés sont majoritairement des femmes. C'est un constat, pas un parti pris.
Elle enroba un cœur d'artichaut d'une tranche fine de jambon fumé et poursuivit :
– Depuis que je connais Alba et son cénacle de filles, j'en suis plus que convaincue. Elles sont douées, audacieuses, très amusantes. Elles savent aussi doser leur insolence. Dans ce pays si conservateur, si clérical, l'on peut dire qu'elles constituent une avant-garde. Je suis pleinement dans mon élément, dans mon monde avec elles, comme je conçois que des hommes ne soient bien qu'entre eux. Ô ce chasselas est succulent ! et elle me tendit une grappe.
Notre conversation prenait une tournure de plus en plus intéressante et je remplis à nouveau nos verres. Cette fois, le champagne était à bonne température. Parfait pour le dessert !
– Maintenant, à vous de me répondre : quels sont vos sentiments réels pour Alba ? me demanda-t-elle.
– Ma réponse serait trop longue. Nous avons aujourd'hui plus d'années d'éloignement que de vie commune au pensionnat. Disons que je l'aime comme une sœur élective. Puis, après une pause, j'ajoutai :
– Je crois qu'il y a toujours eu quelque chose d'ambigu entre nous deux, mais que je ne pouvais nommer et qui est resté en suspension. Il n'en reste pas moins qu'Alba est la première fille que j'ai embrassée. La dernière aussi ! J'avais douze ans.
– Il m'est difficile de vous croire. Si c'est vrai, ce baiser était alors plus qu'un élan : un signe prémonitoire ! dit-elle en

souriant et en décortiquant un litchi.
Je fis semblant de ne pas avoir entendu le présage et me contentai de l'observer, de la voir savourer ce petit fruit à la chair translucide, ferme et parfumée, avec autant de délicatesse que d'ardeur gourmande qui m'encouragea à lui poser une autre question :
– En vous consacrant à votre art, vous n'avez tout de même pas fait vœu de chasteté définitive, comme vous me l'avez laissé entendre ?
– Vous voulez savoir si j'ai de l'attrait pour vous ? Ma réponse est claire : oui ! Dès que je vous ai vue dans ma loge.
Cet aveu ralluma l'incandescence de mon feu intérieur. Il se propagea dans toutes mes fibres et, brisant alors toute réserve, je déclarai gravement :
– J'ai envie de vous !
– Moi aussi ! me répondit-elle en quittant son fauteuil pour venir vers moi, me prendre dans ses bras en se livrant ensuite à une approche savante de ma bouche.
Et à ce seul contact, souverainement exquis et voluptueux, je sus que je venais de sceller un pacte de folie amoureuse et sensuelle qui ferait fi de tout obstacle, de toute séparation obligée.
En proie à une ferveur incoercible, j'arrachai mon pull, ma chemise, comme elle le fit elle-même, en me disant d'abord : « Laissez-moi regarder vos épaules, vos bras, vos mains, votre torse », avant de m'enlacer, de fondre sa peau mate et soyeuse à la mienne, dans une longue étreinte, aussi intime et foudroyante que notre baiser.
Puis, elle m'entraîna sur le lit où elle acheva de me déshabiller sans précipitation, graduellement, comme si nous franchissions, une à une, les marches d'un temple inconnu pour atteindre le sommet d'une extase commune.
Loin de moi les craintes que j'avais eues d'être inhibée, en pareilles circonstances, ou d'être l'initiée face à une initiatrice expérimentée. L'adéquation parfaite de nos gestes

dans ce corps à cœur tendre et sauvage, raffiné et ardent, devait me convaincre que je n'avais rien à redouter – rien à apprendre, non plus. J'avais toujours su.

Des doigts courant légèrement sur le clavier de mes vertèbres me réveillèrent et il me fallut un peu de temps pour réaliser où j'étais. Je me sentais épuisée, mais dans une félicité sans pareille. J'aurais souhaité que le temps s'arrêtât là, dans le joyeux désordre des draps, encore humides de nos sueurs et sucs confondus.
– Maintenant, je peux vous appeler « Salomé », dis-je en me retournant vers elle et en enfouissant mon visage dans sa chevelure dense, elle aussi, imprégnée des odeurs de l'amour.
– Ne me dites pas que vous n'aviez encore jamais caressé une femme, murmura-t-elle en espagnol.
Je fis la sourde oreille.
– Je vais faire une exception pour la diablesse, l'ensorceleuse qui cache bien son jeu. Pas de piano, ce matin, mais le farniente en position horizontale jusqu'à mon départ !
Je la remerciai d'un baiser qui ne laissait aucun doute sur mes intentions, appréciant l'immense cadeau qu'elle venait de me faire. Sans doute l'avait-elle déjà offert à d'autres femmes, mais je m'en fichais : elle était là, j'étais là et cela seul comptait, comme le fait de savourer chaque seconde d'un désir fulgurant et torride.
Elle s'arracha à mes caresses sous le prétexte d'un petit déjeuner « indispensable et requinquant ! » avant d'ajouter : « À ce rythme, nous allons succomber, consumées vives ! » Et elle commanda thé, café, croissants par l'interphone de l'hôtel. Puis elle bondit du lit pour enfiler un peignoir tout blanc et déposa l'autre à mes côtés, telle une injonction implicite de ne pas livrer notre intimité personnelle au personnel des lieux.
J'approuvai.

Le café pour elle, le thé pour moi et les croissants pour nous deux expédiés, nous regagnâmes notre éden avec une passion accrue par l'imminence de notre séparation.

Je voulus accompagner Salomé jusqu'à l'aéroport, mais elle refusa :
– Je ne veux pas me séparer de vous dans des lieux publics après ce que nous venons de vivre. Je n'ai pas du tout honte de mes inclinations, c'est le regard des autres qui est honteux !
Elle eut beaucoup de mal à refaire ses bagages. Elle entassa ses vêtements dans le désordre de sa pagaille intérieure. Je ne pouvais l'aider dans cette tâche en la rendant plus difficile par mes attouchements.
Finalement, je décidai de la quitter sur-le-champ, en dissimulant ma crainte de ne plus la revoir. Je ne lui dis rien. Je ne lui demandai rien. Je l'embrassai de toute mon âme, avant de m'éclipser.

– Mais d'où sors-tu, diantre ! me demanda ma tante quand je refermai la porte de l'appartement.
– D'une séquestration consentie à Panama ! badinai-je, avant de découvrir dans le salon, avec un étonnement ravi, les bouquets de fleurs que Salomé avait reçus et fait livrer là, à mon insu.
En pointant cet amoncellement du bout de sa canne, la main gauche sur la hanche, tante Millie poursuivit son interrogatoire d'un ton pince-sans-rire :
– Je présume que ces fleurs viennent aussi de Panama, n'est-ce pas ?
J'éclatai de rire :
– Votre perspicacité m'étonnera toujours ! Salomé F. ne pouvait tout de même pas les emporter à l'hôtel ni dans l'avion !
– Bien sûr ! continua-t-elle sur le même ton, mais elle aura

pu te donner des leçons de piano pendant deux jours et une nuit !
– Exactement ! riais-je toujours, et maintenant je n'ignore plus rien du phrasé, du toucher, du doigté ! Il faut dire que l'excellence de mon professeur aura facilité mon apprentissage.
– Oh, toi, tu me caches quelque chose !
– N'ai-je pas été à bonne école, ma chère tante ?
Elle ne releva pas la pique et se demanda ce que nous allions faire de toutes les fleurs « puisque je n'ai aucun vase ! »
– Je vais les donner à Elena et à Pepe.
Je me réservai, toutefois, de magnifiques roses blanches, rehaussées par une couronne de fougères foncées que je disposai dans le seau à glace de la maison et devant la fenêtre de ma chambre.

Au cours du dîner, tante Millie chercha encore à mener son enquête sur ma disparition provisoire. Mais je demeurais évasive et bien déterminée à ne rien lui dire. Tout au moins, pas encore. Je ne craignais pas une réprobation quelconque de sa part, loin de là. Je désirais avant tout prolonger, par le silence, les émotions que je venais de découvrir, pour les garder là, tout contre moi et bien au chaud. Et puis, me dis-je, pourquoi les livrerais-je à une tante qui, non seulement ne les avait pas ressenties, mais persistait aussi à faire mystère de sa vie personnelle avec Hélie ? Non, pensai-je encore, si je devais me confier, c'était à vous, bien sûr, et à Zaskia qui n'aura pas hésité, elle, à me révéler ses penchants intimes, alors que rien ne l'y obligeait.
J'achevais un délicieux crumble *home maid*, lorsque le téléphone sonna. C'était Salomé. Elle était bien arrivée à Madrid et s'apprêtait à dîner avec vous – vous serez donc au courant, et avant même que mon courrier ne vous parvienne.
– *Muchas gracias por las flores*, dis-je à Salomé. Mais comment avez-vous eu mes coordonnées ?

– Par mon détective privé ! En fait, je les avais sur moi en arrivant à Paris. Si vous n'étiez pas venue à mon récital, j'étais chargée de vous appeler et de vous transmettre « les salutations impertinentes » d'Alba. Il y a des missions plus pénibles, non ? me dit-elle d'une voix que je reçus comme une onction suprême.
– Vous êtes seule ? entendis-je encore.
– Non.
– Quand le serez-vous ?
– Le mercredi et jeudi soir, chuchotai-je. Embrassez Alba pour moi.
– *Y Yo ?*
– *Tu lo sabes* ! et je raccrochai.
Au même moment, je ressentis une frustration terrible. Ce bref échange avec Salomé m'avait irritée au point que, pour la première fois, j'eus l'envie d'envoyer tante Millie au diable – même si elle me fit grâce de tout commentaire au sujet de cet appel. J'étais furieuse d'avoir dû restreindre ma spontanéité, ma joie d'entendre cette femme qui, si loin de moi, parvenait encore à me chavirer au seul timbre de sa voix. Je voulais lui parler librement puisque nous n'étions plus reliées que par un fil et que j'avais déjà renoncé à lui écrire si elle ne pouvait me répondre sur le même mode.
Je regagnai ma chambre sans m'attarder dans le salon avec ma tante, comme nous le faisions habituellement pour lire, écouter de la musique ou bavarder. Je désirais être seule avec mes pensées.
La première chose qui me vint à l'esprit, c'est que je venais de franchir un cap décisif en ayant une vie personnelle. Jusque-là, je n'avais vécu qu'à travers celle des autres – Zaskia, Électre, Constantin, tante Millie. Je pensai aussi que je m'étais trop longtemps installée dans le rôle de confidente exclusivement vouée aux échanges cérébraux, même si je ne restais pas insensible aux drames des uns et des autres. Je découvrais désormais que je n'avais pas qu'une

tête, mais aussi un corps dont je ne soupçonnais pas les ressorts. J'étais enfin réunie, assemblée, ajustée dans une correspondance intime, une alchimie mystérieuse et déroutante. Il avait donc suffi d'une rencontre avec une pianiste au jeu céleste pour que à la puissance incantatoire de sa présence, de son talent et de son contact – je fusse convaincue que ma vérité profonde était là. Définitivement. Je peux donc répondre à la question que vous m'aviez posée ce jour d'hiver où nous marchions le long de l'étang : oui, j'aime une femme d'un « amour total ».

Comme je ne voulais pas faire usage des généreuses mannes de maman pour pouvoir appeler Salomé ou lui offrir un beau cadeau, et comme je voulais assumer ma vie intime en toute indépendance, je décidai de trouver un petit travail correctement rémunéré, sans faire appel aux relations de tante Millie et de Zaskia. Certes, je pouvais donner des cours de français, de latin et de grec à des élèves en terminale, mais je craignais d'avoir à y consacrer beaucoup trop de temps et je n'étais pas certaine d'être une bonne pédagogue.

Finalement, je trouvai assez vite chez un important éditeur du quartier un travail sur mesure, qui me laissait libre de l'effectuer à mes heures et n'importe où : j'allais être lectrice de livres en anglais destinés à la jeunesse, à raison de trois ou quatre ouvrages par semaine, accompagnés de fiches de lectures résumant l'histoire, avec mes appréciations personnelles. En fait, mon rôle consisterait à faire une présélection des bons ou mauvais livres. Ensuite, un comité de lecture auquel j'assisterai, chaque mois, avec le directeur de la collection, se chargerait d'élire les livres dignes d'être traduits. Et je serais rétribuée à mes comptes rendus.

Même s'ils n'étaient mirobolants, mes premiers gains me rendirent fière. Fière de gagner un peu d'argent par le seul fruit de mon travail. Mais en songeant à tous les étudiants obligés d'assumer eux-mêmes leurs études par des tâches rudes, ingrates et souvent nocturnes, je me dis que mon job était encore un privilège. Il allait toutefois me permettre de me constituer une cagnotte destinée à mes appels à Madrid ou ailleurs, dans l'anonymat d'une cabine téléphonique publique. Cependant, entre mes cours à la Sorbonne, mon stage d'œnologie et mon boulot éditorial, je n'avais plus une minute pour mes loisirs et Constantin s'en désola.

Je pris tout de même le temps de me rendre chez Zaskia pour lui confier mes derniers chambardements de tous ordres.

Dès que je franchis le seuil de son appartement, elle m'inspecta de la tête aux pieds :
– Tu es radieuse ! Ne me dis rien, je sais !
– Comment cela ?
– L'on n'apprend pas au vieux singe à faire la grimace ! Dès que Salomé F. a fait son apparition sur la scène, tu étais déjà transfigurée. Ensuite, tu m'as plantée pour aller la saluer dans sa loge et quand je ne t'ai pas revue ensuite au dîner chez ta tante, j'en ai naturellement déduit que tu étais au Jardin d'Acclimatation !
J'éclatai de rire.
– J'en suis très heureuse pour toi, surtout si ton coup de cœur est partagé.
– Je le crois, oui.
Tout d'un coup je réalisai l'indélicatesse de ma réponse : j'étais en face d'une femme qui avait follement aimé ma tante sans réciprocité, alors que je vivais le contraire et cela ne pouvait que remuer le couteau dans sa plaie.
À ma gêne, elle devina encore mes pensées :
– Rassure-toi, c'est loin et sublimé tout cela ! L'important, aujourd'hui, c'est ce que tu viens de découvrir et tu as fort bon goût. Salomé F. est magnifique et j'espère que tu ne souffriras pas d'aimer une étoile montante et filante qui va cumuler déplacements et tournées internationales.
– Nous verrons bien ! répondis-je, fataliste.
– Quand on aime, l'on éprouve l'envie d'être toujours auprès de l'aimée, constata Zaskia.
– Moi, non, rétorquai-je. D'abord, les relations « conjugales » ne m'intéressent pas. Ensuite, ce que j'éprouve pour Salomé est si bouleversant, si fort, si perturbant également, que j'ai besoin de me retrouver seule, ensuite. Bien sûr, quand je l'entends au téléphone, j'aimerais abolir la distance qui nous sépare, pouvoir me précipiter dans ses bras, c'est très frustrant, mais mieux que si j'entendais une voix glaciale et impersonnelle.

– Tu ne vas tout de même pas te contenter d'aimer de manière principalement imaginaire, non ? C'est un monologue amoureux qui n'est ni satisfaisant ni folichon ! Contrairement à toi, j'aurais préféré vivre quotidiennement avec la personne que j'aime, sans doute parce que l'affection, chez nous, était proche du conglomérat.
– Je vous comprends, mais dans ma famille, c'est plutôt l'atomisation ! Ceci explique peut-être cela.
Tout en m'asseyant en face de la commode sur laquelle était posé le stradivarius de la mère de Zaskia, instrument magique que j'avais déjà eu l'occasion de voir plusieurs fois dans cet appartement et tout en sirotant un excellent thé préparé avec l'eau bouillante d'un samovar, je fis part à Zaskia de mes préoccupations :
– Ce qui m'ennuie avec Salomé, ce ne sont pas les sept ans qui nous séparent. À notre âge, cela ne compte pas. Non, ce qui m'embête sérieusement, c'est qu'elle est sur une trajectoire brillante et qu'elle vit déjà de son art, alors que je ne suis encore qu'une étudiante protégée. Si j'étais une romancière confirmée ou en voie de l'être, nous aurions chacune notre passion propre et notre lien s'équivaudrait dans un respect et un surcroît d'intérêt mutuel.
– Tu ne vas tout de même pas me dire que tu es complexée ! s'indigna presque Zaskia.
– Pas du tout ! Mais c'est dans cette différence-là que je me sens petite et cela m'agace vraiment.
– Mais enfin ! Crois-tu deux secondes que cette jeune femme n'a pas vu en toi un potentiel de réalisation personnelle qui ne sera sûrement pas banal ?
– Admettons, dis-je en reprenant du thé. La deuxième chose qui me perturbe, c'est l'impossibilité matérielle que j'ai de la rejoindre ici ou là si j'en éprouve une envie soudaine et irrépressible. Il faut être Crésus pour s'éprendre d'une pianiste appelée aux quatre coins du monde, ou alors, je suis complètement cinglée !

– Toquée, oui, cinglée, non ! commenta Zaskia avec un flegme britannique qui me fit rire.
– En tout cas, poursuivis-je, je ne demanderai jamais à maman de m'offrir ces échappées-là.
– C'est tout en ton honneur ! me répondit-elle sur le même ton.
– La troisième chose – et celle-ci, je la redoute – c'est qu'à la faveur de ses concerts ou récitals de plus en plus fréquents, elle ne soit foudroyée par une autre toquée de mon espèce.
– La prendrais-tu pour un marin ? Une femme dans chaque port ? Allons ! Elle est très séduisante, c'est vrai. Mais elle pourrait avoir les mêmes craintes à ton sujet.
Zaskia but une gorgée de thé et enchaîna :
– Ne lui laisse jamais croire qu'elle a une emprise exclusive sur toi. La certitude amoureuse tue l'amour. Le doute – sans le soupçon méphitique – est l'aiguillon que tu devrais très bien manier. Cela s'apprend. Tu verras.
Les propos et conseils de Zaskia me rassurèrent un peu, mais je lui demandai de garder pour elle mes confidences jusqu'à nouvel ordre. Je ne voulais pas claironner aujourd'hui et déchanter demain.

En me faufilant avec jubilation parmi des véhicules plus volumineux et puissants que le mien, je me sentais heureuse d'avoir avec Zaskia une véritable alliée et complice, capable d'entendre et de comprendre mon bouleversement.
À un feu rouge, je me demandai, cependant, si elle avait aimé une autre personne que ma tante. Je le lui souhaitais de tout cœur, car elle ne méritait pas de sacrifier sa vie intime à un amour de jeunesse, à sens unique.
À un autre feu, je réalisai soudain l'avoir souvent entendue prononcer, dans ses conversations, le prénom d'une certaine « Cherry » qui travaille à l'université de Berkeley. Une Américaine, sûrement, pensai-je. Mais une étudiante ? Une

collègue rencontrée lors d'un colloque scientifique ? me demandai-je encore. Je me souvenais aussi que tante Millie ne pouvait s'empêcher de plaisanter à son propos et avec cette pointe de piment qui laissait entendre qu'il lui était très désagréable d'être concurrencée dans le cœur et l'adulation de Zaskia. Cela m'amusa, mais m'incita encore plus à tenir ma tante à distance de mes propres inclinations.
En tout cas, j'espérais que cette Cherry fût une chérie sérieuse pour Zaskia et qu'elle éclairerait bientôt ma lanterne sur cette *mysterious affair.*

Deux mois s'étaient écoulés depuis ce fameux récital au théâtre des Champs-Élysées, inscrit en lettres d'or dans ma mémoire. Deux mois pendant lesquels Salomé s'était déjà envolée à Vienne, à Berlin, après avoir rendu un hommage, à Barcelone, à son professeur.
J'attendais ses coups de fil avec nervosité, torturée lorsque la sonnerie se faisait trop attendre, et au comble de la félicité lorsque j'entendais enfin cette voix qui ne me serait jamais familière du seul fait d'avoir, chaque fois, le pouvoir de m'embraser. Merci, monsieur A.G. Bell, inventeur de la téléphonie !
J'avais beau prendre des douches froides à répétition, ces mesures destinées à tempérer et contenir mon brasier intérieur, s'avérèrent totalement inefficaces.
Le plus ennuyeux, c'est que j'avais un mal fou à me concentrer sur quoi que ce fût et je n'y parvenais qu'au prix d'un effort colossal. Bref, je vivais un merveilleux chaos, qui n'échappa guère à Constantin quand je parvins à visiter avec lui le musée Guimet :
– Oh, toi, tu es amoureuse ! me dit-il dès qu'il me revit. Puis :
– Comment s'appelle-t-elle ?
– Parce que tu sais que c'est une femme ? Où aurais-tu pris des cours de divination ?

– Pas du tout ! D'abord, où que l'on aille, les filles se retournent sur toi et ce n'est pas pour regarder tes chaussures !
– Et alors ?
– Tu traces ta route sans les voir et sans réaliser qu'elles peuvent aussi te plaire.
– Dis tout de suite que je suis myope et attardée !
Eh bien, j'en conviens. Tiens regarde celle belle Apsara. Tu sais que les Indiens d'Asie sont très forts en amour ? Ils ont écrit les plus grands traités érotiques. On ne leur arrive pas à la cheville ! soupira-t-il.
Je l'écoutais d'une oreille distraite, car rien ne pouvait surpasser mon intimité avec Salomé, mais je ne désirais pas en parler avec Constantin, plongé dans un tout autre univers. Il n'aurait pu comprendre le mien qui ne se réduit pas à des étreintes purement charnelles – je préférais m'attarder sur les trésors de ce musée – une antiquité en soi – que j'aime beaucoup.

J'étais en train de rédiger mon énième compte rendu pour les éditions L. et sans le moindre enthousiasme, lorsque tante Millie m'apporta un télégramme dans ma chambre. Ayant deviné la provenance, je l'ouvris en vitesse : « Donne récital à Londres dans quinze jours – besoin urgent d'une interprète franco-anglaise – vous invite à me rejoindre – vous appellerai pour autres précisions – Salomé »
– Est-ce grave ?
– Non, pas du tout ! Je dois accompagner une personne en Angleterre, qui ne parle pas un mot d'anglais, répondis-je sur un ton détaché, alors que la perspective de revoir Salomé prochainement provoquait en moi une exaltation difficile à maîtriser. Ma tante prit un air dubitatif en relevant la tête :
– Tu es manifestement plus douée pour l'anglais que pour m'embobiner !
J'éclatai de rire et lui dis plus sérieusement :

– Salomé F. m'invite à Londres où elle va jouer, pas ce week-end, mais l'autre. J'espère que vous ne verrez pas d'inconvénient à ce que la mineure que je ne suis que pour l'état civil, aille l'écouter et découvrir cette ville avec elle.
Tante Millie demeurait sceptique.
– À propos de mineure, quel âge aviez-vous quand vous avez traversé la Manche au fond d'une cale en prenant des risques autrement plus grands que les miens ? la défiai-je.
– Je vois que tu es bien informée, me répondit-elle en esquivant la réponse. Mais dois-je te rappeler que ta mère descend ici dans quinze jours, précisément ?
Mon agacement allait crescendo :
– Maman peut venir nous voir à tout moment, alors que Salomé ne donne pas un récital à Londres tous les jours ! répondis-je assez sèchement.
Et l'échange entre ma tante et moi fut clos. Heureusement, car j'étais à deux doigts d'exploser.
J'étais maintenant convaincue que de la même manière que tante Millie s'amusait à railler Zaskia avec Cherry, elle supportait assez mal que j'eusse mon propre monde – *a fortiori* quand je le laissais dans un flou qui se prêtait à toutes les suppositions. Parfois, elle me faisait penser à ces mères qui ne veulent pas voir leur enfant grandir, alors que ce comportement est en contradiction totale avec sa personnalité et ses principes éducatifs. Était-ce la manifestation d'un attachement excessif à mon égard, ou l'expression d'un manque, d'une souffrance secrète ?

Le mercredi suivant, jour de l'une des « causeries » que tante Millie poursuivait à la radio, avec toujours autant de succès, Salomé m'appela et nous mîmes au point notre prochain rendez-vous à Londres.
– J'arriverai dès le vendredi soir, par un vol direct, avec Juãn, mon imprésario, un homme très exigeant, avisé, mais aussi très mégalomane.

– C'est normal qu'il ait de hautes ambitions pour vous et c'est son rôle, non ?
– Bien sûr, mais il est persuadé que je serai une « Clara Haskil bis », alors qu'elle est inégalable. Mais elle demeure ma référence suprême, oui. Nous en reparlerons.
– Ce que vous me dites confirme le jugement de Zaskia, la meilleure amie de ma tante qui, elle, n'est pas une pianiste, mais une encyclopédie musicale. Elle était là aussi, à votre récital parisien. Seulement, je ne vous livrerai pas ses commentaires à votre sujet.
– Pourquoi, étaient-ils si mauvais ?
– Exécrables, même ! dis-je en riant.
– Ah, j'aime mieux cela ! plaisanta-t-elle. Mais où en étions-nous pour ce week-end londonien ?
– À samedi.
– Oui, le matin j'irai me familiariser avec le piano qui m'est destiné. C'est un moment toujours angoissant, car on ne sait jamais s'il nous conviendra ou non.
– Avez-vous déjà eu des déconvenues ?
– Oui, une fois, qui aurait pu être une catastrophe si je n'avais pu obtenir un autre piano d'une meilleure sonorité. L'après-midi sera consacré à des interviews, surtout pour la presse spécialisée. Ensuite, je me reposerai deux heures à l'hôtel pour me détendre et me concentrer.
– Mais où et comment vous retrouverai-je ?
– Là où je vais jouer, au Wigmore Hall. Le récital commencera à vingt heures trente et je laisserai un billet pour vous à la réception. Après, vous me rejoindrez dans ma loge – comme d'habitude !
J'étais déçue de ne pas être avec elle, dès son arrivée, mais d'un autre côté, je comprenais ses impératifs. Et puis, pensai-je encore, nous n'aurions pas été seules et c'eût été une torture pour moi que d'avoir à rester en retrait ou de l'observer sans pouvoir la toucher.
– Après, nous serons libres comme l'air, poursuivit-elle

joyeusement, car je vais expédier Juãn dans un hippodrome pour qu'il entraîne de vrais chevaux de course ! Comme cela, nous serons tranquilles pendant deux nuits et presque deux jours.

– Progrès substantiel, répondis-je : j'ai gagné une nuit et un jour supplémentaires par rapport à notre premier week-end. Mais ne prenez-vous jamais de vacances ?

– Non, ou à doses infimes. Toute interruption prolongée serait pour moi un arrêt de mort. Une carrière de pianiste est, en fait, un bagne !

– D'où l'avantage d'être une illustre inconnue !

– Quand vous écrirez, vous verrez, c'est pire encore. L'écriture ne se programme pas. On l'exerce à toute heure – pas le piano – même si les deux arts sont soumis à une discipline drastique. En attendant, j'ai hâte de m'arracher un peu à la mienne pour vous voir. Vraiment hâte !

Je comptais chaque jour qui me séparait d'elle en expédiant les affaires courantes. En comptant aussi ma cagnotte personnelle : cela pouvait aller ! En fait, je l'avais un peu augmentée en me privant de distractions et de quelques dépenses qui ne m'étaient pas vraiment indispensables.

Puis arriva le moment où je grimpais dans un train à la gare du Nord. J'aurais pu aussi me rendre à Londres avec ma voiture, mais dans mon état survolté et distrait, il me parut préférable d'éviter la conduite à gauche.

À Calais, je m'engouffrai dans un ferry-boat rempli de passagers. À tel point que je me réfugiai sur le pont déserté par un froid glacial.

C'était la première fois que je prenais ce moyen de transport et que je découvrais la Manche. Appuyée au bastingage et mes yeux fixés sur cette mer grise où il n'y avait pas d'autre embarcation que la nôtre, j'eus du mal à imaginer la flotte allemande dans ces mêmes eaux et les batailles qu'elle avait livrées en vain à la Royal Navy. En revanche, je me repré-

sentais mieux la traversée de tante Millie, cachée au fond d'un bateau de pêche breton et cette pensée-là m'attendrit. À cette seule évocation, je me promis de raconter à Salomé l'histoire de ma tante et celle de Zaskia, pendant la guerre. À Folkestone, je pris à nouveau le train jusqu'à Victoria Station, très heureuse à l'idée que Salomé eût finalement changé son programme initial en me demandant de la rejoindre à son hôtel, avant son récital. Mais au fur et à mesure que le train s'approchait de son terme, j'eus subitement peur de ne pas retrouver avec elle l'intensité de nos premiers moments. La connaissant encore mal, je craignais aussi que sa renommée croissante la transformât au point de me considérer comme une distraction mineure ou pire encore : passagère.
Crainte absurde, car dès qu'elle m'ouvrit la porte de sa suite, en peignoir blanc, ses cheveux fraîchement lavés et dégoulinant dans son cou, nous nous étreignîmes sans réserve et sans un mot, avec une fougue accrue par nos semaines de séparation. Cette bouche qui embrassait la mienne, ce visage aussi admirable, la pression de ce corps... Tout était là, intact, comme au premier jour.
– C'est de la pure folie que de vous avoir fait venir ici, me dit-elle en reprenant son souffle. Vous allez complètement me perturber et si je prends un *sol* pour un *mi* ou un *fa* pour un *ré*, je n'aurais plus qu'à aller planter des choux !
– Je vous aiderai, c'est ma spécialité ! lui dis-je en mordillant son oreille droite.
Elle s'arracha à mes bras pour aller se sécher les cheveux dans la salle de bains, pendant que je parcourais du regard la bonbonnière rose et son mobilier du cinquième âge, qui eût refroidi toute soupirante en manque. « *Ugly but cosy* ! » me dis-je en enlevant chapka, manteau et bottes avant de m'allonger sur le lit double, en fait, deux lits rapprochés. Moi aussi, je voulais prendre une douche et me mettre sur mon trente et un.
– Merci de nous faire monter du thé ! entendis-je de la salle de bains. Puis :

– C'est tout ce qu'il y a de buvable, ici !
– Parce que vous ne l'êtes pas ?
– Non et pas consommable, non plus. J'ai fait vœu d'abstinence intégrale !
– Moi également, et à vie, vous verrez !
Puis j'entendis une protestation qui se perdit dans la soufflerie du sèche-cheveux.

En matière de vertu volontairement cadenassée, vous saurez que chaque note des *Impromptus* de Schubert que Salomé joua ce soir-là, aura résonné en moi comme un puissant chant érotique. Je ne pouvais dissocier les sons des doigts qui les faisaient jaillir, pas plus que je ne pouvais disjoindre les mains de la pianiste de celles de l'amante.
Alors, si l'auditoire était plongé dans une écoute quasi religieuse, moi j'étais torturée par la folle envie d'offrir certains « hommages » à celle qui les suscitait. Et de le faire d'une manière aussi cavalière… qu'impromptue !
À côté de moi, une femme plus que replète et décorée comme un sapin de Noël, ne cessait de murmurer : *O, my God !*
À l'entracte, je ne pus m'empêcher de lui dire :
– *Excuse-me, Madam, but your god is a goddess* !
– *Of course, my dear* ! gloussa-t-elle d'une voix haut perchée. *You are so funny* ! ajouta-t-elle dans un rire déferlant, comme ses nombreux sautoirs sur sa poitrine volumineuse.
En quittant notre rang pour aller se rafraîchir ou se délasser les jambes, elle se retourna vers moi pour complimenter Salomé :
– *Isn't she marvellous !*
– *I guess that a goddess can't be anything else than divine, no?* répliquai-je.
– *O, yes ! Sure ! You are right !…* Et les sautoirs sautèrent encore.

Le succès de Salomé fut tel qu'une foule se pressait à sa loge. Au bout d'un long moment, il y avait toujours autant de monde autour d'elle, se bousculant pour l'approcher, la féliciter, l'assaillir de questions diverses que Juãn traduisait. Je n'y tins plus. Je me rendis dans le hall où des gens s'attardaient encore, notai un mot sur une carte et la fis porter à la *goddess*. Le message était bref : « Mademoiselle Salomé F. est demandée d'urgence à la réception. » Le stratagème fut efficace : cinq minutes après, je la vis s'avancer vers moi en riant.

Nous quittâmes aussitôt les lieux pour nous rendre directement à l'hôtel, en taxi.
Un autre récital allait commencer, sans entracte, mais non sans fou rire quand, dans nos ébats, les lits jumeaux s'écartèrent, nous obligeant à faire le choix d'un seul : il y a pire ! me direz-vous.

Je me réveillai avant Salomé, couchée sur le ventre tout contre moi, les deux bras repliés sous l'oreiller. En admirant les courbes de son dos et le creux de ses reins, je revis en images nos dernières étreintes, à la fois animales et délicates. Son souffle était léger, régulier et rien n'aurait pu laisser penser que la même bouche avait émis cette nuit, des sons barbares surgis d'une extase inépuisable. C'est aussi cette bouche qui, pour la première fois, et à l'aube, m'avait déclaré : « Je vous aime toute ! » J'avais alors pleuré intérieurement. Personne ne m'avait encore adressé ces mots que j'accueillis comme une faveur unique et que j'allais porter dans mon cœur comme un talisman.
En même temps, je ne pus m'empêcher de penser : « Pourquoi en serais-je la dépositaire privilégiée, moi qui suis encore à l'état de chrysalide dans ce monde si éloigné des mœurs convenues ? »
Puis, elle me tendit sa main gauche, me cherchant à travers les brumes d'un court sommeil. Tel un remerciement

aux grâces qu'elle m'avait données, je baisai cette main si habile, si inspirée, et chacun des doigts aux ongles ras, translucides, légèrement bombés et sans le moindre vernis. « Tout est beau en elle » me dis-je en la regardant étirer ses longues jambes nues et ses pieds, tout aussi gracieux que ses bras et ses mains.

Pendant que nous prenions un copieux *breakfast*, je ne pus m'empêcher de demander à Salomé quelle avait été la réaction d'Alba en apprenant que deux de ses grandes amies avaient outrepassé les limites des liens strictement platoniques.
– Avec l'ironie particulière qui la caractérise, me répondit-elle en goûtant la confiture de citrons verts qu'elle préfère à celle des oranges amères.
– C'est-à-dire ?
– « Tant mieux pour vous si Roxane embrasse aussi bien à 18 ans qu'à 12 ! »
J'éclatai de rire.
– Elle voulait surtout savoir ce que vous étiez devenue physiquement puisqu'elle vous avait quittée quand vous étiez encore dans les limbes de la puberté. Alors, j'ai dressé un portrait assez précis de votre personne aujourd'hui, en lui disant que vous la dépassiez d'au moins une tête et que vous étiez la plus grande laideronne que j'aurais vue jusqu'ici ! dit-elle d'un sourire en coin.
– Mais encore ? insistai-je avec amusement.
– Eh bien, contre toute attente, je l'ai sentie un peu piquée par une rencontre qu'elle a pourtant suscitée. Pour tout vous dire, au début, elle m'avait fait une cour assidue à laquelle je n'ai pas donné suite pour les raisons que vous connaissez. Je lui ai alors répondu que sa réaction face à nous deux relevait plus de l'amour-propre que de l'amour puisqu'elle est une séductrice qui n'aime pas du tout, mais pas du tout qu'on lui résiste !

– Je peux l'imaginer conquérante, oui, elle l'a toujours été, mais volage, non.
– Peut-être n'a-t-elle pas encore rencontré celle qui pourrait lui correspondre, pensa Salomé tout en beurrant un toast grillé. En tout cas, poursuivit-elle, sachez que vous avez toujours une place immense à ses yeux – ce qui tenterait à prouver que les liens de jeunesse sont les plus forts et les plus durables.
– Parlez-moi de vous, maintenant. Nous n'avons fait qu'effleurer le sujet. Avez-vous déjà été amoureuse ?
– Oui, à votre âge, exactement, et d'une étudiante en médecine que j'avais rencontrée à Barcelone.
– Et alors ?
– Elle allait se spécialiser en pédiatrie, mais l'ennui c'est qu'elle avait commencé ses travaux pratiques avec moi ! J'ai quitté sa pouponnière assez vite.

Je ris tout en attaquant un œuf à la coque.
– Elle s'est montrée si exclusive, si possessive, si jalouse – y compris de mon piano –, voulant toujours savoir où j'allais, ce que je faisais quand elle ne me voyait pas, que je n'ai pas supporté sa tyrannie, ni sa couvade. J'étouffais.
Salomé s'interrompit pour siroter un *tea with milk* qu'elle ne sembla pas apprécier, pendant que je lui dis :
– Ce doit être difficile de quitter quelqu'un !
– Quand c'est une délivrance ou que cela relève du salut public, non. Mais j'avoue avoir été assez cinglante en prenant mes cliques et mes claques.
– Qu'avez-vous fait ou dit ?
– Tout simplement ce que je pensais : je lui ai vivement conseillé de changer d'orientation professionnelle et de viser plutôt l'équivalent des renseignements généraux !
– Entre cette Catalane et moi, combien d'autres ? voulais-je encore savoir.
– Aucun amour, mais deux aventures, deux fiascos !

– Pour quelle raison ?
– Si Alba peut faire le joli cœur sans s'impliquer, moi pas. Mon corps ne peut exulter si le sentiment n'est pas là. Le simple attrait ne me suffit pas. C'est ainsi.
– Mais pourtant vous devez subjuguer un monde fou, et en tant qu'artiste plus que talentueuse, et en tant que femme qui ne laisse personne indifférent.
– Encore faut-il que cela soit réciproque. Je suis très exigeante – même dans ce domaine – et consciente de n'avoir à offrir qu'une relation hachée par mes tournées. En souffrez-vous ?
– C'est un mustang qui vous répond. Je ne crois pas que je supporterais de vous voir tous les jours – seulement à doses « homopathiques » (Salomé sourit). Mon désir d'indépendance et de liberté compte autant à mes yeux que le piano pour vous. Bien sûr, vous me manquez parfois, souvent, mais ce n'est pas un manque pénible ou malheureux. Vous m'habitez même en votre absence.
– Vous aussi, vous êtes en moi, me souffla-t-elle à l'oreille.
Comme chaque fois que j'étais émue, je m'efforçai de ne pas trop le montrer. Puis, après avoir avalé le dernier morceau d'un bacon un peu salé, je demandai à Salomé si sa mère était au courant de notre lien et ce qu'elle en pensait.
– Bien sûr ! je lui confie tout et elle n'a pas de préjugés idiots. C'est elle qui m'avait dit que la Catalane n'était pas pour moi, et non parce qu'elle est une fille, mais un vampire !
– Et maintenant ?
– Je crois qu'elle a hâte de faire votre connaissance. C'est dans l'ordre des choses possibles, car elle vient à Paris à chaque rencontre politique internationale. Alors, attendez-vous à ce qu'elle vous appelle, un jour.
– Mais je serai affreusement intimidée ! me défendis-je.
– Soyez vous-même et cela suffira. Ma mère n'est pas du tout intimidante. Son seul souci c'est de me savoir heureuse dans ma vie professionnelle et dans ma vie personnelle.

– Mais elle va bien voir que je ne suis pas majeure ! objectai-je sous les rires de Salomé.
– Primo, on ne tombe pas amoureuse de quelqu'un en fonction de son âge. On tombe, c'est tout ! Deuzio, elle avait aussi dix-huit ans quand elle a rencontré mon père et lui en avait dix de plus.
Puis, après avoir à nouveau rempli sa tasse de thé, elle me demanda si j'en avais informé ma propre mère.
– Non, pas encore. Je ne tiens pas à le lui dire au téléphone. Mais je le ferai prochainement, car je la verrai à Noël, dans notre propriété familiale.
– Alba m'en a beaucoup parlé. Elle en garde d'excellents souvenirs et je sais que vous partagiez le même lit, dans votre chambre.
– Exact ! répondis-je. Mais il faut dire que nous n'avions pas de chauffage !
– En fait, votre entraînement a commencé très tôt ! susurra-t-elle.
– À cheval, oui ! répliquai-je en sautant du lit pour aller faire mes ablutions.
– Attendez-moi, je vais vous laver, car il y a certaines parties du corps qui demeurent inaccessibles à l'éponge !
La suite de ses propos – ô combien désintéressés – se perdit dans le vacarme de la chute d'eau, au creux d'une vieille baignoire immaculée.
J'avais fermé les yeux pour mieux savourer mon bien-être au contact de l'eau chaude, lorsque je sentis Salomé se glisser sournoisement dans la baignoire pour entreprendre un nettoyage – pas très catholique – de ma carcasse.
– Vos mains sont-elles aussi assurées pour des explorations aquatiques périlleuses ?
Elle se mit à rire avant de me répondre sans se démonter :
– Bien sûr, c'est la première clause de mon contrat !
Je songeais soudain à ce qui était interdit à ces mêmes mains : tous les sports – sauf la natation, peut-être –, tous

les travaux pouvant la blesser et j'en déduisis, avec tristesse, qu'elle ne pourrait jamais monter à cheval avec moi. Je mesurais aussi toutes les précautions qu'elle devait prendre, notamment pour protéger ses doigts du froid. Ainsi, en quittant le Wigmore Hall avait-elle enfilé des gants de soie sous des gants fourrés en peau de mouton.

Devina-t-elle mes pensées ?

– Oui, je dois toujours garder mes mains au chaud. Y voyez-vous un inconvénient ? me demanda-t-elle avant de s'allonger sur le corps qu'elle prétendait astiquer comme un sou neuf !

Au bout d'un certain temps, nous réalisâmes que les robinets étaient toujours ouverts, que la baignoire avait débordé, inondant tapis de bains et tout le carrelage, l'eau ayant même gagné la moquette de la chambre.

– Voilà ce que c'est que de vouloir jouer les anguilles déchaînées ! m'exclamai-je en éclatant de rire et en fermant les robinets.

Salomé, elle, était consternée en se demandant ce que nous allions invoquer pour justifier un tel désastre.

– Rassurez-vous, lui dis-je. D'abord, nous sommes au rez-de-chaussée et si infiltrations il y a, elles ne peuvent atteindre que les caves. Ensuite, je vais appeler la réception de l'hôtel et leur signaler une fuite anormale dans la salle de bains. J'ajouterai que l'incident a dû se produire la nuit puisque nous nous sommes réveillées dans une piscine !

Et je vidai la baignoire.

– Vous allez oser leur raconter ces pieux mensonges ? me demanda Salomé, dans la splendeur d'une nudité ruisselante.

– Pieux, oui, c'est le jour du Seigneur ! C'est cela ou une note d'hôtel phénoménale et ne parlons pas du scandale ! dis-je en me rhabillant et en remettant sur les lits les couvertures qui gisaient à terre.

Naturellement, le plombier de service ne trouva aucune anomalie, mais le nettoyage des lieux allait prendre un temps tel que la direction jugea nécessaire de nous donner une autre suite. Ainsi, notre septième ciel londonien allait-il se confondre avec le troisième étage de cet hôtel.

Pour varier un peu nos plaisirs en alternant moments civilisés et immersions débordantes, je proposai à Salomé une promenade littéraire dans Londres. Mais, dès que nous franchîmes le seuil de l'hôtel, nous nous heurtâmes à un véritable mur de brouillard – cette fameuse « purée de pois » dont Zaskia m'avait parlé.
Face à cette opacité grise et humide, Salomé fut tentée de rebrousser chemin, mais je la persuadai de se fier à son guide improvisé – quitte à faire usage d'une corne de brume !
Les rues, les trottoirs étaient quasi déserts et les décorations lumineuses de Noël ne se confondaient plus qu'avec un faible halo.
– C'est tout de même étrange de visiter une ville sans la voir ! me dit Salomé.
– Il est peut-être préférable de la deviner ! Nous n'allons pas prendre le métro, mais dégourdir nos jambes, ajoutai-je en regardant le plan que j'avais dans la main.
– Finalement, j'ai trouvé un avantage sérieux à ce brouillard, murmura-t-elle d'un ton mutin, celui de pouvoir vous embrasser furieusement à l'insu de tout curieux.
– Ah non, s'il vous plaît, ne recommencez pas, car je ne répondrai pas de moi !
– Où m'emmenez-vous ?
– Là où l'une des plus grandes romancières anglaises a créé, avec son époux, leur propre maison d'édition The Hogarth Press, en 1917.
– Quel est le nom de cette dame ? voulut savoir Salomé.
– Virginia Woolf, et, figurez-vous, c'est Alba qui m'en a

parlé la première. Mais j'étais alors en sixième et vous pensez bien que ses ouvrages ne pouvaient que me passer au-dessus de la tête.
– Et vous vous êtes rattrapée depuis...
– Oui, j'ai tout lu d'elle, chez ma tante.
– Mais je croyais que vous vous intéressiez surtout aux lettres classiques, non ?
– Je m'intéresse à tout ce qui concerne la littérature et j'ai découvert, cette année, de remarquables auteurs de cette première moitié du xxe siècle.
– Votre intérêt majeur pour Virginia Woolf, c'est seulement sa plume ? s'enquit Salomé.
– Non, j'aime et son intelligence et son féminisme. Mais je pense que la femme ne m'aurait pas attirée. Je ne parle pas de sa personne physique car je n'ai pas encore vu de photographies d'elle. Si je m'en tiens seulement à ce que j'ai lu de son journal ou plutôt des extraits de celui-ci qui comporte vingt-six volumes, elle apparaît comme un être froid, voire glacial, hautain, sarcastique, snob.
– Exactement ce que je suis ! déclara Salomé, non sans coquetterie. Je n'aurai donc aucune chance avec vous !
– C'est bien ce que j'avais compris, mais j'ignore les raisons de mon obstination : un aveuglement volontaire, du masochisme teinté d'exaltation sublimée, peut-être, dis-je au moment où je heurtai de plein fouet l'une des boîtes à lettres rouges qui jonchent les trottoirs londoniens.
Salomé éclata de rire :
– Voilà ce que c'est que d'avoir des pensées saugrenues ! Maintenant, vous allez me donner la main, car il est clair que l'on ne peut vous lâcher dans cette nature urbaine hostile et dangereuse, acheva-t-elle en m'embrassant sur le seul endroit qui ne fût couvert par ma chapka : la bouche.
Je ne sais comment nous parvînmes au but de notre promenade. Nous avions parcouru un nombre incalculable de rues, en nous égarant souvent, en tâtonnant dans des

voies plongées dans une obscurité quasi totale, en heurtant d'autres boîtes à lettres, bornes ou piliers de réverbères qui n'éclairaient rien. En outre, les rares personnes que nous avions croisées furent incapables de nous renseigner.

– Enfin, nous y sommes ! dis-je à la fois triomphante et exténuée.

– Êtes-vous sûre que ce soit là ? me demanda Salomé devant un alignement de maisons sans indication particulière.

– Oui, certaine.

– Mais il n'y a plus rien des origines, ici ! se désola Salomé.

– Si, la mémoire, l'imagination, répondis-je. Je me représente la presse à bras dans la salle à manger, l'angoisse des typographes improvisés devant le choix des caractères de plomb, je sens l'odeur de l'encre noire, je compte les heures requises pour la composition d'une seule page et je conçois la liesse des imprimeurs devant leur premier ouvrage.

– Vous devenez lyrique, ma beauté, et je vous suis – même si je ne lis que des partitions ! me dit Salomé en enserrant tendrement mes épaules.

– Ce qui m'exalte le plus dans cette aventure, poursuivis-je, c'est de concevoir de A à Z ses propres ouvrages, de l'écriture à l'impression, à l'objet livre et d'avoir ainsi le sentiment d'avoir tout réalisé, maîtrisé et choisi soi-même : le papier, la disposition du texte sur la page, les illustrations éventuellement, la couverture. En l'occurrence, c'est Vanessa Bell, la sœur aînée de Virginia Woolf, et artiste peintre, qui aura illustré la plupart de ses ouvrages à la Hogarth Press.

– Une affaire de famille, en somme !

– Et d'amis, car vous imaginez bien que nombre d'auteurs et intellectuels de leur cercle The Bloomsburry Set, ont été publiés là. Virginia a même édité celle qu'elle admirait et considérait comme sa plus sérieuse rivale en écriture, Katherine Mansfield. Élégant, non ? En tout cas, quand j'ai appris que Virginia Woolf avait conjugué écriture et édition

avec l'aide de son mari, je me suis promis de m'offrir un jour ce luxe suprême, tout au moins avec l'un de mes livres.
– Et avec un mari ? me lança la perfide.
– Dois-je répondre ?
– Je vous adore, me dit Salomé en resserrant encore son étreinte et en frottant sa toque contre ma chapka, comme l'eût fait le museau d'un chien aimant contre le genou de sa maîtresse.
– Je pense que la vie d'un écrivain doit être plus difficile encore que la mienne, dit Salomé, songeuse
– Je ne sais, répondis-je tout aussi pensive.

Sur le chemin du retour et pendant que Salomé s'était blottie contre moi sur la banquette arrière d'un taxi, je poursuivis mon sujet favori :
– Finalement, je ne sais si j'écrirai un jour car, pour moi, la littérature est un saut dans le vide sans filet.
– Allons, allons, ma beauté, ne vous laissez pas aller à de sombres présages. Peut-être aurez-vous d'heureuses surprises. En tout cas, moi, j'ai foi en vous et cette foi se sent plus qu'elle ne s'explique. J'ajouterai que mon flair est infaillible !
– Comme celui des cochons truffiers ?
– Par exemple ! dit Salomé, en descendant gracieusement du taxi.

Après la rose, notre nouvelle suite – bleu layette – me persuada que nous avions atterri dans une nursery.
– C'est du faux Chippendale, remarquai-je en inspectant le mobilier.
– Comment le savez-vous ? me demanda Salomé en se jetant sur le lit avec une satisfaction non feinte.
– Par ma tante dont l'une des distractions favorites est de chiner, courir boutiques et salons des antiquaires. Je l'accompagne souvent dans ces virées et c'est devenu aussi ma

marotte et un jeu amusant quand on peut repérer l'époque, le style, la nature du bois d'un meuble et distinguer l'original de la copie.
Salomé me demanda de la réchauffer par un massage « convenable ».
– Douteriez-vous de ma décence en toutes circonstances ? répondis-je en la déshabillant. Mais je vous préviens, je n'ai jamais massé que ma jument. Je ne suis donc pas la mieux qualifiée pour passer d'un équidé à une étoile du clavier !
Salomé esquissa un sourire, avant de s'endormir peu après.
De mon côté, je n'avais pas envie de faire un somme. Je pris la pile de journaux du week-end mis à la disposition de la clientèle de l'hôtel et m'installai dans un fauteuil.
Dans l'une des rubriques culturelles, je tombai sur un article dithyrambique consacré au dernier récital de Salomé. Je fus tentée de la réveiller pour l'en informer, mais me ravisai aussitôt en pensant que son imprésario avait dû commencer à réunir les critiques. Celle que je venais de lire m'emplit de joie et de fierté.
Je regardai Salomé dormir, une main sous son visage, les jambes légèrement repliées. Puis, reposant par terre les journaux que j'avais sur mes genoux, je vins m'allonger à côté d'elle en pensant que j'étais la plus heureuse au monde d'aimer cette belle endormie, encensée pour ses dons – officiels, quant aux autres, ils ne regardaient que nous, me dis-je, avant de sombrer moi-même dans les bras de Morphée.

Sans doute avions-nous dormi pendant deux ou trois heures et je me sentais prête à escalader toutes les montagnes.
– Et si on se faisait monter un petit dîner ? suggéra Salomé.
– Pour avaler du bœuf bouilli avec trois petits pois durs surnageant dans une sauce à la menthe ? Non merci ! Zaskia m'a dit que si on voulait bien déjeuner ou dîner à Londres, il fallait aller dans un restaurant indien.

– Mais je n'ai pas envie de ressortir, on est bien là, toutes les deux, dit-elle d'une voix lascive.
– Très bien, même, seulement, je meurs de faim et je ne souhaite pas manger n'importe quoi ! Restez si vous le voulez, moi, je sors *illico presto* !
– Sans moi ? Mais c'est inconcevable ! s'exclama Salomé, en bondissant hors du lit et en se rhabillant aussitôt.

Cinq minutes après, nous étions dans un nouveau taxi, appelé de l'hôtel, en quête d'un restaurant indien que nous trouvâmes dans la périphérie de Londres, grâce aux recommandations de notre chauffeur pakistanais.
En fait de restaurant, il s'agissait d'un boui-boui qui se révéla excellent.
Les tables étaient déjà toutes occupées, le « patron » en improvisa une pour nous deux, avec un grand plateau posé sur des tabourets. Le service était assuré par deux ravissantes adolescentes revêtues de saris. L'une d'elles nous apporta la carte – heureusement traduite en anglais – car nous n'aurions pu deviner ce qu'est un « Rogan Josh », des « Vegetable Biriani », du « Gulab Jamul » ou le « Halva Suji » !
Entre deux bouchées de curry, j'entendis se plaindre Salomé :
– Je suis très ennuyée !
– Pourquoi ?
– Vous me plaisez de plus en plus !
– Évidemment, ce n'était prévu dans aucun de vos programmes, mais il y a des ennuis plus graves, non ? répliquai-je en souriant. Eh bien, moi, j'ai trois choses à vous dire : un – je vous déteste. Deux – je vous déteste. Trois – je vous déteste !
Salomé me tendit sa main pour serrer la mienne, avec ces mots :
– Ce tiercé me convient parfaitement !

Puis, elle me dit qu'elle avait beaucoup apprécié notre pèlerinage aux sources de la Hogarth Press – même si, pour y parvenir, il nous avait fallu entreprendre un parcours du combattant !
– Pour parler d'un autre sujet – et on peut en parler aisément, personne ne nous comprend ici – figurez-vous que depuis notre rencontre, mes lectures personnelles sont très orientées.
– Comment cela ? me demanda Salomé.
– L'homosexualité étant proscrite en tous lieux, j'ai voulu savoir si certaines romancières avaient abordé le sujet et comment elles l'avaient traité. N'ayant aucune référence, je me suis naturellement adressée à Zaskia – qui ne lit pas que des revues scientifiques ! Elle m'a prêté ce qu'elle avait dans sa bibliothèque – soit quatre ouvrages. Quatre histoires d'amour entre filles, femmes ou les deux.
– Seulement quatre ? s'étonna Salomé. Et lesquels ?
J'aperçus dans ses prunelles plus qu'une lueur de curiosité.
– J'ai commencé par *Olivia*, un petit roman anglais signé du même prénom et dédié à Virginia Woolf. L'histoire a lieu en France dans une institution privée pour jeunes filles de « bonnes familles », tenue par deux directrices qui vivent ensemble. Malheureusement l'une d'elle s'éprend d'une élève et c'est le drame, amplifié par l'arrivée d'une enseignante allemande. Les cartes sont brouillées et embrouillées. Après une mort énigmatique et une vengeance, on reste plutôt sur sa faim.
Salomé plongea son nez dans son assiette.
– Vous n'allez pas verser une larme, non ? Ce que j'ai aimé dans ce roman, c'est l'écriture délicate, retenue, ciselée et l'accent mis sur les sentiments plus suggérés que démontrés. Si j'avais à la comparer à une technique de peinture, je dirais que c'est une jolie aquarelle. *Olivia* a été publié pour la première fois en 1949 et à la Hogarth Press, figurez-vous !
– J'avais dix ans et vous, trois, constata Salomé.

– Par conséquent, vous pouviez déjà le lire !
– En anglais, peut-être ? ironisa-t-elle avant de me suggérer de prendre un dessert.
– Je n'avais encore jamais vu une dévoreuse comme vous. Je me figurais les pianistes comme des êtres ascétiques, dédaignant toute nourriture terrestre pour jouer dans la fièvre extatique de leurs privations de tous ordres !
Salomé s'esclaffa :
– Peut-être finirai-je ainsi, mais depuis que je vous ai rencontrée, une curieuse métamorphose s'est opérée dans mes entrailles, qui me porte à la « dévoration » – je ne sais pas comment cela se dit en anglais.
– Pas mal votre néologisme, on devrait le suggérer à nos académiciens, m'amusai-je, pendant qu'elle choisit un gâteau de semoule à la noix de coco, et moi, des « Boules de délices » rien que pour leur désignation.
– Et les autres ouvrages ? me demanda Salomé en savourant son gâteau.
Sa gourmandise, m'enchantait et s'il n'y avait eu tant de monde, j'aurais goûté son dessert sur ses lèvres.
– Avez-vous entendu ma question ?
– Oui... Oui... ! Toujours dans le registre pensionnat, qui, il faut bien le reconnaître, est un vivier idéal pour ce genre d'émotions, j'ai lu *Jeunes filles en uniforme* de l'Allemande Christa Winsloe. Le livre a été porté à l'écran par Léontine Sagan et l'adaptation française a été faite par notre romancière, Colette. Je ne peux pas apprécier le texte original, car je ne parle pas un mot de la langue de Goethe – ou de Mozart, si vous préférez.
– J'apprécie l'attention !
– Quoi qu'il en soit, ces deux livres présentent des analogies frappantes : même cadre, même pépinière d'élèves de milieux privilégiés, même attirance de l'une d'elles pour une adulte responsable d'études ou de l'établissement. On sent son cœur palpiter, mais tout cela reste dans les

limites des convenances. À cette différence près que, dans le désespoir d'attentes déçues, d'un amour qui ne sera accompli, Manuela, l'héroïne de *Jeunes filles en uniforme* se jette du haut de l'escalier du pensionnat.
– Vous n'avez pas d'histoire plus gaie à me raconter ? me demanda Salomé en nous resservant du thé. Et puis, des histoires où l'amour entre femmes se vit pleinement, parce que là, il n'y a rien d'original à ce qu'une jeune élève s'enflamme souvent en pure perte pour un professeur. Cette dernière peut aussi avoir des attitudes ambivalentes. Cela a toujours existé. Alors de quoi est-il question dans votre troisième livre ?
– Je crains que vous ne soyez très déçue. Il s'agit du *Puits de solitude* de l'Anglaise Radclyffe Hall et premier du genre en Grande-Bretagne, paru en 1928.
– Le titre est déjà tout un programme ! soupira Salomé.
– Rassurez-vous, je ne vais pas vous ennuyer longtemps, rétorquai-je. L'ouvrage m'est vite tombé des mains, tellement je l'ai trouvé sinistre, niais, réactionnaire et mal écrit. Je ne comprends vraiment pas qu'il ait eu un tel succès.
– Peut-être parce qu'il constituait une première et que les concernées n'avaient rien d'autre à lire qui pût se référer à leur monde ? suggéra Salomé.
– Sans doute, mais si on est déjà désespérée ou mal dans sa peau en ouvrant le livre, je ne vois pas l'intérêt de l'être davantage en le refermant !
Salomé pouffa de rire pendant que j'ajoutai :
– À moins que ce ne fût le dessein de la romancière, pétrie de culpabilité, de pudibonderie et de références religieuses consternantes.
– Bon, oublions cette bible à l'usage des masochistes. Qu'avez-vous d'autre à me proposer ? me demanda Salomé en raclant les dernières miettes de son gâteau de semoule.
– Je ne peux pas vraiment en parler, car je ne l'ai pas achevé. Il s'agit de *The Price of Salt* de l'Américaine Claire

Morgan, paru en 1952. Zaskia m'a dit que c'est la première histoire entre deux femmes, qui s'achève bien. Mais si les héroïnes – une jeune et pauvre décoratrice de théâtre et une femme riche, en instance de divorce – ne se sont pas encore embrassées aux trois quarts du livre, c'est ce qu'on appelle reculer devant l'obstacle ou tourner longuement autour du pot ! Et puis, le baiser en question ne vous fait pas plus d'effet qu'un steak emballé chez le boucher. Ce n'est pas prude, c'est frigide !
– Comme vous y allez ! s'exclama Salomé, pendant que les deux jeunes filles de la maison circulaient entre les tables avec une élégance aérienne.
– Quant aux « Je t'aime » prononcés dans ce livre, poursuivis-je, on ne sait s'ils annoncent une naissance ou un décès ! Bref, je ne peux me représenter l'amour entre femmes ainsi.
– Peut-être l'écrirez-vous un jour ?
– Je n'en sais rien car l'entreprise me paraît périlleuse pour éviter mièvrerie, stéréotypes, banalité et pour aborder les scènes d'amour de manière émouvante et forte sans vouloir émoustiller le lecteur.
– Et l'inciter à penser qu'il n'a pas sa place sur cette scène-là, ajouta Salomé.
– Exactement ! Maintenant, les quatre livres que je vous ai cités ont en commun et contre eux le fait d'avoir été écrits à une époque où le sujet était banni.
– Il l'est encore, hélas !
– Bien sûr, mais je sens que les tabous vont valser un jour et que libérées de la chape de plomb de la censure qui pèse sur elles, les histoires d'amour entre femmes gagneront en originalité, insolence, audace, émotion, intérêt.
– Tout cela m'a mise en appétit ! déclara Salomé en glissant une main sur mes genoux.

En se jetant sur notre deuxième lit, à l'hôtel, Salomé le jugea beaucoup trop mou et, en un rien de temps, matelas

– qui pesait deux ânes morts –, draps, couvertures, oreillers furent transférés par terre, au rythme de nos éclats de rire. Après l'inondation de la première salle de bains, nous étions assurément des clientes idéales !
J'allumai une bougie et éteignis les lampes de chevet aux abat-jour anaphrodisiaques.
Cette couche étalée sur la moquette, me donna l'illusion grisante – en fermant les yeux – d'être sous quelque tente de nomades, dans le massif du Pamir. Illusion qui se prêtait à toutes les rêveries dont celle de vouloir être seule avec Salomé, au bout du monde.
Cette nuit-là fut aussi ardente que la précédente et je ne pouvais attribuer cette fougue aux épices indiennes. Non, elle venait du tréfonds de nos êtres où les mots d'amour surgissaient spontanément de part et d'autre, comme nos râles de plaisir sans fin. Qu'un tel prodige pût exister et s'accomplir dans une vigueur toujours renouvelée et un ravissement partagé, ne cessait de me stupéfier et j'aurais bien vendu mon âme au diable pour donner à cette exaltation valeur d'éternité.

En fin de matinée, le lendemain, j'entraînai Salomé à la National Gallery. Je saisis ce prétexte pour lui raconter la vie de ma tante et celle de Zaskia pendant la Seconde Guerre mondiale, et pour lui dire aussi comment ce musée fut transformé en salle de concerts par Myra Hess.
Le brouillard était beaucoup moins dense que la veille et nous marchions étroitement enlacées, indifférentes aux passants qui nous regardaient avec une moue de désapprobation « *O, schocking* ! » à l'exception d'un gentleman qui nous salua comme il se serait incliné devant la reine d'Angleterre !
Les scintillements lumineux des décorations de Noël accompagnaient cette joie insolente après une nouvelle nuit pratiquement blanche. Nous nous amusions encore des

réactions de la femme de chambre lorsqu'elle ne vit de notre lit que le sommier et toute la literie à son pied. En réalité, si nous avions pu faire glisser le matelas, il nous fut impossible de le remettre en place tant il était lourd. Après mille excuses, je dus expliquer à la brave dame que mon amie étant affligée de graves douleurs dorsales, il était impératif qu'elle couchât sur un support dur comme le sol.
– Le plus drôle c'est qu'elle vous a cru au point de refaire le lit par terre et je commence à avoir peur de vous, me dit Salomé.
– Pourquoi ?
– Parce que si vous faites prendre des vessies pour des lanternes avec autant de conviction, je suis en droit de craindre d'en être victime.
J'éclatai de rire et enfonçai le clou :
– Pour l'instant, je m'efforce de vous ménager, mais votre tour viendra.
– En ce cas, je n'ai plus qu'à me transformer en Lucrèce Borgia !
– Détrompez-vous. On a fait de cette femme une intrigante sanguinaire et Victor Hugo a encore noirci le tableau dans un drame en trois actes, mais tout cela n'est que légende. Elle fut au contraire une grande protectrice des arts et des lettres et votre seul point commun avec elle, c'est la beauté, ma princesse.
Sur une voie piétonnière traversant une rue, nous laissâmes passer un homme sans âge, amputé d'une jambe – « un rescapé du Débarquement, ayant sauté sur une mine ? » me demandai-je – et une dame poussant un superbe landau.
Je poursuivis :
– Cela dit, la beauté peut être assassine ! La preuve ? Vous m'avez déjà envoyée *ad patres* !
– Pour quelqu'un qui a rejoint le royaume des âmes ou des génies ailés, je vous trouve encore bien vivante ! me lança-t-elle, d'un souffle chaud sur mon visage.

À la sortie du musée, je vis que Salomé était impressionnée, par ce que je lui avais révélé au sujet de ma tante et de Zaskia, et nous entrâmes dans un pub pour trinquer à leurs exploits et à leur santé.
Je profitai aussi de cette halte pour remplir les cartes postales que j'avais achetées à la National Gallery. L'une figurant une nature morte avec des fleurs et des légumes, que je destinais à Léon ; une autre peinture à l'huile représentant une balade équestre, pour ma Gipsy – via Louisette ; une belle esquisse de visage d'homme, pour Constantin ; la joyeuse et célèbre « Marchande de crevettes » du peintre et graveur britannique W. Hogarth, pour Électre ; et pour vous, deux petites filles jouant au cerceau, d'un autre peintre anglais, avec ces mots : « Merci à notre chère entremetteuse d'avoir provoqué une rencontre délicieusement innocente. From R. et S. »
La carte qui vous était adressée amusa Salomé, mais celle que devait recevoir Gipsy l'agaça :
– Depuis quand votre jument sait-elle lire ?
– Elle ne me l'a pas dit, mais cette faculté figure dans le papier de ses origines, parmi d'autres particularités remarquables.
Loin de la dérider, la légèreté de ma réponse attisa son irritation :
– Je commence à être sérieusement jalouse de cette Gipsy qui n'a que des qualités à vos yeux, que vous montez avec un plaisir sans nom, je suppose, et qui trône dans votre cœur.
Je ne m'attendais pas à cette petite scène et je lui répondis mi-rieuse, mi-impertinente :
– Que penseriez-vous si j'étais jalouse du clavier que vous caressez pratiquement tous les jours et qui est votre principale raison d'être ? Vous m'enverriez paître, non ? Alors réjouissez-vous de n'avoir pour rivale qu'une jument.
– Oui, aujourd'hui, une jument, mais demain ?
– Un troupeau !

Le visage de Salomé se rembrunit davantage :
– Je file un mauvais coton.
– C'est-à-dire ?
– Que je m'attache de plus en plus à vous et j'en redoute les conséquences.
– Vous pensez à votre travail ?
– Oui. Il exige la plus haute concentration et je n'ai pas deux cases dans mon cerveau pour passer aisément d'un registre à un autre. Jusqu'à présent, j'avais réussi à écarter ou à endiguer toute perturbation, mais là, je ne maîtrise plus rien, me dit-elle en baissant la tête et en marchant les mains bien enfoncées dans les poches de son manteau.
– Moi aussi je suis très chamboulée, mais nous nous séparons demain et…
– « Loin des yeux, loin du cœur », c'est cela ? m'interrompit-elle. Je sens en vous comme une résignation qui me déplaît souverainement.
– Vous vous trompez. Je considère le fait de vous avoir rencontrée comme un miracle en soi et j'en savoure chaque millième de seconde quand j'ai le privilège de vous revoir. Je suis coincée par mes études, vous par vos tournées et j'en ai pris mon parti pour ne pas trop souffrir de nos séparations. Je n'appelle pas cela de la résignation, mais une contrainte inévitable.
– Vous semblez vous en accommoder, moi pas. J'accepte donc l'offre que vous m'avez faite dans ma loge, à Paris : celle d'être mon « habilleuse » !
– Vous voulez plutôt dire déshabilleuse ? la taquinai-je. En ce cas, je renonce tout de suite à mes études pour remplir cette fonction, mais à une seule condition : celle de pouvoir emmener ma Gipsy qui adore aussi le répertoire romantique !
Salomé éclata de rire avant d'être happée par une petite devanture de bijoux anciens et de s'extasier sur une bague qu'elle voulut voir de près.

Je traduisis les précisions du bijoutier : « C'est une très belle intaille, la seule en ma possession, actuellement. La gravure représente le profil d'une femme grecque, que l'on reconnaît à sa chevelure. La pierre est du jaspe sanguin – dont il nous montra à la loupe le mince filet, rouge foncé. Le corps de la bague est en or, avec des palmettes finement ouvragées. »
Salomé demanda à essayer le bijou et elle le glissa à l'annulaire de sa main droite, ainsi qu'il convient aux demoiselles non mariées.
– Elle est vraiment magnifique ! reconnut-elle et je partageai son ravissement.
Mais elle la retira de son doigt en déclarant :
– Malheureusement, les bagues me sont interdites.
Et nous prîmes congé du bijoutier.
Cinq minutes après, nous étions dans le fameux grand magasin où se pressait une clientèle dense, en plein *Christmas shopping*.
Pendant que Salomé s'engageait dans un escalier, je lui dis que j'avais une envie urgente d'aller aux toilettes et que je la rejoindrai au rayon des lainages.
En fait, je revins en courant chez le bijoutier avec l'espoir fou que mon pécule personnel suffirait à l'achat de la bague.
Je pâlis quand je réalisai que je n'avais pas toute la somme requise, mais le brave homme, sensible à mon désarroi, se contenta de ce que je pouvais lui donner et me remit l'intaille dans une ravissante petite boîte en cuir. Pour un peu je lui aurais sauté au cou ! Mais nous étions en Angleterre…
À mon retour, je ne courais pas. Je volais, tellement j'étais heureuse d'offrir à Salomé cette bague, pour l'instant glissée au fond de la poche intérieure de mon manteau.
Je retrouvai ma belle au deuxième étage du grand magasin, inquiète de mon absence prolongée que j'attribuai, imperturbable, à une longue attente au sous-sol !
Elle avait enfilé un beau pull à col roulé, en cashmere beige et tint absolument à m'offrir le même :

– Comme cela nous serons jumelles et cela évitera tout soupçon à notre égard.
Je savais qu'elle se fichait éperdument de l'opinion d'autrui en la matière.
– Vous n'avez pas d'autre raison ?
– Si : j'aurai un peu de votre peau et vous de la mienne quand nous ne nous verrons pas.
– Alors, j'accepte ! lui dis-je en rabaissant le col de son pull pour déposer un tendre baiser à la naissance du cou, sous l'œil médusé de la vendeuse. Puis je murmurai à l'oreille de Salomé : – Ce n'était qu'un bon pour des remerciements ultérieurs…
Puis, nous descendîmes au rez-de-chaussée consacré aux denrées alimentaires du monde entier. Salomé tenait à ce que nous dînions en tête-à-tête dans notre chambre, avec, enfin, un bon cru français ! En attendant et comme nous n'avions pas déjeuné, nous nous contentâmes d'un sandwich de saumon et de concombre, entre deux toasts.
La nuit était déjà tombée quand nous poussâmes la porte de l'hôtel, les bras chargés de paquets divers. Une pile de télégrammes ou de messages attendait Salomé à l'accueil.
– Les affaires reprennent ! soupira-t-elle avant de demander au réceptionniste de bien vouloir monter tout ce courrier dans notre chambre.
Il était le seul dans ces lieux, pourtant d'un certain standing, à comprendre un peu notre langue. Dès que nous franchîmes le seuil de notre havre bleu, le téléphone sonna et je compris que l'appel provenait de Juãn auquel Salomé s'adressait exclusivement en espagnol. Le ton montant, je crus bon de m'éclipser.
À nouveau envahie par le brouillard qui faisait suinter les arbres, je ne savais où aller quand, soudain, je fus prise d'une envie folle de fumer alors que je n'avais plus touché à une cigarette depuis vous. Ne me demandez pas comment j'ai trouvé cette drogue. Toujours est-il qu'en posses-

sion d'un paquet de blondes et d'une boîte de *matches,* je me suis réfugiée dans un square déserté pour savourer ce poison.
Après une concentration d'émotions diverses et particulièrement intenses, cet intermède solitaire me plut. Je l'accueillais comme un répit salutaire, assaillie tout de même par des sentiments et questions contradictoires. Notamment, sur l'avenir de mon lien avec une femme dont j'allais me séparer le lendemain et que je ne reverrais sans doute pas de si tôt. Cette perspective pouvait m'inciter à tout arrêter. Mais prendre la décision de ne plus jamais revoir Salomé pour ne pas être tributaire d'un amour à éclipses, me parut inconcevable.
Fuyant la morosité des lieux où un toutou – manifestement dépressif – avait fait son apparition au bout d'une laisse tenue par une dame imposante et toute vêtue de noir – une réincarnation de ma grand-mère paternelle ? Je regagnai l'hôtel aussitôt.
– Mais où étiez-vous ? me demanda Salomé aux cent coups.
– Les affaires étant les affaires, les vôtres ne regardent que vous, répondis-je gentiment, en me débarrassant de ma tenue polaire.
– Écoutez, je n'ai pas de secret pour vous. J'ai dû subir un véritable harcèlement de la part de Juãn. Il commence à m'énerver sérieusement, comme si j'étais le jouet de ses seuls desseins, de ses seules exigences ! Il vient de m'annoncer que je dois jouer prochainement à Zurich, à la Tonhalle, précisément. Je devrais être ravie de donner un récital dans des lieux aussi prestigieux où la grande Clara Haskil m'a précédée, eh bien non ! Je supporte de moins en moins le rythme accéléré que Juãn impose à mes tournées.
– N'est-ce pas la rançon de votre succès ?
– Rançon ou pas, j'ai besoin de temps pour travailler mes interprétations et pour élargir mon répertoire. Il est hors de

question que je me soumette à des pressions qui feraient de moi un automate. Juãn s'est aussi permis de me dire que mes amours pouvaient nuire à ma carrière, et là, je l'ai carrément envoyé promener.

Assise dans un fauteuil avec tout son courrier à ses pieds, Salomé balaya la chambre d'un regard courroucé avant de le poser sur moi, avec une grave insistance. Peut-être me sentait-elle désemparée ou sur mes gardes :

– Je ne renoncerai pas à nous pour moi, me dit-elle lorsque le téléphone sonna à nouveau.

– Ah, maman ! Oui, très bien… Tu es à New York ? Bon, quand tu rentreras, j'aurai des choses importantes à te dire car je ne veux plus vivre à Madrid, mais à Paris… Je t'entends très mal… il y a des grésillements sur la ligne… on se rappelle. Je t'embrasse fort.

J'avais bien entendu et j'étais abasourdie.

– Qu'en pensez-vous ? me demanda Salomé allongée sur le dos, les mains repliées sous sa tête.

– Je ne répondis rien.

– L'idée me trotte dans la tête depuis un moment, poursuivit-elle. En ayant un point de chute à Paris, je vous verrai plus souvent et mon travail ne s'en portera que mieux, à tous points de vue.

Je faillis pleurer de joie, mais je me retins.

– Nous vendrons l'appartement de Madrid et je compte sur vous pour nous trouver un toit près de celui de votre tante. Et puis, maman en a assez, comme moi, de vivre sous une dictature qui nous rappelle, chaque jour, l'assassinat de mon père. Professionnellement pour elle, Paris offre des avantages certains, puisque nombre de rencontres au sommet y ont lieu. Enfin, je pense qu'elle s'entendra très bien avec votre tante et Zaskia pour avoir résisté à sa manière contre le franquisme, malgré nombre de menaces de mort.

– Il y en a une qui ne va pas être très contente ! glissai-je.

– Alba ? Oh vous savez, elle n'attend que le moment de

partir en mission. Quand elle aura son dernier diplôme, c'est nous qui ne la verrons plus. Mais si, d'ici là, nous lui manquons, elle n'aura qu'à nous rejoindre !
Après quelques secondes de silence, Salomé enchaîna :
– D'ailleurs, c'est une chose que je ne comprends pas entre vous deux. Il me semble que si j'avais une amie plus que très chère, j'aurais spontanément l'envie de la revoir, non ?
– Bonne question, mais si Alba ne peut pas se représenter ce que je suis devenue physiquement, elle n'ignore rien de mes pensées et de ma vie depuis notre séparation. Nous avons scellé un pacte par le biais de l'écriture et je m'y tiens. Plus qu'elle, il est vrai.
– Je ne comprends toujours pas. En revanche, je sais que les femmes ne sont pas à court d'étrangetés dans leurs liens.
Je préférai changer de sujet :
– Et Juãn dans votre futur dispositif, qu'en faites-vous ?
– Je n'ai pas l'intention de l'épouser ! Si je quitte l'Espagne, je changerai d'imprésario, c'est tout.
– C'est la meilleure nouvelle de la journée, dis-je à Salomé en la rejoignant sur notre couche – toujours au ras du sol – et en la prenant dans mes bras.
– Si votre projet se réalise, beaucoup de choses vont changer pour vous et pour moi, soufflai-je en glissant ma main sous ses deux pulls.
– Oui, et le premier intérêt que j'y vois, sera de garder un œil plus serré sur vos innombrables conquêtes ! Quand je les imagine de loin, elles m'enragent ! protesta-t-elle en retirant ses chaussettes de laine.
Je ris :
– Mais ce sera réciproque ! La musique n'adoucit pas les mœurs. Elle les chamboule et peut vous transformer en brasier !
– Pour une admiratrice consumée, il vous reste encore de belles braises ! surenchérit Salomé, en m'embrassant.
Elle me demanda ensuite si j'avais faim.

– De vous, oui, mais j'ai aussi très soif ! Je vais chercher un tire-bouchon et deux verres. À tout de suite !

En descendant quatre à quatre les trois étages de l'hôtel, je me réjouissais de goûter le vin que Salomé m'avait laissé choisir dans le grand magasin.
Je bus l'excellent cru bourguignon dans la bouche de Salomé. Le vin était, ainsi, à la meilleure température qui fût et nos salives mêlées apportèrent à ce nectar un élément particulier que des œnologues patentés eussent cherché en vain dans leurs tests ! Dans ce merveilleux calice, le puligny-montrachet délicatement brassé par nos langues, propagea ses arômes à nos sens, dans une douce ivresse qui dura toute la nuit.

Pendant que Salomé prenait son bain en fredonnant une ritournelle espagnole, je pris une feuille de papier à lettres à en-tête de l'hôtel pour n'en garder qu'un petit bout sur lequel j'écrivis : « Je sais que vous ne pouvez porter de bague pour jouer, mais gardez celle-ci pour rêver. » Puis, après l'avoir bien plié, je mis ce mot dans la petite boîte contenant l'intaille et je glissai le tout dans une pochette intérieure de la valise de Salomé. Enfin, sur une seconde feuille à en-tête, je rappelai à Salomé que mon train partait avant son avion et que je n'ajouterai rien d'autre à ces deux lignes pour lui avoir déjà tout dit. Et je filais à l'anglaise.

J'avais donné à Salomé l'adresse et le numéro de téléphone de ma mère où elle pourrait me joindre pendant les vacances de Noël.

Quand j'arrivai chez nous au terme d'un long et périlleux voyage sur une route verglacée et parsemée de congères où je devais m'initier à quelques dérapages contrôlés, maman me remit un télégramme que je lus aussitôt : « Vous avez fait une folie. Attends impatiemment de vous revoir pour vous en remercier selon mes usages – Plus qu'émue – Très heureuse – Salomé. »

– Rien d'ennuyeux, ma chérie ? me demanda maman.

– Non, au contraire ! Et je filai embrasser ma Gipsy dans son box.

J'avais le sentiment de ne pas l'avoir vue depuis des temps immémoriaux et m'employai à effacer cette impression en serrant sa tête dans mes bras et en la couvrant de baisers pendant qu'elle fit valser ma chapka. Je lui demandai si elle avait reçu ma carte de Londres, mais elle demeura muette avant de mordiller mon manteau. En la quittant, je me promettais de la monter le lendemain et quel que fût le temps.

Après le dîner où Sybil se tint à peu près correctement, tout heureuse d'avoir échappé au pensionnat, je suivis maman dans sa chambre, avec l'intention de tout lui dire au sujet de Salomé :

– J'ai le grand plaisir de vous annoncer que le télégramme que j'ai reçu ne provenait ni d'un militaire, ni d'un corniaud, mais d'une pianiste de musique classique, dont je suis très éprise.

Pendant que maman se brossait les cheveux devant sa coiffeuse, en souriant, je sortis de ma poche la photo de Salomé, qui illustrait le programme de son dernier récital à Londres et la lui tendit.

Maman la regarda longuement en hochant la tête, puis elle me dit :

– Si elle est aussi douée que belle, je comprends tes sentiments. C'est curieux, elle a quelque chose d'Alba. En somme, tu poursuis ta relation première. .
Je ris.
– Pas vraiment. J'ai fait la connaissance de Salomé grâce à Alba, oui. Elles ont des traits physiques communs, mais leurs caractères sont très différents.
Ma mère voulut alors tout savoir sur la vie familiale et professionnelle de Salomé.
– Quand me la présentes-tu ?
– Je ne sais quand je la reverrai moi-même. Elle va s'envoler pour Zurich bientôt, ensuite, ce sera sans doute New York.
– Tu sais, ce que tu m'annonces là, ne me surprend pas du tout. Ton attachement pour Alba, ton désespoir fou quand elle a quitté le pensionnat, ta personnalité atypique, qui s'est affirmée très tôt, tout cela m'a laissé entendre que tu n'aurais pas une vie conventionnelle. Ce qui m'importe, c'est que tu sois pleinement heureuse, mais je redoute que tu aies à souffrir de ceux et celles qui ne comprennent pas qu'une femme puisse aimer une autre femme.
– Ne vous inquiétez pas, maman, je saurai défendre mes sentiments. Ce que je ressens pour Salomé me paraît si évident, si naturel que je ne crains qu'une seule chose : la perdre.
– En attendant, que cela ne revienne ni aux oreilles de ton père, ni à celles de Sybil qui est de plus en plus convaincue qu'il est une victime, un être délaissé !
– Laissons-la à ses pensées. Je ne lui confie rien de personnel depuis longtemps. Quant à mon père – ou à ce qui en tient lieu officiellement –, il faudrait vraiment être suicidaire pour lui faire des confidences de cette nature ! C'est lui qui doit être soigné, pas moi ! Ce qui compte pour moi, c'est de pouvoir partager avec vous un événement auquel vous n'êtes pas étrangère.
– Comment cela ? me demanda maman en étalant de la crème de nuit sur son visage, son cou et ses mains.

– Eh bien, n'êtes-vous pas le premier corps dans lequel j'ai éclos ? Ne m'avez-vous pas touchée, caressée, embrassée, chérie ? N'ai-je pas été en contact étroit avec votre peau, sa texture, ses parfums ? N'ai-je pas été d'abord bercée par votre voix et non celle d'un baryton ? Mon humus initial, c'est donc vous, une femme. Tout cela a bien dû laisser des traces profondes qui ont ressurgi à la faveur d'une rencontre où le moindre contact, le moindre élan allaient de soi, pour moi. Voilà tout !
– Tiens, je n'avais pas songé à cette explication. Si j'ai bien compris, tu continues à aimer ta mère !
– Je le crains ! dis-je en riant. Une dernière chose : si tant est que Salomé m'accorde un moment lors de mes prochaines vacances, je ne lui demanderai pas de venir me rejoindre ici. Mon lien avec elle s'est exprimé dans une liberté totale jusqu'à présent et elle ne supportera certainement pas d'avoir à faire chambre à part, selon des conventions hypocrites, comme il lui sera tout aussi pénible que pour moi d'avoir à surveiller ses mots et gestes pour les mêmes raisons. On ne peut exiger d'une amante ce qu'on attend d'une amie. Alors, Salomé ne viendra pas dans cette propriété.
– Je te comprends, répondit maman, en prenant sa liseuse. Mais dis-moi, qui est au courant en dehors de moi ?
– Alba et Zaskia. Je n'ai encore rien dit à tante Millie, mais je pense qu'elle a déjà deviné. J'attends pour lui en parler clairement, de lui présenter Salomé. Et puis, je voulais être sûre, pour cela, de ne pas m'être fourvoyée. Après ces trois jours à Londres, je crois savoir à qui j'ai à faire et où je vais.

Pendant mes dernières vacances, j'avais lu et commenté huit livres d'anglais pour les éditions L., en prenant la décision d'arrêter ce travail tant le niveau et le contenu de ces ouvrages m'ennuyaient.
Les vacances achevées, je remis mes dernières fiches de lecture, mais j'attendis la réunion mensuelle avec le direc-

teur de la collection pour tirer ma révérence et lui exprimer mes raisons.
– Voilà, lui dis-je, sans mâcher mes mots. Cela fait un peu plus de trois mois que vous m'avez associée à votre équipe de lecteurs. J'ai lu un certain nombre d'ouvrages jusqu'à présent sans jamais pouvoir vous faire une seule recommandation et je le regrette sincèrement. Je suis à peine plus âgée que les jeunes auxquels votre collection s'adresse, mais si l'on m'avait offert l'un de ces livres, je l'aurais vite refermé. Et puis, les héros sont toujours des garçons, les filles étant généralement dénuées d'audace, de bravoure, d'astuce. C'est banal, et vraiment, rasoir !
À la fin de mon intervention, je m'attendais à ce que l'on jugeât mes appréciations trop sévères puisqu'elles condamnaient purement et simplement cette collection.
Embarras, silence du cénacle.
Puis, me voyant prendre congé des uns et des autres avec les politesses d'usage, le directeur me retint, le sourire aux lèvres :
– J'apprécie votre franchise. Il faut bien admettre, poursuivit-il en faisant le tour de la table d'un seul regard, que, hormis les cinq premiers titres de cette collection, les suivants n'ont même pas atteint le seuil de rentabilité.
Puis, se tournant à nouveau vers moi :
– Alors, puisqu'aucun des ouvrages que vous avez lus ne vous a plu, écrivez vous-même une aventure susceptible d'intéresser les 12-15 ans et qui n'excédera pas 120 pages. Soumettez-moi, dès que possible, un résumé du sujet, un titre et les deux premiers feuillets. »
Interloquée par une proposition qui s'adressait à une béotienne en la matière, je ne sus que répondre pendant quelques secondes. Certes, je vous avais raconté nombre d'histoires de mon cru, ainsi qu'à Sybil, à Ninon, mais les écrire sans le recours de l'intonation, des mimiques sur lesquelles on peut jouer dans le récit oral ?

Le directeur devina mes pensées :
– Il y a une première fois à tout !
– Mais objectai-je, comme je ne suis pas anglaise, me demandez-vous d'écrire un livre qui ne sera pas traduit chez vous dans la langue de Daniel de Foë ou de Walter Scott ?
Assez finaud pour comprendre que l'offre qu'il me faisait ne pouvait s'inscrire dans la collection existante, mais en inaugurer une autre ou figurer à part, il me répondit seulement :
– Vous m'avez bien compris.

En quittant les éditions, j'exultai, et le temps de rentrer à pied chez tante Millie, j'avais trouvé mon sujet, et un sujet susceptible de plaire aux filles comme aux garçons. « En fait, me dis-je en montant les escaliers, mon critère sera celui-ci : j'allais écrire un petit ouvrage que j'aurais aimé lire au même âge. » Mais je décidai de ne confier à personne ce projet sans avoir l'aval définitif du directeur de cette collection. Sinon, de quoi aurais-je l'air ?
La nuit même, dans ma chambre et sous les bons auspices de Salomé et de Gipsy encadrées sur ma table de chevet, je conçus en dix lignes le résumé d'une aventure imaginaire dont l'histoire n'appartient pas au genre humain. Je n'en dirai pas plus. Et les deux premières pages.
Le lendemain, j'empruntai à tante Millie sa machine à écrire et j'attendis une semaine pour déposer cette ébauche sous enveloppe close, à l'accueil des éditions L.

En rentrant de la Sorbonne, en fin d'après-midi, tante Millie m'annonça que je devais rappeler assez vite un certain Monsieur B.
J'ignore comment je parvins à maîtriser la fébrilité qui me saisit alors, consciente de ce qu'une réponse négative m'obligerait maintenant à donner des cours particuliers pour pouvoir continuer à appeler Salomé, alors qu'une réponse positive me donnerait un statut flatteur.

J'appelai aussitôt Monsieur B. et je dus m'y prendre à trois reprises, sa ligne étant toujours occupée. Agacée, je finis par demander à sa secrétaire d'avertir son patron qu'il m'était impossible de le joindre et je déclinai mon nom.
– Voulez-vous lui laisser un message ? me suggéra-t-elle d'une voix suave.
– Non, j'attends le sien. Merci.
Entre-temps et en prévision d'une douche froide, j'allais prendre une douche chaude, lorsque le téléphone sonna.
– C'est pour toi ! entendis-je.
Une serviette autour des reins et le reste à l'air, j'attrapai le combiné que me tendit tante Millie.
– Bienvenue parmi les futurs auteurs de la maison ! me déclara d'emblée une belle voix masculine.
Ma serviette de bain glissa à mes pieds et c'est toute nue que j'appris que j'allais écrire mon premier livre !
Je ne pus répondre quoi que ce fût pendant que ma tante m'apportait un peignoir.
Puis Monsieur B. poursuivit :
– Votre sujet à rebondissements divers est original, amusant, un brin frondeur et vos deux feuillets témoignent d'une plume allègre et riche en vocabulaire. Bref, votre histoire intéresserait même des adultes et vous aurez compris que je vous donne mon feu vert sans la moindre réserve. Ma seule restriction est que vous ne mettiez pas dix ans à écrire cette histoire, mais trois mois.
– Mais, Monsieur, objectai-je en reprenant mon souffle, je suis encore mineure et...
– Qu'à cela ne tienne ! Françoise Sagan avait dix-neuf ans quand elle a publié *Bonjour tristesse* avec le succès que l'on sait. Et ce n'est pas un livre pour des jeunes.
Après ce coup de fil, je me précipitai dans les bras de tante Millie, avec une excitation que je ne pouvais plus dissimuler. Je lui racontai tout.
– Bon, c'est bien. Mais va finir ton shampooing !

Je n'en fis rien et appelai maman qui poussa un cri de joie au téléphone, suivi d'exclamations tellement excessives que je ne pus parvenir à relativiser ses propos. Puis elle ajouta qu'elle allait me faire livrer une machine à écrire « parce que ton écriture est illisible et que ta tante a souvent besoin de la sienne ».
Je ne pouvais joindre Salomé, hélas, qui devait être dans un avion en direction de New York. Il me fut impossible, aussi, d'appeler Zaskia qui, elle, était déjà aux États-Unis, mais que j'avais informée du prochain récital de Salomé au Carnegie Hall.

Quand Salomé parvint enfin à me parler de sa chambre américaine, je lui racontai en détail ma dernière aventure qu'elle accueillit avec enthousiasme:
– Je vous avais bien dit que vous aviez plus d'un tour dans votre sac. En voilà une preuve flagrante.
Mais je mis un bémol à sa joie :
– Je ne vais pas vous faire une scène, mais j'accepte mal de ne pouvoir partager avec vous et sur place un événement de cette nature. Cela n'a pas de sens de le vivre à distance. Je suis donc à la fois très heureuse et très frustrée.
– Moi, aussi, j'en souffre, me dit-elle d'une voix encore marquée par le décalage horaire. Moi aussi j'endure votre absence dans mes propres succès.
– Je croyais que vous ne jouiez que pour vous, lui dis-je pour l'asticoter un peu.
– Plus depuis que nous nous aimons. Votre image est là, en permanence, et comme vous avez eu l'idée diabolique de comparer votre corps à un clavier, vous m'avez condamnée à un jeu que je ne saurais qualifier sans en rougir.
– Tant mieux ! répondis-je. Cela vous apprendra à changer de registre sans pour autant délaisser votre répertoire romantique !
– Revenons-en à votre nouvelle aventure au pays des let-

tres. J'ai hâte de lire ce que vous allez concocter pour tous ces jeunes. Je suis plus que fière de vous. Je vais tout faire pour que nous nous nous voyions plus souvent, d'abord parce que vous me manquez dans toutes mes fibres, ensuite parce que le jour où vous serez célèbre – et vous le serez – j'aurai une place très relative dans votre vie.
– Vous dites des sottises. Moi je vis comme si j'allais vous perdre d'un instant à l'autre. Alors, la célébrité !
Après quelques grésillements rendant la voix de Salomé inaudible, elle me confia :
– L'intaille ne me quitte pas une seconde quand je ne joue pas. En hommage à votre tante, je l'appelle Minerve.
Cette attention me toucha au point de rester silencieuse quelques secondes.
– Êtes-vous toujours là ? entendis-je.
– Oui, et moi je ne quitte le beau pull que vous m'avez offert que lorsque je suis dans d'autres bras !
– Pardon ! Ai-je bien entendu ? Si vous vous amusez à me narguer de la sorte, la partie risque d'être rude entre nous deux ! me menaça la tigresse, avant d'ajouter, changeons de sujet immédiatement !
Son ton sans appel m'amusa et elle enchaîna.
– Je suis à Manhattan, dans une chambre plus près du ciel que de la terre et serai infichue de vous en préciser l'étage. La pièce est claire, spacieuse, sobre – presque Zen – à l'opposé total de la chambre cossue, très chargée, que j'ai eue à Zurich. Ici, le lit n'est pas mou et je n'aurai donc pas à dormir par terre !...
Malheureusement la ligne fut coupée à ce moment-là.

Je dus attendre deux jours pour avoir à nouveau Salomé au bout du fil. Deux jours exaspérants, abominables, où j'ai rêvé d'être la fille d'Onassis pour sauter dans un avion et rejoindre ma belle au plus vite.
– Cette interruption de communication est sûrement l'œu-

vre des chrétiens évangélistes ! me dit d'emblée Salomé, en riant. Ces messieurs n'apprécient pas, mais pas du tout que des femmes puissent s'aimer.
– Ils ne perdent rien pour attendre ! répondis-je, quand cela arrivera à leurs filles, petites-filles, arrière petites-filles. Remarquez, ce serait la meilleure façon de réduire le nombre de ces dangereux allumés !
J'entendis Salomé éclater de rire et savourais le bonheur d'avoir au moins sa voix à portée de la mienne. Elle m'était devenue primordiale, essentielle, vitale.
Je lui demandai comment s'était déroulée sa soirée musicale au Carnegie Hall.
– Bien, me répondit-elle avec sa modestie coutumière. Cette fois, je n'ai pas donné un récital, mais un concert avec un orchestre qui m'a remarquablement accompagnée.
– Qu'avez-vous joué en première partie ?
– Le 4e concerto de Beethoven.
– Et ensuite ?
– Le 1er concerto de Brahms. À la fin, Juãn était aux anges. C'est donc bon signe. Mais vous ne devinerez jamais qui s'est présenté à ma loge.
– Je ne sais, vous avez tellement d'admirateurs et d'admiratrices ! Je donne ma langue au chat.
– Deux admiratrices en l'occurrence, Zaskia que vous aviez prévenue mais qui n'était pas certaine de pouvoir attraper un vol de Berkeley à New York.
– Et l'autre ?
– Cherry.
– Ah bon, mais comment est-elle ?
– Elle est noire et enseigne la physique quantique à Berkeley où elle a rencontré Zaskia.
J'étais stupéfaite :
– Vous avez dit noire et physicienne dans ce pays ségrégationniste ? Mais c'est impossible ! m'exclamai-je.
– En fait, Cherry est née en Angleterre où elle a pu faire

toutes ses études secondaires et universitaires, notamment à Cambridge.
– Quel âge a-t-elle ?
– Je ne lui ai pas demandé, mais de toute évidence, elle est un peu plus jeune que Zaskia. Comme elles travaillent toutes les deux dans le même domaine scientifique, leurs chemins devaient naturellement se croiser.
– Mais comment savez-vous tout cela ? Ce ne sont pas des propos que l'on tient dans une loge de pianiste !
– Eh bien, moi, je crois savoir qu'il peut se passer beaucoup de choses dans ce petit lieu et des choses aussi étonnantes qu'imprévisibles ! rétorqua-t-elle avec un malin plaisir.
– Mais encore ?
– Nous nous sommes revues, le lendemain, dans un restaurant mexicain, à Brooklyn, où elles ont eu la gentillesse de m'inviter à déjeuner. Il ne manquait que vous ! Mais vous étiez très présente.
– Comment cela ? demandai-je intriguée.
– Même si Zaskia n'y a fait aucune allusion directe en raison de sa grande discrétion, il me fut vite clair qu'elle n'ignorait rien de la nature de notre lien. Lui en avez-vous parlé ?
– Oui.
– Tout cela est donc resté implicite, dans une joyeuse connivence. De mon côté, je n'ai pu m'empêcher de lui dire que, grâce à vous, je connaissais son parcours ainsi que celui de votre tante. Puis, nous avons enchaîné sur la musique classique où Zaskia m'a vivement impressionnée par sa culture.
– Et Cherry ?
– Elle est très sympathique et c'est la joie de vivre en personne en dépit des propos racistes qu'elle subit régulièrement – y compris de certains de ses collègues qui ne supportent pas qu'elle puisse être plus douée qu'eux. Mais la pauvre ne parle pas un mot de français et Zaskia s'est chargée de traduire nos propos.
– Pensez-vous que Zaskia et Cherry soient…

– Oui. Elles ne sont en rien démonstratives, mais il y a des regards, des petits gestes qui ne trompent pas et encore moins les initiées. De toute façon, je n'aime pas voir les gens qui se bécotent à tout bout de champ en public. C'est excluant, gênant pour les autres et cela relève plus de l'exhibitionnisme que du sentiment. Qu'en pensez-vous ?
– Je vous suis pleinement, chère Madame, bien que l'effet foudroyant que vous produisez sur ma personne soit difficile à réprimer en tous lieux...
J'entendis un rire, puis :
– Ne me dites pas ces choses-là au téléphone et quand des milliers de kilomètres nous séparent.
Et les évangélistes coupèrent la ligne une seconde fois !
Heureusement, Salomé me rappela peu après :
– J'ai juste eu le temps de prendre ma douche, je dîne avec maman tout à l'heure.
– Votre mère, à New York ?
– Oui, elle avait un congrès en même temps que mon concert. Elle est venue nous rejoindre à la fin de notre déjeuner et s'est très bien entendue avec Zaskia.
– Vous ne m'avez pas dit comment Zaskia – que vous ne connaissiez pas en chair et en os – s'était présentée à vous, dans votre loge ?
– Très simplement. Elle a d'abord décliné prénom et nom avant de présenter son amie. Et elle a ajouté : « C'est la deuxième fois que j'ai le privilège de vous entendre avec le même ravissement. La première fois, j'accompagnais Roxane. »
– Oh, la maligne !
– Oui et merci de m'avoir raconté son histoire, quand nous étions à Londres. Cela a donné une autre dimension à notre rencontre. Quant à Cherry, elle m'a avoué humblement tout ignorer du répertoire classique, mais qu'en revanche, rien du blues ne lui était étranger, ni de son idole, Billie Holiday. « Je pleure chaque fois que je l'entends », m'a-t-elle dit.
– Et New York, qu'en pensez-vous ?

– S'il n'y avait eu ma mère, Zaskia et Cherry, j'avoue que je me serais sentie totalement en exil. Je n'ai éprouvé cette sensation qu'ici, jusqu'à présent.
– Le barrage de la langue, peut-être ?
– En partie, seulement. Les Américains me sont plus étrangers que les Papous. Tout ce que j'ai vu, ici, est clinquant, inélégant, surdimensionné, comme leurs voitures et leurs buildings aux rues sales. Je n'aime pas leur accent, non plus, et j'ai l'impression qu'ils ignorent tout des bonnes manières pour leur substituer une familiarité relationnelle qui me déplaît souverainement. Ils vous serrent la main en mâchouillant du chewing-gum, vous lâchent un « *Hey* » et, aussitôt vous êtes leur cousine !
– Et les Américaines ?
– J'ai croisé quelques *pin-up*. C'est cela ? Mais dans le genre pièces montées à consommation exclusivement masculine, c'est assez édifiant ! Il faut vraiment ne pas aimer les femmes pour se dire attiré par ces créatures.
– Mais votre salle était comble, il faut donc croire qu'il n'y a pas que des *babydolls* ou des cow-boys en Amérique !
– Évidemment et heureusement ! Il y a aussi beaucoup d'exilés parmi lesquels de nombreux Juifs dont on sait qu'ils sont de grands mélomanes. Mais je n'ai pas la prétention en un long week-end ici d'avoir un jugement pertinent et nuancé sur les Américains – d'autant qu'ils sont très mélangés. Je vous livre des impressions furtives qui me donnent surtout l'envie de reprendre l'avion au plus vite et de partir au bout du monde avec vous. Je...
Et les évangélistes interrompirent une troisième fois notre conversation.

Dix jours après ces appels de New York, je reçus de Salomé un magnifique cadeau : un stylo bleu sombre et argent, protégé d'un étui en feutre gris, à fermeture en argent. Avec ce

mot : « Puisse ce porte-plume vous porter chance. Signé S. »
Cette fois-ci, je ne l'appelais pas pour la remercier. Je voulais qu'elle fût la première destinataire d'une lettre écrite avec son cadeau et on ne dit pas les mêmes choses au téléphone qu'au bout d'une plume. Celle-ci, ni trop fine, ni trop large, convenait parfaitement à mon écriture. Elle caracolait sur le papier à lettres au rythme de ma gratitude et de la joie de posséder ce qui symbolise le plus à mes yeux l'attribut des scribes : un vrai stylo. Je décidai que celui-ci serait strictement réservé à mon courrier personnel et au petit livre que j'étais en train d'écrire. Il ne quitterait donc pas la table de travail dans ma chambre. Je craignais trop de le perdre – et je réservais mes « outils » ordinaires pour la fac et mes cours d'œnologie.
Par curiosité, le lendemain, je montrai mon stylo à un antiquaire, qui, après l'avoir bien regardé, démonté et remonté, me dit : « Il m'est impossible de préciser sa provenance puisqu'il ne porte aucune signature, mais c'est sûrement l'œuvre d'un artisan inspiré, car ce stylo est très beau, très élégant et je peux vous certifier que ce n'est pas une copie. »
L'idée qu'il fût une création originale – voire unique – me le rendit plus précieux encore. Dès lors, j'allais le considérer comme une petite œuvre d'art, à l'instar de l'intaille que j'avais offerte à Salomé et les deux objets symboliseraient désormais notre lien et mieux que des alliances !

Un dimanche matin et alors que je me réveillais péniblement d'une nuit écourtée par mes écrits, Tante Millie fit irruption dans ma chambre et d'une voix guillerette, me lança :
– Demoiselle de bonne famille et de très mauvaise réputation, je n'ai plus une goutte de champagne ! Levez-vous et conduisez-moi dans la montagne de Reims. Tant pis pour la messe !
– Mes jambes ne sont pas des ressorts. Laissez-moi encore

une bonne heure, lui répondis-je en replongeant ma tête dans l'oreiller.
En cours de route éclairée d'un beau soleil hivernal, ma tante déclara :
– Tu as sans doute remarqué que nous ne buvons chez moi qu'un seul champagne. Cela ne t'a jamais intriguée, alors qu'il y en a un nombre considérable ?
– Si, mais je me suis dit que vous le préfériez à tout autre, c'est tout.
– Eh bien, si j'aime surtout celui-ci, c'est en raison d'une belle histoire que tu ne pouvais deviner.
– Vous me mettez l'eau à la bouche ! Excusez-moi, mais je dois faire le plein à la prochaine station.
Tante Millie poursuivit :
– Les viticulteurs que nous allons voir et qui sont dans mes âges, ont été héroïques pendant la dernière guerre, alors que d'autres maisons de Champagne – et non les moindres – n'auront pas hésité à faire de très grosses affaires avec les Allemands – comme cela s'est aussi passé dans le Bordelais, hélas, notamment avec certains gros négociants. Donc, ces deux viticulteurs et propriétaires de leur vignoble – en réalité Aline D. le tient de sa propre famille dont elle est l'unique fille – sont entrés dans la Résistance dès la déclaration de guerre et leur premier acte d'opposition aux occupants aura été de cacher tout leur stock de champagne.
– Mais où ?
– Dans des crayères connues d'eux seuls et dont ils ont soigneusement bouché l'entrée avec des végétaux. Tout autre matériau, tel qu'un mur de ciment, des blocs de pierres, des portes, même solides, aurait naturellement attiré l'attention.
– Cela a dû être un travail colossal que de dissimuler des milliers de bouteilles ! Et vous dites qu'ils s'en sont chargés eux-mêmes ?
– Oui, parce que l'excellence de leur vin faisait des jaloux, même avant-guerre. Et aux jaloux se sont mêlés des déla-

teurs, des traîtres qui pouvaient être les mêmes. Ce couple n'avait alors pas d'autre choix que de compter sur lui-même, en transférant leurs bouteilles la nuit pour n'être vus de personne et maintenir le secret de la cachette.
Ma tante me demanda de prendre une autre route à gauche, dans un paysage vallonné, mais encore dépourvu de tout vignoble. Nous n'étions qu'à mi-chemin et elle enchaîna :
– Je ne connais pas tous les détails de leur vie à ce moment-là, mais je sais que Clément, le mari, a pris le maquis et qu'Aline a été arrêtée, torturée et déportée en Allemagne, dont elle est miraculeusement revenue.
– Et lui ?
– Il a échappé à toute arrestation, il s'est sorti d'une embuscade avec une blessure à la tête sans séquelles graves, mais il m'a confié que sa plus grande épreuve fut de ne pas reconnaître son épouse à son retour : « Elle était blonde en partant et blanche en revenant ! » Puis : « C'est le fait de revoir son vignoble et toutes les bouteilles sauvées, qui lui ont redonné le goût à la vie. »
– Ont-ils eu des enfants ? demandai-je en aérant un peu l'intérieur de la voiture où je devinais tante Millie plus que je ne la voyais dans son nuage de fumée.
– Non. Mais elle et Clément ont adopté une nièce, orpheline – ses parents sont morts sous des bombardements. Tu verras, c'est une famille aussi digne que charmante.
– Mais comment l'avez-vous connue ?
– En goûtant leur champagne chez mon caviste. Depuis, nous sommes devenus des amis.
– C'est une belle histoire qui plairait beaucoup à Salomé dis-je à haute voix.
– Parlons-en ! Tu sais que je n'ignore pas tes sentiments pour cette jeune femme et « remarquable pianiste » d'après Zaskia.
– Comment le savez-vous ?
– Je crois avoir remarqué que ce n'est pas une photo du pape

qui figure à côté de celle de Gipsy, sur ta table de chevet !
Manifestement, tante Millie s'amusait beaucoup dans sa petite enquête.
– Vous n'avez jamais rencontré Salomé, alors comment savez-vous que c'est-elle ? J'aurais très bien pu mettre sur ma table de chevet la photo d'une autre femme, à moins que Zaskia vous ait…
– Non, elle ne m'a rien dit. Elle m'a surtout parlé de la virtuose. Mais tu sembles oublier que Salomé F. a fait la une des revues musicales après son récital à Paris. Et des revues auxquelles je suis abonnée. C'est là que j'ai vu à quoi elle ressemblait.
Puis, reprenant une énième cigarette, elle me demanda :
– Mais pourquoi diable, as-tu entouré cette rencontre du plus grand mystère avec ta tante ? Craignais-tu la moindre opprobre, la moindre hostilité, la moindre ironie ?
– Pas du tout. J'avais décidé de vous en parler le jour où je serais certaine de la réciprocité de mes sentiments. Si je m'étais emballée pour rien, de quoi aurais-je eu l'air à vos yeux et aux miens ? Maintenant, je peux vous le dire : j'aime Salomé et elle m'aime. Voilà.
Ensuite, et alors que je n'avais jamais entendu ma tante fredonner un air quelconque, elle se mit à improviser quelques mots de son cru, sur fond d'une chanson très célèbre : « J'ai deux amours, Salomé et Gipsy, mais tante Millie va compter pour du beurre… »
Cette improvisation – même peu respectueuse des rimes – me fit tellement rire – que je crus bon de m'arrêter quelques secondes sur le bord de la route. Là je suppliai ma tante d'arrêter ses facéties si nous voulions éviter un fossé ou un arbre.
Reprenant alors son flegme, elle me demanda si je connaissais la personne qui avait pris la photo de Salomé, celle qui veillait sur mes nuits.
– Je n'en ai pas la moindre idée, répondis-je.

– Eh bien, c'est une excellente portraitiste, d'origine allemande. Décidément, je ne suis plus qu'entourée de ces dames et demoiselles qui ne s'intéressent qu'aux explorations féminines... au long cours, j'espère !
J'éclatai de rire, tout en saisissant cette occasion privilégiée – confidence pour confidence – pour demander à ma tante si elle-même n'avait jamais été attirée par une femme.
Ne s'attendant pas à une question aussi directe et personnelle, elle fit d'abord semblant de chercher quelque chose dans le fond de son sac.
Comme j'insistai, je l'entendis bougonner : « Mais où ai-je fichu ce sacré mouchoir ? »
Je revins à la charge :
– Vous n'auriez donc pu vous éprendre d'une femme ?
– Non, et ce n'est pas une question de principe – la barbarie de mon éducation maternelle a verrouillé mon cœur.
– Même avec Hélie ?
– C'est lui qui m'aimait. Moi, je l'ai aimé à ma façon. Cela dit, je comprends très bien que deux femmes puissent s'éprendre l'une de l'autre, à condition qu'elles ne s'identifient pas aux hommes. C'est vilain et absurde. J'ai hâte de connaître Salomé F. et sache que je suis heureuse de te savoir heureuse avec elle. Tu as beaucoup de chance, dit-elle avec un sourd regret dans la voix.
– Est-ce encore loin ? demandai-je alors que nous roulions maintenant en plein vignoble champenois dont les ceps dénudés, aux bras noueux et tendus vers le ciel, semblaient implorer la persistance d'un froid sec et une future belle récolte.
– Voilà, c'est là, dit tante Millie, en me désignant au détour d'un chemin, une vieille demeure entourée d'autres bâtiments, où nous fûmes d'abord accueillies par deux labradors noirs.
Je n'étais pas dupe de cette petite excursion : tante Millie se faisait régulièrement livrer son champagne par Monsieur D. !

En dépit de l'amitié sincère qu'elle éprouvait pour ce couple de viticulteurs installés au cœur de la montagne de Reims, elle avait saisi le prétexte d'une virée chez eux pour en savoir plus au sujet de mon lien avec Salomé. Sans doute, aussi, en raison de nos nombreuses occupations respectives, avait-elle trouvé là l'occasion d'être un peu seule avec moi.

Au retour de cette virée champenoise, j'étais troublée. Et par le fait d'avoir rencontré une survivante de déportation et par la disparition des parents de Zaskia. Ces événements de la Seconde Guerre mondiale m'étaient inconnus, car absents de nos programmes scolaires. Me voyant soucieuse, tante Millie m'en demanda la raison.

– Zaskia n'a jamais revu ses parents, Madame D. est revenue, qu'est-ce que cela signifie ?

– Tante Millie n'y alla pas par trente-six chemins : Cela veut dire qu'il y a eu une guerre abominable où des millions de Juifs de toute l'Europe ont été déportés dans des camps nazis, soit pour être exploités jusqu'à leur mort, soir pout être livrés à des expérimentations médicales tout aussi mortelles, soit pour être immédiatement exterminés.

– Mais comment ?

– Dans des chambres à gaz.

Abasourdie, mon premier réflexe fut de ne pas croire à ce que j'entendais là. Puis :

– Voulez-vous dire que les parents de Zaskia ?...

– Oui, ses grands-parents aussi.

– Mais Madame D. est rentrée, alors pourquoi elle ?

– Dans ces camps, répondit tant Millie, il y avait une volonté délibérée d'éliminer des Juifs, des Tziganes, des homosexuels. Mais il y avait aussi d'autres camps pour les résistants, les opposants politiques qui furent soumis à des travaux forcés tels que peu y survécurent. Aline a eu le privilège d'avoir une santé de fer et de travailler dans une usine d'armement où elle se sera ingéniée avec d'autres détenus

à rendre inutilisables leurs fabrications. Évidemment personne ne pouvait s'en rendre compte avant usage !
– Zaskia avait des frères et sœurs, m'a-t-elle dit. Ont-ils subi le même sort que leurs parents ? demandais-je encore ?
– Probablement. Mais aujourd'hui encore, Zaskia n'a aucune preuve de leur disparition. Elle a longtemps pensé qu'au moins ses frères et sœurs auront sauté du train qui les conduisait à Auschwitz et qu'ils auront pu se débrouiller ensuite.
– Les attend-elle toujours ?
– Oui, et je la comprends.
En proie à des convulsions nauséeuses, je garai ma voiture, en sortis rapidement pour faire quelques pas. Puis je rejoignis tante Millie en comprenant pourquoi elle était devenue la seule famille de Zaskia et nous roulâmes en silence jusqu'à Paris.

La nuit suivante et comme je n'arrivais pas à dormir en pensant au sort de la famille de Zaskia, je décidai de lui écrire. Mais je fus incapable de formuler le moindre mot. L'indignation, la révolte me submergeaient. Je ne trouvais rien qui pût exprimer mes sentiments face à cette révélation atroce que tante Millie m'avait faite et d'une manière conforme à son personnage : laconique pour aller à l'essentiel, en conjurant l'émotion. Puis, en comparant les épreuves que ma tante et Zaskia avaient traversées pendant la guerre, je me dis qu'elles n'étaient pas comparables. Pour ma tante Millie, la mort ou celle de ses compagnons de cœur et d'armes s'inscrivaient dans un risque préalablement choisi et admis, comme pour tous les vrais résistants. Et le fait même qu'elle ait pu abattre le traître de son réseau était un acte expiatoire qui lui aura permis de se dire ensuite : « J'ai fait ce que je devais faire au nom de ceux qu'il a trahi et d'un juste combat. » Mais Zaskia ? Certes, elle s'était aussi engagée corps et âme dans cette même guerre, mais cru-

cifiée par le silence qui entourait sa famille, l'impossibilité de les entendre, de les revoir et de savoir où ils étaient, pour finalement apprendre que la Victoire ne lui rendrait pas les siens. Elle n'avait pas choisi cela, elle. On lui avait tout pris, à son insu, et pour des raisons aussi arbitraires que monstrueuses, la laissant à jamais face à un vide que rien ne pourrait combler, à un deuil insurmontable. Où avait-elle ensuite puisé le courage de survivre à ses parents, ses frères, sa sœur, en connaissant les conditions de leur fin ? me demandais-je. Comment pouvait-elle encore croire à l'humanité quand cette extermination épouvantable et massive était précisément l'œuvre d'hommes ? Quelle raison d'être pouvait-elle trouver après une telle barbarie ? Elle m'avait dit un jour : « Je suis devenu athée, seule la musique me tient lieu de foi et mon travail de béquille. » Un silence énigmatique avait suivi ces mots. Je la voyais aussi et souvent fermer les yeux, non pour s'abstraire d'une conversation, mais comme si elle se recueillait, dans une dignité impressionnante.
Après ces pensées, j'acquis la certitude que des deux amies – ma vraie tante et ma tante élective – Zaskia était la plus tendre, mais aussi la plus forte.

Le lendemain, je remerciai tante Millie de m'avoir révélé ce qui était advenu à la famille de Zaskia. Comme ma tante s'étonnait de ce remerciement, je lui répondis : « Je n'en aime que davantage Zaskia. » « Tu peux, tu peux ! » acquiesça-t-elle en hochant la tête et en se dirigeant en silence vers sa chambre.

Dans l'impossibilité de déambuler dans les rues du quartier en quête d'un appartement pour Salomé et sa mère si je voulais remettre mon manuscrit à temps, je demandai à Pepe – qui enchaînait les chantiers dans les 5e et 6e arrondissements – de bien vouloir s'en charger.

Peu de temps après, il vint me dire qu'il avait trouvé « quelque chose » sans me préciser quoi et il me conduisit aussitôt sur les lieux. En fait, il tenait l'information de la concierge qu'il connaissait bien. Après cette visite, pour le moins inattendue, j'appelai Salomé :

– Vous ne devinerez jamais quel sera votre futur logement à Paris.

– Avec vous, on peut s'attendre à tout ! Disons… un cirque ? Une péniche hors d'usage ?… Une roulotte de gitans tirée par un bourrin préhistorique ?

– Encore un petit effort, dis-je en riant.

– Vous m'en demandez trop après six heures de piano !

– Eh bien, il s'agit d'une ancienne teinturerie, de 150 m².

– J'entendis Salomé s'esclaffer puis me demander s'il s'agissait d'une plaisanterie.

– J'ai eu la même réaction que vous, en la voyant. C'est donc une grande boutique donnant dans la cour pavée d'un immeuble tout proche de l'hôtel où nous avons passé notre première nuit.

Silence au bout du fil et je revins à la charge :

– J'ai visité l'intérieur où il y a des travaux à faire, naturellement, mais Pepe, notre maître d'œuvre qui a refait tout l'immeuble de tante Millie, pourra s'en charger.

– Pepe, dites-vous, un Espagnol ?

– Non, il est Catalan d'origine et je vous raconterai son histoire une autre fois.

– Bon, revenons à la teinturerie, me dit Salomé. Êtes-vous sûre qu'il y aura suffisamment de place pour deux chambres d'un bon volume chacune, une salle de bains, une cuisine, un bureau-bibliothèque pour maman et mon salon de musique ?

– Vous pourrez même y loger quatre Bösendorfer. Quatre mais pas plus ! me moquai-je, avant d'ajouter, je vous sens loin, dans tous les sens du terme. Cela m'est très désagréable.

Et je raccrochai.

Je partis me promener à pied sur les quais de la Seine, en réfléchissant à ce dernier échange avec Salomé, que j'avais volontairement interrompu. Je ne me croyais pas capable d'une telle réaction avec elle et je ne savais à quoi l'attribuer : sa voix impersonnelle ? Son manque d'enthousiasme à l'annonce d'une nouvelle qui pouvait s'avérer bonne ? Pourquoi avait-elle manifesté circonspection et doute lorsque je lui ai parlé de cette teinturerie ? Avait-elle été élevée dans un confort bourgeois tel qu'elle ne pouvait imaginer vivre ailleurs que dans des lieux cossus ? Ne pouvait-elle concevoir qu'une ancienne et grande boutique pût se muer en une habitation de rêve ? Quel dommage, me dis-je, qu'elle n'ait pas encore rencontré tante Millie dans ses lieux ! Elle lui aurait alors raconté en détails ce que la seule vue d'un poulailler sur un toit de Paris aura pu déclencher.

En rentrant chez ma tante, elle m'annonça que j'avais reçu trois appels de Salomé. Je répondis au quatrième, en restant sur la défensive.
– Ne nous fâchons pas, me dit-elle d'une voix plus intime. Maman est à Paris, en ce moment et elle va vous appeler demain matin pour visiter cette teinturerie, l'idée l'amuse et moi aussi ! L'emplacement est inespéré pour ce qui sera plus un pied-à-terre qu'une habitation quotidienne. Vous ne dites rien ?
– Vous oubliez la cour pavée en parfait état, la tranquillité absolue et si vous séduisez le propriétaire vous pourrez même prendre vos repas dehors, dans un écrin de verdure…
– Je trépigne de joie et d'impatience, surtout à l'idée de n'avoir qu'à tendre la main pour être dans vos bras…
L'exquis, le chaud fluide qui irriguait mes veines chaque fois que j'entendais et voyais Salomé, revint peu à peu me submerger et je conclus son appel par quelques mots en espagnol, chargés d'une ferveur crue.

En passant à table ensuite, avec tante Millie, je lui racontai tout. Puis, entre deux cuillères d'un velouté de cresson à la crème, j'ajoutai :
– Vous, seule, saurez au premier coup d'œil si l'opération est intéressante ou non. Dans la première hypothèse, vous serez aussi la mieux à même de conduire les tractations avec le propriétaire. Pepe m'a dit (il le tient de la concierge), qu'en fait, ce Monsieur possède tout l'immeuble – vous avez des émules ! Alors, je vous demande de bien vouloir accompagner Madame F. sur les lieux, avec Pepe qui aura aussi son mot à dire.
Ma tante ne me répondit rien et remplit à nouveau son bol de velouté.
Je n'en poursuivis pas moins mon objectif en donnant à ma tante les seules indications que je possédais sur Madame F., ses origines françaises, les circonstances de la mort de son mari, sa profession, le fait qu'elle avait déjà rencontré Zaskia, à New York, le lendemain d'un concert de Salomé.
Après avoir reposé sa cuillère et délicatement porté sa serviette à sa bouche, ma tante me répondit :
– Bon. Bon !
Ce qui signifiait : « D'accord ! »

Au visage radieux de tante Millie, le lendemain, en fin d'après-midi, je compris que l'affaire était conclue.
– Madame F. signe la promesse de vente chez le notaire, demain, m'annonça-t-elle.
Puis, après s'être allégée de son manteau et de son écharpe qu'elle avait l'art de nouer, elle me précisa :
– C'était, assurément, une aubaine.
Je mourais d'envie d'en savoir davantage sur la mère de Salomé et demandai à ma tante de me la décrire :
– D'apparence, elle est frêle, de taille moyenne, les cheveux grisonnants. Elle portait un tailleur sombre, veste et jupe droite, qui lui donnait un air austère. Bref, sa fille ne lui

ressemble pas et doit sûrement tenir de son père. Mais, dis-moi, quelle est la couleur des yeux de Salomé ?
– Gris. Gris clair.
– Eh bien, c'est tout ce que la mère et la fille ont en commun, physiquement. Je ne connais pas la personnalité de l'une et de l'autre, mais Madame F., qui est plutôt réservée, gagne certainement à être connue.

Pendant que Salomé était à Amsterdam pour enregistrer des sonates de Beethoven, dont mes préférées – *La Tempête* et *Clair de lune* – j'achevai mon manuscrit plus tôt que prévu.
Après avoir fait une photocopie du texte, je le glissai sous une enveloppe et déposai le tout aux éditions L. sans rien dire à tante Millie.
Le soir même, je reçus un coup de fil du directeur de collection :
– Vous avez bien galopé, (l'héroïne de mon histoire est une jument sauvage) bravo ! Rendez-vous dans une semaine pour la signature du contrat. Comme vous n'êtes pas encore majeure, il me faudra, bien sûr, une autorisation paternelle.
Je reçus ces derniers mots comme un coup de poignard. Ainsi ce père qui ne s'était jamais intéressé à ma personne, pouvait-il d'un seul veto, envoyer mon manuscrit à la trappe, dans le mépris total d'un travail effectué sans aucune garantie de publication. J'étais révoltée aussi à l'idée que seul le père – tout père – avait ce pouvoir sur ses enfants mineurs.
Dans mon exaspération légitime, j'appelai maman qui manifesta une joie sans limites et me rassura :
– Ne t'inquiète pas. Ton père va donner son accord sans se faire prier. Il sera bien trop content de voir son nom figurer sur un ouvrage d'une grande maison d'édition – même, et c'est probable, s'il ne lit pas ce livre !

Impossible de joindre Salomé. J'avais appelé son hôtel à cinq reprises, en vain. J'étais inquiète. Finalement, elle me répondit à deux heures du matin :

– Je sors d'un dîner avec le producteur et tous les techniciens du studio. Je n'ai même pas eu le temps d'aller voir si les Hollandaises sont aussi charmantes qu'on le dit !

– Quel dommage pour vous, mais pourquoi ne prolongez-vous pas votre séjour ? ironisai-je à mon tour.

– Changeons de registre. Je sens que vous avez quelque chose d'important à me dire.

– Oui, mais parlons d'abord de votre enregistrement. En êtes-vous contente ?

– Enregistrer un disque, c'est jouer devant un public imaginaire. Au début, c'est assez déroutant – surtout, quand il s'agit d'une première – mais finalement, cela s'est bien passé. Je suis tombée sur une équipe très sympathique et très professionnelle. Nous terminerons demain. Et vous ?

– Votre porte-plume m'a effectivement porté chance. Je signe mon premier contrat d'édition la semaine prochaine.

– Mais c'est merveilleux ! J'aimerais tellement fêter cet événement avec vous, comme je voudrais voir mon prochain lieu d'habitation à Paris. Maman est enthousiaste. Que de bonnes nouvelles en même temps : votre première publication, un futur appartement tout près du vôtre, mon premier enregistrement... les déesses sont avec nous !

Puis, elle ajouta quelques mots où elle me déclarait son envie « pharaonienne » de m'étreindre.

Cette nuit-là, je fis un rêve où, après un bain dans une mer d'un bleu translucide, nous étions, Salomé et moi, allongées, nues, sur le ponton d'un bateau tout en bois, aux voiles blanches. Penchée sur cette naïade qui offrait au ciel la splendeur de sa nudité, je léchais chaque gouttelette salée sur son dos, sur chacun de ses membres, sur ses reins

qui se creusèrent sous ma bouche et dans une odyssée sensuelle telle que je me réveillai en nage…
Ce rêve m'obséda tout le jour, dans une alternance de trouble et de regret. En effet, depuis que j'aimais Salomé, je la voyais rarement et brièvement, alors que je ne souhaitais qu'une seule chose : m'isoler avec elle, loin de nos obligations respectives et sans avoir à compter les heures où nous nous séparerions à nouveau. Elle m'avait dit, de New York, qu'elle voulait partir au bout du monde avec moi. Nos pensées, nos envies se rejoignaient donc. Certains pourraient se dire qu'il est préférable de se voir peu et intensément que trop et avec tiédeur. C'était aussi ma conviction au départ, mais avec le temps, je souffrais de plus en plus de ne pouvoir au moins partager mes nuits avec Salomé. Pour cela, je devais encore attendre l'achat de l'ancienne teinturerie, puis les travaux, le transfert des meubles de Madrid à Paris, l'aménagement des lieux. Soit, un temps encore infini.
Je pensais aussi à ce que m'avait dit Zaskia : quand on aime, on éprouve spontanément le désir d'être avec la personne aimée. Tout compte fait, me dis-je, c'est Zaskia qui avait raison. J'étais certaine maintenant que le feu que je partageais avec Salomé ne s'éteindrait pas si on se voyait plus souvent, que je ne m'ennuierai jamais une seule seconde avec elle et que je n'aurais pas assez d'une vie pour lui témoigner mon amour.

En sortant de mon dernier cours à la Sorbonne, j'eus l'envie de commander chez mon tailleur une nouvelle veste en lainage pied-de-poule. J'avais remarqué le tissu quelque temps auparavant dans sa vitrine et m'étais dit, alors, que ce vêtement « sport chic » conviendrait aussi bien à mes week-ends chez maman qu'à des déjeuners ou dîners en ville. Mais chemin faisant sous une bruine défiant le printemps, je me ravisai et rentrai aussitôt chez tante Millie.
En refermant la porte d'entrée, j'entendis des voix et des

rires en provenance du salon. Intriguée, j'avançai vers la pièce animée où ma tante conversait joyeusement avec Salomé ! Oui, Salomé ! Mon étonnement fut tel que je laissai tomber mon cartable.
– Je crois qu'il est inutile de vous présenter, plaisanta ma tante avant de filer vers la cuisine.
Je me précipitai alors dans le bras de Salomé, tout en lui demandant les raisons de son débarquement impromptu.
– Vous, me murmura-t-elle. J'ai décidé de prendre quelques jours de vacances ici, et de ne pas vous quitter jour et nuit. J'ai retenu la même chambre dans notre premier hôtel.
Toujours abasourdie et en proie à une folle envie de l'embrasser pour me persuader que je ne rêvais pas, je posai ma tête sur ses genoux et pleurai de joie.
– Un coup de main, s'il vous plaît ? demanda tante Millie de la cuisine.
– J'arrive ! répondis-je en me relevant et en déposant mon imperméable humide sur le porte manteau de l'entrée. Puis, sans me préoccuper de mes cheveux collés par le crachin et qui devaient me donner un air de chien battu, je revins dans le salon avec un plateau chargé d'apéritif maison.
Au moment où Salomé porta son verre à sa bouche, je remarquai l'intaille que je lui avais offerte – c'était la deuxième fois que je la voyais sur sa main, après l'essai chez le bijoutier londonien. Et c'est cette vision, qui, en un délicieux vertige, me donna la certitude que la femme que j'aimais était bel et bien là, en face de moi, et dans les lieux de tante Millie. Salomé était resplendissante et nul n'aurait pu croire, à ses traits détendus, qu'elle arrivait d'un enregistrement – sûrement éprouvant. Au comportement de ma tante – qui l'avait sûrement passée au crible de ses appréciations – il était clair que mon sentiment était partagé et j'en éprouvai une grande et silencieuse fierté.
Nous aurions pu rester ainsi des heures à bavarder, tant notre trio s'entendait à merveille, mais la maîtresse des

lieux prétexta « quelques obligations » pour se retirer dans sa chambre, non sans me lancer une boutade :
– Je ne sais quand je te reverrai, mais sache qu'entre-temps j'aurai peut-être changé d'adresse !

Nous n'attendîmes pas d'être à l'hôtel pour manifester notre impatience à nous retrouver seules. Nos baisers empressés, voraces, ponctuèrent la descente de l'ascenseur que je fis remonter plusieurs fois – ce qui amusa Salomé :
– On se croirait dans un gratte-ciel !
Mes propres baisers lui signifiaient une gratitude immense : celle de nous avoir offert ces quelques jours et nuits, arrachés à un emploi du temps sans répit.
Les siens avaient le goût d'un désir irrépressible que je fus à deux doigts d'assouvir si je ne m'étais rappelé que l'ascenseur de tante Millie était destiné à des usages moins intimes.

Comme le fond de l'air était encore très humide, nous prîmes ma voiture et, là encore, je ne sais comment j'ai pu garder le contrôle du véhicule.
– Voulez-vous que nous allions dîner quelque part ? lui demandai-je sur un ton apparemment détaché, mais dont elle ne fut pas dupe.
– Non, me répondit-elle, en poussant ses investigations sur ma chair. J'ai seulement soif de vous dans les plus brefs délais !
Et je garai ma Mini dans un emplacement réservé aux clients de l'hôtel.
En réalité, notre repas fut un festin qui se prolongea toute la nuit. Pendant le séjour de Salomé, nous ne prîmes que des petits déjeuners dans notre chambre et à n'importe quelle heure. Le personnel de l'hôtel, sans doute rôdé à bien d'autres fantaisies de la part de la clientèle, se pliait aux nôtres avec une amabilité invariable, qu'on lui demandât des croissants à trois heures du matin ou à six heures de l'après-midi.

Nous ne consentions à dormir un peu que dans l'épuisement total de nos sens et quand le regard de Salomé prenait une expression d'une étrange gravité – celle qu'engendre une trop forte émotion dans un don de soi illimité.
Je dus, cependant, m'extraire de notre immersion pour savoir si j'avais reçu l'indispensable feu vert paternel pour la signature de mon contrat. Tante Millie me répondit qu'il n'y avait rien au courrier.
J'appelai aussitôt maman qui m'assura que l'autorisation m'avait été donnée « sans grandes difficultés » et qu'elle-même avait posté la lettre en recommandé.
– Mais, maman, répliquai-je, agacée, je signe demain et, recommandé ou pas, le courrier entre la province et Paris peut passer par Tombouctou avant d'arriver !
– Tu sais, me dit-elle, l'on peut toujours repousser cette signature en cas de force majeure. Ton éditeur le comprendra sûrement.
Cette fois-ci, je m'énervai pour de bon :
– Il n'en est pas question ! Salomé sera repartie et je veux absolument partager avec elle cet acte qui n'est pas anodin pour moi.

Le lendemain, tante Millie me signala que la lettre m'attendait et je passai en vitesse chez elle. J'avais rendez-vous aux éditions L. à onze heures et nous nous y rendîmes, Salomé et moi, à pied. Nous étions convenues qu'elle m'attendrait dans un café.
Je ne savais qui de la fébrilité joyeuse de marcher au bras de la femme que j'aimais ou d'être bientôt officiellement introduite dans le monde éditorial, l'emportait. Tout se mêlait dans mon esprit, au point que j'eus le sentiment, non de perdre mon latin – toujours de bon niveau – mais d'être au cœur d'une fiction que, seule, la présence de Salomé rendait réelle.
Une heure après, je ressortis des éditions, non seulement

avec le contrat en poche, mais aussi avec la commande d'un second ouvrage qui s'inscrivait, avec le premier, dans une nouvelle collection destinée aux jeunes de 12-15 ans. Mais, cette fois, je demandai à l'éditeur un délai supplémentaire, en raison de mes examens en juin – ce qu'il m'accorda.
– Enfin, lui dis-je, et même s'il y a des précédents célèbres dans ce domaine, je ne voudrai pas me cantonner dans la littérature pour la jeunesse. Je souhaite écrire aussi pour les adultes.
– Nous verrons cela un peu plus tard, me dit-il en me saluant.
Je retrouvai Salomé au café, plongée dans la lecture d'un quotidien et je lui tendis mon contrat, avec ces mots :
– Mes droits d'auteur n'atteindront sûrement pas le montant de vos cachets, mais je n'en ai cure. Ce qui m'importe le plus, c'est d'être lue et d'intéresser mes futurs lecteurs et lectrices.
– Maintenant, racontez-moi votre entretien avec l'éditeur.
– Le plus drôle, c'est la manière dont il m'a accueillie dans son bureau. Après m'avoir dévisagée d'une mine sombre, il m'a trouvée « très fatiguée », avec des « cernes inquiétants ! ».
– Qu'avez-vous répondu ? me demanda Salomé, amusée et présentant les mêmes symptômes.
– Que j'étais sans doute un peu trop concernée par mon sujet !
Salomé s'esclaffa – ce qui attira l'attention des autres clients du café, pendant que j'ajoutais à voix haute :
– Lorsque nous sommes au summum de la félicité, les hommes nous trouvent ravagées ! C'est curieux, non ?
Les rires fusèrent alentour pendant que nous quittions les lieux.
– J'adore votre sarcasme, c'est fou ce que je m'amuse avec vous ! Bon, nous retournons dans notre lieu de perdition ? s'enquit Salomé.

– Oui, mais d'abord, il faut que j'envoie une carte postale à mon père, car sans son intervention j'aurais dû attendre ma majorité pour signer ce contrat. Nous allons trouver cette carte chez les bouquinistes des quais de la Seine.
– Est-ce loin d'ici ?
– À quelques arpents de vigne !
En raison de l'admiration de mon père pour son propre géniteur militaire, je choisis un beau poilu de la guerre de 14, revêtu d'une redingote bleu horizon, relevée sur les côtés. Une carte sur laquelle j'écrivis trois mots : « Contrat signé. Merci. Roxane. »
Salomé me demanda pourquoi j'étais aussi laconique.
– Je ne voudrais pas gâcher mon plaisir d'être seule avec vous par un portrait plus que désastreux. On y va ?
– Allons-y !
Sur le chemin qui devait nous reconduire à l'hôtel, Salomé me parla de sa rencontre avec tante Millie.
Ce nom de Minerve lui va comme un gant, ajouta-t-elle en regardant sa bague.
– Avant que vous ne repartiez, il faut absolument que vous grimpiez sur son toit – ne fût-ce que pour voir le poulailler.
– Un poulailler sur un toit parisien ? s'étonna Salomé.
– Parfaitement ! Cela peut vous paraître d'une rare extravagance, mais chez ma tante, la fantaisie est indissociable d'une certaine poésie.
– N'oubliez pas que c'est vous que je suis venue voir et non des poules ! déclara Salomé en me mordillant le cou.
Notre complicité manifeste, comme nos mains enlacées attirèrent l'attention des passants que nous croisions sur le trottoir. Passants en fait plus intrigués que moqueurs. Mais rien n'aurait pu nous atteindre. Nous marchions d'un pas souverain, la tête dans les étoiles d'une euphorie commune.
Aux abords de l'hôtel, je décidai de réserver une petite sur-

prise à Salomé en poussant la lourde porte d'un immeuble et en lui demandant de me suivre.
– Mais où m'emmenez-vous ?
– Je comprends votre inquiétude, vous êtes tombée dans un traquenard – mais aux ferronneries XVIIe ! Et je l'entraînai par la main dans la cour intérieure de l'immeuble :
– Voilà, lui dis-je, devant l'ancienne teinturerie, ce sont vos futurs lieux !
Salomé resta d'abord coite, incrédule, éberluée.
Puis :
– Mais c'est exactement ce qu'il nous fallait ! dit-elle et en remarquant que l'enseigne usée de la teinturerie comportait encore ces mots : « À la main. » Peut-on voir l'intérieur ?
– Je vais chercher les clés chez la concierge.
– Bien sûr, tout est à rénover !
– Oui, mais vous pouvez déjà constater que l'on peut y mettre plusieurs pianos !
– J'ai tellement hâte de m'installer ici, lança-t-elle, dans une virevolte joyeuse qui fit danser le bas de son pardessus.
Je ne pus qu'acquiescer à son vœu en la poussant doucement contre une cloison en bois, pour l'embrasser furieusement.
– Partons, me dit-elle à bout de souffle, sinon, la concierge va se demander si la teinturerie n'est pas devenue un bouge !

À l'hôtel, nous pûmes constater que la femme de chambre avait eu un accès à la nôtre pour avoir changé draps, peignoirs, serviettes de bain et renouvelé le bouquet de fleurs trônant sur le guéridon.
Le lendemain après-midi, je fus réveillée par un clapotis qui me rappela le rêve que j'avais fait récemment avec Salomé sur le ponton d'un bateau en bois, aux voiles blanches…
Quand elle sortit de la salle de bains, tout aussi nue et ruisselante, je lui fis part de mes pensées oniriques auxquelles elle répondit :

– Sans attendre la mer translucide et la belle embarcation, peut-être pouvons-nous mettre en œuvre sur-le-champ ce périple alléchant !
Je ne me fis pas prier pour relever le défi.
J'aimais son odeur naturelle de bergamote qui, après nos extases, se muait en senteurs enivrantes de résine de pin et de citron vert. J'aimais son rire qui résonnait comme un chant triomphant et radieux. J'aimais les sons qui surgissaient d'elle au paroxysme de la volupté. Et j'avais beau connaître maintenant le moindre millimètre de sa peau, à la fois, soyeuse et ferme, je ne me lassais pas de l'effleurer de mes lèvres, de la caresser encore et de sentir cette même peau tressaillir sous ma bouche et mes mains. La parfaite adéquation de nos sens, me chamboulait, m'émouvait, m'exaltait au plus haut point. Et si j'avais cru en Dieu, je l'aurais béni de vivre mon amour pour Salomé comme une offrande sacrée et profuse.

Puis vint le douloureux moment de la séparation : Salomé allait s'envoler vers Madrid pour préparer son prochain concert à la Scala de Milan où elle devait jouer le concerto de Schumann, notamment.
– Cette fois-ci, lui dis-je, acceptez que je vous accompagne à Orly, avant que je ne l'exige !
– Seriez-vous un brin tyrannique sous votre air séraphique, me demanda-t-elle en bouclant sa valise.
En guise de réponse, elle dut se contenter d'un sourire.

Dans la voiture où nous roulions d'abord silencieuses, Salomé se tourna vers moi :
– J'ai quelque chose d'important à vous dire…
– Est-ce grave ?
– Non. Depuis Londres et New York, j'ai sérieusement réfléchi à ma vie et à ce que je désirais faire, maintenant. Jusqu'à présent et sous la férule de Juãn, j'ai été prise dans l'engrenage des tournées qui se rapprochaient de plus en plus, au prix

d'une tension permanente, usante pour les nerfs. Sans oublier le trac de ne pas être à la hauteur d'un auditoire exigeant.
Je ne savais toujours pas où Salomé voulait en venir et je sentis mon cœur battre anormalement.
Puis elle poursuivit :
– Tant que j'étais seule dans ma vie personnelle, je pouvais encore supporter ces inconvénients pour l'amour de l'art. C'était encore mon état d'esprit quand j'ai joué à Paris. Eh bien, aujourd'hui, il y a l'amour et l'art et je veux pouvoir concilier les deux sans passer plus de temps avec vous au téléphone que dans vos bras. Je vous annonce donc que je ne signerai plus d'engagements pour des concerts.
Sentant que je perdais le contrôle de ma voiture, je la garai sur le bas-côté de la route, avant d'exprimer ma stupéfaction :
– Comment, vous voulez mettre fin à votre carrière ?
– Pas du tout. Je n'ai que vingt-six ans et je peux m'accorder une pause qui ne sera pas pour autant une sinécure. Pour l'instant je me suis limitée au répertoire romantique et je désire enrichir ma gamme avec des œuvres moins connues. Cela ne m'empêchera pas d'enregistrer d'autres disques.
– Mon Dieu ! Moi qui croyais que vous alliez me quitter pour ne pas perturber votre carrière !
– Je vous soupçonnais d'être idiote, mais maintenant j'en ai la certitude !
J'éclatai de rire avant de lui demander si elle retournerait à Madrid après Milan.
– Non. Je reviendrai aussitôt vivre à l'hôtel que nous venons de quitter, et ce, jusqu'à la rénovation complète de la teinturerie. Je pense que nous pourrons nous y installer, maman et moi, l'été prochain, me dit Salomé en jetant un coup d'œil sur sa montre.
Nous reprîmes la route en traversant une affreuse banlieue de cages à poules en béton et de pavillons tout aussi sinistres.

La main de Salomé ne quittait pas la mienne sur le pommeau de changement de vitesse. Je lui demandai alors comment elle comptait travailler à Paris sans son piano.
– Tout est déjà prévu, me répondit-elle. Aux États-Unis j'ai rencontré un pianiste américain, très sympathique, qui partage sa vie entre Paris et New York. Il m'a entendu jouer au Carnegie Hall, m'a invitée à prendre un verre et de lui-même m'a proposé d'utiliser son Steinway dans son appartement parisien. Cela tombe bien, car il reste aux États-Unis jusqu'à l'automne prochain. Voilà. Je n'aurai qu'à prendre les clés chez sa concierge.
– Si j'ai bien compris, vous aviez déjà pris votre décision à New York ?
– On ne peut rien vous cacher ! répondit-elle en enfouissant son visage dans ma nuque.
– Vous ne pouviez pas m'annoncer une aussi bonne et importante nouvelle puisqu'elle va radicalement changer votre vie et la mienne. Je peux donc être certaine de passer encore quelques nuits avec vous…
– Je le crains ! me dit-elle en riant, pendant que je garai ma voiture dans le parking de l'aéroport.
Nous fîmes nos adieux là, sans témoin, vitres fermées et recouvertes d'une buée qui n'était pas due à la température extérieure. Contrairement à nos séparations précédentes, celle-ci était légère, presque joyeuse : nous savions que nous allions nous revoir bientôt et pour de bon. Je remerciai encore et encore Salomé de nous faire ce présent inestimable.
Ensuite, tout se passa très vite : l'achat de journaux et de magazines, l'enregistrement du billet et des bagages, l'annonce du vol imminent et direct Paris-Madrid. J'accompagnai Salomé jusqu'au seuil de la salle d'embarquement où ne sont admis que les voyageurs et je baisai sa main droite, sur son intaille, avant de la voir disparaître.

Le week-end suivant le départ de Salomé, je décidai de faire un saut dans notre propriété. J'avais glissé dans ma voiture un nouveau cadeau pour Louisette : un tourne-disque, avec toute une collection de disques de ses chanteurs préférés – dont les Beatles, les Rolling-Stones, rois de cette *pop'music*, qui déchaînaient leurs fans dans une hystérie collective. Nous avions manqué de peu, Salomé et moi, l'un des concerts des Beatles, à Londres, alors que nous étions très curieuses de voir de près ces phénomènes dont tout le monde parlait et s'accordait à reconnaître le talent et l'excentricité originale.

Même si j'en mourais d'envie, je ne pouvais confier à Louisette ce que je vivais avec Salomé. Non pour maintenir une barrière entre nous, mais parce qu'elle s'était autant attachée à Gipsy qu'à ma personne. Bien sûr, elle n'aurait jamais osé exprimer ses sentiments directement, mais certains de ses regards et de ses gestes amplifiés par sa candeur, dépassaient ceux d'une relation sans équivoque. Je gardais donc mes distances et une confidence qui l'eût fait souffrir pour rien.

En revanche, j'annonçai à maman, l'installation plus tôt que prévu de Salomé à Paris, mais au lieu de partager ma joie, elle s'inquiéta pour mes études :

– Tu vas déserter la Sorbonne pour vivre ton grand amour et adieu veau, vache, licence !

– Mais non ! la rassurai-je en riant, Salomé va continuer à travailler ses partitions dans la journée et je ne la verrai que le soir. Et puis, vous savez bien que mes notes n'ont pas fléchi depuis que je la connais.

Sybil était absente pour disputer un autre championnat d'escrime.

Quant à mon père, je le croisai avec son chien en me rendant dans le pré de Gipsy. Il m'adressa, sans un mot, une sorte de sourire énigmatique, auquel je répondis par un bref salut de la tête.

Je retrouvai ma jument avec une émotion immuable. J'avais compris que si elle ruait ou faisait la mauvaise tête, c'est parce que je ne lui confiais pas l'essentiel. Aussi ne lui fis-je grâce d'aucun détail de mon séjour avec Salomé et elle manifesta sa reconnaissance par une sorte de révérence avec ses antérieurs ! Puis, nous chevauchâmes tout l'après-midi, dans la griserie d'être à nouveau seules, elle et moi, étroitement soudées, dans un paysage de saules dont les chatons, bien éclos, ressemblaient à des gouttelettes d'or.

À mon retour chez tante Millie, et conformément à l'habitude que j'avais prise à chacune de mes absences, j'allai jeter un coup d'œil sur un calepin, près du téléphone, où ma tante notait les appels que j'avais reçus. Le nom de Salomé y figurait rarement, puisqu'elle m'appelait tous les soirs, où que je fusse. Cette fois-là, il n'y avait que les éditions L. que je contactai aussitôt.
– Rien d'ennuyeux ? demandai-je à l'éditeur.
– Pas du tout. Je voulais simplement vous inviter à dîner.
En un éclair, me revint en mémoire la mésaventure d'Électre et je répondis :
– Je suis désolée, Monsieur, je ne dîne jamais car cela m'empêche de dormir.
– Alors déjeunons !
Après une hésitation, j'acceptai et il me proposa de le rejoindre, le lendemain, dans un restaurant près des éditions.

– Ah, cette fois-ci, vous avez bien meilleure mine ! me dit-il en m'accueillant.
– C'est possible. Je viens de passer un week-end avec ma jument qui a plus d'effet requinquant sur moi qu'un institut de beauté ou une semaine de vacances je ne sais où.
– Je comprends tout maintenant ! Votre livre n'a pu être écrit que par une cavalière
– Oui, mais ma jument n'est pas l'héroïne de mon histoire,

car si cela avait été le cas, elle m'aurait sûrement demandé de partager mes droits d'auteur !
Il ne fut pas dupe de cette pique, et prit le parti d'en rire.
En attendant nos plats, je demandai à l'éditeur pourquoi il m'avait invitée à déjeuner.
– Je désirais vous connaître un peu mieux.
À ces mots, j'eus le réflexe instinctif de me tenir davantage sur mes gardes. Je craignais qu'il ne me fît la cour alors que je préférais n'avoir avec lui que des liens strictement professionnels. Je lui brossai de ma personne un portrait tel qu'il aurait fait fuir n'importe qui.
Assez malin pour comprendre la parade, il se mit encore à rire pendant que je savourais des frites très bien cuites. Et je revins à la charge :
– Je maintiens, Monsieur, que je n'ai rien qui puisse vous intéresser hormis les ouvrages que j'écris pour vos éditions.
L'andouillette était délicieuse.
– Il émane de vous quelque chose que je ne saurais définir..., entendis-je encore pendant que je commençais à m'ennuyer ferme.
Après m'avoir demandé la permission d'allumer un cigarillo, il voulut savoir si j'avais une parenté « avec Madame de R., cette femme dont les émissions sont très écoutées ? »
– C'est ma tante paternelle et j'habite chez elle le temps de mes études, car notre propriété familiale est loin d'ici.
– Écrit-elle ses textes ou les improvise-t-elle ?
– Elle les écrit, mais il lui arrive d'improviser au micro.
– Si Madame votre tante n'y voit pas d'inconvénient, j'aimerais lire quelques-uns de ses portraits.
– Je lui en parlerai.
– Voulez-vous dire qu'elle accueille l'intérêt qu'on lui porte avec distance ?
J'achevais ce déjeuner, heureusement surprise d'avoir découvert que mon éditeur, froid, tranchant dans le travail,

était un homme affable, prévenant, délicat, dont je n'avais plus aucune raison de me méfier, à cette réserve près que je n'irais pas au cinéma avec lui !

Entre deux révisions de cours, j'étais en train d'envoyer un mot à Électre et à Constantin qui avait quitté Paris pour Firenze où il travaillait chez un bronzier, lorsque le téléphone sonna.
– Ne te dérange pas, j'y vais ! dit tante Millie.
Le téléphone étant au bout de l'appartement, je ne pouvais entendre les bribes de la conversation et je poursuivis mon courrier.
Peu de temps après, je vis ma tante franchir le seuil de ma chambre, le visage décomposé.
– Qu'avez-vous ? Que se passe-t-il ? lui demandai-je en me levant d'un bond.
– C'était Aude... Madame F...
– Et alors ?
– L'avion qu'a pris Salomé pour Milan s'est écrasé dans les Alpes-Maritimes. Il n'y aurait aucun survivant, mais les recherches se poursuivent.
– NON, ce n'est pas possible ! hurlai-je, alors. Elle n'a pas pris cet avion ! C'est une erreur ! hurlai-je encore, avant de m'écrouler sur le parquet, inanimée.
Tante Millie me raconta plus tard que, ne pouvant me porter sur mon lit, elle fit appel à Pepe. Puis elle prévint Zaskia et toutes les deux se relayèrent à mon chevet, vivement secouées par la nouvelle et mon désespoir où le délire alternait avec des lueurs de lucidité : « Salomé, appelez-moi, je vous en supplie !... dites-moi que n'ai fait qu'un cauchemar... j'irai vous chercher à l'aéroport... Tante Millie, Zaskia, je veux des preuves. DES PREUVES ! » criai-je en sanglotant. Je criais aussi mon envie de mourir en refusant toute boisson, toute nourriture.
Je sentais la présence de Zaskia à sa façon de me prendre la main, de me passer tendrement un gant d'eau fraîche sur le visage. Quelques larmes s'échappaient aussi de ses yeux lorsque je lui disais : « Je ne peux accepter ce coup du sort à l'aube d'une nouvelle vie. »

Chaque sonnerie du téléphone me faisait sursauter dans le fol espoir d'entendre ma tante me dire : « C'est Salomé. » Espoir toujours déçu et qui me replongeait dans une prostration douloureuse insurmontable.
Au bout de deux jours où le silence persistant de Salomé accréditait le pire, je fus en proie à une forte fièvre. Tante Millie jugea bon alors de prévenir maman qui vint aussitôt me chercher.

Elle m'installa dans sa propre chambre après avoir fait monter un deuxième lit et appela le médecin qui l'avait soignée. Celui-ci recommanda une hospitalisation, mais elle s'y opposa fermement : « L'isoler dans une chambre impersonnelle, d'hôpital ou de clinique, serait la pire des choses. Je l'ai refusé pour moi, je le refuse pour ma fille. Et puis, elle n'est pas en danger de mort, mais en était de choc. Il faut qu'elle dorme un moment, l'abstraire de ce qu'elle endure chaque seconde et elle dormira ici, sous ma surveillance permanente. »
Le médecin prescrivit donc une cure de sommeil sous perfusions, administrées par une infirmière à domicile.
Je sombrai ensuite dans un trou noir, près de maman qui, tout en faisant face à la situation, s'inquiétait de mon état, comme tante Millie et Zaskia qui appelaient tous les jours.
Quant à mon père et à Sybil, intrigués par mon arrivée inattendue, comme par la présence d'une infirmière à la maison, ma mère leur dit : « Roxane a une grave anémie. » Sybil insista alors pour me voir, mais maman lui fit comprendre que ce n'était pas le moment.
En me rapportant cette anecdote, plus tard, ma mère ajouta dans un soupir : « C'est tout de même affligeant d'avoir à travestir la vérité à de soi-disant proches ! »
En émergeant de ma cure de sommeil, je demandai à maman de me faire couler un bain. Je venais de rêver que

je me noyais et je rêvais maintenant de me dissoudre dans l'eau à jamais.
Je ne sais comment maman devina mes pensées, mais elle demanda l'aide d'Ernestine qui me transporta dans la baignoire, me lava les cheveux et frotta énergiquement tout mon corps. Elle est plus délicate avec la vaisselle ! me dis-je après ce bain, pendant que maman enduisait ma peau desséchée d'huile d'amandes douces.
En passant devant la grande glace biseautée, posée sur une commode de la chambre, je poussai un cri d'effroi : je n'avais plus que la peau sur les os et je ne reconnaissais plus ce visage de pietà, ravagé par la douleur et les larmes. En me voyant défaillir, Ernestine et maman me recouchèrent, avant de s'éclipser pour me laisser sommeiller à nouveau.
J'allais m'endormir lorsque j'entendis le bruit d'une voiture entrant dans la cour. Puis, aussitôt après, la voix de Sybil claironnant à tue-tête : « Alba ! C'est Alba ! » Cette fois, me dis-je, si j'entends des voix c'est que mon sort est scellé. La folie peut être un refuge contre le malheur, pensai-je encore.
Un grand silence succéda à cette agitation et je me rendormis de nouveau.

Une main caressant mon visage, me réveilla et je m'entendis prononcer le nom de Salomé comme une plainte sans fin, avant de réaliser que vous étiez penchée sur moi. Vous, Alba.
En vous voyant là, je crus d'abord être victime d'une hallucination ou des drogues médicamenteuses que j'avais prises pour anesthésier ma conscience. Puis, revenue à moi, je vous accueillis sèchement :
– Vous fallait-il un drame pour être là ?
– Roxane, Salomé était aussi une amie très…
– Allons-nous comparer nos douleurs ?
Vous vous êtes alors assise sur mon lit et vous avez pleuré. C'est la première fois que je voyais des larmes couler sur

vos joues. Je ne pouvais imaginer de retrouvailles plus affreuses.
Abandonnant ensuite toute dureté, toute amertume, je vous ai demandé de m'aider, de me dire la vérité – ce que vous avez fait en surmontant votre émotion :
– Salomé était bien sur la liste des passagers dans ce vol Madrid-Milan. Quand l'avion survolait les Alpes-Maritimes le pilote a signalé un début d'incendie dans l'aile droite de l'avion et son positionnement exact.
– Mais n'a-t-il pas cherché à se poser en urgence sur le terrain d'atterrissage le plus proche ?
– Sûrement, seulement la chute de l'avion a suivi son dernier message. Les raisons de l'incendie demeurent inexpliquées.
– Comment a-t-on pu retrouver l'appareil dans ces lieux ?
– Aussitôt l'accident signalé, des équipes héliportées se sont rendues sur place et n'ont retrouvé que des débris entièrement calcinés, sauf...
– Quoi ? vous demandai-je, alors que les battements de mon cœur s'intensifiaient au point de me faire mal.
– Une main... une main de femme, intacte, portant à l'annulaire droit une bague gravée en creux.
Je demeurais incrédule, hébétée, affolée, comme si vous me faisiez le récit d'un film d'épouvante.
– Les recherches auprès des parents des passagères ont vite abouti. Hormis l'hôtesse, il n'y avait que trois femmes dans l'avion, avez-vous ajouté, et Aude fut convoquée par les enquêteurs pour l'identification de la main et de la bague.
Après une pause qui me parut interminable je vous secouai :
– C'est bien l'intaille ?
– Oui, c'est elle.
À ces mots, je ne pensais pas à l'épreuve effroyable qu'avait dû subir la mère de Salomé, au courage dont elle avait sûrement fait preuve dans cette identification macabre qui

lui signifiait sans conteste la mort de son unique fille. Non, je ne pensais qu'à cette bague que j'avais offerte avec tant d'amour et qui, désormais, en symbolisait la fin.
Je fus prise alors de tremblements irrépressibles. Tout mon corps se révoltait contre cette issue brutale implacable. Gauche, émue, vous avez essayé de me calmer en me serrant fort dans vos bras. Et bien qu'ayant le sentiment d'avoir atteint le tréfonds de l'accablement, je vous ai remerciée de m'avoir dit la vérité – aussi cruelle fût-elle. Je n'aurais pas supporté de la découvrir dans la presse.
– Excusez-moi de vous avoir mal reçue, vous dis-je encore. Merci d'être là.

Après votre arrivée, maman nous installa au premier, dans une chambre à lits jumeaux. Je vous ai demandé de venir me rejoindre dans le mien où nous retrouvâmes d'emblée, les gestes tendres qui étaient les nôtres des années plus tôt. J'avais besoin de sentir votre corps contre le mien, bien que je n'eusse à vous offrir qu'une épave.
– Vous n'avez pas changé, mais vous devez me trouver affreuse, vous dis-je, d'une voix presque aphone.
– C'est le mot ! m'avez-vous répondu, en entourant ma taille de vos bras et en vous endormant aussitôt.
J'entendis, au loin, les hennissements de Gipsy comme un écho à mes sanglots intérieurs. Jamais, jusqu'alors, elle ne s'était manifestée ainsi.

Je venais à peine de me réveiller lorsque vous êtes entrée dans la chambre, tout habillée et avec ce déhanchement désinvolte qui vous caractérise. À vos cheveux et vêtements trempés, j'en déduisis que vous étiez sortie sous des averses.
– La propriété est toujours aussi magnifique, avez-vous constaté en essuyant vos cheveux avec une serviette, avant de venir m'embrasser.

– Vous sentez le chien mouillé ! vous dis-je en guise de « bonjour ».
– C'est fou ce que nous nous sommes amusées ici ! Je n'ai rien oublié, vous savez.
Je vous écoutais avec plaisir, comme si votre seule présence dans ces lieux et à mes côtés, avait magiquement aboli nos sept années d'éloignement. Puis, vous avez enlevé votre veste et votre pantalon pour les faire sécher près du radiateur.
– J'ai aperçu votre père que j'ai trouvé moins fringant que son chien. J'ai vu aussi Léon qui m'a demandé comment vous alliez : « Ma Roxane n'est pas malade, c'est autre chose, n'est-ce pas ? » Sachant l'affection qu'il vous a toujours portée, j'ai répondu : « Oui. »
– Vous avez bien fait. Léon est sacré pour moi et il ne faut pas lui raconter d'histoires. Comme il ne peut me voir, il me fait porter régulièrement les premières fleurs de son jardin.
– Et j'ai enfin approché votre Gipsy qui s'abritait sous le gros chêne. Une splendide jument, vraiment, mais qui m'a ignorée jusqu'à ce que je lui dise que j'avais foulé son pré avant elle !
Vous avez réussi à m'arracher un maigre sourire.
– Inutile de vous dire que Sybil m'a suivie partout – sauf dans mon aparté avec Léon – en me posant mille et une questions. Elle voulait savoir ce qu'est une anémie. Je lui ai répondu que je n'avais pas fait une aussi longue route d'Espagne en France pour donner un cours de médecine à une escrimeuse.
– Bravo !
– J'ai même ajouté : « Les dictionnaires ne sont pas faits pour les ânes. »
– Et alors ?
– Eh bien, Mademoiselle s'est vexée en déclarant : « Ah, toi et Roxane, c'est kif-kif bourricot ! » et elle est repartie en courant vers la maison.

– Comment la trouvez-vous ?
– Telle que vous me l'avez décrite. Elle ressemble de plus en plus à votre père. Mentalement, ce n'est évidemment plus la petite fille que j'ai connue et je partage vos craintes. Prudence, elle ne sera pas votre alliée.
Ernestine m'apporta un chocolat chaud avec deux tartines recouvertes de crème. Je bus le chocolat, mais laissai les tartines.
– Et vous, avez-vous pris un petit déjeuner ?
– Oui, avec votre mère que j'ai découverte avec plaisir. Car, souvenez-vous quand nous étions en culottes courtes, on ne la voyait pratiquement jamais. Il est difficile de croire, aujourd'hui, qu'elle ait fait une longue dépression. Quel dynamisme ! C'est une organisatrice-née. Et surtout, elle vous adore. On ne sait pourquoi, au juste !
Je passai le plus clair de mon temps à sommeiller et vous m'obligiez à faire quelques pas dans la chambre dès que j'ouvrais un œil. Mais une fois debout, tout tournait, tout tanguait dans ma tête et je n'aspirais qu'à retourner dans mon lit.
– Je suis d'une sinistre compagnie, vous dis-je. Vous devriez repartir.
– Vous permettez que je décide moi-même de ce que je dois faire ou non ?
Votre ton s'était durci.
Allongée sur l'autre lit, les bras repliés sous votre tête, l'air sérieux, vous m'avez dit que vous ne quitteriez les lieux que si je vous promettais de ne pas me laisser aller.
– Alba, c'est la première fois que je suis confrontée à la mort et pas celle de m'importe qui. Au terme d'une longue existence, la mort est naturelle, compréhensible, mais là, non. Elle est insupportable. Elle me révolte. Maintenant, imaginez que vous marchiez, insouciante, heureuse, sur une étendue paradisiaque qui, d'un seul coup, se transforme en un vaste précipice. C'est exactement ce que je ressens. Je ne

suis pas au fond, mais juste au bord, ne sachant pas où me tourner, ni que faire, le cœur dévasté.
– Je vous comprends, mais souvenez-vous de ce que vous m'avez écrit à propos de votre tante. En vous parlant de son enfance brisée, elle vous a dit me semble-t-il : « La souffrance ou l'épreuve grandit les grands et diminue les petits. » Pensez à elle, à tout ce qu'elle a enduré et surmonté. Pensez à Zaskia qui aurait pu ne jamais se remettre de l'horreur absolue. Aujourd'hui, elles sont là, toutes les deux et plus fortes que jamais.
– Je sais que vous avez toujours tout relativisé. Mais il y a une grande différence entre vous et moi, c'est que vous ignorez ce que c'est que d'être définitivement privée de l'être que vous aimiez. Vous, vous ne vous êtes jamais sérieusement impliquée. Moi, si, et il est normal que je vive la disparition de Salomé comme une amputation irréparable. Sans cette partie de mon être qu'elle incarnait, je ne serai plus la même.
En vous regardant marcher dans cette chambre, je réalisai que la ressemblance entre Salomé et vous n'était pas aussi frappante que cela. Peut-être y avait-il des points communs physiques, mais vos personnalités étaient très différentes. Rien de cavalier chez Salomé, rien d'insolent, rien de mordant, non plus. Mais, sans doute, ma connaissance intime de Salomé transfigurait-elle le personnage qui m'habitait en permanence et que nous soyons séparées ou non. Comment allais-je pouvoir vivre avec un fantôme, des souvenirs désincarnés, une absence définitive ?
Cette pensée redoubla mon accablement au moment où vous êtes revenue vous asseoir sur mon lit :
– J'ai encore quelque chose à vous dire. Aude est revenue de l'identification avec l'intaille et elle m'a demandé de vous la remettre.
– Je l'ai donnée à Salomé. Elle ne devait pas me revenir ! protestai-je avec véhémence.

– Écoutez-moi. Ni vous ni moi ne croyons en Dieu, mais aux signes, non ? Si les deux seuls éléments qui ont été préservés de l'accident et de l'incendie de l'avion sont la main de Salomé qui symbolise son art et l'intaille votre amour, c'est qu'il y a dans cette tragédie quelque chose qui la transcende, non ?
– Certains symboles sont aussi des cimetières, répondis-je amère, au moment où vous avez sorti de la poche intérieure de votre veste, une petite enveloppe blanche, scellée, que vous m'avez tendue.
– Je ne peux pas la voir, pas maintenant, vous dis-je d'un ton à la fois déterminé et las. Et pour ne pas tenir plus longuement cette enveloppe qui contenait la preuve irréfutable de la mort de Salomé, je la déposai dans le tiroir de la table de chevet. Mais pourquoi Madame F. vous a-t-elle chargée de cette mission ? vous demandai-je.
– Elle ne vous connaît pas encore. Si cela avait été le cas, elle l'aurait fait elle-même. Mais elle sait que nous sommes très liées. Voilà tout.
– N'êtes-vous venue que dans ce but ?
– Non. Si on n'avait rien trouvé dans l'avion, vous m'auriez vue débarquer de la même façon.

Les hennissements de Gipsy persistant, je vous demandai de me conduire auprès d'elle. J'éprouvais le besoin impérieux de la voir, de la sentir, de la toucher. Je voulais aussi faire une promenade avec elle et vous m'avez aidée à la seller. Elle était visiblement décontenancée par mon poids plume – j'avais dû resserrer de plusieurs crans ma ceinture pour retenir ma culotte d'équitation – et par le fait que je ne la montais pas comme à l'accoutumée : relâchement des rênes et des jambes. En fait, c'est Gipsy qui me guidait et je m'en remettais totalement à elle pendant que je lui confiais mes obsessions douloureuses.
Mais au moment où nous quittions la propriété pour nous

engager sur un chemin mille fois parcouru, je ressentis un malaise, perdis connaissance et tombai à terre. Au lieu de s'enfuir ou de manifester des signes d'inquiétude, ma jument me lécha le visage, comme elle l'eût fait avec sa pouliche nouvelle-née, et sous ses coups de langue vigoureux, je revins à moi, soulagée de ce que mes bottes n'aient pas été prisonnières des étriers dans la chute.
Après cet incident qui me prouva que je n'étais pas en mesure de remonter à cheval, je crus bon de rentrer à pied, tenant Gipsy par les rênes.
Je vous retrouvai, ainsi que Louisette, en train de bavarder, adossées à une vieille carriole, près des écuries. J'embrassai aussitôt Louisette qui me demanda pourquoi je n'étais pas sur ma monture.
– Alba – dont je t'ai beaucoup parlé – a dû te dire que nous avons perdu une grande amie dans un accident d'avion. Cela m'a tellement secouée que je ne tiens plus en selle.
– Je suis désolée, dit Louisette en nous regardant toutes les deux.
Puis, se tournant vers moi :
– J'ai de la peine de te voir comme ça, aussi maigre. Va te reposer. Je m'occupe de Gipsy.
Le lendemain, la mère de Louisette qui tenait toujours l'épicerie du village, me fit parvenir un cageot de bonnes victuailles, en particulier des galettes bretonnes dont je raffole.
Le médecin me trouva mieux et prescrivit remontant et viande rouge. Je ne sus à quoi il pouvait attribuer mon amélioration, car mon désarroi demeurait toujours aussi profond. Mais ce n'était pas un médecin des âmes et, de toute façon, je ne lui aurais rien confié.
Après son passage, vous m'avez annoncé qu'enfin vous alliez accomplir votre première mission dans la cordillère des Andes.
Je reçus cette nouvelle comme un deuxième abandon, mais

je n'en montrai rien pour ne pas jeter un voile de tristesse sur un objectif que vous aviez si ardemment souhaité.
– En fait, vous êtes aussi venue me dire adieu, non ? Pardonnez-moi ce lapsus.
– Je ne pouvais partir si loin sans vous voir, m'avez-vous dit en laçant vos tennis blanches.
– Mais comment vais-je pouvoir vous écrire dans ce bout du monde ?
– Les ethnologues ne sont pas des sauvages ! Ils ont aussi leur boîte postale.
– Alba, je ne vais pas vous le redire trois fois. Si vous ne répondez pas à mon courrier, je ne vous écrirai plus. Notre correspondance est devenue un journal – le mien – et je suis lasse de ce tête-à-tête sans répondant, ou si peu !
– J'ai une excuse sérieuse pour ces dernières années : j'ai mis les bouchées doubles pour passer tous mes examens et obtenir le poste que je convoitais.
– Ah oui ! Et vous avez mis les bouchées triples pour briser je ne sais combien de cœurs !
– Rumeur, rumeur quand tu nous tiens ! Moi qui suis la sagesse, la vertu incarnée ! Avez-vous osé dire en bouclant votre balluchon.
Je tins à vous accompagner jusqu'à votre voiture.
Je vous vois encore descendre les marches du perron, vêtue d'un large short beige, d'une veste en coton, de même couleur, et d'une chemise bleue que vous aviez dû chiper à votre père. Je vous vois porter votre ballot sur votre épaule, en le tenant d'une main et en passant l'autre dans vos cheveux courts, aussi denses et bruns que ceux de Salomé. Je vous voir ouvrir le coffre de votre voiture, y glisser votre bagage et me lancer un dernier regard, ému et triste, avant de démarrer. Je vous vois sortir de la cour lentement, prendre l'allée de cèdres, me saluant encore de la main à travers la vitre de la portière. Et je vois disparaître l'arrière de la voiture, après le dernier cèdre.

Votre départ allait redoubler pour moi la perte de Salomé. Je me sentis en déshérence totale et dans une solitude effroyable. Je ne remarquai même pas que nous allions vers l'été. Tout m'était devenu indifférent, sauf Gipsy que j'allais voir chaque jour. C'est elle qui m'insufflait la volonté de ne pas sombrer, de ne pas me dissoudre dans « le néant conçu comme une absence de tout ». Cette pensée de Bergson m'obsédait. J'enviais ceux qui croyaient retrouver leurs disparus dans l'au-delà. Pour eux, la mort n'était qu'un passage vers la vie éternelle, alors que pour moi, elle était le tranchant d'un couperet, un départ sans retour, une perte irrémédiable, en étant, de ce fait, difficile à accepter, à surmonter.
Tante Millie m'avait dit à propos d'Hélie : « Il ne mourra qu'avec moi. » J'avais beau me répéter cette phrase, je ne pouvais encore la faire mienne à propos de Salomé, même si elle était inscrite dans la moindre de mes fibres, la moindre de mes pensées et que je continuais à l'implorer intérieurement.
Je ne pleurais plus. J'errais dans les longs couloirs de la maison en quête d'un apaisement, d'une rémission dans un chagrin sans fin, lui.

Maman fit un saut à Paris pour me rapporter quelques affaires, vêtements et livres. Elle revint aussi avec tante Millie qu'il me semblait n'avoir pas revue depuis des années. Cette cure de sommeil avait aboli en moi la notion du temps, la ponctuation des jours et des nuits, au point que j'avais moi-même le sentiment d'être sans âge.
Ma tante eut la délicatesse de ne pas faire allusion à mon aspect et me proposa de l'accompagner dans le parc.
Là, elle m'annonça qu'elle s'était rendue aux obsèques de Salomé et je compris qu'elle l'avait fait autant pour Madame F. que pour moi.
– Où est-elle ? demandai-je d'une voix blanche.

– En Touraine, dans le caveau familial d'Aude. Ce fut une cérémonie intime et sobre, interdite à tout journaliste et à tout photographe.
– Comment va la mère de Salomé ?
– Apparemment elle fait face, mais intérieurement, on la sent brisée – cela se conçoit. Après son mari, sa seule fille. Bref.
– Et toi ? J'imagine que tu ne vas pas passer tes prochains examens ?
– Non, je suis incapable de me concentrer sur quoi que ce soit, en ce moment. Mais avec un certificat médical, je peux me présenter à la session de septembre.
– Je l'espère ! entendis-je. Ah oui ! J'oubliais ! Ton éditeur a appelé la semaine dernière et je lui ai dit que tu étais partie te reposer à la suite d'un deuil éprouvant.
Alors que j'aimais ce parc autant que tante Millie, j'avançais dans l'allée cavalière centrale, sans rien entendre de ses bruissements habituels. Dans mon exil intérieur, que je n'avais confié qu'à vous, me parvenaient les voix de mon entourage, auxquelles je répondais le plus souvent avec détachement et, parfois, avec agacement.
Puis, tante Millie me reparla de Madame F.
– Elle a naturellement renoncé à acheter la teinturerie, mais non à vivre à Paris. Elle m'a dit qu'elle se contenterait d'un pied-à-terre et j'ai quelque chose en vue pour elle.
– Quoi donc ?
– Deux pièces vont se libérer dans mon immeuble et je vais les lui proposer. Il ne faut pas qu'elle reste seule.
– C'est une bonne idée, dis-je, alors que le renoncement à cette teinturerie sonnait le glas, d'une autre manière, de mes rêves avec Salomé. Il paraît qu'il faut savoir tourner les pages. Je ne pouvais m'y résoudre.
En regagnant la chambre de maman où je dormais à nouveau depuis votre départ, je trouvai un petit paquet sur mon lit, bien enveloppé et ficelé, que j'ouvris aussitôt.

Il contenait trois objets : la photo encadrée de Salomé, qui veillait sur mes nuits parisiennes, le stylo qu'elle m'avait offert, dans son étui de feutre et mon encrier.
Je refusai spontanément d'avoir cette photo sous mes yeux et la rangeai dans le tiroir de la table de nuit où elle rejoignit l'intaille. Mais je plaçai le stylo bien en vue sur la tablette, près du bouquet de fleurs fraîches de Léon.
Quant à l'encrier, je le remis dans le paquet initial que, de toute évidence, tante Millie avait fait.
Curieusement, le fait de revoir ce stylo que Salomé avait touché, inspecté, regardé et choisi parmi d'autres avant de me l'offrir, me fit un plaisir immense. Certes il ne serait jamais une incarnation de Salomé, mais une émanation associée à mon travail de scribe et qui ne me quitterait jamais plus.
Je retrouvai dans l'étui, le mot qui accompagnait le cadeau : « Que ce porte-plume vous porte chance. S. » Ce message d'amour, écrit de sa main en lettres amples et penchées, me bouleversa d'autant qu'il fut le seul que je reçus d'elle.
Je ne comptais plus le nombre de fois où j'allais sortir le stylo de son étui, le prendre dans le creux de ma main, entre mes doigts, le tourner et le retourner, enlever et remettre son capuchon à l'attache finement ciselée.
Mais je ne mesurais pas encore le rôle décisif qu'allait jouer ce stylo dans ma vie. Pour l'instant, je me contentais de l'avoir près de moi, veillant, non sur un très bel objet, mais sur un symbole hautement chargé.

Je reçus un peu de courrier de Constantin, d'Électre, l'un et l'autre étonnés d'être sans nouvelles de ma personne. Mon éditeur m'écrivit également, exprimant le vœu de me revoir bientôt à Paris et en forme.
Mais la lettre qui me toucha le plus et que j'attendais le moins, fut celle de l'amie de Zaskia. S'excusant d'abord de ne pouvoir m'écrire qu'en anglais, Cherry me dit dans quel-

les circonstances elle avait rencontré Salomé – ce que je savais déjà – et l'impression très forte qu'elle lui avait faite : « Belle, talentueuse, modeste. » C'était bien cela, pensai-je. Cependant, Cherry ne s'attendait pas à voir en cette pianiste adulée, une jeune femme pour laquelle la simplicité était une vertu aussi naturelle que spontanée. Puis, elle terminait sa lettre ainsi : « Je ne vous connais pas encore, mais Zaskia m'a tellement parlé de vous que j'ai le sentiment de m'adresser à une petite sœur. Cette petite sœur a aujourd'hui une peine immense. Aussi je la serre contre mon cœur, car c'est la seule chose que l'on puisse faire en de telles circonstances. »

Quand Zaskia m'appela, je lui fis part du mot émouvant de Cherry. Je lui demandai de la remercier de ma part et de m'excuser de ne pouvoir le faire moi-même puisque j'étais encore dans l'impossibilité d'écrire. « Bien sûr, me répondit Zaskia, Cherry ne t'a pas encore vue, mais la rencontre n'est pas nécessaire pour ressentir et partager la douleur des autres. Pour cela, les Noirs, maltraités, lynchés tous les jours aux U. S. A., sont très forts et tu peux être certaine de la sincérité de Cherry. »

Je ne faisais plus le même cauchemar où je voyais un avion s'écraser en montagne et Salomé marcher vivante, mais hagarde, parmi des vestiges de tôle calcinés et fumants. Je l'appelai pour la secourir, mais elle ne me répondait pas, poursuivant sa marche dans un paysage hallucinant.

Souvent, à l'issue de ce cauchemar, j'allumais ma lampe de chevet et restais éveillée jusqu'au petit jour dans la crainte, en me srendormant, d'être à nouveau confrontée à ces visions lugubres.

Souvent, aussi, maman se levait et s'attardait à mes côtés quand mon angoisse persistait ou était trop forte. Elle caressait alors mon front, tout en prononçant des mots tendres et rassurants. Elle me parlait aussi de choses et d'autres pour

distraire mon esprit. En vain. Je demeurais sourde à ce qui était étranger à mes obsessions.
Je m'efforçais d'avaler toute la nourriture qu'Ernestine m'apportait sur un plateau. Tant et si bien que je repris un peu de poids et que mes vêtements flottaient moins sur mon corps. Mais lasse de la viande rouge, je demandai à maman de m'acheter du poisson de mer, ayant une aversion profonde pour les poissons de rivière. Mais pour se les procurer, elle devait chaque fois parcourir soixante kilomètres en voiture – « J'en aurais fait le triple s'il l'avait fallu, tellement je suis contente de voir que ton appétit revient » me dit-elle avec un sourire radieux.

Louisette ayant pris quelques jours de vacances chez une cousine, je passai la plupart des après-midi, allongée dans le pré desséché de Gipsy, en plein soleil, torse et jambes nues – je ne supportais pas la pâleur de ma peau. Ma jument semblait ravie de cette compagnie en tenue inédite. Un jour, où elle traînait dans le coin, Sybil poussa les hauts cris en me voyant ainsi, bras et jambes écartés, avec pour tout vêtement mon short blanc :
– Si tu tombes sur papa, tu vas en prendre pour ton grade ! dit-elle, offusquée.
– Merci de te réjouir de ce que je ne suis plus au fond de mon lit, petite pimbêche ! Maintenant, va vite raconter à ton cher père que je fais du nudisme intégral sur ses terres et fiche-moi la paix ! Compris ?
Par la suite, je ne fus dérangée par personne. Mais revint à mon esprit le commentaire que vous avez fait : « Prudence. Elle ne sera pas votre alliée. » Je m'en doutais déjà depuis un certain temps.
Dès que je m'en sentis capable, je remontai en selle. Mais si je me rendais compte que je menai Gipsy à folle allure, en revanche le caractère quasi suicidaire de ces chevauchées à bride abattue, m'échappait. Seule, ma jument comprit que

je n'aspirais qu'à me fracasser le crâne contre une grosse branche basse, à disparaître dans une boire trop profonde, à vouloir franchir des obstacles particulièrement risqués. Aussi, évitait-elle d'elle-même les dangers vers lesquels je me précipitais, non sans une certaine griserie.
En fait, c'est en mesurant que je mettais en péril autant la vie de Gipsy que la mienne, que je revins à des allures plus raisonnables et à des parcours que je connaissais pour être dénués d'embûches mortelles. Mais l'intelligence dont ma jument fit preuve en devinant mes premiers desseins, décupla mon attachement pour elle et j'allais me trouver vraiment stupide de l'avoir engagée dans une aventure aussi folle.
Certes, j'avais quelque raison, me direz-vous, mais quand on veut en finir, on devrait faire en sorte de limiter les dégâts à sa propre personne. Quoi qu'il en fût, ma culpabilité était telle à l'égard de Gipsy que je ne devais plus la quitter jusqu'à la fin des vacances. Et ce fut à plat ventre, dans son pré, que j'allais préparer mes examens, la tête penchée sur mes fiches, notes et bouquins.

Le retour à Paris fut difficile. Très pénible même, en raison de l'omniprésence de Salomé dans les lieux qu'elle avait marqués de son aura. Je l'entendais encore rire avec tante Millie dans le salon, je la voyais saisir un verre avec sa main ornée de l'intaille et savourer le nectar à petites gorgées, ses yeux plongés dans les miens.
Combien de temps allait-elle encore hanter mes jours et mes nuits et ne laisser en moi qu'un vide, une mélancolie tenace ? me demandai-je en rangeant mes affaires. Pourrai-je substituer à cette nostalgie des souvenirs indolents ? Comment parviendrai-je à chasser de ma bouche le goût de ses baisers, à oublier la délicatesse de nos étreintes, son odeur si subtile, sa voix ?
Je mis des heures à défaire sacs et valises remplis de livres, mais le premier objet que je déposai sur ma table de travail fut le stylo argent et bleu nuit.
Tante Millie me trouva « dorée comme du bon pain » et semblait heureuse de me revoir après cette longue absence. Mais je sentais qu'un ressort en moi était cassé, que je fonctionnais comme un automate pour lequel la moindre chose n'était qu'effort ou contrainte.
Néanmoins – et à ma grande surprise – je fus reçue à mes examens. En même temps mon éditeur m'annonça fièrement que mon premier ouvrage pour la jeunesse, paru fin juillet, partait comme des petits pains.
Ces bonnes nouvelles auraient dû m'enthousiasmer. Il n'en était rien dès lors que je ne pouvais plus les partager avec Salomé.

Jusqu'au jour où, en tenant le beau stylo dans ma main, je me suis demandé qu'elle eût été sa réaction si, moi,s j'avais disparu. « Elle aurait continué à jouer », me dis-je spontanément et cette pensée me donna la force d'écrire le deuxième ouvrage que l'éditeur m'avait commandé.
Après avoir mis à profit toutes mes insomnies, je m'effon-

drais une heure ou deux dans la journée et parfois, même, aux cours de cette première année de licence. J'achevais mon manuscrit en un mois et demi. L'éditeur l'accepta et m'en commanda aussitôt un troisième. Mais là, je ruai dans les brancards, gentiment :
– Écoutez, Monsieur, je n'ai pas l'intention d'être une comtesse de Ségur bis. Je vous l'ai déjà dit, j'aimerai aussi écrire pour les adultes et le prochain manuscrit leur sera destiné.
Il obtempéra en souriant avec ironie :
– Bien, Mademoiselle Sagan bis !
– Au risque de vous décevoir, l'histoire que j'imagine déjà, n'aura rien à voir avec les siennes.
– Puis-je en connaître le thème ?
– Cela porte malheur de dévoiler un projet avant sa réalisation finale, répondis-je.
– Vous ne me donnerez même pas à lire les trois premières pages ?
– Non. Ce sera tout ou rien ! Pas même la première !
Il me regarda intrigué par ce mystère et ma détermination et je quittai son bureau ainsi.

Ayant gagné quelques sous avec le succès de mon premier livre que j'avais dédié à Gipsy, je dus placer mes revenus sur un compte bloqué jusqu'à ma majorité. Le seul avantage que je voyais dans cette mesure c'est qu'elle empêchait mon père de bénéficier des fruits d'un travail qu'il n'avait pas accompli. Mais le revers de cette loi fixant la majorité à vingt et un ans, m'obligeait à attendre presque deux ans encore la possibilité de disposer seule et à ma guise de mes gains. Je n'aspirais pas à être richissime, mais indépendante sur tous les plans. Je ne voulais pas non plus compter *ad infinitum* sur la fortune de maman – même si elle avait l'élégance de ne jamais me faire sentir qu'elle était, pour l'instant, ma généreuse créancière. Elle eût même détesté ce mot dès lors qu'elle ne considérait pas ses dons à mon égard comme une avance.

Je ne pouvais ou ne voulais plus confier à personne ce que je ressentais encore vivement, six mois après la disparition de Salomé. Pour mon entourage, elle n'était plus là et cette résignation tranquille m'horripilait.
Au cours de l'une de mes nombreuses nuits blanches, me revint la conversation que j'avais eue avec elle, à Londres, dans ce délicieux restaurant indien. Alors que je déplorais le fond et la forme des rares ouvrages consacrés à l'amour entre femmes – à l'exception du style d'*Olivia*, Salomé m'avait incité à prendre ma plume à ce sujet. Cette suggestion avait dû germer dans mon esprit, à mon insu même, pour se muer maintenant en une injonction impérieuse. Oui, je devais aborder ce thème, me dis-je, mais non sous la forme d'une histoire imaginaire : j'écrirai ce que j'avais vécu avec Salomé, en changeant seulement les prénoms et la fin tragique, seule entorse à la vérité. Elle m'était nécessaire. Et pas seulement parce que cette tragédie eût été conforme à une curieuse bienséance qui n'est autre qu'une morale imbécile, mais aussi parce qu'elle me permettait d'exorciser mon chagrin lancinant en un sentiment plus paisible immortalisant notre amour.

Ma décision prise dans un mélange de fébrilité et de fatigue, je m'attelai aussitôt à la tâche alors qu'il était quatre heures du matin en cette fin d'octobre et que les rumeurs de la ville s'étaient tues.
Mais après la première phrase dont je sais qu'elle est décisive, je fus saisie d'une étrange panique et ne pus aller au-delà. Je ne comprenais pas cette frayeur. Je ne l'avais jamais éprouvée en écrivant mes deux premiers ouvrages pour les jeunes.
Après avoir réfléchi un moment, j'eus un début de réponse : dans ces deux livres, le sujet n'était que le fruit de mon imagination, il ne m'impliquait pas en tant que personne ou personnage. Mais là, il ne s'agissait plus d'une fiction. Il

me fallait transcrire au plus près de la vérité, une histoire vécue. Allais-je être à la hauteur d'une entreprise qui m'engageait corps et âme, seule, désormais, et avec pour tout matériau l'ensemble de mes souvenirs personnels ?
Je ne craignais pas d'aborder mes sentiments propres, ni la description des lieux de nos trois rencontres, ni nos dialogues dont je me remémorais chaque mot. Le risque, la difficulté, le défi résidaient pour moi dans la manière de relater nos étreintes sexuelles – plus nombreuses que nos rendez-vous. D'un côté, je ne voulais pas esquiver cette dimension de notre amour en la reléguant à la pudibonderie en vigueur dans les ouvrages que j'avais cités à Salomé, et de l'autre, je ne souhaitais pas livrer en pâture à des lecteurs étrangers ce que j'avais partagé de plus intime avec elle. C'eût été pour moi une trahison. Il ne me restait alors qu'une solution : suggérer ces moments plus que les décrire, et mettre davantage l'accent sur l'aspect émotionnel de nos corps à corps amoureux, sans jamais me substituer à Salomé et en évitant toute répétition.
Au bout de trois pages que je jetai au panier tant elles étaient médiocres et bien en deçà de ce que je désirais exprimer, j'implorai Salomé : « Aidez-moi, je vous prie, je ne peux qu'écrire notre histoire et je n'y parviens pas ! »
Je ne compte pas le nombre de fois où j'ai posé mon stylo dans l'impossibilité de poursuivre ce travail. Mais une voix intérieure, faisant fi de mon découragement, me dissuadait de tout abandonner. Jusqu'au jour où je me dis que si je n'écrivais pas ce livre, Salomé mourrait une seconde fois.
Ce fut le déclic. Une semaine plus tard, j'avais rempli une vingtaine de pages. Le livre était amorcé.

Un soir où nous dînions d'un gratin dauphinois avec une salade de romaine dans sa cuisine fleurant toujours les bons mots, tante Millie me demanda si j'avais « attaqué » un troisième ouvrage.

– C'est le terme, oui, je viens de le commencer, lui répondis-je.
– Est-ce une nouvelle commande de ton éditeur ?
– Non, une envie personnelle.
– Sur un sujet tout aussi personnel ?
J'éludai la question de la finaude :
– Je vous en parlerai quand j'aurai mis un terme à ce livre.
Je ne voulais pas lui cacher mon sujet, loin de là. Mais le dévoiler avant de l'avoir achevé, ne me paraissait pas de bon augure et même présomptueux. Je ne désirais pas, non plus, réduire à des bribes, à quelques anecdotes, une entreprise qui avait à mes yeux une importance extrême.
Nous discutâmes ensuite de la difficulté d'écrire lorsque le téléphone sonna.
– Ne bougez pas, dis-je en me levant de table. C'est peut-être pour moi.
D'une voix qui ne trahissait aucune émotion particulière, maman m'annonça la mort accidentelle de mon père. Sa voiture s'était encastrée dans un poids lourd dont le chauffeur aurait perdu le contrôle. D'après les gendarmes dépêchés sur les lieux, mon père et son chien auraient été tués sur le coup.
– Nous serons là demain, en fin d'après-midi, répondis-je à maman. Nous prendrons ma voiture pour ne déranger personne.
La nouvelle aurait pu m'ébranler un peu. Il n'en fut rien. Tante Millie l'accueillit en silence et nous achevâmes de même notre dîner.

N'ayant aucune tenue de deuil, je n'avais emporté qu'un long manteau noir emprunté à tante Millie et qui cacherait le reste, mes affaires de toilette et, avant toute chose, mon manuscrit.
La mort de mon père que j'interprétais comme sa volonté posthume de s'opposer à ce livre-là en l'interrompant, allait

m'inciter, au contraire, à mettre les bouchées doubles chaque fois que je serais en mesure de le faire. Certes, j'aiderais maman dans ses diverses tâches, mais j'écrirais la nuit, s'il le fallait, dans ma chambre au grenier.

Maman nous accueillit, tante Millie et moi, sur les marches du perron et nous conduisit aussitôt dans le grand salon.

La table centrale avait été enlevée, les chaises mises de côté pour faire place à un impressionnant cercueil en chêne, clos, entouré de deux bougeoirs. Une coupelle d'eau bénite avec un rameau de buis reposait sur une petite table basse, recouverte d'un napperon blanc, au pied du cercueil.

Sybil pleurait dans un coin.

Tante Millie resta sur le seuil du salon, très droite, le visage et le regard impassibles. À aucun moment je ne la vis s'incliner devant le cercueil et encore moins le bénir.

– Pourquoi le cercueil est-il déjà refermé ? demandai-je à maman.

– Le choc a été tellement violent, m'ont dit les gendarmes, que le corps était méconnaissable.

– Où a-t-on mis le chien ?

– Il est aussi dans le cercueil. Ton père disait souvent : « Je veux être enterré avec mon braque. »

Maman avait déjà tout organisé : la messe à l'Église, l'enterrement dans le caveau familial du village, le vin d'honneur pour le personnel, notre famille et les gens du village qui nous aimaient bien, la couturière, Louisette et sa mère. Les militaires et amis de mon père, ne seraient autorisés qu'à rendre visite au cercueil et à suivre la messe. Le temps des obligeances à l'égard de ceux qui l'avaient toujours méprisée en tant que roturière, était révolu.

Sybil avait de la peine pour son père et moi pour le chien.

Je me trompais au sujet du chagrin de ma sœur. Alors que j'étais en train d'écrire dans ma chambre, après le dîner de notre arrivée, j'entendis frapper à ma porte. C'était Sybil.

– Tu as quelque chose à me dire ?

– Oui. Tu as pensé que je pleurais papa ?
– Bien sûr ! Tu étais attachée à lui, non ?
Silence. Puis :
– Cela me faisait de la peine de voir qu'il était toujours tout seul et que personne ne l'aimait. Mais…
– Quoi ?
– Le mois dernier, il a tué Lily d'un coup de cravache parce qu'elle picorait dans la cour d'honneur. Quand j'ai vu ça, j'ai hurlé et j'ai dit à papa : « Vous êtes un monstre, je ne vous le pardonnerai jamais ! »
– C'est donc ta poule que tu pleurais dans le grand salon, c'est ça ?
– Oui. Et elle se remit à sangloter.
– Comment maman a-t-elle réagi ?
– Elle était furieuse. Elle m'a dit : « Viens avec moi ! » Et elle m'a emmenée au marché d'A., pour que je choisisse une autre poule naine. Mais aucune ne me plaisait. Lily, c'était Lily, tu comprends ? Je ne peux pas la remplacer.
– Et alors ?
– Eh bien, maman a acheté dix poules naines et quand nous sommes rentrées à la maison, elle les a toutes lâchées dans la cour d'honneur au moment où papa descendait le perron.
Je ris sous cape en attendant la suite.
– Il s'est mis à brailler comme un putois : « Mais que faites-vous ? Qu'est-ce que c'est que ce foutoir ? » Et maman lui a répondu calmement : « La prochaine fois que vous tuerez l'une de ces poules, vous ne reverrez plus votre chien ! Rassurez-vous, je ne lui ferai aucun mal, moi ! » Tu te rends compte, elle lui a dit tout ça en le regardant droit dans les yeux. Et puis, elle a refermé le coffre de sa voiture pendant que toutes les petites poules s'éparpillaient dans la cour.
« Bien joué, maman ! » pensai-je pendant que Sybil séchait ses larmes du revers de la main.
Puis elle ajouta :

– Ernestine qui avait suivi la scène de la fenêtre de la cuisine, m'a dit ensuite : « Tu n'as qu'à penser que ce sont les filles, les sœurs, les cousines de ta Lily et tu les aimeras pareil. »
– Ernestine a raison. Demain, tu me présenteras ta petite famille, mais, maintenant, retourne vite te coucher.

Le lendemain des obsèques, maman a demandé à tante Millie et à moi-même de lui éviter une corvée : celle de ranger les papiers de mon père dans le secrétaire de sa bibliothèque.
Ma tante jugea vite qu'il n'y avait rien à garder et brûla tout, au fur et à mesure, dans la cheminée où j'avais allumé un bon feu.
Moi qui avais cru mon père ordonné jusqu'à la maniaquerie, je fus plus que surprise de trouver un capharnaüm dans tous ses tiroirs où un lacet pouvait côtoyer un bouton de veste de chasse, des coupons d'alimentation, des timbres périmés, des agrafes et des punaises dans une boîte de cigares, etc. Je découvris aussi, parmi des réclames pour des rasoirs à main, nombre d'articles de journaux glorifiant le maréchal Pétain, qui prirent la direction du feu, comme quantité de cartes de correspondance qu'il avait reçues de sa mère.
Pendant que je jetais toutes ces babioles, me revint à l'esprit la manière dont mon père tirait la nappe, à table, pour effacer le moindre pli – même quand il n'y en avait pas. Je le revoyais aussi m'obliger – dès que je fus en âge de partager son couvert – à placer couteau et fourchette bien parallèles à mon assiette, cette obsession nous tenant lieu de seule conversation.
Je l'entendais encore me dire d'un ton sec : « couteau ! » « fourchette ! » ou « cuillère ! », comme un rappel à un ordre qui ne pouvait se confondre avec les bons usages. Et d'une voix impérieuse, résonnant dans une haute salle à manger,

terne et glaciale, celle qu'il avait toujours connue avec sa mère et qu'il fut interdit à la mienne de modifier à son goût. Je revoyais aussi les volets intérieurs toujours clos, été comme hiver – sa volonté encore. Pourquoi cette obscurité permanente, lugubre, qui nous obligeait du matin au soir à allumer des lustres de cathédrale ? Pourquoi s'était-il replié ainsi dans un monde d'outre-tombe ? me demandai-je.

Je me posais bien d'autres questions à son sujet quand, en finissant d'inspecter toutes les parties du secrétaire, je tombai sur un tiroir secret contenant un important paquet de lettres sous enveloppes, retenues par un ruban blanc. Non affranchies, elles étaient toutes adressées à mon père, d'une écriture régulière et fine.

Intriguée par cette correspondance soigneusement cachée, j'ouvris l'une des enveloppes pour découvrir aussitôt qu'il s'agissait de déclarations intimes. La lettre, non datée, que j'avais en main, commençait par « Mon cher amour » et était signée « Votre Alix ». Stupéfaite, j'en déduisis spontanément que mon père avait eu une maîtresse pendant son mariage et qu'il avait pris soin de dissimuler cette liaison à maman.

Je m'abstins de lire ces lettres, mais je fis part aussitôt de ma découverte à tante Millie qui ne manifesta aucun étonnement.

– Oui, c'était Alix de J., une excellente cavalière, follement éprise de ton père. Ils se sont connus très jeunes et se sont vus longtemps.

– L'avez-vous rencontrée ou en avez-vous seulement entendu parler ?

– J'ai fait sa connaissance, ici, où elle venait souvent à cheval, qu'elle montait soit en amazone, soit à califourchon. Elle avait une jument qui ressemblait à la tienne et que je gardais quand ton père et elle allaient se promener dans le parc.

– Et votre mère ne disait rien ?

– Au contraire, elle était enchantée. Pour elle, Alix avait

toutes les qualités requises pour devenir sa belle-fille : elle était bien née, aimait son fils et ta grand-mère vouait une admiration sans bornes au propre père d'Alix, un fervent catholique et ministre, connu pour avoir voulu imposer un crucifix dans toutes les classes des écoles publiques !
Je ris :
– Autrement dit, il était le meilleur ami de Jules Ferry !
– Tu as tout compris, répondit ma tante en rajoutant deux bûches dans la cheminée.
Puis elle ajouta :
– Ton père et Alix devaient se marier à la fin de la guerre.
– Pourquoi ce mariage n'a-t-il pas eu lieu ?
– À cause d'un drame. Un jour de 1943, Alix a fait une grave chute de cheval, qui lui a brisé la colonne vertébrale et l'a condamnée à vivre, d'abord alitée et à vie dans un fauteuil roulant. Mais, pour elle, son handicap ne remettait pas en cause ses sentiments pour ton père, ni leur projet de mariage.
– Et pour lui ?
– Je ne sais si ta grand-mère l'a dissuadé de continuer à fréquenter une jeune fille qui ne pourrait jamais avoir d'enfant et perpétuer la lignée des R. Elle voulait absolument un, des petits-fils. Toujours est-il que ton père a rompu tout lien avec Alix après son accident, a rencontré ta mère, l'a épousée assez vite, sans avoir eu le courage de l'annoncer lui-même à Alix. Elle l'aura appris par d'autres voix et s'est laissée mourir de chagrin.
L'indignité de mon père ne me surprenait pas. Je pensais surtout aux souffrances terribles qu'avait dû subir cette pauvre jeune fille brisée physiquement, moralement et dans son amour.
– Mais comment connaissez-vous l'issue de leur lien, puisque, au même moment, vous étiez sur d'autres fronts ? demandai-je à ma tante.
– Je te rappelle que fin 1944-1945, j'ai vécu pendant six

mois chez Éléonore. Là, j'ai rencontré un cousin d'Hélie, qui fut très amoureux d'Alix et qui se sera occupé d'elle jusqu'à la fin. Mais elle n'aimait qu'un seul homme et n'a pas supporté d'être abandonnée et trahie.

Je fulminais une fois de plus contre mon père, écœurée au-delà de tout par sa veulerie et sa goujaterie.

– Il faut préserver ta mère de cette découverte, m'a dit ma tante. Elle en serait trop choquée elle-même. Ces lettres ne regardant, au fond, qu'Alix et ton père qui ne sont plus, nous allons les brûler, comme le reste.

Pendant qu'elles partaient en fumée, en flammes bleutées, et que nous étions en pleines confidences, je saisis ce moment privilégié pour interroger tante Millie sur les activités militaires de mon père pendant la guerre. Mais je la remerciai d'abord de ne m'avoir rien confié de son vivant.

– Je n'en avais pas le droit, moralement, me répondit-elle, et ce n'était pas mon rôle. Sa mort me délivre de cette réserve et je comprends très bien ton désir de savoir, qui ne peut se confondre avec une simple curiosité. Moi aussi, j'ai voulu connaître cet épisode et j'ai fait mon enquête à l'insu même de ton père, puisqu'il n'aurait pas répondu à mes questions.

– Le pensiez-vous capable de travestir la vérité à son avantage ?

– Comment crois-tu qu'il a séduit ta mère, sinon auréolé de faits d'armes qu'il n'a jamais accomplis ? Ton père avait de la prestance, de l'entregent, qui plaisait aux demoiselles comme aux dames.

– Sûrement bien naïves !

– Je ne dirais pas cela de ta mère, mais il est vrai qu'elle était très jeune quand elle s'est mariée.

– Tante Millie, venons-en au fait car je sais déjà beaucoup de choses sur le mari, mais rien sur le militaire.

– Bon, comme il était pétainiste, il a naturellement servi l'armée aux ordres du gouvernement de Vichy. Dans l'infanterie que Napoléon qualifiait de « Reine des batailles ». Mais cette armée a été dissoute par les occupants à la fin de 1942.

– Qu'a-t-il fait, alors ? demandai-je.

– Il aurait pu rejoindre les militaires vichystes qui ont combattu aux côtés des Allemands les Forces Françaises Libres, en Afrique. Mais il a préféré retourner au bercail, aux côtés de sa mère, non loin d'Alix, probablement, et tout près des membres de la Wehrmacht qui avaient réquisitionné notre demeure. Je pense, même, qu'il les a très bien reçus, ces officiers allemands appartenant au même monde social que le nôtre.

– Voulez-vous dire qu'il aurait choisi une « collaboration *soft* » avec l'ennemi ?

– Si tu veux, car ton père – même démobilisé – respectait tous les soldats.

– Et ensuite ?

– Quand le vent a tourné en faveur du général de Gaulle, le cas de ton père – comme de tous les militaires qui avaient pris fait et cause pour le Maréchal – a été examiné par la commission d'épuration de l'armée. Mais il n'était pas assez gradé pour avoir à répondre plus sévèrement de ses responsabilités. Il fut « dégagé des cadres », selon l'expression consacrée.

– C'est-à-dire ?

– Rayé de l'armée. À trente ans.

Je recevais un autre coup :

– Quand je pense qu'il a toujours voulu nous faire croire à sa « brillante carrière militaire », alors que c'est vous, sa sœur, qui, à vingt-trois ans, avez reçu les plus hautes distinctions pour faits de résistance !

Ma tante ne répondit rien et se contenta d'allonger près du feu la jambe qui lui faisait mal.

Assise en face d'elle, les pincettes à la main, j'étais soulagée d'apprendre que mon père n'avait pas fait le jeu d'une colla-

boration active avec l'armée hitlérienne ou la Gestapo, mais je demeurais perplexe :
– Le frère et la sœur totalement antagoniques ! Être la fille de l'un et la nièce de l'autre, avouez qu'il y a de quoi avoir le tournis !
Sur ces mots, maman fit son entrée :
– Le ménage est-il terminé ?
– À l'instant même, lui dis-je, mais nous n'avons trouvé dans ses papiers aucune disposition testamentaire.
– Ce n'est ni grave, ni pressé, répondit maman. Mon notaire se chargera de tout cela. Maintenant, venez prendre un peu de thé.

Cette nuit-là, pendant que je ressassais les révélations que tante Millie m'avait faites au sujet de la vie sentimentale de mon père avant son mariage, je le revis en train de pleurer le long de la clôture du pré de Gipsy. Je compris, d'abord, que s'il était opposé à ce que maman me fît don de cette jument, c'était parce qu'elle lui rappelait celle d'Alix. Maintenant, ses larmes exprimaient-elles une nostalgie, un remords à l'égard d'une fiancée qu'il avait lâchement abandonnée ? Pleurait-il son grave accident ? Sa mort volontaire ? J'en doutais et je me dis que s'il avait été capable de susciter des sentiments amoureux, en revanche, je le croyais incapable de les avoir éprouvés lui-même. Un amoureux vrai, sincère, éperdu, n'aurait jamais laissé choir l'aimée dans de telles conditions. Au contraire, il aurait redoublé d'attentions, d'ingéniosité et d'amour pour lui rendre son infirmité et sa vie plus acceptables ou moins pénibles.
Il ne pleurait donc pas Alix. Il s'apitoyait sur son sort, ses échecs dans tous les domaines : son éviction de l'armée en raison de ses mauvais choix politiques ; son impopularité locale patente, – il n'y avait pas un chat à ses obsèques ; son incapacité à gérer et à mettre en valeur sa propriété viticole ; son indifférence au délabrement des toitures et

des murs, qui se serait accentué si maman ne les avait fait restaurer avec ses deniers personnels ; sa paternité déçue et vécue comme une odieuse blessure d'amour-propre, un double camouflet à ses mâles idéaux et conventions ; son mariage exclusivement intéressé avec une riche héritière qui aura fini par démasquer de manière cinglante et le personnage et ses desseins. Oui, il pouvait pleurer sur tout cela et sans le recours d'une adulation maternelle excessive. Grâce à celle-ci, il aura pu se croire, un temps, tout-puissant, irrésistible, invulnérable, alors qu'il n'était qu'un fat et un pleutre, qui ne m'aura transmis que sa manie des toilettes immaculées.

La mort de mon père ayant coïncidé avec les vacances de la Toussaint, j'avais encore quelques jours devant moi, alors que tante Millie avait déjà regagné Paris – non sans avoir conseillé à maman d'ouvrir tous les volets intérieurs de la maison pendant la journée pour chasser ainsi, et définitivement, l'atmosphère lugubre qui régnait dans toutes les pièces du rez-de-chaussée.

Maman allait faire mieux – une « iconoclastie » salutaire ! Elle réquisitionna ses filles et Léon pour l'aider à enlever de la maison le mobilier Empire, hideux vestige d'une belle-mère inconnue et objet de culte de l'époux défunt. Elle nous fit transférer les fauteuils et les chaises dans un grenier des dépendances. Les meubles les plus lourds furent déplacés par des professionnels :
– Ce grand tapis, aussi, Madame ?
– Oui, enlevez tout, sauf ces deux lampes.
Face au salon vide qui me parut immense, ma mère exulta, en tournant sur elle-même :
– Quelle magnifique salle de bal !
Pour la première fois, je remarquai les belles boiseries du salon et leur savant travail de panneaux et moulures. Je

vis aussi que les quatre portes de cette pièce étaient surmontées de trumeaux en bois sculpté, représentant, chacun, un thème : la musique, la peinture, les sciences et la littérature.
La présence de ces beaux symboles eut l'effet sur moi d'une résurrection, comme j'eus le sentiment, dans ce salon vide, d'être à l'aube d'une existence nouvelle qu'il nous appartenait de façonner à notre guise.
Oui, assurément, la mort de mon père était une délivrance ô combien manifeste chez maman qui redoublait d'énergie et fourmillait d'idées pour redonner vie et lustre à cette demeure.
Pendant qu'elle enlevait la blouse et le foulard qui l'avaient protégée de la poussière, je lui suggérai de dire un mot de réconfort à Léon et Ernestine « qui se demandent s'ils ne vont pas être remisés comme les meubles ! »
Au dîner suivant qui nous réunissait tous dans la grande cuisine, maman n'attendit pas que la soupe fût servie pour s'adresser aux intéressés :
– Je n'ai pas encore consulté mon notaire, mais je pense que je ne serai que la gardienne de ces lieux dont seules mes filles seront les propriétaires à leur majorité. Cela ne change et ne changera rien pour vous deux. Vous avez servi cette maison depuis mon mariage, vous avez pratiquement élevé Roxane et Sybil quand elles étaient toutes petites et au-delà, alors vous serez toujours des nôtres, si vous le désirez aussi. Demain nous ferons les comptes et reverrons votre régime de retraite, car je tiens à ce que vous ne manquiez jamais de rien.
Ernestine se réfugia dans la cuisine pour pleurer sans être vue. Léon se leva de sa chaise, la casquette à la main, s'inclina devant maman et lui adressa d'une voix émue :
– Merci, Madame.
Et il conclut en souriant :
– J'espère que mes pattes suivront !

Mais au moment où maman parla de comptes, j'eus le pressentiment que mon père qui rémunérait Léon, Ernestine et son régisseur, avait rogné sur leurs gages – tout en ne se privant de rien, lui-même.

Je voulus en avoir le cœur net.

Le lendemain matin, à la première heure, j'allai trouver Léon dans son potager.

– Qu'est-ce que tu as, ma Roxane, tu as l'air toute chamboulée ?

– J'ai peut-être quelques raisons. Tu m'as toujours dit la vérité, n'est-ce pas ? Ou alors, tu as préféré te taire ?

– Oui. Pourquoi ?

– Je veux savoir si mon père t'a toujours versé la totalité de tes appointements, ainsi qu'à Ernestine ?

Embarras de Léon qui se frotta la joue avec une main terreuse.

– C'est que…

– C'est quoi ? lui demandai-je, fermement.

– Tu sais, on ne voulait pas perdre notre place… Si on avait réclamé…

– Merci, Léon. J'ai compris !

Je revins en courant à la maison pour débouler dans la chambre de maman et lui dire que ses comptes avec Léon et Ernestine commenceraient par le règlement de leur dû.

– Comment cela ? demanda-t-elle en enfilant ses bas.

Et je lui racontai mon entrevue avec Léon.

– Ce que tu dis ne m'étonne pas. Je l'ai supposé aussi, mais je n'avais pas accès au cahier des charges de ton père. Au fait, l'avez-vous retrouvé dans ses papiers ?

– Non.

– Ne t'inquiète pas. Je vais arranger cette affaire tout à l'heure.

J'embrassai maman furtivement sur une joue parfumée et dès que j'eus refermé la porte de sa chambre, je l'entendis maudire mon père, à voix haute : « Quel voleur ! Quel rat !

Il aura abusé tout son monde ! Que le diable l'emporte ! » Ses invectives faisaient écho à ma propre rage que j'égrenais dans un soliloque intérieur. En dévalant l'escalier, je remerciai le ciel d'avoir mis un terme à la vie de ce père. Il aurait eu cinquante ans dans quelques jours. « Trop tôt pour mourir » penseront certains. « Beaucoup trop tard ! » me dis-je.

Au retour de l'une de mes promenades avec Gipsy, je demandai à Sybil de me montrer l'endroit où elle avait enterré sa Lily.

Je m'attendais à voir un petit monticule discret dans un coin de la basse-cour, mais elle m'entraîna devant une pyramide ! Des pierres qu'elle avait ramassées dans les vignes et qu'elle avait cru bon d'agrémenter de fleurs artificielles, d'un goût douteux. Ne voulant pas la froisser ni la décevoir, je lui demandai où elle avait déniché ces fleurs.

– Au cimetière du village ! me répondit-elle fièrement.

– Comment, tu les as piquées sur des tombes ?

– Mais non ! soupira-t-elle. Je les ai prises là où les gens jettent les vieilles décorations de leurs tombes. Je ne sais pas comment ça s'appelle.

– Tu veux dire, dans le dépôt du cimetière ?

– Oui, c'est cela, on trouve de tout là dedans ! Tu ne trouves pas ces fleurs jolies ?

– Euh… Si tu veux mon avis, je préfère les pierres aux fleurs de faïence et une tombe à la taille de Lily, me…

– Écoute Roxane, m'interrompit-elle, entourée des dernières poules naines. Si les Égyptiens ont construit de plus grandes pyramides en l'honneur des chats qu'ils adoraient, je ne vois pas pourquoi une poule naine, tout aussi adorée, mais sauvagement assassinée, ne mériterait qu'un trou !

– C'est un argument et je te l'accorde, mais les Égyptiens ne recouvraient pas leurs tombeaux de fleurs artificielles, que je sache.

– Tu n'as pas compris que je n'ai pas besoin d'arroser celles-

ci et que si je mettais de vraies fleurs, elles seraient aussitôt picorées et piétinées par cette marmaille ?
Celle-ci escaladait et descendait allègrement l'édifice en l'honneur de Lily, bousculant pierres et fleurs sur leur passage, de sorte que je pouvais sérieusement douter de la longévité du mausolée.
– Bon, Sybil, je ne sais pas ce que tu feras quand toutes ces petites poules disparaîtront, mais cette basse-cour ne pourra accueillir dix autres monuments de cette taille.
Sybil haussa les épaules pendant que la volaille naine continuait à profaner ou à rendre hommage à Lily.

En enlevant ma veste, après avoir refermé la porte de ma chambre, je trouvai dans l'une des poches une feuille de papier soigneusement pliée en quatre. Un papier quadrillé, parcouru d'une écriture penchée que je ne connaissais pas. Celle d'un élève appliqué, avec des majuscules à l'ancienne, comme je les avais apprises à l'école primaire. Et je lus :

« *Ma Roxane,*
C'est la première fois que je t'écris et au stylo à bille, excuse-moi, mais il y a des choses que l'on ne peut pas dire en paroles.
Je n'ai pas attendu le décès de Monsieur pour penser ce que je pense depuis longtemps et ce n'est pas parce que tu as toujours été ma préférée.
Je veux donc te dire que si j'ai beaucoup de respect pour Madame qui est si bonne pour nous, pour moi, tu es la vraie patronne de cette propriété. Tu y es née, tu connais la terre, tu l'aimes et tu as une tête.
Je ne sais pas ce que tu feras après tes études, mais je serais le plus heureux des jardiniers si je pouvais continuer à travailler ici et à ton service.
Ton Léon »

J'embrassai cette lettre, puis je la glissai précieusement dans un beau porte-documents en cuir brun, que Zaskia m'avait offert, un jour.
Certes, je savais ce que je représentais pour Léon, mais ce qu'il me livrait là était plus qu'une reconnaissance : une sorte d'adoubement moral d'autant plus sacré, à mes yeux, qu'il m'était décerné par un authentique homme de la terre, mon premier éducateur-conteur et mon unique « nounou ».
Après une nuit sans sommeil et sans écrits en raison de toutes les pensées qui agitaient mon esprit et concernaient l'avenir de la propriété, comme le mien, j'attendis le chant du coq pour rejoindre Léon affairé à la énième réparation de sa guimbarde.
– On fait l'économie d'une enveloppe et d'un timbre maintenant ? l'apostrophai-je en plaisantant.
En guise de réponse, il bredouilla je ne sais quoi, tout en rafistolant un trou dans la bâche.
– Moi aussi j'ai quelque chose à te dire d'important : je reste !
Il jura dans son patois natal, avant de me demander :
– Pour toujours ?
– Pour toujours !
Il lâcha son ouvrage dans un deuxième juron, me serra fort dans ses bras, sans sa casquette, sans un mot, et je pus voir une larme couler sur son visage radieux.
– J'ai aussi autre chose à te dire Léon : ton orthographe est en meilleur état que ton tacot…

Comme je m'y attendais, maman accueillit ma décision avec enthousiasme :
– Tu ne pouvais pas m'annoncer meilleure nouvelle, ma grande chérie, mais je présume que sans la mort de ton père, tu serais repartie à Paris, non ?
– Oui. Vous savez bien que mes études loin d'ici étaient aussi une manière de fuir sa présence. Maintenant qu'il

n'est plus là, je me sens chez vous, chez moi dans ces lieux et cela change tout. Et puis, mais je vous le dirai plus tard, j'ai des projets très intéressants pour cette propriété et qui seront tout à fait compatibles avec une vie de scribe !
– J'ai hâte d'en savoir plus, mais comment vas-tu organiser ton déménagement puisque, d'après ta tante, tu as plus de livres que de vêtements et que tu ne pourras les transporter ni dans ta voiture minuscule, ni dans la mienne ?
– Je vais louer une camionnette. C'est aussi simple que cela !
– Dis-moi, ne dois-tu pas prévenir l'administration de la Sorbonne ?
– Ce n'est pas une obligation puisque l'on peut interrompre les études universitaires à tout moment. Mais par correction, j'enverrai un mot au professeur de grec que j'aimais bien.

La moins emballée par mon retour au bercail fut naturellement Sybil qui s'était bien habituée à son statut de fille unique pendant mes absences :
– Oh, la barbe, alors ! Tu vas toujours être sur mon dos !
Je ris d'un rire sarcastique, avant de prendre un air et un ton d'épouvante :
– C'est là un moindre châtiment, pauvre petite victime trop gâtée ! Si vous saviez ce que je vous réserve ! Des tortures mentales de toutes sortes qui hanteront vos jours et vos nuits et vous obligeront à quémander – que dis-je ? –, à supplier votre aînée de vous accorder sa clémence et il n'est pas sûr qu'elle y consentira…
La victime en question s'enfuit vers la cuisine en criant : « Ernestine, Ernestine ! Roxane me terrorise ! »

En roulant vers Paris dans une camionnette blanche, je pensais à toutes les raisons qui devaient muer mon envie de vivre là où j'avais fait mes premiers pas, en un désir irrépressible. J'étais, bien sûr, viscéralement attachée à notre propriété dont je connaissais les moindres recoins et ceps de vigne. Attachée au point de me sentir déracinée, ailleurs, en particulier dans toute ville où il m'était impossible d'ouvrir les fenêtres, le matin, sur une végétation dense et aux couleurs changeantes selon les saisons, de respirer des odeurs d'humus, de résine de pins, de feux de bois, d'entendre les chants des oiseaux, le bourdonnement incessant des abeilles à la floraison des tilleuls... Oui, je voulais retrouver tous ces trésors inestimables et plus que cela, puisque la mort de mon père augurait une nouvelle ère de créations, de rénovations, d'activités, d'embellissements que méritait notre propriété. Non que je voulusse marquer de mon empreinte les changements à venir, mais chasser à jamais le voile de tristesse qui recouvrait nos murs, et de manière plus insinuante et diffuse que le plus épais des brouillards. Libérée de l'obligation de subir un deuil auquel même les grenouilles de l'étang semblaient indifférentes, je désirais insuffler à nos lieux une vitalité, un enchantement tel qu'il défierait, pour l'anéantir, la morosité accablante que j'avais connue jusque-là. Il en allait aussi de mon propre équilibre.

L'autre raison – et non la moindre – pour laquelle je devais tourner la page de ma vie parisienne, c'est qu'il m'était plus facile d'écrire mon histoire d'amour avec Salomé dans ma chambre donnant sur les vignes que dans celle dont je disposais chez tante Millie. Je l'avais constaté les derniers jours, à la maison. Sans doute cet éloignement géographique me permet-il de mieux tenir à distance mes émotions et, de ce fait, d'être plus rigoureuse avec ma plume. Et puis, la douleur attachée à la disparition de Salomé étant encore vive – même si elle n'est plus perceptible en apparence – me conduit à rechercher préférentiellement un environnement vierge de tout souvenir avec elle. Vous me direz, peut-être, que je lui donne rendez-vous tous les jours sur une feuille blanche. Certes, mais cela ne peut se comparer avec le fait de revoir de près le Théâtre des Champs-Élysées, notre hôtel, rue du Cherche-Midi, ou tout autre lieu hautement chargé d'exaltations révolues. Or, je ne peux écrire cet amour qu'au présent, et, à elle seule, ma mémoire n'annulera pas le chagrin, mais comblera le gouffre qui aurait pu m'anéantir. Quant à mes études à la Sorbonne, je ne regrettais en rien d'y mettre un terme. Elles ne m'étaient pas nécessaires pour écrire ce que j'avais envie d'écrire – mon sujet dût-il faire se retourner dans leur tombe les auteurs au programme de lettres classiques ! Je m'étais assurément fourvoyée dans cette voie puisque les seules personnes dont je retenais l'enseignement primordial se résumaient à tante Millie, Zaskia et Salomé, où se conjuguaient l'art de vivre et d'aimer, l'esprit, l'érudition, l'histoire vécue, le talent, l'humour ravageur, dans les plus hautes civilités.

Je craignais, toutefois, d'attrister ma tante par ma désertion soudaine et sans préavis. Mais, à ma grande surprise, elle l'accueillit comme un fait inéluctable :

– Vas vite prévenir notre épicière pour qu'elle te réserve tous ses cartons et cageots vides. Tu en auras besoin pour transporter ta bibliothèque !

« Du tante Millie tout craché ! » me dis-je en souriant et en reprenant l'ascenseur. « Je suis sûre qu'elle n'est pas du tout insensible à mon départ, mais elle préfère masquer ses sentiments par un détail pratique. »

Au cours de notre dernier dîner, je lui racontai l'autre déménagement que nous avions fait avec maman, Léon, Sybil et quelques bras forts.

– Il était temps ! Très bonne initiative ! me répondit-elle.

– Le salon tout vide est magnifique et j'ai, enfin, pu découvrir ses boiseries et ses trumeaux.

Ma tante en énuméra aussitôt les motifs et leur emplacement exact, avant de me préciser qu'il manquait un morceau de caducée sur le trumeau des sciences.

– Un bon ébéniste pourra s'en charger, mais il faudra bien remeubler ce salon, me dit-elle, en touillant la salade.

– J'ai mon idée ! Comme rien ne vous empêche maintenant de revenir plus souvent dans notre maison natale commune, c'est vous qui allez vous en charger !
– Comment cela ? Mais je ne me permettrai pas de me substituer à ta mère ! C'est elle qui va gérer désormais vos biens jusqu'à ta majorité et celle de ta sœur.
Je persistai :
– Vous savez parfaitement, ma chère tante, que maman n'aime que le mobilier contemporain. Mais ce serait une autre offense aux boiseries. Cela ne l'empêche pas de louer votre « goût », votre « raffinement extrême ». D'ailleurs, je me demande bien où vous les avez dénichés !
Elle sourit.
– Bon, nous verrons, mais je n'interviendrai qu'à la demande express de ta mère !
Je triomphai d'une réserve de pure forme. Je savais que tante Millie aimait bien se faire prier – sa seule coquetterie – comme j'étais certaine que sa maison natale n'était pas tout à fait morte pour elle.
Après quelques secondes de silence pendant lesquelles les dernières feuilles de scarole disparurent, je me plaignis de ne pouvoir joindre Zaskia.
– J'aurais aimé l'embrasser avant de partir.
– Elle a pris quelques jours de vacances en Toscane.
– Seule ?
– Je n'en sais rien !
Et manifestement, elle ne voulait pas le savoir.
– A-t-elle appris la mort de mon père ?
– Bien sûr ! Nous nous appelons très régulièrement – même quand elle est au bout du monde, comme tu le sais.
– Je présume que si vous n'avez jamais proposé à Zaskia de vous accompagner à la Révillière, ce fut pour lui éviter une confrontation pénible avec votre frère. Ou y a-t-il d'autres raisons ?
– Ton père n'aurait jamais reçu chez lui ce qu'il appelait

aimablement « Les Sémites – Arabes ou Juifs ». De toute façon, Zaskia n'a pas souhaité rencontrer ton père, même sans connaître ses idéaux et son parcours. Il lui aura suffi que je lui parle de mon enfance.
– Maman n'est ni antisémite ni xénophobe. Au contraire, elle est pour le mélange des ethnies et des classes. Seul moyen, selon elle, de contrer la dégénérescence des esprits et des sangs. Alors, j'aimerais beaucoup que vous veniez nous voir avec Zaskia. Mais elle sera obligée de partager nos repas dans la grande cuisine car il n'y a plus de salle à manger !
– Ah bon, cette pièce aussi a été déménagée ?
– Oui, tout l'Empire a été remisé y compris la vaisselle guindée qui refroidissait les plats les plus chauds !
– À qui le dis-tu !

Le dernier carton de mes affaires rempli et chargé, tante Millie me dit :
– Cette chambre sera toujours la tienne.
Elle tint à m'accompagner jusqu'à la camionnette dont l'arrière ployait sous la charge.
– Merci de saluer pour moi, Pepe, Elena et leurs enfants, car ils ne sont pas chez eux.
Au moment où je montai dans le véhicule, tante Millie sortit de l'intérieur de son manteau une grande enveloppe qu'elle me tendit :
– C'est l'histoire de la Révillière. Je l'ai écrite chez Éléonore, à la fin de la guerre, et j'y ai joint la généalogie de notre famille. Tu verras, il y a des choses intéressantes.
J'appréciais d'autant plus ce cadeau que j'ignorais encore tout à ces sujets, alors que j'avais demandé à plusieurs reprises à mon père de me donner quelques précisions. Mais Monsieur n'avait jamais le temps, alors qu'il n'avait rien à faire ! Je pense, qu'en réalité, il se fichait comme d'une guigne, non d'arborer sa particule et son titre comtal, mais

l'histoire de ses origines, comme celle de ses murs.
Dès que j'eus quitté Paris en adressant à ma tante « Je ne vous dis pas au revoir, mais à demain ! », je ne pus résister à l'envie d'ouvrir l'enveloppe et après avoir laissé derrière moi toute trace de vie urbaine, je quittai la nationale pour m'engager sur un chemin forestier.
Il y avait là quinze feuillets, tapés à la machine, que je parcourus d'une traite, avec l'intention de m'y attarder plus attentivement quand j'aurai regagné ma chambre.
Pour l'instant, je ne retins que l'épisode le plus tragique, celui où la Révillière fut incendiée pendant la Révolution et nos ancêtres d'alors fusillés avec tous leurs fermiers, à la lisière de notre parc. La seule héritière des ruines calcinées n'eut la vie sauve que d'être à ce moment-là en Angleterre où elle enseignait le français aux enfants de Lord et Lady W. Et c'est elle qui reconstruisit notre demeure actuelle, après avoir épousé à la fin du XVIIIe siècle, un fervent et encore opulent royaliste, porteur de notre nom.
Seuls avaient été épargnés du feu les bâtiments éloignés de la demeure principale : la ferme, les écuries et la basse-cour en demi-lune, datant, elles, des XVIe et XVIIe siècles.
En reprenant le volant, j'ignorais que ce dernier détail allait avoir d'importantes conséquences pour ma propre vie.

LA RÉVILLIÈRE

Ma première tâche en rentrant à la Révillière, fut de trouver un autre emploi pour Louisette. Je ne lui avais encore rien dit de mon installation définitive ici, car je ne voulais pas lui signifier brutalement que je n'avais plus besoin d'elle auprès de Gipsy. Elle m'aura rendu des services inestimables en un an et demi et il est normal que je me décarcasse pour elle dans le monde équin qui la passionne.
J'ai d'abord recensé tous les clubs équestres de la région et éliminé tous ceux trop éloignés du village, Louisette ne disposant que d'un vélo pour se déplacer.
Et je me suis rendue avec Gipsy au club le plus proche – sept kilomètres – magnifiquement situé à la pointe d'une île de la Loire, avec des bâtiments en bois, hangar, manège, sellerie et box compris.
À cette heure matinale et frisquette, les cavaliers ne se bousculaient pas. En me dirigeant vers une grande carrière, j'aperçus un homme trapu, de taille moyenne, vêtu d'une parka noire et verte – peut-être le responsable des lieux ? – en train de dresser un alezan.
Oui, c'était bien le maître du club qui s'intéressa plus à Gipsy qu'à ma personne :
– Très belle jument que je connais déjà, me dit-il d'une voix enrouée.
– Comment cela ?
– Je vous ai vue régulièrement galoper le long des berges quand j'observe la faune locale avec mes jumelles.
– J'ignorais que ma jument et moi-même faisions partie de cette faune ! répondis-je en souriant pour le dérider un peu, car je le sentais expéditif et peu enclin aux échanges aimables.
– Que me vaut votre visite ?
Et je lui fis part de ma démarche.
– Je ne prends pas de fille. C'est un boulot de garçon ! Gipsy racla le sol avec l'un de ses sabots. En guise d'impatience ou de protestation ? Quant à moi, j'eus l'envie de faire demi-

tour, mais je n'allais pas me laisser impressionner par ce bourru. J'insistai donc :
– Vous n'êtes pas sans ignorer qu'en Angleterre nombre de lads sont des jeunes filles.
– Ici, nous sommes en France !
– Monsieur, la jeune fille que je vous recommande est plus grande que vous et fait, à elle seule, le travail de dix hommes sans rechigner à la tâche. C'est elle qui panse ma jument quand je ne suis pas là et vous pouvez constater par vous-même le résultat. L'homme fit mine d'être très absorbé.
– Je ne vais pas vous déranger plus longtemps, mais sachez que je ne suis pas venue vous demander de l'embaucher sur-le-champ, seulement de la prendre à l'essai. Libre à vous de la garder ou non et libre à elle de vous quitter si vos conditions de travail ne lui conviennent pas.
L'argument fit mouche. Il se gratta la tête, puis lâcha :
– Bon, d'accord ! Qu'elle se présente demain matin.
Louisette accueillit la nouvelle de façon mitigée. D'un côté, elle était contente de tenter sa chance dans un club accueillant nombre de chevaux en pension et de ne pas se retrouver à la caisse de l'épicerie de sa mère, de l'autre, elle était triste d'avoir à se séparer de Gipsy et de ma personne.
– Écoute, Louisette, lui dis-je, si tu veux devenir lad d'un haras de pur-sang, ce n'est pas ici que tu gagneras tes galons. Et puis, rien ne t'empêchera de venir chez nous quand tu le voudras. Il faut quand même que je te précise que le responsable du club n'est pas commode. À toi de faire tes preuves, de t'imposer et je n'ai aucune inquiétude à ce sujet.
– Mais comment l'as-tu convaincu ? me demanda-t-elle.
– Ce n'est pas moi, mais toi et Gipsy puisque ce Monsieur aura vu que ma jument brille de tous ses feux ! Maintenant, si tu veux une preuve de fidélité amicale, je t'emmènerai au prochain concours international de dressage à S.

Peu avant Noël, maman nous réunit Sybil et moi dans la grande cuisine « pour parler de choses sérieuses ».
– Voilà, dit-elle, j'ai vu mon notaire, hier, et je vous confirme que votre père n'a déposé aucun testament, comme je peux vous dire ce qu'il en est pour chacune, aujourd'hui.
Elle s'interrompit pour demander à Sybil d'arrêter de se balancer sur sa chaise, puis elle reprit :
J'hérite du quart de l'héritage de votre père, en usufruit, dont vous êtes les nues-propriétaires.
– Je ne comprends rien à ce jargon ! bougonna Sybil.
– Fiche-nous la paix et laisse maman continuer, lui dis-je.
Restée seule avec l'administratrice de nos biens, je lui demandai si cela ne la contrariait pas de ne recevoir que des broutilles.
– Pas du tout ! Ce qui m'aurait vraiment ennuyée, c'est d'être à la charge de mes filles ou que ton père léguât la demeure pour en faire un hospice à l'usage de vieux militaires célibataires ou veufs ! (Je ris.) Comme tu le sais, je ne possède ni château en Espagne, ni villa en Toscane, mais de quoi vivre plusieurs vies, dans une indépendance totale. C'est inestimable. Et puis, maintenant que je sais de façon certaine que la Révillière vous revient, j'ai de sérieuses raisons de m'y impliquer encore financièrement et avec un plaisir décuplé.
Maman alluma une cigarette qu'elle écrasa aussitôt après s'être rappelé qu'elle avait cessé de fumer depuis peu. Et elle conclut :
– Mais d'abord, nous allons remeubler la maison et j'aimerais bien que ta tante vienne me donner un coup de main, car ce serait idiot de passer de l'Empire au pire !

Vous auriez pu vous demander, très chère, pourquoi je n'ai jamais nommé notre propriété, jusqu'ici, dans toutes les lettres que je vous ai adressées. Je viens de le réaliser tout récemment et la raison en est simple : cette demeure n'existe pour moi que depuis la mort de mon père. Comment aurais-je pu associer le rêve de Révillière au cauchemar que ce même père aura perpétué, surtout à l'intérieur de nos murs ? Ce n'est que maintenant que ce rêve prend tout son sens dans des pièces qui, même vides, exhalent une solennité légère et de joyeuses promesses.

Il est certain, également, que l'historique de la Révillière écrit par tante Millie, renforce mon appartenance à ces lieux en leur donnant une dimension onirique, une consistance et une valeur indissociables d'une longue chaîne d'événements et d'ancêtres dont je ne serai qu'un maillon, mais inoxydable, je l'espère !

Pour la première fois, Sybil fut autorisée à pavoiser la façade de la Révillière à Noël. Jusque-là, elle s'était heurtée à une opposition systématique de notre père : « Noël n'est pas le 14 Juillet ou une fête foraine ! » Au comble de l'excitation, ma sœur commanda cinquante lampions et autant de bougies, une quantité industrielle de papier crépon et des kilomètres de guirlandes argentées. Elle voulut acquérir aussi un père Noël, grandeur nature, qui devait escalader la façade avec une hotte pleine de faux cadeaux, mais point de père Noël alpiniste dans les magasins de N.

Je craignais le pire, dans le style de la tombe de Lily, et il advint. Seule Ernestine trouva le décor à son goût. Consternées, maman et moi n'avions jamais rien vu d'aussi kitsch. Léon se contenta d'observer sans rien dire.

Pour ne pas décevoir la décoratrice si fière de son œuvre, je lui dis que les illuminations aux fenêtres étaient du plus bel effet, mais je la mis en garde contre un deuxième incendie ! Le malheur est qu'elle ignore la modération. De sorte que nous nous sommes retrouvés avec de grosses fleurs en papier crépon de toutes les couleurs, fixées à l'entrecroisement des guirlandes, déjà en surnombre !

Heureusement, une violente rafale de vent arracha la plupart

de ces fleurs qui, après avoir virevolté dans la nuit, retombèrent fatalement dans la cour, en roulant sur elles-mêmes. La fixation des guirlandes ayant été plus qu'aléatoire, les fils argentés pendaient maintenant dans le vide, balayés par le vent qui s'était un peu calmé.
Et pour couronner le tout, nous eûmes droit à un feu d'artifice poussif. Il était temps que le spectacle s'achevât et pour moi, sur une certitude : je ne confierai aucune des rénovations futures de la maison à Sybil.
Je ne pensais qu'à Salomé sans rien en laisser paraître. Je songeais aussi à Madame F. dont c'était le premier Noël sans sa fille.

En relisant pour la énième fois l'historique et la généalogie paternelle que tante Millie avait reconstitués – nos archives ayant aussi disparu dans l'incendie de la maison –, j'avais découvert que la Révillière existait déjà au Moyen Âge, sous la forme d'un château fort entouré de fossés, comblés depuis. Ma tante n'avait pas retrouvé de dessins ou gravures montrant les diverses constructions ayant succédé aux premières, au fil des siècles. Mais des documents révèlent l'importance de la « seigneurie de la Révillière », avec une certitude : elle s'étendait, en terres et en bois, jusqu'à la Loire, et comportait de nombreuses fermes, ici et là, autour du fief principal. Seuls avaient survécu entre nos vignes et les écuries, la moitié d'un hangar, des soues, un puits et une bâtisse accolée à un préau.
Je m'étonnai d'être passée si souvent devant ces vieux murs sans les voir, comme s'ils s'étaient eux-mêmes fondus au chêne tricentenaire qui les précède.
Il était donc grand temps que nous fassions connaissance.
J'allais inspecter plus attentivement le bâtiment à trois corps, avec son toit d'ardoises – comme l'escalier extérieur conduisant au grenier. Je suis plutôt inculte en matière d'architecture, mais je pouvais voir, d'emblée, que cette mai-

son avait été remaniée à différentes époques. Loin de me déplaire, cette diversité rompait l'uniformité d'une construction immuable, en apportant une touche d'originalité et de poésie à celle-ci.
La façade avec ses ouvertures en tuffeau, témoigne d'un revêtement à la chaux, dont ne subsistent que quelques traces. Un détail charmant attira tout de suite mon attention, non loin de la porte d'entrée et en hauteur : deux nichoirs destinés aux pigeons. Ainsi ces volatiles pouvaient-ils élire domicile sous le toit même de leurs hôtes et les bercer de leurs roucoulements ! Mais, j'imaginais là plutôt d'élégantes et gracieuses colombes blanches qui n'achèveraient pas leur parcours dans une cocotte !
Avant d'entrer dans la maison, je fis d'abord un tour au grenier en empruntant l'escalier extérieur. Et là, ô miracle ! Je tombai sur une magnifique charpente avec deux croix de Saint-André – le deuxième miracle est qu'elle semblait en bon état malgré l'étanchéité douteuse du toit. Sur le mur gauche du grenier, j'allais découvrir, telle une sculpture, le haut du conduit de la cheminée avec ses fines briquettes roses, scellées à la chaux, le conduit lui-même, évasé à la base et s'élevant vers le toit en diminuant de largeur.
Je redescendis dans l'unique grande pièce du rez-de-chaussée pour admirer le vaste corps de la cheminée elle-même, tout en granit, et la sobre plaque en fonte, datée de 1640.
La terre battue du sol étant plus sûre à fouler que le plancher du grenier, je me mis à marcher de long en large, dans l'odeur un peu âcre d'un feu éteint, lorsque, soudain, j'eus une révélation et non de celle qui frappa un certain écrivain derrière un pilier de Notre-Dame-de-Paris ! Il s'imposa à moi, en effet, et dans un envoûtement immédiat, que je devais vivre dans cette maison.
En quelques secondes, j'imaginais tout ce que je pourrais entreprendre pour la rendre habitable et l'aménager à mon

goût. À vrai dire, je n'avais jamais aimé notre demeure et mon farouche esprit d'indépendance s'accommodait et s'accommode toujours mal d'une cohabitation avec la famille – malgré l'affection que j'éprouve pour maman. Je voulais avoir le sentiment d'être chez moi, dans un espace choisi et façonné à ma guise. Suffisamment à l'écart de la Révillière pour ne voir personne si je le désirais, ou alors, à ma convenance.
Et puis, la perspective d'être tout près de Gipsy fut aussi déterminante dans mon choix.
L'arrière de la maison dispose d'un espace ni trop grand, ni trop petit pour y concevoir un jardin. Et pour le rendre intime, me dis-je, je l'entourerai d'un muret avec les pierres des diverses ruines. Je demanderai à tante Millie de me faire des boutures de ses rosiers et je planterai un pin maritime dans un angle pour pique-niquer ou faire la sieste, un jour, sous son ombrage.
Emballée par ce que je venais d'entrevoir, je regagnai la Révillière en pensant déjà aux futurs travaux prioritaires. Mais avant de les engager, je devais d'abord achever mon manuscrit. Je ne peux faire deux choses sérieuses et prenantes à la fois, me dis-je, en traversant la cour.

Ma vie à la Révillière est réglée comme un métronome. Toutes les matinées sont consacrées à Gipsy. Après le déjeuner, j'écris six heures d'affilée – le minimum que je me suis fixé. Avant de me coucher, je m'attarde parfois dans la chambre de maman, ou alors, j'écris encore une heure ou deux.
Vie monacale, me direz-vous et je vous l'accorde. Mais sans cette discipline, mon manuscrit n'avancerait pas. Je crois avoir surmonté la difficulté majeure avec les scènes d'amour, en donnant plus à ressentir qu'à « voir ». Mais même si je m'adresse à tout lecteur, toute lectrice, je pense que seules les initiées comprendront, de l'intérieur, ces moments d'intimité entre femmes. Certes, j'ignore ce qu'il en est concrètement de l'amour entre un homme et une femme et je ne

dispose, de ce fait, d'aucun élément de comparaison pour étayer cette pensée. Rassurez-vous, je n'ai pas l'intention de passer aux travaux pratiques pour éclairer ma lanterne.
Je me donne trois mois encore pour achever ce manuscrit dans lequel je me serais impliquée totalement et parfois en pleurant, tant l'émotion est encore vive et crucifiante.

Vous me dites n'avoir reçu aucun signe de votre « diariste préférée » depuis votre arrivée dans la cordillère des Andes. Êtes-vous sûre de m'avoir indiqué la bonne boîte postale ? Vais-je être condamnée à recourir à un porteur qui mettra des années à vous joindre ? Alors, débrouillez-vous vite pour me donner le moyen le plus sûr de vous joindre.
Hormis le cadre montagneux grandiose où vous avez dressé votre campement, vous me donnez peu de précisions sur votre équipe de travail. Je sais seulement que vous assistez le chef de votre mission, avec deux Indiens chargés de l'intendance et une « charmante interprète », indienne, elle aussi. Je sais, également, que l'accès à ces hauts lieux vous aura demandé des jours de parcours à cheval et à pied et que vous êtes perchée à flanc de montagne dans des conditions climatiques assez rudes.
Vous me dites, enfin, que cette première mission durera huit mois et que vous regagnerez Madrid avant la suivante.
Puissions-nous nous revoir entre les deux. Je n'aime pas vous savoir si loin et dans un monde que je ne peux me représenter. Certes, je suis heureuse pour vous qui avez atteint votre objectif, mais s'il nous est impossible de correspondre, j'irai vous enlever et je n'aurai aucun mal à invoquer une raison suprême dans ce but.

Il était deux heures et je rentrais plus tard que prévu d'une longue promenade avec Gipsy, sous des bourrasques de vent, de pluie et de grêle. Au plus fort des intempéries nous nous étions abritées dans une grange abandonnée, car si nous avions poursuivi notre chemin, nous nous serions sûrement égarées : on ne voyait plus rien.
En courant vers la maison, trempée jusqu'aux os, j'aperçus une Coccinelle blanche, garée avant la cour et près de la voiture, une jeune femme de taille moyenne, les cheveux mi-longs, déjà grisonnants, vêtue d'une tenue de sport décontractée. En me voyant débouler sous les traits d'un épouvantail, elle me demanda si elle était bien au château de la Révillière.
– En effet, lui répondis-je en grelottant, que désirez-vous ?
– Je suis photographe de profession et je prépare une exposition sur les châtelains et châtelaines.
– Mon père ne pourra vous répondre, il n'est plus de ce monde, mais ma mère est là. Suivez-moi, j'ai hâte de me changer.
Maman refusa gentiment la proposition de la photographe :
– Je suis désolée, mademoiselle ou madame, j'ai épousé un châtelain mais je ne me suis jamais considérée comme telle pour avoir été élevée dans un autre milieu – tout aussi honorable. Mais vous allez sûrement trouver par ici d'authentiques vieilles branches !
La photographe sourit :
– En effet, madame, j'ai déjà une bonne liste !
– Vous êtes de la région ? lui demanda maman.
– J'y suis même née et j'habite à quinze kilomètres de chez vous, mais de l'autre côté de la Loire.
– Où votre exposition aura-t-elle lieu ? s'enquit encore maman.
– D'abord à N., ma ville natale. Ensuite, elle sera itinérante.
– Vous êtes donc assez connue, supposa maman.

La photographe haussa les épaules et répondit sans coquetterie ni forfanterie :
– On peut dire « assez », oui ! J'ai surtout le privilège de pouvoir choisir mes sujets ou mes thèmes et je suis la photographe attitrée d'une bonne maison d'édition parisienne.
Pendant cet échange, j'observais la jeune femme à laquelle je trouvai un certain charme dans sa façon d'être, simple, naturelle et de parler d'une voix claire, sans la moindre affectation. C'est une nature gaie et volontaire me dis-je en remarquant ses chaussures de montagne en cuir et à lacets, son pantalon de velours côtelé, beige, et un anorak ouvert sur un gros pull vert. Quel âge pouvait-elle avoir ? me demandai-je. J'optai pour une trentaine d'années.
Alors que je la raccompagnais à sa voiture, elle voulut savoir si je vivais là toute l'année et si j'avais mon propre cheval.
– Une jument, oui ! Que je monte régulièrement et toute l'année.
– Vous êtes étudiante à N. ?
– Non, je le fus un an et demi à la Sorbonne et maintenant, j'écris.
À ces derniers mots, je vis son visage exprimer un ravissement tout aussi fort que son étonnement.
– Écrivain, si jeune ? Mais c'est formidable !
– C'est aussi formidablement difficile ! rétorquai-je en riant.
Puis, en montant dans sa voiture, elle m'invita à venir la voir, chez elle « dans les quatre semaines suivantes, car, après, je serai par monts et par vaux », me dit-elle en me tendant sa carte ainsi libellée : « Gabrielle C. »

Quinze jours après cette rencontre sympathique, je décidai d'aller voir la maison de Gabrielle, avec Gipsy. Nous partîmes aux premières lueurs du jour, dans une campagne encore endormie et recouverte de givre.
Pendant que nous traversions les terres qui descendaient jusqu'à la Loire, je dis à ma jument que « tout cela nous appar-

tenait dans le passé », mais cette révélation n'eut pas l'air de l'émouvoir outre mesure. Tout au plus secoua-t-elle la tête en émettant quelques sons barbares.
Après avoir longé la Loire que l'on devinait plus qu'on ne la voyait sous un épais frimas, il nous fallut traverser un pont étroit et interminable. Comme je craignais les réactions de Gipsy face aux voitures qui ne ralentissaient pas en nous voyant, je dus redoubler de vigilance pour contenir ses écarts apeurés ou nerveux. Je n'avais encore jamais chevauché sur ce versant ouest et découvris une tout autre végétation dans un terrain escarpé : des conifères en nombre, des genêts encore verts, bien sûr, et pas une parcelle de vigne. Je vis aussi que toutes les toitures des maisons étaient en ardoises, alors que de notre côté la tuile romaine est prédominante.
Je trouvai non sans mal la maison, la dernière en haut d'une colline boisée de vieux pins et tout au bout d'un chemin tortueux, rempli de nids de poule. La voiture garée devant la porte d'entrée me tint lieu d'indication certaine. Je n'avais pas prévenu la photographe de mon arrivée car si les lieux ne m'avaient pas plu, j'aurais fait demi-tour. Mais plus que la bâtisse – en réalité, une longère – c'est son emplacement qui me séduisit le plus et la vue grandiose que l'on a de la Loire.
En entendant Gipsy hennir, Gabrielle sortit de sa maison.
– Ma jument vous a salué pour deux ! lui dis-je en mettant pied à terre
– Quelle bonne surprise ! dit-elle sur fond de sonnerie de téléphone. Excusez-moi, je n'en ai pas pour longtemps.
J'attachai les rênes de Gipsy au tronc d'un pin et attendis la fin du coup de fil en admirant le magnifique paysage – dont une île longiligne au milieu de la Loire, sans vache ni brebis, car nous sommes en période de crue.
Dès que je franchis le seuil de la longère, mon regard fut attiré dans l'entrée, par une grande photo, noir et blanc,

représentant le visage buriné d'une personne très âgée. Un vieil Indien ? Une vieille squaw ? « Ma grand-mère, me précisa Gabrielle. C'est elle qui m'a légué sa maison natale », ajouta-t-elle, quand la sonnerie du téléphone retentit à nouveau et je fus priée de l'attendre « quelques secondes, dans la grande pièce ».

Là, aucune photo sur les murs en pierres apparentes et cette sobriété que révélait aussi un ameublement succinct, me plut. Un bon feu brûlait dans l'âtre. Mais ce qui me frappa d'emblée, ce fut la présence de vieilles souches d'arbres, posées sur le sol, telles des sculptures. Des souches plus ou moins volumineuses, de formes tortueuses, traversées de veines aux teintes contrastées et de galeries de charançons.

Fixée sur ce décor insolite, je n'avais pas remarqué la présence d'un homme assis dans un canapé et manifestement très absorbé par la lecture de son journal. Je lui adressai un « bonjour » auquel il ne répondit pas. Comme je n'avais encore jamais rencontré un malotru, j'attendis qu'il pliât le journal pour voir à quoi pouvait ressembler ce charmant spécimen. Et je vis un barbu aux larges épaules, en train maintenant de se servir un verre de rouge tout en continuant à m'ignorer.

Nullement démontée par ces usages dinosauriens, je me débarrassai de mon imperméable et enlevai de ma culotte d'équitation quelques résidus de lichen et de foin de luzerne quand Gabrielle vint me chercher pour me montrer son « labo ». Mais avant d'atteindre ces lieux qu'elle avait installés dans une remise accolée à la longère, je lui demandai quel était ce plantigrade de la famille des ursidés que je venais d'apercevoir chez elle.

Elle éclata de rire :

– C'est mon ami. Il est topographe. Ce n'est pas un mauvais bougre, mais en ce moment il est d'une humeur de chien parce que je m'intéresse aux châtelains.

– Ah bon, pourquoi ?

– Il pense que cette exposition me monte à la tête et que je vais me laisser épater par « les fins de race », comme il les désigne. Excusez-moi !
– Vous voulez dire qu'il voit, vote et boit rouge ?
Nouvel éclat de rire, pendant que nous pénétrions dans une petite pièce où s'alignaient trois grands bacs blancs et des fils sur lesquels étaient suspendus une dizaine de photos noir et blanc.
Devant cette brochette de visages plutôt âgés, peu reluisants, en couple ou non, je m'exclamai :
– Mais ce sont des lumignons sur un tas de démolitions !
Et je demandai à Gabrielle si elle n'allait pas faire une satire de ce milieu honni par son compagnon.
– Non, pas du tout ! me répondit-elle, amusée. Vous n'avez ici qu'une toute petite partie de ce que je vais exposer et vous verrez qu'il y a aussi de très belles gueules.
– Au fond, vous avez raison de faire cette exposition maintenant. Dans peu de temps vos tirages auront une valeur historique.
– Comment cela ?
– Quand de faux châtelains s'installeront dans de vrais châteaux. Mais ils ne pourront jamais s'offrir l'histoire sociale attachée à des possessions nobiliaires, de sorte qu'ils seront toujours condamnés à ne jouer qu'un rôle de figurants sur la scène de leurs prétentions.
– Vous avez l'air très attachée à votre monde, me dit Gabrielle plus sérieusement.
– Au risque de vous surprendre, je suis surtout attachée au talent et à la personnalité que l'on peut rencontrer dans tous les milieux. Mais il est vrai, aussi, que j'ai une certaine tendresse pour les aristos fauchés, qui retiennent leurs persiennes avec des bouts de ficelle, qui vivent chichement dans de somptueuses demeures aux toitures ajourées et reçoivent tout importun avec un mousquet !
– Terriblement romantique tout cela ! ponctua Gabrielle en

réajustant les pinces qui soutenaient l'une de ses photos sur un fil.
– De l'extérieur, oui, lui dis-je. Un jour, je me souviens m'être rendue dans l'une de ces demeures où une vieille dame vêtue d'un tablier à carreaux et chaussée de pantoufles d'une couleur indéfinissable, est venue m'ouvrir la porte. Croyant qu'il s'agissait d'une domestique, j'ai demandé innocemment à voir la maîtresse des lieux. « C'est moi-même ! » me répondit-elle et sur un ton sans appel. Elle enleva son tablier, enfila des chaussures, réajusta son chignon et en quelques secondes elle avait retrouvé toute sa superbe. Voilà, la pénurie engendre l'art de donner le change.
– J'imagine bien la scène ! intervint Gabrielle. Qu'est devenue cette dame ?
– C'était la marquise de V. décédée peu après, mais je garderai toujours cette vision d'elle en tablier, sur une enfilade de portraits d'ancêtres et de très beaux meubles dans l'entrée.
– Je vous offre quelque chose ?
– Je veux bien un peu de thé, merci, mais je ne vais pas m'attarder. Vous avez du travail et moi aussi.
Et elle m'entraîna dans une cuisine qui, avec sa grande table centrale, semblait tenir lieu aussi de salle à manger.
– Je n'ai que du thé au jasmin, cela vous va ?
– Très bien !
Le plantigrade vint alors se planter dans l'encadrement de la porte et demanda d'un ton rogue à Gabrielle si le déjeuner était prêt.
– Non ! Si tu as faim, vas chez Marthe, lui répondit-elle d'une manière pas plus amène.
« Il y a de l'eau dans le gaz ! » me dis-je, gênée d'être le témoin d'une relation plus que tendue. Quand l'ursidé consentit enfin à nous laisser seules, je ne pus m'empêcher de lui lancer un : « salut, camarade ! » qui ne fit rire que Gabrielle.

Assise en face de moi, la tête penchée sur sa tasse de thé, elle me confia, qu'en réalité, son compagnon était surtout furieux qu'elle veuille le quitter. Elle me dit aussi qu'elle subissait de sa part un harcèlement odieux pour la culpabiliser ou vilipender son travail et elle se demandait comment elle allait pouvoir s'en débarrasser.
Je l'interrompis gentiment :
– Gabrielle, votre vie personnelle ne regarde que vous. Je suis venue pour voir votre maison et votre travail, car je ne connais rien à la photographie. D'ailleurs, j'aimerais bien, un jour, que vous me montriez comment un tirage sur papier peut sortir d'un rouleau de pellicule. C'est fascinant.
– Je travaille seule d'habitude, dans mon labo. Mais je ferai une exception pour une romancière, me dit-elle en souriant. En attendant, cela me fait plaisir que vous soyez là. Je croyais bêtement que les écrivains ne s'intéressaient qu'à leur prose. Ou alors, vous êtes une exception.
– Allons pour l'exception ! fanfaronnai-je ironiquement, avant d'enchaîner, vous êtes donc portraitiste, pourquoi ?
– D'abord, parce que je m'intéresse aux gens et parce que le portrait qui doit immédiatement refléter la personnalité du sujet, est difficile à réussir, aussi bien quand on prend la photo que lorsque l'on réalise le tirage sur papier. La moindre manipulation hasardeuse peut être fatale.
– Et le noir et blanc, c'est un choix aussi, j'imagine ?
– Une préférence où l'on a encore moins le droit à l'erreur.
– Avez-vous fait une école ?
– J'ai une licence en sociologie, mais j'ai toujours été passionnée par la photo. Là, pas d'école. Un apprentissage de quelques années chez un photographe spécialisé dans les communions et les mariages. Un travail alimentaire où j'ai, tout de même, beaucoup appris. Parallèlement, je prenais des photos personnelles qui ont décidé de mon orientation, en alliant la sociologie et la photographie.
– Comment cela ?

– Je me suis lancée dans les photos thématiques à partir d'un métier donné. J'étais curieuse de voir comment la même profession peut être incarnée par des personnes très différentes. Et j'ai commencé par les vignerons, les ostréiculteurs, les mariniers, les tonneliers, etc.
– Mais être un châtelain n'est pas un métier, que je sache, objectai-je.
– Non, mais la démarche est la même.
– Avez-vous un studio ?
– Non, et je n'en aurai jamais. Je n'aime pas faire poser mes sujets. Je préfère les photographier au plus près de leur propre vie ou travail.
– Avec quel appareil ?
– J'en ai trois : un Leica, un Rolleiflex et un Hasselblad, tous gagnés à des concours, mais j'ai un gros faible pour le premier qui tient dans une poche comme un galet et demeure insurpassable pour les instantanés.
– Tiens, ma tante aussi a un Leica avec lequel elle a pris une très belle photo de ma jument. Mais je l'entends s'impatienter. Je vais donc vous quitter là en vous remerciant pour votre accueil.
– Je vous enverrai une invitation ainsi qu'à votre mère dont j'ai apprécié la réaction, me lança Gabrielle, alors que j'étais déjà en selle.

J'ai achevé, hier, mon manuscrit, à la fois soulagée et triste car il me semblait, qu'une fois écrite, mon histoire d'amour avec Salomé ne m'appartenait plus. D'un autre côté et au fur et à mesure où je parvenais à la mettre en mots, j'éprouvais une légèreté nouvelle qui me libérait d'émotions verrouillées et plombées par le chagrin. Maintenant, je pouvais mettre à distance la douleur qui ne m'avait pas quittée, comme si l'écriture avait eu le pouvoir magique de l'exorciser, sans pour autant l'annihiler. Elle demeurait en moi, tapie comme

une bestiole endormie qui ne pourrait plus m'assaillir ou me submerger, seulement se muer en puissante nostalgie. J'allais désormais remettre la photo de Salomé sur ma table de chevet, la regarder encore et encore, en bénissant le ciel d'avoir été aimée de cette femme, si totalement, si intensément que la seule évocation de cette force me procurait un bienheureux vertige. Je remerciai aussi le ciel que tant de beauté me fût accordée et à la faveur d'un mystère insondable. En regardant encore et encore ces mains splendides courir sur le clavier, je me dis que la résonance fulgurante née de notre rencontre, avait maintenant fait place à un astre.
Après la photo, l'intaille. Je n'avais pas ouvert la petite enveloppe blanche depuis que vous me l'aviez remise. Revoir cette bague, intacte, fut un choc, bien sûr, mais je l'ai spontanément glissée à mon annulaire droit en pensant que Salomé ne me la rendait pas : elle me confiait une part intangible d'elle-même.
Ne pouvant pas me détacher du manuscrit, je le gardai encore une quinzaine de jours avant de l'adresser à mon éditeur. En lui postant ce paquet de deux cent cinquante pages, j'eus le sentiment non de jouer mon avenir de scribe, mais ma propre vie.
Désemparée, je fus tentée d'appeler Gabrielle et me ravisai aussitôt. Je la connaissais à peine, elle vivait une autre vie et ne comprendrait pas la mienne, pensai-je. Au mieux, elle resterait à l'écart, au pire, elle me considérerait comme une bizarrerie de la nature. Non, me dis-je encore, si elle veut vraiment savoir qui je suis, elle me lira. C'est tout !

À la suite d'un enlisement avec ma Mini dans un chemin de terre détrempé et raviné par des roues de tracteur, j'ai persuadé maman que si cette voiture était imbattable pour la conduite et le stationnement en ville, en revanche, elle n'était pas indiquée pour battre la campagne, surtout en hiver.
– Par quoi veux-tu la remplacer ? me demanda-t-elle.

– Par un break Amazon qui conjugue les avantages d'une berline et d'un véhicule utilitaire. Songez qu'il peut supporter une charge de près d'une demi-tonne ! dis-je avec enthousiasme.
– As-tu l'intention de déménager ce qu'il reste dans la maison ?
– J'ai d'autres projets ici, dont je vous parlerai plus tard, répondis-je en riant. En attendant, si j'ai eu de la chance de sortir de ce bourbier grâce à Gaston, à son bourrin et à une corde attachée à son bât, je ne vais pas forcément trouver des Gaston et des chevaux de trait chaque fois que je serai embourbée.
– Bon, ton break est encore une voiture étrangère ?
– Oui et je citai la marque.
– C'est déjà une bonne référence, une garantie de sérieux, convint-elle.
– Mais comment vas-tu te le procurer puisqu'il n'y a pas de concessionnaire de cette marque dans nos parages. Du moins, pas encore.
– Non, mais j'ai trouvé à N., un distributeur qui représente plusieurs constructeurs étrangers dont celui-ci. J'ai vu le break et j'ai eu le coup de foudre autant pour le modèle que pour son nom.
– Si j'ai bien compris, tu l'as déjà retenu et je dois impérativement envoyer un chèque !
– Vous comprenez vite, dis-je en souriant, mais vous verrez que ce n'est pas un investissement à fonds perdus.

Dès le lendemain, je rentrais de N., au volant de l'Amazon d'un beau gris, qui me donna, d'emblée, un grand sentiment de sécurité, d'espace confortable et la certitude que je pourrais aller au bout du monde avec cette voiture réputée pour sa fiabilité et la robustesse de son moteur. Bien sûr, je ne pouvais pas encore m'offrir quelques pointes de vitesse pendant le temps du rodage. Mais comme je savais qu'il était essentiel de le respecter pour avoir de bonnes reprises, notamment, je m'armais de patience et me laissais bercer par le beau ronflement, sourd, régulier, profond, du moteur. Mais ce qui me plut par-dessus tout dans cette Amazon, c'était ce que l'on pouvait faire aussi du grand coffre : y dormir, seule ou à deux et pas en chien de fusil ; et de le faire en voyage, dans tout endroit isolé et sublime, au lieu d'avoir à dresser une tente ou d'aller à l'hôtel. Vous l'aurez compris, je suis très heureuse de cette nouvelle acquisition.

Contrairement à ce qu'il avait fait en recevant mes deux premiers manuscrits, mon éditeur demeura, un temps, étrangement silencieux. Un temps qui me parut si interminable que j'enrageais d'avoir adressé la chair de ma chair à cet homme, le seul, pour l'instant, à décider de son sort. Certes, je savais qu'en choisissant d'écrire dans un autre registre que celui des eaux lustrales, je me condamnais plus facilement au néant qu'au succès. Mais je n'avais pas encore mesuré jusqu'à ce manuscrit-là, combien ce choix équivalait chaque jour « à un saut dans le vide et sans filet ».
Je ruminais ces pensées, un soir, en allant me coucher, lorsque le téléphone sonna.
– Ah, c'est vous ? dis-je d'un voix faussement détachée. J'étais précisément en train de songer que mon manuel à l'usage de l'épouse et mère idéale avait dû fortement vous déplaire. Je l'entendis rire.
Il s'excusa alors de ne pas m'avoir appelée plus tôt en raison du « charme persistant » qu'avait suscité chez lui mon manuscrit et de son refus de prendre une décision « à chaud ». Puis :
– Je vais conclure en deux points. Un, la signature du contrat aura lieu tel jour de la semaine prochaine. Deux, j'aimerais déjeuner avec vous ensuite, car j'ai des questions à vous poser et des commentaires que je ne peux faire qu'en tête-à-tête.

Après cet appel et l'acceptation de mon manuscrit, je m'étonnai moi-même de ne pas m'être laissée étourdir par la bonne nouvelle. La raison en est pourtant simple. Je n'engageais pas que ma personne dans ces écrits, mais aussi Salomé qui n'était plus là pour me donner son avis et son feu vert. Je me sentais donc doublement responsable de ce que j'avais mis dans ce manuscrit : son être et le mien, sa peau et la mienne, avec le souci majeur de les faire respecter par tout lecteur, toute lectrice, alors que rien ne me le garantissait.
J'avais donc hâte de connaître, en détail, les appréciations de mon premier lecteur et éditeur.

– C'est une autobiographie, n'est-ce pas ? me demanda-t-il, d'emblée, dans son restaurant attitré.
– Oui, sauf la fin, car, en réalité, Salomé est morte dans un accident d'avion.
– Vous voulez dire qu'il s'agit de la grande pianiste dont vous avez changé le prénom ?
– Oui, c'est elle.
Il me regarda aussi impressionné que stupéfait :
– Pourquoi avez-vous changé la fin de l'histoire ?
Je préférai éluder cette question.
– Vous me sidérez vraiment. Vous avez l'âge de tous les tâtonnements, de tous les fourvoiements et voilà une histoire qui témoigne d'une maturité peu commune. Vraiment, je n'avais encore jamais rien lu de tel, d'aussi fort, d'aussi totalement neuf sur le sujet. Vous l'avez rendu évident. Le piège eût été d'en faire un objet de curiosité.
Je ne buvais pas ses paroles, mais un bon verre de blanc qu'il avait choisi. Je n'avais pas faim. Lui non plus et il poursuivit :
– Je pense, en réalité, que vous avez fabriqué une petite bombe salutaire, à effet immédiat ou différé. Je parie même que vous ferez nombre d'émules, car votre histoire est plus que fascinante, enviable !

Je retrouvai tante Millie avec un immense plaisir. Pour mon passage éclair à Paris et la signature de mon contrat, elle avait mis les petits plats dans les grands.
Je ne sais plus quel vin blanc de derrière les fagots trônait sur la table, car j'avais un peu forcé sur le breuvage de Madame D. Autrement dit, j'étais pompette sans être ivre et pour cacher ma griserie, je m'efforçai de me tenir très droite.
Ma tante qui connaissait ce signe par cœur, s'en amusait :
– Ma chère nièce n'est pas encore assez culottée. Mais je ne voudrais surtout pas que l'on m'accusât de l'avoir entraînée dans ce monde où elle pourrait se diluer à jamais. Les bonnes choses se goûtent à petites doses.
– Que vas-tu entreprendre maintenant, un autre ouvrage ?
– Non. Trois livres en à peine deux ans, cela suffit pour l'instant. Je vais m'accorder une pause pour restaurer la ferme et m'y installer.
– Excellente idée ! me dit ma tante. Cette maison a beaucoup d'âme et on peut en faire quelque chose d'intéressant. Qu'en pense ta mère ?
– Je l'ignore, vous êtes la première informée, répondis-je. Mais je suis sûre qu'elle n'y verra aucun inconvénient dès lors que je ne nicherai pas à Honolulu !
– Malheureusement, je ne pourrai te prêter Pepe. Le carnet de commandes de Monsieur est rempli pour la durée d'un plan quinquennal !
– Ne vous inquiétez pas. J'aurais sûrement préféré lui confier les travaux, car je le connais bien, mais d'un autre côté, et en tant que fille de la maison, je me dois de faire d'abord appel aux artisans du village.
– Tu as raison, me dit ma tante en rinçant ses doigts dans une coupelle d'eau citronnée. Et à propos de menuiserie, je te précise que je n'ai pas utilisé toutes les planches de chêne que j'avais fait débiter et sécher. Si elles sont encore là, tu les prendras pour ta bibliothèque.
– C'est un beau cadeau que vous me faites là. Merci.

Puis nous passâmes à un autre sujet.
– La mère de Salomé est-elle installée ici ? demandai-je.
– Oui. Elle a acheté le deux pièces que je lui destinais et Pepe en a fait un grand studio qui lui convient très bien.
– Vous la voyez souvent ?
– Non, car elle travaille beaucoup et tant mieux. En ce moment, elle est à Tokyo. Tu ne veux toujours pas la rencontrer ?
– Je lui enverrai d'abord mon livre.
– Mais, dites-moi, le disque de Salomé doit être sorti depuis longtemps, non ?
– Oui. Aude m'en a remis trois exemplaires : un pour toi, un pour Zaskia et un autre pour moi. J'ai gardé celui qu'elle te destinait car, à tort ou à raison, j'ai pensé qu'il te serait douloureux de l'entendre.
– Vous avez bien fait, d'autant que cet enregistrement concerne le récital où nous nous sommes rencontrées. Mais vous, qu'en pensez-vous ?
– Je comprends ton choc, ton bouleversement premier. C'est remarquable. Tiens, j'ai gardé pour toi tous les articles ou coupures de presse parus à la sortie du disque.
Et elle se leva pour aller chercher une grande enveloppe qu'elle me remit aussitôt.
Puis elle ajouta :
– Zaskia va t'apporter tous ceux écrits en anglais. Tiens, la voilà !
Je ne l'avais pas revue depuis la mort de Salomé, où elle m'avait veillée avec tante Millie. Nous tombâmes dans les bras l'une de l'autre, très émues. Comment pouvais-je oublier que Zaskia fut le premier témoin de mon éblouissement pour Salomé ?
– Je dois t'avouer quelque chose, ma grande chérie, me dit-elle. Tu me manques terriblement. Millie et moi sommes maintenant comme deux vieilles biques dans un pâturage asséché !

– Vous aussi vous me manquez, surtout nos conversations. Il faut absolument que vous veniez me voir à la Révillière.
Zaskia savait déjà que je venais de signer mon dernier contrat, le matin même. Tante Millie est pire que la CIA et le KGB réunis ! Zaskia m'en félicita en exprimant son impatience à me lire.
– Tu as abordé un sujet périlleux, mais je suis sûre que tu n'as pas remis une nullité à ton éditeur ! me dit-elle en trinquant avec moi, pendant que tante Millie mettait une musique endiablée sur son électrophone, une samba brésilienne, bien éloignée de ses goûts musicaux habituels.
– Ta tante est amoureuse ! me taquina Zaskia.
Nous passâmes la plus grande partie de la nuit à bavarder, à rire et encore à trinquer. Je ne pouvais mieux fêter mon contrat d'édition qu'en compagnie de ces deux femmes que je chéris particulièrement pour ce qu'elles m'ont et m'auront apporté chacune.

Comme je m'y attendais, maman accueillit favorablement mon envie de restaurer la Ferme pour y demeurer, mais elle me demanda si Sybil ne la convoitait pas aussi.
– Je m'en suis assurée. Les lieux ne lui plaisent pas et elle n'a aucune envie d'être isolée.
– C'est vrai, convint maman, elle ne s'éloignera jamais d'Ernestine !
– Il y a un problème, ajoutai-je : je voudrais commencer les travaux maintenant, mais je dois attendre encore un an avant d'avoir accès à mon compte bloqué. Pouvez-vous me faire une petite avance d'ici là ?
– Tu n'y songes pas ! me répondit-elle. Je prends en charge financièrement tout ce qui relève de la mise en valeur du patrimoine de mes filles. As-tu déjà contacté les corps de métier pour leur demander des devis ?
– Mais, maman, je ne l'aurais jamais fait sans d'abord vous en parler !

– Je ne sais toujours pas qui t'a élevée, mais j'apprécie le résultat, me dit-elle en souriant. Tiens-moi au courant du coût des travaux.

Sans jeu de mots, j'ai vraiment une mère en or massif ! Elle a englouti et va engloutir encore des sommes folles pour une propriété qui ne sera jamais la sienne, alors qu'elle aurait pu faire d'autres choix, surtout après la mort de mon père. Comment se serait-il débrouillé sans elle ? Nos toits seraient déjà des passoires et la corniche délabrée à la lisière de ces toits, servirait de perchoir à des corneilles en nombre et à leurs criaillements stridents. En faisant refaire cette corniche en tuffeau, comme elle l'était à l'origine, maman aura définitivement chassé ces oiseaux sans grâce qui nichaient là, aussi, dans un effroyable vacarme et un incessant ballet de deuil.

Le mécénat maternel avait eu bien d'autres applications heureuses sans que jamais elle ne s'en attribuât le moindre mérite. Je me rappelais qu'elle laissait mon père dire qu'il avait fait ou allait faire telle rénovation, mais personne n'était dupe.

Bien que je me sente la fille de tante Millie – et pas seulement physiquement – je suis aussi heureuse d'être la fille d'une femme qui me surprend tous les jours et dont la générosité ne se limite pas aux siens. Ainsi, ai-je découvert à son insu qu'elle préférait aider des associations caritatives plutôt que d'aller à la messe – « Il y a trop de misère dans le monde ! » se plaint-elle souvent – tout en apportant discrètement sa contribution généreuse aux plus démunis.

Dès que j'eus le feu vert de maman pour mes travaux, je fis appel à mon bottin local – Léon.

Après lui avoir confié mes projets, je lui demandai de m'indiquer un couvreur, un maçon et tailleur de pierres, un plombier, un électricien :

– Pas de bricoleurs du dimanche, de vrais artisans à l'ancienne, précisai-je.

– J'ai compris ! Tu ne veux que des as et tu les auras, ma princesse. En plus, ce sont tous de bons copains – surtout Basile, le frère aîné de l'épicière. Il est compagnon, menuisier-charpentier, on ne peut pas faire mieux dans son rayon !

En un rien de temps, les artisans furent réunis à la Ferme où les présentations s'avérèrent inutiles – chacun d'eux me connaissait depuis mon plus jeune âge.

– Voilà, messieurs, commençai-je. Je n'ai pas d'architecte et je n'ai pas griffonné un plan quelconque, car je sais exactement ce que je veux. Vous me direz si cela est réalisable. Je souhaite m'installer ici à la Saint-Jean – même de façon rudimentaire –, je peaufinerai les lieux en les habitant.

Après ce premier contact et le premier aussi de ma vie où je n'étais entourée que d'hommes tous plus âgés que moi, Léon arriva avec une bouteille de muscadet qu'il déposa dans le foyer de la cheminée, avec des petits verres droits. Là, les langues se délièrent un peu et nous trinquâmes allègrement aux travaux à venir.

Basile, le menuisier, me plut d'emblée, autant en raison de sa parenté avec Louisette dont il me donna de bonnes nouvelles – « Elle se plaît dans son club et va faire du dressage » – qu'à sa façon de tout apprécier au premier coup d'œil.

Je ne pus résister à l'envie de l'entraîner dans le grenier pour avoir son avis sur l'état de la charpente dont il admira la croix de Saint-André :

– Ça c'est du travail ! dit-il en connaisseur. Et pas un clou, que des chevilles, mais il faudra quand même traiter le bois.

– Sans le teinter, je l'espère, car je l'aime ainsi, naturel. Et les voliges ? demandai-je.

– Alors, là, elles sont toutes à refaire ! Regardez, elles sont gorgées d'eau. Je serais vous, je les remplacerais par du cèdre. C'est plus coûteux, mais vous n'aurez pas à les changer de votre vivant.

– Dernière précision pour aujourd'hui : j'ai l'intention de faire de ce grenier un bureau-bibliothèque, bien isolé. Mais vous voyez qu'il y a très peu de lumière par cette seule fenêtre. Je vais demander à Raoul d'en ouvrir une autre, toujours côté sud, qui équilibrera aussi la maison.

En me rendant à la Ferme avec mon break puisque j'avais l'intention ensuite d'aller à C., pour commander une assez grande quantité de tomettes du XVIIe, je croisai Léon qui me fit signe de m'arrêter.
– Que se passe-t-il ? lui demandai-je en baissant ma vitre.
– Ta Gipsy n'a pas mangé hier soir, ni ce matin. Elle tousse. Elle n'a pas l'air bien. Avec le temps qu'il a fait cette nuit, elle a dû attraper froid. Je l'ai rentrée au box.
À ces mots, mon sang ne fit qu'un tour et je rebroussai chemin pour appeler le vétérinaire qui me promit de passer dans la matinée.
En l'attendant, je filai aux écuries où je pus voir que Léon ne s'était pas trompé. Ma jument était mal en point, l'air abattu, elle qui, habituellement, tenait sa tête bien relevée, bien droite, avec un port insolent. Elle continuait à tousser, même par quintes, tout en étant parcourue de frissons et de tremblements, malgré sa couverture.
Comme elle avait toujours eu une santé de fer jusque-là, son état inhabituel me déconcerta et m'inquiéta encore plus.
Je m'en voulais de l'avoir laissée au pré alors que les nuits printanières pouvaient se montrer redoutables.
Le vétérinaire arriva, enfin.
Après une première inspection de Gipsy sous le faible éclairage des écuries, il prit sa température qui indiqua une forte fièvre – 39 ° C – donc, une infection. Cela joint aux symptômes que j'avais déjà repérés, à l'exception d'un jetage nasal purulent qu'il nettoya avec une serviette, lui permirent de diagnostiquer une bronchite.
– Souffre-t-elle, docteur ?

– Non, elle est gênée, encombrée.
– Mais comment va-t-on la soigner ?
– Par des antibiotiques. Vous savez faire ces injections ?
– Pas encore, mais vous allez m'initier !
En quelques secondes, il fit une piqûre dans l'encolure de ma jument qui ne réagit même pas au contact de l'aiguille.
– Voilà, dit le vétérinaire. Ce soir, une autre injection, puis matin et soir pendant une bonne semaine. Si ça ne va pas mieux dans deux jours, vous me rappellerez mais, de toute façon, je reviendrai à la fin du traitement.
Il ne m'avait nullement rassurée en me disant cela puisqu'il émettait l'hypothèse de complications ou d'un mal plus grave.

Léon me rejoignit après le départ du vétérinaire.
– Alors ? me demanda-t-il.
– Ce serait une bronchite, mais si dans deux jours il n'y a pas d'amélioration, c'est que le mal est plus sérieux.
– Ne te fais pas de mouron, ma Roxane. Ta Gipsy est solide.
– Léon, sois gentil de m'excuser auprès des artisans. Je voulais acheter des tomettes, mais je vais chercher un lit de camp à la Révillière pour dormir ici, près de Gipsy. Je suis moins inquiète de près que de loin et je ne la quitterai pas avant qu'elle ne soit remise.
Léon me regarda en souriant et d'un air de dire : « Je te reconnais bien là ! »

Je ne vous dis pas tout ce qui m'a traversé l'esprit pendant ces deux premiers jours où j'ai naturellement imaginé le pire : perdre Gipsy après Salomé. La seule manière de chasser mes idées sombres était d'enfouir mon visage dans son encolure où j'alternais mots doux et supplications. Il me fallait la toucher, la sentir, la caresser, tout en l'adjurant de ne pas me lâcher.

Léon, gentiment, m'apportait des paniers de victuailles préparées par Ernestine et m'ordonna de manger un peu :
– Je n'ai pas envie de faire des piqûres dans ton encolure, tu m'entends ? plaisanta-t-il.
Lui seul savait ce que représentait Gipsy à mes yeux. Lui seul avait vu que l'arrivée de cette jument dans ma vie m'avait ressuscitée après votre départ à Madrid.
Après ces deux jours fatidiques et interminables, je repris espoir : la fièvre de Gipsy avait chuté et elle s'était remise à manger son foin.
Tout en continuant à lui faire ses injections, matin et soir, je pus commencer à me détendre, en dormant encore près d'elle. Elle ne frissonnait plus, ne toussait plus, ses naseaux étaient redevenus propres et, surtout, elle relevait la tête fièrement, après avoir abandonné cet air de chien battu, qui me lacérait le cœur.
Comme il s'y était engagé, le vétérinaire revint au bout d'une semaine et put m'annoncer que ma jument était « alerte et hors de danger », mais qu'en raison des caprices du temps où l'on pouvait encore s'attendre à des averses glaciales, il valait mieux la garder encore un peu dans son box.
Et je repliai mon lit de camp.

Les travaux de la Ferme allaient bon train. Raoul avait terminé la deuxième lucarne engagée et refait le conduit extérieur de la cheminée en fines briquettes roses, scellées à la chaux, avec un léger rebord saillant qui donnait de l'élégance à l'ensemble. Il piquait maintenant les restes de crépi sur la façade d'entrée, dont les pierres apparentes mettraient en valeur les ouvertures en tuffeau. Fulbert finissait de recouvrir la toiture de la demeure principale, avec d'épaisses ardoises cloutées sur les voliges en cèdre et s'apprêtait à refaire le toit du préau accolé à la maison. Quant à Basile, il avait déjà isolé le plafond du grenier, au-dessus de la magnifique charpente et revêtu le sol d'un parquet de chêne. On ne risquait plus maintenant de se retrouver au rez-de-chaussée en marchant dessus. C'est du solide !
De mon côté, j'avais fait analyser l'eau du vieux puits miraculeusement préservé de toute dégradation, eau qui, par sa qualité et son volume, allait pouvoir alimenter la maison.
J'avais également fait enterrer les fils électriques et de téléphone dans une longue tranchée, pour ne plus voir les poteaux qui défiguraient l'arrivée à la Ferme et aux écuries. Lors de ces travaux, la pelleteuse mit à jour des bris de vaisselle, de verre et, surtout, une écuelle à orillons, en étain un peu cabossé, mais non percé. La découverte d'un trésor de pièces d'or ou d'argent ne m'aurait pas plus émerveillée et attendrie que cet objet modeste, mais riche d'une histoire secrète et sûrement lointaine. Après l'avoir bien nettoyée, je la plaçai aussitôt sur le manteau de cheminée où elle trône en tant que premier élément de ma future vaisselle !
Je consacre beaucoup de mon temps à regarder travailler les artisans, en admirant leur savoir-faire, en apprenant le nom des différents outils dont ils se servent, parfaitement conçus pour leur usage particulier : varlope, racloir, ciseau à bois, maillet, scie à araser, etc. Tout cela sur fond d'anecdotes locales, toujours plaisantes. Je me sens parfaitement à l'aise avec eux et je crois qu'ils m'aiment bien en dépit

de notre grande différence d'âge et de celle de nos origines. En dehors des moments où je suis leurs travaux, je chine pour trouver des landiers, des pommelles anciennes, des targettes trilobées avec leur gâche, des crémones d'origine, des poignées de porte en cuivre, des clous martelés, un beau heurtoir pour la porte d'entrée qui sera entièrement en chêne... Les tomettes anciennes recouvriront tout le rez-de-chaussée et j'étais bien décidée à aider Raoul à les sceller en damier, sur un lit de sable. Ce serait l'une des dernières tâches à l'intérieur de la maison, qui laisserait à Gustave, l'électricien, le soin de creuser la terre battue pour y glisser les gaines de fils électriques et à moi-même, tout le loisir de laver les centaines de tomettes avec une brosse de chiendent.
En prévision de ce dallage, Raoul me demanda d'aller chercher des sacs de chaux grasse dans un entrepôt de matériaux de construction dont il me donna l'adresse. Il me dit également qu'il fallait un certain temps pour éteindre cette chaux avant de l'employer.

En arrivant à l'endroit indiqué, je ne vis ni l'entrepôt, ni les camions ou camionnettes stationnées là, ni les différents stocks de pierres exposés à l'air libre, mais un véhicule utilitaire blanc, du même constructeur suédois que mon break, et qui semblait revenir d'un rallye en Afrique. Intriguée par cette Duett que j'avais remarquée sur un catalogue, je me garai à ses côtés. Pour un peu, j'en aurais oublié le but de mon déplacement, car je fis le tour de cette « consœur » en la trouvant éminemment sympathique.
Puis, je me dirigeai à l'intérieur d'un immense hangar, devant des palettes de chaux de différentes marques, en demeurant perplexe : Raoul ne m'avait pas précisé le nom de celle que je devais lui rapporter. C'est alors que j'entendis, derrière moi, une voix de femme, impérieuse et rauque :
– Prenez la 15, c'est la meilleure !
En me retournant, je vis alors une fille sans doute un peu

plus âgée que moi, revêtue d'une combinaison vert amande, retenue à la taille par une ceinture en cuir tressé, les pieds chaussés dans des Pataugas, des socquettes en coton blanc rabattues sur les chaussures. Fine et de grande taille, elle semblait flotter dans cette tenue qui me parut du dernier chic, avec un petit foulard bordeaux et bleu, noué autour du cou. Ses cheveux mi-longs et châtains foncés semblaient n'avoir jamais été coiffés que par le vent et ses yeux, assortis à sa combinaison, avaient une expression mi-tendre, mi-ironique.

– Qu'avez-vous à me dévisager ainsi ? me demanda-t-elle avec un léger accent étranger.

– Écoutez, lui répondis-je, je ne crois pas que nous soyons dans des lieux spécialement fréquentés par des femmes, non ? Il est donc normal que je sois surprise de vous voir là – si vous n'êtes ni caissière, ni vendeuse ! À qui ai-je l'honneur ?

– À une extra-terrestre qui débarque fréquemment ici pour des raisons professionnelles.

– Cela ne me dit rien de précis, la narguai-je.

– Eh bien, je suis architecte et je m'appelle Scilly. Prénom bizarre auquel elle ajouta quelque chose comme « Borgia ».

– Pourquoi pas Lucrèce pendant que vous y êtes ! Je crois avoir le sens de l'humour, mais je n'aime pas que l'on se fiche de moi !

– Gente demoiselle, me répondit-elle en riant, vous avez trop de chien pour prendre la mouche !

Je fis semblant de n'avoir rien entendu et allai demander à un vendeur de charger des sacs de chaux 15 dans mon break.

Quand je revins à ma voiture, je vis la supposée Scilly Borgia porter allègrement sur ses épaules ses propres sacs de chaux et les placer à l'arrière de la Duett, comme si elle avait fait cela toute sa vie.

C'était donc sa voiture.

– Vous venez d'Italie pour chercher de la chaux en France ? lui demandai-je sur un ton moqueur.
– Oui, oui, c'est cela !
– Alors, comment se fait-il que votre voiture soit immatriculée dans notre région ?
– Parce que j'y travaille de temps en temps.
La force gracieuse qui se dégageait de toute sa personne, sa féminité puissante et qui n'avait rien de viril, comme le mystère attaché à ses origines réelles, me plurent et me donnèrent l'envie d'en savoir davantage sur ce phénomène roué et superbe.
– J'ignore toujours qui vous êtes et ce que vous faites me dit-elle en chargeant son dernier sac de chaux.
– Je suis en train de rénover ma future maison, vestige du XVIIe, avec certainement quelques rajouts.
– Vous faites ce travail vous-même ?
– Non, avec des artisans de mon village.
– Il faudra que j'aille voir cela, mais d'abord, je vous invite sur mon chantier où je dirige une équipe d'étudiants et d'étudiantes.
Elle sortit alors de l'une de ses poches un crayon et un calepin où elle nota l'endroit où la joindre, puis elle déchira la feuille et me la tendit avant de me demander mes coordonnées.
En les lisant, elle hocha la tête et me lança :
– J'étais sûre que vous ne sortiez pas d'une yourte !
Puis nous allâmes régler nos achats à la caisse où, manifestement, elle était connue comme le loup blanc. Elle tutoyait la caissière avec une aisance qui n'était ni de la désinvolture, ni de la familiarité et, encore moins, de la condescendance.
Avant de monter dans nos voitures respectives, elle se tourna vers moi en resserrant son petit foulard et en réajustant ses socquettes sur ses Pataugas :
– Si nos deux voitures de la même marque ont fait connais-

sance avant nous, c'est que nous devons nous revoir. Mais je vous dirai plus tard si je suis contente de vous avoir rencontrée !
Je n'allai tout de même pas la laisser avoir le dernier mot :
– En ce qui me concerne, je connais déjà la réponse : c'est non !

Pendant tout le chemin du retour, je ne cessais de penser à cette entrevue, en me disant que j'étais tombée sur un drôle de numéro. Je songeais aussi qu'il allait me falloir affûter sérieusement mes répliques avec elle pour soutenir son esprit sûrement plus rapide que sa Duett !
Mais ce sont les détails physiques chez elle qui m'intriguaient le plus : sa démarche féline, son sourire carnassier sur des dents étincelantes, sa bouche gourmande et, surtout, cette curieuse balafre sur la joue gauche, qui lui donnait un air de pirate prête à tous les abordages, sabre au clair ! Car ce n'était pas une griffe de chat, mais bel et bien une longue incision, devenue un fin trait blanc avec le temps. Était-ce une séquelle d'un accident de voiture, de moto, de vélo ? Ou était-elle tombée sur un objet tranchant ? Mystère. À bien des égards, elle me fait penser à vous, par sa taille, ses grands pas décidés, une désinvolture qui n'est qu'une manière de masquer son professionnalisme. Je n'avais pas remarqué ses mains, protégées par des gants de travail en cuir beige. Mais l'harmonie de tout ce qu'elle portait ne m'avait pas échappé : à côté d'elle, en combinaison aux tons lagune, une fille dans la plus belle robe du soir n'aurait pas fait le poids.
En même temps, j'étais partagée entre la fascination et la curieuse méfiance qu'elle m'inspirait. Je ne savais vraiment pas sur quel pied danser avec elle et décidai, tout compte fait, de ne pas me précipiter pour la revoir.

Tante Millie m'appelait tous les dimanches soirs pour suivre l'évolution des travaux de la Ferme. Mais, cette fois-ci, elle m'annonça, un vendredi et d'une voix sourde, la mort d'Éléonore à la suite d'un infarctus. Elle ajouta qu'elle se rendait, dès le lendemain, chez elle et que les obsèques auraient lieu le lundi suivant.
Je lui proposai aussitôt d'aller la chercher à la gare et de la conduire – ce qu'elle accepta volontiers.
En cours de route, je dis à ma tante que je désirais être à ses côtés le jour de l'enterrement. Elle acquiesça.
Jamais elle ne m'émut autant que lorsque – après l'avoir laissée dans la cour de cette demeure si impressionnante par son ampleur et sa majesté – je la vis se diriger vers les marches du perron, seule dans ces lieux chargés pour elle de souvenirs heureux et tragiques, avec la lourde responsabilité d'en avoir désormais la charge. Je me dis, qu'avec la disparition de sa mère, Hélie mourait une seconde fois et que cela devait être une épreuve terrible pour ma tante. Mais au moins pouvait-elle se raccrocher à son sens du devoir accompli jusqu'au bout et selon les règles – les siennes. Je sus ensuite qu'elle veilla Éléonore deux jours et deux nuits entières dans sa chambre et qu'elle tint à l'habiller seule avant la mise en bière.
Il n'y avait que le personnel fidèle, aux obsèques. Les jardiniers, le chauffeur, portèrent le cercueil en le déposant quelques minutes dans le jardin clos, devant la plaque de granit dédiée à Hélie. Je clôturais la procession qui se dirigea ensuite vers la chapelle privée de la propriété, où Éléonore fut inhumée aux côtés de son époux, après une messe. Elle ne fut pas dite par le père Benoît, décédé depuis quelques années.

Quinze jours après, tante Millie arriva chez nous où elle resta près d'une semaine.
De mon côté, j'étais partagée entre le désir de respecter

son deuil et l'envie de savoir ce qu'elle allait faire de son héritage colossal. Car je ne la voyais pas habiter seule ce château qui pouvait accueillir une armée ! Je ne l'imaginais pas non plus consacrer le reste de sa vie à recevoir visiteurs et curieux que ce joyau de pierres attirait. Et enfin, il me paraissait inconcevable qu'elle sacrifiât sa vie parisienne, son appartement qui lui ressemble tant et son jardin sur le toit à une retraite même royale ! En outre, que deviendraient Zaskia, Pepe et sa famille, Madame F. sans elle ?

Heureusement, tante Millie précéda mes questions en me faisant part de ses décisions, alors que nous marchions dans l'allée centrale du parc :

– Voilà, comme Éléonore m'a légué tous ses biens par adoption et je crois te l'avoir déjà dit, je vais réserver à mon usage personnel ses appartements dont je garde de beaux et joyeux souvenirs avec elle et Hélie. Ils ont cet avantage d'être situés dans l'aile gauche et d'avoir un accès indépendant et privé.

– Mais qu'allez-vous faire du reste ?

– Il deviendra un home et un dispensaire pour les enfants abandonnés.

– C'est une merveilleuse idée ! m'exclamai-je.

– Mais ce sera un home un peu particulier puisque je le destine aux petites filles les plus meurtries, les plus exposées aussi : les très jeunes Africaines qui subissent à vif excision et infibulation (ma tante dût m'expliquer ces usages barbares) ce qui ne les empêche pas d'être violées et de tomber enceintes à l'âge où l'on saute encore à la corde, de mourir à l'accouchement en raison de l'étroitesse de leur bassin ou de rester mutilées à vie et rejetées de leur communauté.

– C'est monstrueux, révoltant ! m'écriai-je. Vous n'accueillerez que des petites Africaines ?

– Non, des petites Indiennes aussi – quand elles ne sont pas tuées à la naissance du seul fait d'être nées filles et d'avoir à les doter pour les marier, il faut les mettre à l'abri des mariages forcés contractés dès leur plus jeune âge, de la prostitution, d'avoir à être vendues pour trois fois rien. Il faut les préserver aussi de l'esclavage domestique et de l'esclavage tout court, puisque l'on ne se prive pas de les exploiter dès qu'elles peuvent marcher. Et ne parlons pas de toutes celles qui ne seront jamais scolarisées et qui, de ce fait, n'auront aucune chance de s'en sortir.

Ma tante s'arrêta pour s'attendrir devant une très jeune pousse de chêne dans l'allée. Puis elle me demanda de la replanter dans le parc, parmi ses congénères adultes. La tâche accomplie, elle poursuivit :

– J'aurais bien pris des petits orphelins aussi, car je suis contre toute forme de ségrégation, mais dans notre monde, tel qu'il est encore aujourd'hui, il faut être pragmatique et parer au plus pressé, au plus urgent.

Après une nouvelle pause où elle me fit remarquer qu'une branche de charme surplombant l'allée au-dessus de nos têtes serait dangereuse pour tout cavalier, elle revint à son projet :

– Mais je n'aime pas ce mot d'orphelinat. Ce sera une fondation qui portera le nom d'Hélie.

– Pourquoi pas le vôtre ?

– Parce que si Hélie était vivant, ce serait lui l'héritier de sa mère, aujourd'hui, et non moi. Et puis, pendant que nous combattions, nous avions évoqué l'idée d'accueillir et de sauver les premières victimes de la guerre et des adultes. Je me souviens même avoir dit à Hélie que pour moi la guerre ne serait jamais finie tant qu'elle briserait la vie d'un enfant.

– Ni l'un, ni l'autre ne désiriez fonder une famille ? demandai-je encore.

– Une grande famille, oui ! Nous trouvions indécente cette envie de concevoir des enfants pour nous-mêmes quand tant d'autres n'ont plus de parents, de toit, de quoi se nourrir, s'habiller, s'éduquer. Tous les deux nous considérions

la paternité et la maternité comme une question de cœur, d'abord.
– Moi, je donnerai des cours de français à vos protégées et je leur apprendrai à monter à cheval ! dis-je, enthousiaste.
– Tu vas vite en besogne ! Elles commenceront par des poneys et elles auront aussi des chiens, des chats, des colombes... La présence d'un animal est souveraine pour des enfants qui ont beaucoup souffert. Ils peuvent reporter sur toute bête leur besoin d'amour, mais ces petites n'en manqueront pas.
– Ne craignez-vous pas que certaines d'entre elles soient déjà traumatisées à vie ?
– Si, bien sûr ! Ce home ne sera pas un Éden tous les jours. Nous traverserons sûrement des moments difficiles, angoissants. Mais nous soignerons les plaies de l'âme comme celles du corps, avec une équipe triée sur le volet.
– Ne craignez-vous pas aussi que votre initiative ne soit considérée comme un sacrilège par rapport aux lieux ?
– C'est vraiment le cadet de mes soucis ! D'abord, parce que le château classé restera intact en apparence sans adjonction de constructions annexes, et ensuite, parce que mon initiative s'inscrit en droite ligne dans les idéaux antiesclavagistes du père d'Hélie, des convictions d'Hélie et des miennes. J'ai leur assentiment moral et c'est la seule chose qui m'importe. Évidemment, si je transformais cette demeure en casino, je comprendrais ! Mais ce que je peux redouter, oui, c'est la xénophobie de notre monde rural. L'idéal eût été de créer cette fondation en Afrique ou en Inde.
– Allez-vous quitter Paris et vivre là en permanence ?
– Non, ma fonction dans cette fondation sera surtout administrative. Mais je viendrai plus souvent dans nos parages qu'auparavant, c'est certain.
– J'en suis très heureuse ! Zaskia est-elle au courant ?
– Du décès d'Éléonore, oui, pas de mes projets, mais elle n'en sera guère surprise.

– Pourquoi ?
– Elle te le dira sûrement, ma chère nièce. Et maintenant, rentrons, si tu le veux bien.
Une fois de plus la grande cachottière me laissait en partie sur ma faim !

Le lendemain matin, ma tante voulut voir « de près » les travaux de la Ferme. Le chemin étant trop long et trop dur pour sa jambe, je l'y conduisis avec mon Amazon qu'elle trouva parfaite pour la Révillière.
Tous les artisans étaient là, sauf Lucien, le plombier, bien qu'il eût déjà installé l'arrivée d'eau du vieux puits à la maison par une canalisation et une pompe invisibles.
– Messieurs, je vous présente mon unique tante, native, elle aussi, de la Révillière, et je ne sais si j'en aurais supporté d'autres !
Tous se mirent à rire en la saluant, puis ils poursuivirent leur ouvrage pendant que nous montions au grenier.
Je savais que son inspection n'omettrait aucun détail, aucun matériau utilisé, même ceux que l'on ne voyait plus maintenant, comme les voliges en cèdre.
– Et ce carré ouvert dans le plancher, tu le réserves à un escalier intérieur ?
– Oui. En face, je vais percer le mur pour avoir un cabinet de toilette à l'étage, car cette grande pièce sera à la fois mon bureau-bibliothèque et une chambre d'amis. Et puis, je tiens à mettre mes livres à l'abri de la fumée de cheminée et des vapeurs culinaires.
– Je présume que tu vas peindre le plafond en blanc pour mettre en valeur la croix de Saint-André et la longue poutre transversale ?
– Oui, Madame !
– C'est une bonne idée d'avoir mis une seconde lucarne. Avec une seule, tu n'aurais pu écrire à la lumière du jour.
– Je vous montrerai plus tard ce que je compte faire du

rez-de-chaussée, car, pour l'instant, vous ne pourriez pas mettre un pied devant l'autre.

En ressortant par l'escalier extérieur, tante Millie s'attarda devant la façade dont Raoul avait remis toutes les pierres à nu, après avoir remplacé celles qui manquaient et de même nature : du schiste gris bleu.

– Mais dis-moi, ce n'est plus une ferme, mais le relais de chasse de Christine de Suède !

– Moquez-vous ! Il n'était sûrement pas en schiste…

– C'est curieux, mais c'est la première fois que je remarque ces deux nichoirs, à droite de la façade. Ils étaient sûrement destinés à accueillir des pigeons, mais ils ne datent pas de la maison.

– Ah bon, pourquoi ?

– Parce que l'élevage des pigeons était exclusivement réservé aux châtelains sous l'Ancien Régime. Chaque château possédait un colombier ou sa fuie.

– Sauf la Révillière ?

– Si, notre colombier était situé à l'angle sud-est des vignes où tu peux encore voir ce qu'il en reste : un tas de pierres. Il devait être circulaire, avec une coupole en tuffeau et un campanile par où entraient et sortaient les pigeons. À la Révolution, les Bleus ont dû le saccager comme l'un des symboles et privilèges des royalistes.

– Mais ces deux nichoirs postérieurs ne pouvaient servir à un élevage. Ce serait plutôt une fantaisie des habitants, non ? En tout cas, elles me plaisent !

– Si tu veux les garder, demande à ton maçon de fixer une margelle qui devait sûrement exister. Comme ça, tu verras tes oiseaux se lisser les plumes à loisir et te réserver quelques sérénades au moment de leurs amours. Et surtout, ce rebord empêchera les pigeonneaux de tomber accidentellement et de se faire croquer par je ne sais quel matou errant.

Tante Millie s'arrêta aussi devant le préau, avant de regagner la voiture et de féliciter les artisans pour leur travail.

– Tu vois, me dit-elle en caressant l'un des trois piliers en chêne qui soutiennent le toit du préau et reposent sur une assise circulaire en granit, c'est ce qu'il y a de plus beau à mes yeux, dans ce bâtiment. Je n'en ai vu nulle part ailleurs et, eux, ils sont vraiment d'époque. Que vas-tu faire de cet endroit ?
– À droite, un bûcher, au milieu un garage, à gauche une laverie masquée par l'escalier et, en haut, un sèche-linge.
Tante Millie approuva d'un hochement de tête.
Alors que nous avancions vers la Révillière, elle m'adressa :
– Je n'ai pas encore tout vu, mais c'est bien !
Cela signifiait chez elle : « C'est très bien. »
– Bravo aussi d'avoir fait enterrer ces affreux poteaux électriques, ajouta-t-elle. J'espère que lorsque tu referas ce chemin, tu mettras des gravillons clairs et que tu planteras des pins maritimes de chaque côté. Ils rompront la majesté pesante de l'allée de cèdres.

Tante Millie consacra le reste de son séjour à « donner ses instructions » à ma mère pour la rénovation et l'ameublement de l'entrée, de la salle à manger et du salon de la Révillière.
Je sus que le seul litige qui opposa les deux belles-sœurs, concerna l'affreux dallage en ciment peint, de l'entrée. Maman était partisane de le garder parce qu'elle l'aimait bien ainsi, et ma tante préférait le refaire sur le modèle du sol du vestibule, qui, lui, avait échappé à l'incendie : en dalles de calcaire blanc mat, avec des cabochons en ardoise. Finalement, devinez qui obtint gain de cause ? Maman n'allait être convaincue que devant le résultat. Quant à Sybil, elle joua les mouches du coche ou les provocatrices en exigeant « du moderne » partout ! Ce à quoi ma tante lui répondit : « Es-tu bien sûre de vouloir vivre à la Révillière quand une cahute en béton armé, avec du papier peint à

effet révulsif garanti, te conviendrait mieux ? » La péronnelle n'apprécia guère la boutade et se rebiffa : « J'ai tout de même le droit d'avoir d'autres goûts que les vôtres ! »
– Bien sûr, mais tu devras composer avec ta sœur et cela m'étonnerait qu'elle te laisse faire n'importe quoi en dehors de ta chambre qui est, paraît-il, le summum du foutoir dit moderne ! » Puis, ma tante lui posa une autre question : « Tu n'aimes pas les rénovations de Roxane à la Ferme ? »
– Ah non, alors ! Quelle idée d'aller se fourrer là-bas et de refaire tout à l'ancienne ! Moi, je veux vivre avec mon époque. Alors les vieilleries, merci ! »
Tante Millie ayant jugé « le cas Sybil » irrécupérable, vint me rejoindre aux écuries où j'étais en train d'entretenir la selle qu'elle m'avait donnée. Je constatai avec plaisir qu'elle marchait de mieux en mieux et de plus en plus vite. Peut-être pourrait-elle bientôt se mouvoir sans canne et reprendre le volant. Après tout, elle n'a que quarante trois ans, me dis-je.

Chaque fois que tante Millie me laissait sur le seuil d'un nouveau mystère ou face à une réponse sibylline, j'étais sûre de pouvoir lever ce voile en m'adressant à sa confidente privilégiée.
Dès que ma tante fut repartie, j'appelai donc Zaskia :
– J'ai une grande nouvelle à vous annoncer !
– Tu vas te marier !
J'éclatai de rire avant de lui dire plus sérieusement ce que tante Millie comptait faire dans la demeure d'Éléonore devenue sienne.
– Vous en a-t-elle déjà parlé ?
– Non, mais je n'en suis pas étonnée. Il y a déjà eu un précédent.
– Lequel ? demandai-je, étonnée.
– Quand ta tante a découvert le sort que l'on avait réservé aux Juifs pendant la guerre, elle a remué ciel et terre pour ouvrir

un lieu d'accueil aux enfants juifs qui avaient pu être cachés, mais qui se sont retrouvés sans parents, sans la moindre famille ensuite. Grâce à la mobilisation de Millie, ils ont pu disposer d'une grande maison avec parc, tout près de Paris, comme elle a pu réunir les fonds et le personnel nécessaires au bon fonctionnement de l'initiative qui aura sauvé nombre d'enfants de trois à quinze ans, garçons et filles.

– Quel était le rôle précis de ma tante quand la maison fut ouverte ?

– Tu penses bien qu'il ne fut pas religieux, mais elle les laissa totalement libres d'adhérer à une foi ou à une autre, en conviant aussi bien un rabbin, un prêtre et un pasteur protestant. Ils furent libres aussi de ne croire en rien. Ta tante fit partie du conseil d'administration. Pas à titre honorifique, mais de manière très concrète, dans le souci de résoudre au mieux tous les problèmes qui se posaient.

– Y passait-elle toutes ses journées ?

– Non, dans la semaine elle surveillait les travaux de son immeuble et le week-end, elle le consacrait aux enfants, surtout à les écouter, à inciter les plus silencieux à s'épancher, quand elle ne leur racontait pas des histoires de son cru pour les divertir ou les enchanter. Elle les a suivis jusqu'à ce qu'ils prennent leur envol et, aujourd'hui, après de brillantes études, ils travaillent et vivent aux quatre coins du monde, sans jamais avoir oublié leur bienfaitrice.

– Et vous-même, l'avez-vous aidée ?

– Au début, non, car je vivais toujours dans l'obsession de retrouver les miens. Mais quand j'ai su la vérité, c'est ta tante qui m'a incité à la suivre en voyant que je sombrais dangereusement. Nous sommes allées dans cette maison ensemble ou séparément et j'ai donné des cours de sciences. D'ailleurs, j'ai retrouvé plus tard à l'université, deux de mes jeunes élèves, deux filles. En vérité, je crois que ces enfants m'ont plus aidée que l'inverse. Ils m'ont redonné une raison d'être et de vivre.

– Y a-t-il eu des échecs, pas d'ordre scolaire, mais des jeunes qui ne se sont pas remis de la perte de leurs parents et des conditions de cette perte ?
– Oui, hélas, mais surtout chez les plus grands qui gardaient une mémoire vive de leurs parents, de leur vie avant la guerre. Les plus petits n'ont pas eu d'affects aussi intenses que les aînés. Ils se sont révélés les mieux armés pour faire face à leur destin. Et puis, avec l'extraordinaire capacité d'adaptation qu'ont tous les enfants du monde, ceux-là se sont très vite considérés comme des membres d'une grande famille, des frères et des sœurs unis autant par un malheur commun que par une solidarité à tous crins. Ils étaient très attachants et d'une impressionnante dignité.
Je comprenais maintenant pourquoi tante Millie m'avait répondu « Parce que j'y ai là tous mes amis », quand je lui avais demandé quelles étaient ses raisons de vivre à Paris. Ses amis, c'étaient donc ces enfants juifs. Je comprenais aussi pourquoi elle recevait autant de courrier et de coups de fil. C'étaient encore eux. Elle avait donc commencé à réaliser, dès la fin de la guerre, l'un des souhaits qu'elle partageait avec Hélie et elle allait maintenant poursuivre cette œuvre là où lui-même avait vu le jour. Admirable constance ! Admirable détermination !

En prévision de ma première soirée seule, à la Ferme, j'avais demandé aux artisans de dégager entièrement le rez-de-chaussée et de remiser leur matériel et les matériaux sous le préau.
Il me fallait réfléchir à la manière dont j'allais aménager cette pièce et je ne savais toujours pas si je disposerais d'une cuisine ouverte ou fermée.
L'électricien avait heureusement refermé ses tranchées dans la terre battue, car je n'aurais pu m'asseoir nulle part.
Après avoir extrait du coffre de l'Amazon quelques bonnes bûches, un fagot de sarments, un vieux journal et un

candélabre que je posai à même le sol, j'allumai un bon feu dans la cheminée nouvellement ramonée, en constatant qu'elle tirait à merveille. Le contraire eût été désastreux, qui m'aurait contrainte à faire venir un fumiste et, peut-être à rehausser le conduit extérieur, en transformant mon « relais de chasse » en usine à haut-fourneau !

Plus que l'avancée des travaux, c'est ce feu crépitant qui me donna le sentiment que cette maison revivait. Je songeais tendrement à ceux qui avaient utilisé la cheminée pour la dernière fois, sans doute au siècle précédent, lorsque j'entendis quelqu'un frapper à la porte et me dis qu'il s'agissait sûrement de Léon :

– Entre, il n'y a toujours pas de clé !

À ma grande stupéfaction, je vis alors se précipiter sur le seuil, Scilly, habillée telle que je l'avais rencontrée.

– Vous attendiez quelqu'un, peut-être ? me demanda-t-elle.

– Non, personne, je pensais seulement que notre jardinier venait me dire bonsoir. Vous arrivez bien, c'est la première fois que je fais du feu ici.

– Un grand moment, alors ! me dit-elle en me voyant allumer les bougies du candélabre dans ma tenue d'équitation.

– Cavalière, qui plus est ?

– La seule chose que vous ne sachiez faire, n'est-ce pas ?

Elle se contenta de sourire tout en me jaugeant avec une expression où se mêlaient satisfaction et malice.

– Ne me regardez pas ainsi. J'ai l'impression de passer une radio ! dis-je, gênée.

– Excusez-moi, c'est une déformation professionnelle : je regarde les personnes comme les pierres et ce contact minéral en dit plus long que toute parole.

– Moi, je préfère le contact ligneux ! répondis-je en ajoutant une belle bûche entre les landiers.

– Alors, nous allons fêter ce premier feu ! déclara-t-elle joyeusement, en me tendant une bouteille de vin rouge italien.

– Mais je n'ai que les petits verres que j'offre aux artisans ! me désolai-je. Attendez-moi deux secondes, je vais en chercher à la maison.

Un quart d'heure plus tard, j'étais de retour avec un dîner froid, un tire-bouchon, les verres qui convenaient et une nappe à carreaux que j'étendis sur le sol, devant la cheminée.

Pendant que je m'affairais, j'entendis Scilly marcher dans le grenier et qui avait dû emporter le candélabre, car la nuit était tombée. Ses pas déclenchèrent en moi de curieux battements de cœur et je dus me rendre à cette évidence : j'étais heureuse de la revoir.

– Descendez, je ne vois rien ! dis-je en haussant ma voix.

– Mais je ne suis pas venue dîner, me répondit-elle en me rejoignant et en voyant le panier de victuailles. Simplement vous dire bonsoir et au revoir puisque je repars dans deux jours sur un autre chantier, à Firenze.

Je dissimulai mon désappointement en ouvrant un bocal de pâté de canard, fait maison.

– Mais je reviendrai cet été à C., car les travaux sont loin d'être achevés, ajouta-t-elle, en se saisissant du tire-bouchon.

– D'ici là, mon antre sera habitable, du moins, je l'espère !

– Tenez, goûtez ce sang de notre vignoble, me dit-elle, après avoir ouvert la bouteille.

– Ah bon, vous aussi, vous avez des vignes ?

– Oui, en Toscane, près de Siena. Elles sont dans la famille depuis des lustres, mais ce sont surtout mon grand-père et à sa suite, mon père, qui les ont développées et restructurées sérieusement. Et les vôtres ?

– Oh, rien de comparable, d'abord parce qu'il s'agit d'un blanc sec de Loire que nous ne mettons pas en bouteilles. Du moins, pas encore, car j'ai une petite idée sur la question ! dis-je en tendant mon verre en direction du feu pour mieux voir la robe, d'un beau rouge profond, de ce nouveau breuvage.

Je pris la bouteille pour lire l'étiquette. Je ne parle pas l'italien, mais je pouvais tout de même distinguer l'appellation Brunello di Montalcino de son producteur Barone Ferruzi Rampallo.
– C'est le nom de votre père ?
– Oui, et nous avons gardé les premières étiquettes.
– Je suis désolée de vous offrir cet en-cas pour un vin aussi merveilleux : très fruité, tannique, complexe, riche, persistant. C'est la première fois que je déguste un vin italien. Je dois donc faire un vœu.
Et je me concentrais quelques secondes sous le regard amusé de Scilly.
– Voilà, c'est fait, mais je le garde pour moi.
– Vous voulez que je vous dise quelque chose ? Je me sens bien ici, me déclara-t-elle en mordant avec appétit une cuisse de poulet froid.
Le feu éclairait son beau profil et laissait voir la balafre qui sabrait sa joue gauche. Je ne pus m'empêcher de lui demander quelle en était l'origine.
– Une agression !
– Mais encore ?
– Vous voulez tout savoir ?
– Oui.
– Eh bien, cela s'est passé dans une rue de Siena, il y a huit ans. Je me promenais bras dessus, bras dessous avec Graziela, la première fille que j'ai aimée, lorsqu'un garçon, à peine sorti de l'adolescence, mais qui jouait déjà les caïds, a dû se sentir offensé par notre intimité visible et nous a insultées. Mon amie, entraînée au karaté, allait lui faire une prise pour le neutraliser, lorsqu'il sortit un couteau à cran d'arrêt et dans l'affrontement qui suivit la lame a lacéré ma joue. Heureusement, deux *carabinieri* passaient par là, ont vu la scène, ont relevé la petite frappe et l'ont emmené au poste. Graziela était hors d'elle.
– Et vous ?

– Mon visage était en sang et je suis allée me faire recoudre chez un médecin, ami de mes parents : six points de suture. Mes mœurs seront donc à jamais inscrites sur mon visage ! plaisanta-t-elle, en remplissant à nouveau nos verres.
Puis elle ajouta :
– Après cette agression, je me suis aussi mise aux arts martiaux, car j'ai pensé que je croiserais sûrement d'autres individus du même acabit et qu'il valait mieux les mettre à terre que d'exiger d'eux la moindre excuse. Résultat : je n'ai plus peur de me faire lacérer l'autre joue et je ne cache toujours pas mes inclinations. Avis aux gêneurs !
J'écoutais Scilly dans un mélange de fascination et de ravissement, comme si j'étais en présence d'une héroïne revenue de tous les dangers, avec cette tranquille assurance que donne une bravoure triomphante sans qu'elle ne se confonde avec celle des fiers-à-bras.
– Vous n'avez jamais connu de garçons, je veux dire, intimement ? me risquai-je.
– J'ai eu quelques amants, oui, mais que je n'ai jamais aimés et je me suis vite lassée d'étreintes furtives. Graziela, est la première femme qui m'a émue. Elle était étudiante, comme moi, en architecture, et son côté androgyne m'a attiré. Je l'appelais « ma transition ».
– Êtes-vous toujours ensemble ?
– Non. Notre relation a duré trois ans et elle fut très volcanique. À chacune de ses scènes je l'appelais soit Etna, soit Stromboli ! Et puis, un jour, elle m'a vu regarder une fille d'une beauté stupéfiante et elle ne fut alors qu'éruption de lave incandescente. Elle m'a dit – non sans raison – que la tromperie commençait par le regard. Je me suis défendue – assez piteusement il est vrai – et elle a décidé de rompre aussitôt. Elle est retournée dans son île natale, la Sicile, où elle s'est spécialisée dans l'architecture baroque.
– Et après ? demandai-je en coupant un bout de fromage.
– Pas grand-chose. Je redoutais – je redoute toujours

– les femmes possessives – ce qui était d'ailleurs le cas de Graziela. Et puis, je n'ai pas quitté le monde des hommes pour le retrouver dans la tête d'une femme !
Je me fis alors l'avocate du diable :
– Mais elle vous a bien apporté quelque chose, non ?
– Oui. Elle m'a appris, malgré elle, ce que je désire : ni une « mère » ou une « infirmière », ni un « père » ou un « frère », mais une égale talentueuse que je pourrais respecter et réciproquement.
– L'avez-vous rencontrée ?
– Non, hélas ! Que des ersatz. Je suis très difficile et je préfère être seule que mal accompagnée. Et vous ?
Sa question me gêna. Je ne voulais pas lui parler de Salomé. Je choisis donc l'esquive, en plaçant la bouteille vide de Brunello à côté de l'écuelle, sur le manteau de la cheminée :
– Oh, moi, vous savez, je mène une petite vie provinciale bien tranquille et sans palpitations.
Scilly ne fut pas dupe de ma réponse. Elle tourna son regard vers moi, qu'elle accompagna d'un sourire moqueur et d'une voix insinuante :
– Permettez-moi de ne pas vous croire. Mais rassurez-vous, je comprendrais parfaitement que vous n'aimiez que votre cheval !
– Une jument ! rectifiai-je en remettant une bûche dans la cheminée.
Quand je me retournai vers Scilly, je la vis allongée sur le dos, les bras repliés sous la tête, les yeux clos. Je m'assis en tailleur près d'elle et lui demandai si elle n'avait pas rencontré d'opposition à ses amours dans sa famille.
– Non, aucune, répondit-elle. Mes parents sont très anticonformistes, très ouverts – sauf au Vatican ! La preuve de leur originalité ? Ils m'ont donné comme prénom le nom des îles anglaises où j'ai été conçue.
– Vous êtes fille unique ?

– Non, j'ai deux frères aînés que j'adore. Lorenzo est avocat à Rome et Arnolfo travaille avec mon père. C'est lui qui gère toute la partie commerciale de nos activités viticoles.
– Et votre mère ?
– C'est l'extravagance même. Elle se croit toujours sur une scène de théâtre. Elle ne parle pas, elle déclame en français exclusivement, langue qu'elle vénère entre toutes et qu'elle nous aura inculquée avant l'italien, au grand dam de papa qui, lui, ne parle que l'italien ! Elle est drôle, coquette, intelligente, généreuse.
– Les repas franco-italiens devaient, doivent être épiques chez vous, je suppose.
– Oui, imaginez mon père reprocher régulièrement à ma mère d'avoir abusivement annexé leur progéniture par une langue étrangère ! Mes frères et moi nous amusions de ce conflit « conjugalo-linguistique », en jouant sur les deux tableaux.
Je tenais une explication sur la manière dont Scilly maîtrise le français, avec une exquise pointe d'accent transalpin. Je lui demandai son âge.
– L'âge du Christ à sa mort, et vous ?
– Je vais fêter mes vingt-ans le mois prochain.
– Votre maturité n'a pas ving ans, elle, et vous êtes très belle, me dit-elle gravement.
Sa voix me procura des frissons, heureusement imperceptibles et dont je voulus me défendre. Scilly regarda sa montre.
– Bon sang ! Il est quatre heures du matin. Il faut que je me sauve, s'exclama-t-elle en se levant et en passant la main dans ses cheveux.
– Mais d'abord allons souhaiter une bonne nuit à ma Gipsy qui est dans son pré ! lui dis-je.
Je pris le candélabre dont quelques bougies s'éteignirent dans notre marche. Mais j'aurais pu me guider les yeux fermés. L'air était doux et Scilly avançait à mes côtés, silencieuse.

Il ne me fut pas nécessaire d'appeler ma jument, bien qu'elle ne soit pas coutumière de ces visites nocturnes. Elle vint d'elle-même nous rejoindre d'un pas lent, balançant sa tête avec nonchalance.
– Je vous présente cette merveille qui m'a sauvée de mon premier grand chagrin.
– Vous ne pouvez m'en dire davantage ? me demanda Scilly en s'appuyant sur un piquet de la clôture.
– Si.
Et je lui racontai notre rencontre au pensionnat, nos vacances ici, notre amitié atypique, votre départ à Madrid.
– Et que fait-elle aujourd'hui ?
– Elle accomplit sa première mission d'ethnologue dans la cordillère des Andes. Elle vous plairait beaucoup.
– Vous voulez dire…
– Oui je veux dire : à tous points de vue ! répliquai-je en riant.
– J'ignore ce que signifient vos sous-entendus, mais d'après le portrait que vous m'en avez fait, j'imagine qu'elle doit beaucoup vous manquer.
– Oui, nous sommes condamnées à nous faire défaut. Je ne m'en accommoderai jamais totalement, car je ne suis pas du tout fataliste.
Gipsy se laissa caresser le chanfrein par Scilly alors que, d'habitude, elle refusait tout contact étranger.
– Vous avez son agrément, rare privilège ! Je ne vous dis pas cela pour vous faire plaisir. Ma jument est comme moi, extrêmement défiante.
– Je ne suis pas le diable incarné ! protesta Scilly en riant.
La dernière bougie du candélabre venait de s'éteindre, mais le ciel étoilé nimbait les lieux d'une légère clarté. Je ne voyais plus les traits de Scilly. Peu m'importait. Il me suffisait de la sentir là, tout près de moi.
Au moment où Gipsy regagnait son chêne, après une dernière caresse, je suggérai à Scilly de ne pas reprendre le

volant à trois heures du lever du jour, mais de dormir un peu avec moi dans le box de ma jument.
– Mais c'est une proposition malhonnête ! l'entendis-je.
– Tout ce qu'il y a de plus honnête et sage, répliquai-je en riant et en l'entraînant vers les écuries où je pris la couverture de Gipsy pour nous en couvrir toutes les deux, sur une litière épaisse et immaculée.
– Si j'avais su que je finirais ma soirée sur la paille ! s'exclama Scilly en enlevant ses Pataugas.
– À la guerre, comme à la guerre ! lui répondis-je en venant la rejoindre et en prenant soin de ne pas frôler son corps.
Mille pensées embarrassantes m'agitaient sur cette couche de fortune où je n'avais jamais dormi que près de Gipsy. Mais je les gardais pour moi. Je me contentais de dire à Scilly de mettre ses mains sous les joues pour que la paille ne les pique pas. Puis, je ne pus m'empêcher de lui demander si elle avait déjà dormi avec une femme dans un box d'écurie.
– Non, c'est une première et d'un romantisme achevé, murmura-t-elle.
À son souffle régulier je crus qu'elle s'était déjà endormie.
– Scilly ?
– Oui ?
Quand j'ouvris un œil, tard dans la matinée, j'étais seule dans le box. Scilly avait dû s'éclipser sur la pointe des pieds pour ne pas me réveiller. Sa part de couverture était repliée sur moi et en voyant la paille creusée par son corps, je pris une fourche pour effacer les traces de ce personnage aussi entêtant que son Brunello. Elle allait me manquer et plus que je ne le pensais.

Alors que j'étais dans le préau pour déterminer l'emplacement futur de la laverie, maman m'apporta un grand paquet plat en me demandant qui était « cette grande fille aux magnifiques yeux gris-vert, qui te cherchait hier soir ».

Je lui répondis succinctement, avant de m'asseoir sur la margelle du vieux puits pour ouvrir le paquet. Je découvris un grand livre illustré, la couverture parsemée de portraits de femmes, avec ce titre *Si elles nous étaient contées* et dont l'auteur n'était autre que ma tante !
Mon sang ne fit qu'un tour. Je sautai dans ma voiture pour l'appeler de la grande maison :
– Tante Millie commençai-je sur un ton froid, je viens de recevoir votre livre, mais je crois que je vais sérieusement m'emporter contre vous.
– Comment cela ? J'ai pensé qu'il te ferait plaisir.
– Oui, j'aurais été contente de le recevoir si, une fois de plus, vous n'aviez entouré sa publication d'un secret qui est plus qu'une manie chez vous.
Je l'entendis rire.
– Moi, j'ai toujours mis cartes sur table avec vous. Vous pas. Si Zaskia n'existait pas, je ne saurais rien d'essentiel sur vous et j'aurais une tante sans intérêt à mes yeux. Quand vous consentez à vous confier, ce n'est jamais spontanément. Il faut que j'arrache ces confidences.
– Voyons, tu exagères ! se défendit ma tante.
– N'ai-je pas été indirectement mêlée à votre recueil de portraits de femmes ? insistai-je. Ne vous ai-je pas encouragée avec Zaskia à les réunir dans un ouvrage ? Ne les ai-je pas portés moi-même à mon éditeur ? Pourquoi me tenir à l'écart de la suite et comme si j'étais aujourd'hui une lectrice lambda ? *It's really unfair* !
– C'est tout ce que tu as à me dire ?
– Non, désormais je ne vous confierai rien d'important à mon sujet. Nous serons quittes et peut-être mesurerez-vous alors tous les agréments de mes propres cachotteries !
De retour à la Ferme, je rangeai le livre de tante Millie entre l'écuelle et la bouteille de Scilly.

Dix jours après cet échange qui m'avait soulagée d'une fureur légitime et alors que j'étais en train de laver les dernières tomettes près du vieux puits, je vis arriver une camionnette chargée d'un lourd et volumineux colis qui m'était adressé. L'expéditeur n'était pas mentionné, sinon en lettres illisibles.

Après avoir demandé au livreur de bien vouloir déposer le colis dans un coin du préau, je l'ouvris aussitôt et tombai d'abord sur l'une des enveloppes bleues de tante Millie. Avec ces mots sur une simple carte de visite : « Pour me faire pardonner, ta tante. »

Je m'attendais à tout sauf à ce que j'allais découvrir, soigneusement emballé : une batterie de cuisine, en fonte, casseroles de toutes tailles, trois poêles avec manche en bois, marmite, plats creux devant lesquels j'éclatai de rire. Combien de fois ma tante ne m'avait-elle dit : « Il n'y a pas de bonne cuisine sans de bons ustensiles ! » Oui, mais ceux-ci pèsent un âne mort !

Devant mon hilarité, Raoul me demanda ce qui se passait.

– Eh bien, maintenant, je peux vous faire la cuisine !

Ravie de ces cadeaux à la fois utiles et de qualité, je m'aperçus qu'il y avait un autre paquet au fond du colis. Il contenait une superbe lanterne que j'allais pouvoir accrocher près de la porte d'entrée.

Dans ma hâte de la voir fixée et en marche, je priai Gustave de faire le nécessaire et, le soir même, la lanterne fonctionna grâce à une installation provisoire, qui me donna le sentiment que ma maison était fin prête.

J'adressai le soir même à tante Millie deux lignes de remerciements : « Ma première potée vendéenne sera pour vous. Pour installer plus vite la Ferme, j'ai compris que je devais ruer dans vos brancards ! »

Malgré tous les efforts que je faisais pour chasser Scilly de mes pensées, son image persistante se jouait de mes vai-

nes protections. Elle s'insinuait dans mon esprit, tel un défi dont elle triomphait toujours. Peut-être m'en serais-je amusée si je n'éprouvais chaque fois, un intense sentiment de culpabilité à l'égard de Salomé. Cela m'enrage et me déconcerte d'autant plus que, depuis sa disparition, je me suis installée dans une sorte de veuvage inéluctable et durable. J'étais convaincue, en effet, que toute femme me laisserait indifférente et qu'aucune d'elles n'aurait le pouvoir de me bouleverser, de me chavirer, de m'exalter, comme Salomé. Elle demeurait unique, inégalée, insurpassable.
Je me dis aussi que si elle m'avait profondément déçue, j'aurais eu l'espoir d'une autre rencontre plus satisfaisante. Mais que, puisque j'avais atteint le summum avec elle et ce, dès le départ de ma vie amoureuse, je serais forcément vouée aux déconvenues et à l'ennui.
Mon privilège initial était donc maintenant une prison qui me condamnait à la solitude, à l'existence d'une nonne en civil et au fait que mon passé imprégnerait toujours mon présent.
C'est dans cet état d'esprit que je reçus un télégramme de Scilly : « Ai adoré cette soirée et la nuit rustique. Faites brancher votre téléphone au plus vite pour que je puisse vous joindre directement. »
Je mentirais en vous disant que ce télégramme ne m'a fait aucun plaisir.
Peu de temps après, un préposé aux PTT vint installer le téléphone et j'envoyai par écrit mon nouveau numéro à Scilly, avec cet impératif : « À n'utiliser qu'en cas d'urgence ou nécessité absolue ! »
La réponse ne se fit pas attendre, alors que j'étais seule un dimanche à la Ferme, à concevoir la disposition de la future cuisine en m'arrachant les cheveux pour savoir où j'allais remiser le chauffe-eau, les bonbonnes de gaz, les appareils utilitaires mais disgracieux, les produits et ustensiles ménagers, etc.

La première sonnerie du téléphone résonna dans la grande pièce. Je sursautai, puis j'entendis cette voix reconnaissable entre toutes :
– Je n'ai rien d'urgent ni d'absolument nécessaire à vous dire si ce n'est que j'ai hâte de revenir travailler dans vos parages.
Puis elle me demanda :
– Quelle est la date de votre anniversaire ?
– Le jour de l'été à quatre heures dix du matin, précisément. Sans épisiotomie pour ma mère et sans étranglement par le cordon ombilical, ni réanimation d'urgence pour la nouvelle-née !
J'entendis Scilly esquisser un rire puis :
– Dites-moi, vous avez quelque chose de sombre, triste dans le regard. Est-ce congénital ou circonstanciel ?
J'éludai la question :
– Je n'ai pas une nature aussi ensoleillée que la vôtre, mais cela ne m'empêche pas d'aimer rire. D'où m'appelez-vous ?
– De chez mes parents où je me rends presque tous les week-ends. J'ai parlé de vous à ma mère qui a aussitôt déclaré : « Ah, une Française, enfin ! Quand me la présentes-tu ? Je te dirai tout de suite si c'est une vraie perle ou du toc ! »
Je ris à mon tour :
– Parce que votre opinion n'est pas faite ?
– Sur le sphinx, oui !
« *Wait and see, miss* Scilly ! » me dis-je en raccrochant.

Pendant que les artisans déjeunaient, j'appelai mon éditeur pour le féliciter d'avoir aussi bien présenté le livre de tante Millie et lui communiquer mon numéro de téléphone.
– J'ai une bonne nouvelle à vous annoncer, me dit-il. La parution de votre propre ouvrage est imminente.
À ces mots je fus saisie d'une étrange panique alors que j'attendais cette publication avec impatience. Je craignais

qu'elle ne fût mal accueillie et m'en ouvris à l'éditeur.
– Ne soyez pas pessimiste. Vous avez écrit une belle et forte rencontre. Et parce qu'elle réunit de tels critères, outre l'écriture, elle fera taire vos détracteurs. Mais je ne doute pas que vous ayez déjà aiguisé vos réponses.
– Je n'ai pas peur d'affronter les loups, c'est vrai. Mais je ne voudrais pas qu'ils salissent la mémoire de Salomé. Je ne le supporterais pas.
– N'ayez aucune crainte à ce sujet. Vous lui avez rendu un bel hommage.

Gabrielle débarqua à la Ferme, un matin, les bras chargés de lilas blancs de son jardin.
– Mais où voulez-vous que je les mette, il n'y a que des outils dans ce chantier ! lui dis-je en riant.
– Vous avez bien un seau quelque part qui fera l'affaire, me répondit-elle.
– Oui, mais le seul dont je dispose est dans le vieux puits et je m'en sers.
– Bon ! On va tremper provisoirement ces fleurs dans votre seau, le temps que vous trouviez un autre récipient au château.
Et je l'entraînai à l'intérieur de la maison pour la présenter aux artisans, en leur précisant qu'il s'agissait d'une grande photographe « bien de chez nous ».
Raoul, le moins timide, lui demanda alors si elle voulait bien le prendre en photo.
– Vous avez de la chance, j'ai mon appareil dans la voiture !
En fait la séance dura un bon moment, car Gabrielle photographia tous les artisans séparément, mais aussi en groupe sur le seuil de la maison où je consentis à me joindre.
Puis nous fîmes un saut dans le pré de Gipsy, car je souhaitais avoir des photos d'elle en noir et blanc. Gabrielle la

mitrailla sous toutes les faces, tout en me prévenant que les chevaux n'étaient pas sa spécialité. Mais ce qui m'amusa le plus, c'est la grâce ou plutôt la coquetterie avec laquelle ma sauvageonne prenait la pose et fixait l'objectif quand je lui demandais de ne pas bouger.
Gabrielle s'excusa ensuite de ne pouvoir s'attarder. Elle devait s'envoler le soir même vers le Canada.
– Votre exposition ?
– Oui, à Montréal. Mais je ne fais qu'un aller et retour. Ensuite, j'aurai du temps libre et si vous le voulez bien, je peux vous donner un coup de main pour préparer votre futur jardin. J'ai vu qu'il y a beaucoup de pierres à enlever d'abord.
J'acceptai d'autant plus volontiers que je n'avais pas envisagé de faire ce travail moi-même avant l'été.

En me promenant au pas avec Gipsy, ce soir-là, je me demandai en vertu de quelle alchimie bizarre, secrète, inexplicable, j'étais séduite par une telle et non par une autre. Pourquoi Alba et non Sophie, Salomé et non Claire ? Pourquoi Scilly m'intriguait-elle et non Gabrielle ?
Alchimie à la fois souhaitée et redoutée puisque votre sort, votre vie en dépendent. Et pourtant, c'eût été plus simple pour moi d'être liée à Gabrielle, par exemple. Elle n'habite pas au bout du monde, je peux la rejoindre en un quart d'heure et réciproquement, elle est intelligente et a d'autres qualités estimables. Mais voilà : même si elle m'est sympathique, je ne ressens rien en sa présence ou à son contact qu'une neutralité bienveillante. Avec Salomé, ce fut un coup de foudre réciproque, alors qu'une telle probabilité avec d'autres pouvait se présenter plus facilement de son côté. N'était-elle pas entourée d'une foule d'admiratrices ? Et pourquoi leur ai-je ravi la vedette, alors que je ne suis pas une mélomane chevronnée, comme Zaskia ? Pourquoi avais-je été son élue, immédiatement, et sans approche

progressive ? Pourquoi nous étions-nous si bien accordées quand le monde émotionnel qu'elle m'offrait m'était encore étranger ou, du moins, n'en avais-je connu que les prémices avec vous ?
Et maintenant, pourquoi cette Scilly, aux antipodes de la personnalité de Salomé ? L'une rencontrée dans un récital de piano et l'autre, devant des sacs de chaux ! Cette autre dont je me protège sans grand succès, puisque j'éprouve toujours du plaisir à la voir et à l'entendre sans admettre qu'elle m'attire déjà. J'ai à faire à forte partie en matière d'habileté et c'est peut-être cela qui me plaît chez elle. J'apprécie aussi le fait qu'elle n'ait nullement cherché à me séduire, comme si elle avait instinctivement senti que mon cœur est moins pris « qu'hypothéqué », selon l'expression de la romancière américaine, Carson Mc Cullers.
Enfin, pourquoi les femmes dont je me sens le plus proche, vivent-elles toujours à une distance phénoménale d'ici ? Curieuse répétition...
Dans l'impossibilité de répondre à ces questions troublantes, je pensais qu'en matière d'atomes – même crochus – notre physicienne Zaskia pourrait peut-être avancer une hypothèse plausible.
En attendant, je me dis encore que rien ne pouvait expliquer ce mystère des attraits physiques, sinon une main invisible ou un génie ailé, doué d'une prescience plus ou moins heureuse ou fatale.

Le lendemain, vers minuit, et alors que j'étais en train de lire sur mon lit de camp *Reflections in a Golden Eye* de la même romancière américaine que, décidément, j'aime beaucoup, la sonnerie du téléphone retentit. Je crus qu'il s'agissait de maman, mais les appels nocturnes n'étant pas, en général, de bon augure, je m'attendais à une mauvaise nouvelle.
C'était Scilly qui, après s'être excusée de m'appeler si tard, me dit qu'elle n'arrivait pas à dormir. Sa voix était fébrile.

– Vous avez des soucis ? lui demandai-je.
– Oui, je m'ennuie ferme et je suis furieuse. Je restaure en ce moment une Église du quattrocento avec une équipe italienne nulle, mais je ne peux la changer. Si cela continue, l'Église va devenir un temple shintoïste !
Je ris.
– Comme par hasard, je n'ai aucun problème avec les rares étudiantes. Elles sont sérieuses, attentives, soucieuses du travail bien fait et modestes. Quant aux étudiants, à l'exception de deux, c'est une catastrophe. Ils prétendent m'apprendre mon métier ! Leur arrogance est vraiment sans limites, comme leur indolence.
– Vous aviez les mêmes problèmes à C. ?
– Non, car l'équipe était internationale. Pour les filles, comme pour les garçons, c'était un privilège d'avoir été sélectionnés et tous voulaient se montrer à la hauteur de la tâche en donnant le meilleur d'eux-mêmes. C'était un régal de travailler dans des conditions pareilles et de vous savoir à proximité. Mais je ne sais toujours pas ce que vous faites.
– J'ai interrompu mes études en lettres classiques pour écrire et revenir vivre ici, après la mort de mon père.
Silence, puis :
– J'aurais dû m'en douter ! Avez-vous déjà publié ?
– Oui, deux ouvrages pour la jeunesse, le troisième et dernier s'adresse aux adultes et va paraître prochainement.
– À moins de vingt ans ? Mais vous êtes un *prodigio* ! Vous écrivez en ce moment ?
– Non, je m'offre une trêve.
– Bonne nuit, fée de mes songes.
Après cet appel, j'éteignis la lampe pour ne penser qu'à cette voix chaude, insinuante, que je venais d'entendre. Elle me transportait dans des contrées lointaines, inconnues et dans une civilisation qui m'avait déjà fascinée à l'école. Je rêvais maintenant de connaître l'Italie et ce serait là l'occasion

de revoir Électre et Constantin dont j'étais sans nouvelles depuis que j'avais quitté Paris.
En attendant, quelle bonne idée Scilly avait-elle eue de me faire installer le téléphone ici – même si chacune de ses vives sonneries me faisait sursauter !
Je rêvai, cette nuit-là, que je marchais avec elle dans une garrigue de chênes verts, précisément, et que, me plaquant tout à coup contre l'un de ces arbres, elle m'embrassait avec empressement et délicatesse, murmurant des mots dans sa langue natale, que je ne comprenais pas...
Je me réveillai en sueur, le cœur tambourinant dans ma poitrine. Ne pouvant plus dormir, j'allumai la lampe et repris le livre de Carson Mc Cullers, en attendant l'aube.
J'avais retrouvé, intacte, l'exaltation sensuelle que je croyais à jamais perdue et elle me troublait au point que je devais ensuite fournir un effort surhumain pour me concentrer sur les travaux de la Ferme.
L'ennui c'est que je me sens toujours aussi coupable à l'égard de Salomé. Je dirais même davantage encore depuis ce rêve. Mais, d'un autre côté, il est clair que tout mon être n'aspire maintenant qu'à se laisser emporter.
Toutefois, je me suis promis de ne confier ce rêve à personne.

Enfin, une longue lettre de vous ! Je n'y comptais plus – tout en l'attendant. Une lettre postée à Temuco, ville la plus proche de votre campement, dans la région des lacs. J'ai pu repérer approximativement où vous êtes, sur une vieille carte.
Ainsi étudiez-vous la plus vieille peuplade indienne locale – les Mapuches – qui auront résisté aux Incas et aux Espagnols. Mais quand je pense qu'ils sont aujourd'hui parqués dans des réserves pour n'y cultiver que quelques arpents de terre médiocre, c'est une honte ! Il reste, heureusement, de nombreux témoignages de leur culture, m'assurez-vous.

Moi qui vous croyais perchée dans une zone montagneuse, voilà que vous êtes au pied d'un volcan dont les neiges éternelles sont d'une « violente beauté ». Vous me dites, aussi, que les volcans chiliens sont particulièrement dangereux quand leur calotte neigeuse se transforme en torrents de boue qui brûlent tout sur leur passage. Cette perspective n'est guère rassurante pour moi : je n'ai aucune envie de vous savoir vivre sous une telle menace. Grâce au ciel, votre campement actuel n'est qu'une première étape qui vous conduira ensuite en Argentine et dans un environnement plus clément, je l'espère. Vos différends avec votre chef de mission, m'ont beaucoup amusée – surtout la manière – typiquement « albaïenne » dont vous le descendez en flammes : « Il est fait pour être ethnologue comme moi pour être bonne de curé ! » D'après vous, il se comporte plus comme un inquisiteur que comme un chercheur, plus à l'aise dans ses livres que sur le terrain. Il ne supporte pas votre ironie, ni l'empathie que vous avez suscitée chez les Mapuches. Évidemment, lui, en tant qu'Espagnol, symbolise les conquistadores honnis, tandis que vous, Chilienne d'origine, êtes plus des leurs.
Mais je vous crois suffisamment habile pour faire vos armes et attendre l'heure où vous conduirez vous-même une mission, sans gêneur. C'est inéluctable.
Vous me parlez de votre interprète, en des termes plus qu'éloquents… L'auriez-vous séduite, comme par hasard ? Attention à ne pas mélanger le travail avec la sphère privée ! C'est aussi une forme de colonisation, très chère, dont vous pourriez pâtir comme d'autres éruptions fatales.
Mais trêve de moralisation. Je suis heureuse que vous ayez retrouvé à Santiago, et toujours bien vivant, le personnel de l'ambassade, qui vous a pratiquement élevée. Ils ne vous ont d'abord pas reconnue. Mais passé l'incrédulité, la surprise, j'imagine la joie, l'émotion de ces retrouvailles, de part et d'autre. Vous ne faites aucune allusion à mon courrier et

cela m'inquiète. Le recevez-vous ? Je l'adresse pourtant à la boîte postale que vous m'avez indiquée. Alors, faut-il que je le porte moi-même et que je vous le remette sur un plateau d'argent ? Ces décalages et ces silences interminables m'irritent et me pèsent.
Je vous suggère donc de venir étudier d'autres Mapuches – ceux de notre région – qui, certes, n'ont pas inventé le poncho pour monter à cheval, mais n'en sont pas moins des gens de la terre très intéressants. Et là, pas d'interprète – sauf pour le patois, peut-être !
Promettez-moi de revenir ici à la fin de votre première mission, si on vous accorde quelques vacances. J'étais dans un état si misérable quand vous m'avez revue, la dernière fois, que j'aimerais effacer avec vous ce moment-là. Et puis, j'aurai la joie de vous recevoir dans ma *maison qui, bien que modeste dans ses proportions et son style, n'en offre pas moins de nombreux attraits.*
Je compte sur vous plus que jamais.

Je me désespérais de ne pouvoir disposer de cave dans ma future maison et d'être contrainte, à l'avenir, d'aller chercher ou d'entreposer dans notre chai mes propres bouteilles, lorsque, en débroussaillant les hautes herbes qui envahissaient le grand escalier extérieur, j'ai découvert, côté est, une porte déglinguée et pourrie. Je l'ai fait tomber d'un coup de pied et me suis aperçu qu'elle masquait un dépotoir de vieilleries hors d'usage et sans intérêt. Mais il y en avait tellement qu'il était impossible de se représenter les dimensions de cette cache inattendue.
J'ai entrepris aussitôt le déblayage de tous ces objets de rebut que j'ai entassés dehors. La tâche fut plus longue que prévue, agrémentée par deux rats qui me filèrent entre les pattes et sans plus de façons !
L'espace dégagé me révéla d'abord un plafond voûté, parfai-

tement conservé, et une surface au sol de terre battue bien suffisante pour en faire une cave de célibataire. J'exultai. Toutefois, pour les asperges que nous sommes, il faudra s'incliner pour ne pas se cogner au plafond, mais les très bons crus mériteront bien cet hommage !

Toutes affaires cessantes, je commandai à Basile une nouvelle porte en chêne qui serait fermée à clé et un nouveau linteau, le précédent menaçant de s'effondrer.

Quand Léon vint se joindre à nous, je lui demandai s'il connaissait cette cache.

– Non, tu sais, je n'ai pas trop traîné par là ! Si ça se trouve, tu vas découvrir d'aut' choses, ma foi.

L'après-midi même, armée d'une brouette et d'une pelle, j'ai pris du sable dans le tas que Raoul avait fait venir, pour en recouvrir la terre battue et humide de ma future cave. Toujours aussi heureuse d'avoir fait une découverte qui allait apporter à mes lieux un agrément incomparable : j'allais avoir, à portée de main, mes crus préférés. Crus, pour la plupart, découverts chez tante Millie et dont j'avais soigneusement consigné les appellations, les millésimes et la provenance, dans un petit calepin simplement intitulé « Nectars ».

Enfouies sous le débarras, j'avais exhumé cinq bouteilles vides, heureusement intactes, car à leur forme inégale, à leur culot et aux bulles d'air enserrées dans le verre blanc ou vert foncé, il s'agissait sûrement d'antiquités. Pour moi, la pièce d'or c'étaient ces vestiges d'un autre âge, qui, après avoir été bien lavées, rejoignirent sur la cheminée, l'écuelle, le Brunello di Montalcino et le livre de tante Millie.

La veille de mes vingt ans, on me livra directement à la Ferme deux caisses en bois, en provenance d'Italie. Deux caisses frappées aux armes vinicoles des Ferruzi-Rampallo. Une enveloppe était jointe à cet envoi, mais j'attendis d'être seule pour l'ouvrir.

C'était le premier mot manuscrit que je recevais de Scilly, d'une écriture ample, ouverte, généreuse, et d'une encre couleur sépia : « Voilà ce que c'est que de n'avoir que vingt Brunello à souffler ! Joyeux anniversaire, *mia cara ragazza*, et que la vie continue à vous parer de toutes ses grâces... enivrantes ! Scilly. »
Après avoir ouvert la caisse la plus légère pour en extraire une bouteille, je rangeai les autres dans ma petite cave, avec une jubilation sans pareille : j'étrennais ce sanctuaire que j'avais pris soin de bien aérer pour en chasser l'humidité et de doter de claies en bois sur trois côtés, afin de ne pas entreposer à même le sol les cartons à venir. Oui, c'était une première que je consignai sur une ardoise déjà accrochée au mur. Quelle joie d'y inscrire en tête ce Brunello que j'avais tant apprécié ! Était-ce un hasard ? « Non » me soufflait une voix. Scilly ne pouvait me faire de plus beau cadeau.
Je revins dans mon ex-chambre où j'avais encore tous mes papiers, pour lui répondre : « Sans votre permission, je vais donner l'une de vos bouteilles à ma chère mère. Quant aux dix-neuf autres, je les réserve pour vous et moi, exclusivement, si vous le méritez ! R. »

Le jour de mes vingt ans, ô miracle, je reçus un autre colis qui contenait, cette fois, quelques exemplaires de mon dernier ouvrage dont j'avais corrigé les épreuves. Je désertai les artisans pour découvrir tranquillement le livre dans le pré de Gipsy et vérifier qu'il n'y avait pas d'ultime coquille dans l'impression.
La présentation, sobre, me plut, ainsi que le commentaire en quatrième de couverture, sans doute écrit par l'éditeur lui-même : une prouesse que de résumer mon histoire sans la dévoiler !
Après ces longues vérifications faites en présence de Gipsy qui se tint sagement à mes côtés et comme si elle avait

compris l'importance de cet instant pour moi, je fus saisie d'une tristesse telle que je ne pus retenir mes larmes. L'idée de ne pouvoir partager cette publication avec Salomé me crucifiait et je me demandais comment j'allais pouvoir l'assumer sans elle, face à des lecteurs et des lectrices qui seraient persuadés que notre histoire se poursuivait. Il me fallait trouver une parade, mais laquelle ?
J'envoyai, le jour même, un exemplaire à Scilly en lui précisant dans la dédicace : « Il s'agit là d'une autobiographie, à l'exception de la fin sans fin. J'ai aussi modifié les prénoms. La vraie pianiste, Salomé F., a péri dans un accident d'avion alors qu'elle allait jouer à la Scala de Milan. » Et je signai : « Regard sombre. »
Je ne compte pas le nombre de coups de fil que l'on m'adressa pour cet anniversaire. Parmi les appels, un seul fut d'ordre professionnel. Mon éditeur voulut savoir si le livre me convenait en tant qu'objet et me convia à la première signature dans sa maison d'édition.
– Pas demain, je l'espère, lui répondis-je.
– Non, samedi en huit, à telle heure, ajouta-t-il.
Je connaissais le rituel, mais cette fois, je n'avais aucune envie de m'y plier car j'étais en plein dallage de tout le rez-de-chaussée de la Ferme avec Raoul et je voulais absolument achever ce travail. Et ce, pour deux raisons majeures. La première est qu'aucune de ces vieilles tomettes n'a les mêmes coloris, certaines étant plus foncées que d'autres. C'est moi qui les choisis pour que l'ensemble se fonde harmonieusement dans une belle mosaïque de teintes roses, ocres, plus ou moins parsemées de petits éclats grenat. La deuxième raison est que j'ai pris un réel plaisir à cette tâche à laquelle Raoul m'a initiée, en veillant aussi à ce que les joints de chaux soient le plus serrés possible.
Le dallage de la grande pièce est quasi terminé, mais il reste la cuisine, le petit couloir qui conduit à la chambre blanche, celle-ci, et la salle de bains.

Il n'y avait pas trente-six mille solutions : à quatre pattes et à l'aide d'une baladeuse, j'ai consacré toutes les nuits à ce labeur et j'aurai pu, ainsi, sceller la dernière tomette, la veille de mon départ. Raoul – assez fier de son apprentie – se chargerait des découpes pour les angles et des coupes latérales qui nécessitent une moitié ou les trois quarts d'une tomette. Quant à Basile, il allait pouvoir maintenant fixer le vieil escalier que j'avais trouvé chez un énième brocanteur, achever le petit cabinet de toilette du grenier, qui, tout en bois verni, doit ressembler à une cabine de bateau, avec un hublot donnant sur le préau.

Quand l'éditeur m'avait demandé ma liste d'invités à la signature de mon livre, je lui avais donné trois noms : ceux de tante Millie, de Zaskia et de Madame F. Je me sentais prête à la rencontrer, surtout dans un contexte où nous ne serions pas en tête-à-tête.

En arrivant à la maison d'édition, je savais ce qui m'attendait : une table avec une nappe blanche, un bouquet de fleurs, une pile de mon ouvrage et une chaise sur laquelle j'allais m'asseoir avec le plaisir que l'on éprouve devant des devoirs de vacances !

Certes, la séance de signatures est un passage obligé pour les auteurs. Mais ce qui m'ennuyait, c'était d'avoir à formuler quelques mots à des personnes qui me sont totalement étrangères. Je sais que certains écrivains – et non les moindres – s'en acquittent par une formule expéditive et invariable telle que « Avec toute ma sympathie ». Moi, je ne le pouvais pas. Je devais disposer d'un minimum d'indications personnelles de l'homme ou de la femme qui allait me lire, pour varier ma dédicace et la rendre plus sincère, ce qui prenait naturellement plus de temps.

J'avais déjà eu la visite de tante Millie et de Zaskia qui s'entretenaient maintenant avec d'autres invités, un verre à

la main, lorsqu'une femme de petite taille et menue, vêtue d'un tailleur sobre et coiffée d'un chapeau élégant, se présenta devant moi : « Je suis la mère de Salomé », me dit-elle simplement.
Délaissant la dédicace que j'étais en train de compléter, je me levai alors d'un bond, quittai la table des signatures et me jetai dans ses bras. D'une voix submergée par l'émotion, je ne pus que murmurer : « Merci d'être là, Madame », avant de lui remettre l'exemplaire enveloppé que je lui destinais.
J'imaginais le choc qu'elle allait éprouver en découvrant le monde intime de sa fille, qu'elle avait pu se représenter sans vraiment le connaître. Moi-même je n'aurais pu confier verbalement à ma propre mère ce que j'avais ressenti et vécu avec Salomé, alors que maman est sûrement ouverte, comme Madame F., à de telles confidences. La médiation de l'écriture est plus aisée en levant toute restriction, toute pudeur.
Sur ces entrefaites, tante Millie s'approcha de nous, prit Madame F. sous le bras et l'entraîna vers le buffet, après m'avoir jeté un regard me signifiant que j'avais encore du travail à faire !
Je ne sais comment je parvins à l'accomplir, tant cette rencontre avec la mère de Salomé m'avait chamboulée.

Je devais la revoir, le soir même, chez tante Millie, au cours d'un dîner où Zaskia était aussi présente. Mais, prise par le tourbillon des dédicaces, des échanges qui suivirent avec des journalistes, des critiques littéraires et d'autres personnes auxquelles mon éditeur me présenta, j'arrivai, éreintée, chez tante Millie, à l'heure des digestifs.
Madame F. paraissait détendue et plus que cela. De toute évidence, me dis-je, elle avait établi avec tante Millie et Zaskia un lien d'amitié réelle. Toutes les trois doivent avoir à peu près le même âge et, hormis la différence de leur aspect physique, quelque chose de semblable que je n'aurais pu définir, les unit.

Je me tins en retrait pour mieux observer Madame F. Comme elle avait enlevé son chapeau, je vis que tous ses cheveux réunis en un chignon ourlé sur la nuque, étaient blancs. Je fus soulagée de constater qu'elle ne ressemblait en rien à Salomé. Ni dans la taille, ni dans les traits, ni dans les gestes et, encore moins, dans son habillement. Je n'aurais pas supporté l'hypothèse inverse et je crois que c'est la raison principale pour laquelle j'avais évité de la rencontrer jusque-là.

Dans mon lit, je songeais à cet après-midi où l'événement majeur, à mes yeux, devait être ma rencontre avec la mère de Salomé. Elle ne pouvait avoir lieu qu'à ce moment-là, me dis-je.

Quand elle fut seule, plus tard, tante Millie vint me rejoindre dans ma chambre et s'assit à mes côtés. Elle ne venait pas me bercer, non, mais me livrer ses pensées personnelles – fait rare : « Nous avons toutes les deux rencontré l'âme sœur. Toutes les deux, nous l'avons perdue. Mais Hélie, comme Salomé, nous ont laissé un trésor inestimable, qui peut être parfois lourd à porter. Tu as eu le don de l'exprimer et de le transmettre par l'écriture. Moi, je n'aurais jamais pu me lancer dans une telle entreprise et la mener à bien. »

Puis, rompant avec ses mœurs anglo-saxonnes, elle m'embrassa longuement et très tendrement.

Quinze jours après, je dus retourner à Paris pour signer mon ouvrage dans quelques librairies et pour accorder des interviews dans la presse écrite, à la radio et à l'ORTF où je demandai à Zaskia de me chaperonner. Non que j'eusse peur de bafouiller ou d'être complaisante, je craignais surtout les questions idiotes ou sans intérêt. Je craignais aussi l'anecdote, le futile, le dérisoire et je fus d'abord tentée de fuir ce battage. Mais je me rangeai aux raisons de mon éditeur qu'il me présenta habilement en s'appuyant sur les premières et bonnes critiques.

À ma grande surprise, tout se passa relativement bien, et même avec ironie.
Ainsi et m'amusant à inverser les rôles, ai-je lancé à l'un de mes interlocuteurs :
– C'est Gide, je crois, qui a dit que « le rôle d'un interviewer, c'est de forcer l'intimité ». Comme j'ai écrit un ouvrage très intime, sur quoi donc allez-vous forcer : mon arbre généalogique, mon pedigree universitaire, ma jeunesse, mon amour des chevaux, ma paire de chaussures ?
Curieusement, aucun des journalistes ne soupçonna le caractère autobiographique de mon livre, sauf un petit malin, mélomane de surcroît, qui me demanda si l'une de mes héroïnes n'était pas Salomé F. Décontenancée par sa question, je lui répondis que j'aurais été très heureuse de la rencontrer !
Après cette dérobade, je me félicitai d'avoir transformé la fin de mon histoire avec Salomé. Elle m'évitait d'avoir à m'exprimer en son nom.
Le seul incident eut lieu lors d'une émission de radio où, après avoir résumé mes écrits en les charcutant, l'animateur manifestement très imbu de sa personne et de ses prérogatives, crut bon de vouloir savoir si je n'avais « pondu » cette histoire « que dans le but de faire scandale ! »
Je bouillais intérieurement, avec une furieuse envie de lui voler dans les plumes. Mais c'était sans doute le but qu'il recherchait. Aussi gardai-je mon calme :
– Monsieur, je vous répondrai en trois points. Un, je n'ai en rien reconnu mon livre dans la présentation que vous en avez faite et j'en déduis que, soit vous vous êtes trompé de fiche, soit – et c'est plus probable – vous ne m'avez pas lue. Mais dans les deux cas, vous seriez à contre-emploi.
Il ricana comme un imbécile doublé d'un fat et voulut me couper la parole. En vain.
– Je ne vous ai pas interrompu, alors ayez la politesse de me laisser finir. Deux, poursuivis-je, les poules pondent des

œufs, pas des livres. Et trois, laissons à vos auditeurs et à vos auditrices le soin d'apprécier eux-mêmes si le scandale est dans mon ouvrage ou dans votre question.
Là-dessus, je me levai pour quitter le plateau alors que le présentateur ne riait plus du tout et que son visage affichait des tics de la plus grande nervosité.
Je rejoignis Zaskia qui me félicita :
– De toute façon, ce type est sans intérêt. Sa dite renommée tient au fait qu'il cherche uniquement à se faire valoir en provoquant ses invités. Il se fiche comme d'une guigne de l'intérêt de leurs ouvrages ou de leur profession, comme tu as pu le constater. Encore heureux qu'il ne se soit pas focalisé, d'emblée, sur ta personne physique, ton côté androgyne, ta particule, etc. Mais tu as retourné la situation à ton avantage. Bravo !
Maintenant, j'aimerais voir sa tronche quand ton livre sera en tête du box-office !
– Vous rêvez! lui dis-je d'un baiser sur la joue.
Mon éditeur devait aussi se frotter les mains puisque, dès le lendemain de l'émission radiophonique écourtée, et les jours suivants, nombre de librairies furent en rupture de stock.
Zaskia avait peut-être raison !
Rassurez-vous, le succès ne me monte pas à la tête. Ce qui m'importe par-dessus tout, c'est de ne pas avoir trahi mes exigences premières avec ce livre et d'avoir pu le mener à terme quand je fus mille fois tentée de tout laisser tomber.

De retour à la Révillière, je fus surprise de n'avoir aucun signe de Scilly. L'exemplaire que je lui avais adressé s'était-il égaré ou avait-il transité par la Chine ? Je réalisai seulement maintenant qu'elle l'avait peut-être reçu comme un uppercut puisqu'elle ignorait jusque-là mon lien avec Salomé. Mais je ne pouvais croire que cette révélation la laissât indifférente. N'avions-nous pas un point essentiel en commun ? Ne pouvait-elle s'en réjouir ? Alors, pourquoi ne m'avait-elle pas

appelée ou écrit tout de suite ? Pourquoi ne venait-elle me voir si elle était déjà à C., depuis le début de ce mois et pour une nouvelle tranche de travaux ? Mystère.
Je ne pouvais chercher à la joindre sans m'imposer. C'était à elle de se manifester maintenant et je n'avais pas d'autre choix que celui d'attendre qu'elle y consentît. Vous savez combien cette posture m'est odieuse, qui me relègue à une passivité furieuse.

En revanche, maman me remit, avec mon courrier, une grande enveloppe cartonnée en provenance de Paris et d'une écriture qui m'était étrangère.
L'intérieur contenait la photo originale de Salomé au piano. Celle dont je n'avais qu'une petite reproduction. Une lettre était jointe à cet envoi :

« *Chère Roxane,*
On peut passer toute une vie sans jamais sentir battre son cœur pour quelqu'un.
Vous, vous avez commencé la vôtre en aimant Salomé et en étant aimée d'elle – ô combien !
Merci d'avoir si bien exprimé la force, la beauté, la délicatesse de ce grand amour partagé.
Je sais maintenant que Salomé est partie doublement heureuse par la reconnaissance de son talent et par ce que vous lui avez donné, sans calcul, ni réserve.
Grâce à votre livre dont la dédicace m'est allée droit au cœur, ma fille est encore plus présente en moi et en témoignage de ma gratitude pour vous, acceptez que je vous adresse l'original de cette photo qui était aussi la préférée de Salomé.
Acceptez également que je vous serre très affectueusement dans mes bras.

Aude »

En me voyant émue, maman s'inquiéta :
– Mauvaises nouvelles ?

– Non, répondis-je. Regardez. Et je lui tendis la photo et la lettre de Madame F.
– Mon Dieu, quelle splendeur et que ce mot est touchant ! Je suis contente qu'elle ait apprécié ton livre. C'est la meilleure critique que tu recevras.
Puis se tournant vers moi, maman ajouta gravement :
– Je ne te l'ai encore jamais dit, mais je me demande comment Madame F. peut survivre à son unique fille, car, moi, si je t'avais perdue, je me serais laissée mourir ou je serais devenue folle.
– Mais c'est une déclaration d'amour ! lui dis-je en l'embrassant tendrement.
Je décidai de ne pas encadrer la photo de Salomé, mais de la mettre quelque temps sur ma cheminée pour la conserver ensuite dans une chemise toilée, en y joignant la lettre de Madame F.
Je repensai aux mots que maman avait ajoutés à sa déclaration : « Garde tes si beaux et précieux souvenirs, mais n'en fais pas un sanctuaire. Vis, ma chérie, vis pleinement. » En réfléchissant à ce sage conseil, je me dis que si j'avais cette photo tous les jours sous mes yeux, je ne vivrais plus que de pensées solitaires en étant moi-même la vestale d'une dévotion désincarnée et mélancolique. Et puis, me dis-je encore, et aussi belle soit-elle, l'image ne représentait que la pianiste et non l'amante qu'aucun appareil photo n'aurait pu saisir ni traduire. Or, c'est cette Salomé-là, ineffable, que je préférais garder pour moi seule, d'autant que, à dessein, je n'avais pas tout révélé dans mon livre.

Je pouvais enfin vivre dans ma ferme. Les travaux avaient pris un peu de retard en raison de mes déplacements à Paris mais, maintenant, les éléments principaux étaient réunis avec une cuisine bien équipée, une table de vendangeurs dans la grande pièce du bas et, autour, six chaises

rustiques, de style Directoire. Il ne manquait plus que des rideaux blancs dans la chambre que je me réservais. Je n'en voulais pas ailleurs, car ils auraient masqué les volets intérieurs.
Mais dès que j'eus disposé mes livres sur les étagères du grenier, je changeai d'avis : « C'est là que j'écrirai et dormirai », décidai-je. Et pour des raisons à la fois esthétiques et pratiques. J'aime énormément ce grenier dont les fenêtres donnent sur nos vignes. J'aime tout autant mes livres, comme la possibilité de m'arrêter d'écrire pour m'allonger sur le lit et inversement, le jour ou la nuit. Et puis, que dire de la charpente et du conduit de cheminée qui, à eux seuls, suffisent à personnaliser magnifiquement cette pièce ? L'alliance du bois et de la maçonnerie conçus comme des œuvres d'art.

Comme convenu, je tins rigoureusement les comptes de tout objet ou mobilier personnel que j'avais acquis pour les rembourser à maman, à ma majorité. En alignant les chiffres, j'éclatai de rire en pensant à la réflexion qu'elle m'avait faite, un jour : « Comme tu ne me ruineras pas par un mariage princier – si j'ai bien compris – permets-moi quand même de t'offrir le trousseau de ton choix, sachant déjà que tu ne désires rien qui vienne de ton père, sauf par Millie. » Maman a bien saisi que mon objectif n'est pas d'acheter telle ou telle chose pour avoir le plaisir de la posséder, mais pour commencer une nouvelle vie frappée au sceau de ma personnalité et de mes goûts. Le seul ennui est que ceux-ci sont coûteux – très coûteux, même – et je ne suis pas du tout certaine que mes gains de plume y pourvoiront.
« Mais au diable ce souci ! » pensai-je en installant ma table d'écriture devant l'une des fenêtres du grenier. Quant au grand lit, je l'ai mis dans un angle de la pièce pour qu'il ne prenne pas de place, avec un joli guéridon en merisier en

guise de table de chevet. Entre le lit et l'escalier, une grande armoire en merisier aussi, aux belles ferrures et paumelles en cuivre.
J'ai donc là tout sous la main, le cabinet de toilette à proximité étant la cerise sur le gâteau !
J'allais redescendre du grenier, lorsque j'entendis le bruit d'une camionnette. C'était le matelassier. Une demi-heure après, mes deux lits furent équipés de matelas confectionnés sur mesure, avec de la vraie laine de mouton, du vrai crin de cheval et du vrai coutil parsemé de vraies bouffettes de laine.
Ces détails vous paraîtront peut-être dérisoires, mais ils ont le pouvoir de me ravir. Aucun doute possible : dans l'ordre matériel, je m'inscris dans la tradition, gage d'une qualité qui va sûrement se perdre un jour, ou alors devenir rare et prohibitive. Mais vous savez aussi que je pourrais tout aussi bien vivre dans une tente de nomades, moins pour le dépaysement que pour la rêverie.
Après le départ du matelassier auquel j'avais également commandé quatre oreillers en vrai duvet d'eider, je ne pus résister au plaisir de m'étaler sur mon nouveau matelas pour tester son confort et m'imprégner de ses bonnes odeurs de coutil frais, tissé : volupté suprême à laquelle je m'arrachai pour faire mon lit et je recouvris donc le tout d'un dessus-de-lit plus épais, en coton et lin blanc – seul emprunt aux vestiges familiaux, en réalité, à la literie des domestiques, au siècle précédent.

J'avais convié tous les artisans, maman, Léon, Ernestine, Louisette et Gabrielle, revenue du Canada, pour pendre la crémaillère le dernier samedi du mois, à dix-neuf heures pétantes.
Maman fit semblant de découvrir l'intérieur, en ne cessant de s'extasier :
– Bon, je crois que je vais m'installer chez ma fille ! D'ailleurs

ma chambre est déjà prête où il ne manque que le lit ! plaisanta-t-elle.
Léon avait mis ses habits de noces et Ernestine n'avait enlevé que son tablier. Louisette, toujours discrète, observait les uns et les autres avec une attention amusée, tout heureuse, elle, d'avoir réussi son permis de conduire.
Les artisans furent aux anges quand Gabrielle leur remit, bien encadrées, les photos qu'elle avait prises de chacun d'eux, en y joignant celle du groupe sur le seuil de la maison.
Léon faisait sa mauvaise tête parce qu'on « l'avait oublié ». « Tu veux toujours faire l'intéressant ! » lui lança sa sœur sous les rires des vedettes du jour. Je confiai au boudeur le soin de remplir les verres de muscadet maison pendant que je m'occupai des tartines de rillettes et de pâté de lièvre, avec Louisette.
Comme le petit espace cuisine n'est séparé de la grande pièce que par un muret, je voyais et entendais tout.
Sans rien en montrer, je songeais à Scilly en regrettant qu'elle ne fût des nôtres. Ma joie eût alors été totale.
Puis, Léon pria tout le monde de sortir « pour le moment le plus important ! » Il avait apporté un bouquet de fragon qu'il eut beaucoup de mal à accrocher au-dessus de la porte d'entrée. Au bout d'un quart d'heure de tâtonnements divers, l'ornement symbolique signifiant la fin des travaux, fut bien suspendu sous les applaudissements de l'assemblée. Dans la foulée, j'improvisai un speech :
« Messieurs les maîtres de vos œuvres.
Je terminerai ce discours – excusez-moi d'avoir été aussi ennuyeuse et longue – par un souhait. (Et je levai mon verre dans leur direction.) Que les meilleurs artisans de notre bourg soient aussi célèbres que l'Église ! » (Rires et applaudissements.)

Après le départ de tous et toutes, je retins Gabrielle qui resta plantée, bouche bée, devant la seule photo posée

sur la cheminée. Elle la prit, la regarda attentivement et en lisant la signature s'exclama :
– Ce n'est pas possible ! C'est un trésor que vous avez là !
– La valeur marchande de cette photo ne m'intéresse pas, Gabrielle, répliquai-je sèchement.
– Écoutez, la photographe est une très grande portraitiste. Permettez-moi d'en être agréablement surprise, dit-elle en reposant la photo.
– Tout photographe ne serait rien sans son modèle ou sujet, assénai-je laconiquement et en débarrassant la table des vestiges de notre petite fête.
– Ne vous fâchez pas. J'ai parlé en technicienne, c'est vrai, et je m'en excuse.
– Et les photos de Gipsy, où sont-elles ?
– En train de sécher. Vous verrez, vous ne serez pas déçue. Votre jument est aussi faite pour un objectif !
Puis Gabrielle me demanda comment nous allions pouvoir transporter la très belle auge en granit qu'elle avait trouvée en partie enfouie dans la terre du futur jardin.
– D'abord il faudra entièrement la dégager pour savoir si elle n'est pas cassée ou fendue. En ce cas, elle restera là où elle gît. Si elle est en parfait état, Léon trouvera bien une astuce pour l'extraire du sol. Ensuite, je ne vois pas d'autre solution que de la rouler sur des rondins, comme le faisaient les Égyptiens pour charrier les énormes blocs de pierre de leurs pyramides.
– Où comptez-vous la mettre ?
– À droite de ma porte d'entrée, pour que des oiseaux viennent s'y abreuver.
À ces mots, Gabrielle me signala qu'elle venait d'entendre le bruit d'une voiture.
– C'est peut-être l'un des artisans qui a oublié sa casquette ou autre chose, répondis-je sans me soucier de cette arrivée inattendue.
En fait d'artisan, c'était Scilly, élégamment vêtue d'un panta-

lon et d'une veste en lin beige sur un polo noir, les pieds nus dans de belles sandales de nonne. Dès qu'elle entra dans la grande pièce avec un large sourire, je ne pus m'empêcher de prononcer son prénom d'une voix plus qu'enthousiaste. Et dans la joie de la revoir chez moi, ce soir-là, après plus de deux mois d'absence, j'oubliai de la présenter à Gabrielle et inversement. J'ajoutai simplement :

– Il ne manquait plus que vous ! Nous venons juste de fêter la fin des travaux.

– Je vois, dis Scilly en balayant son regard du sol au plafond. Cela tombe bien car je suis venue vous livrer vos nouveaux gardiens…

En regardant la taille de la boîte qu'elle tenait à la main et ses trous, j'eus quelques secondes d'appréhension :

– Ne me dites pas que ce sont des chiots de molosse au regard menaçant et aux crocs puissants ! Ma vertu peut se passer de tout cerbère !

Scilly éclata de rire et me lança à la volée :

– Je n'en suis pas sûre !

Gabrielle changea de tête et prétexta un dîner ailleurs pour s'éclipser.

– Une amie, une cousine, une voisine ? s'enquit Scilly qui avait du mal à dénouer la ficelle entourant le carton.

– Une amie, voisine et photographe, égrenai-je en ayant hâte de découvrir ce que Scilly m'avait apporté.

Après avoir délicatement plongé sa main à l'intérieur du carton, elle en sortit une tourterelle qu'elle me tendit, puis une deuxième.

– Ce n'est pas tout, me dit-elle. Regardez dans le fond. Et je vis deux petits avec leurs plumes naissantes, qui n'avaient pas du tout l'air d'être effrayés.

– Oh Scilly, quelle merveille ! Merci. Merci ! La tourterelle est mon oiseau préféré avec la poule d'eau.

Puis je lui demandai si elle avait trouvé cette petite famille sur son chantier.

– Non, chez une oiselière qui vit près de C. Elle m'a précisé que ce sont des tourterelles turques qui ont migré en France en 1952.
– Mais ces deux-là ont l'air jumelles, remarquai-je. Comment distingue-t-on le mâle de la femelle ? L'un a des roucoulements graves et l'autre aigus ?
Elle rit :
– Ne m'en demandez pas trop. Je suis architecte, pas encore ornithologue ! dit-elle en caressant les adorables petits.
– Vous n'avez pas peur que les parents les abandonnent après ce transfert ?
– J'ai eu la même crainte, mais l'oiselière m'a tout de suite rassurée. Elle ne les aurait pas cédés à l'état de boules de duvet car, là, l'abandon était certain. Ceux-là ont déjà un mois et quelques plumes. La famille restera donc soudée. Enfin, espérons-le !
– Allons les installer ! dis-je avec enthousiasme.
Aussitôt dit, aussitôt fait.
La nuit n'était pas encore tombée et nous pûmes mener à bien notre entreprise sans faire usage de la lanterne de tante Millie.
En réalité, Scilly se chargea de tout : de grimper sur l'échelle que je lui avais apportée, de répandre un peu de foin dans les nichoirs, des graines sur la margelle, avec un grand bol d'eau. Puis je lui tendis le carton contenant la précieuse cargaison qu'elle glissa dans une alvéole et en premier lieu, les bébés. Quant à moi, je ne quittai pas des yeux ses pieds nus. Des pieds romains, longs et fins, comme ses mains, m'attardant sur les chevilles de gazelle, dont le tendon saillant se perdait sous le bas du pantalon.
– Voilà, c'est fait ! dit-elle d'un ton triomphant. Il ne nous reste plus qu'à leur dire « bonsoir » et à leur souhaiter joyeuse et longue vie.
– Comment avez-vous eu cette idée ? lui demandai-je au moment où elle redescendait de l'échelle.

– Quand je suis venue ici, la première fois, j'ai remarqué tout de suite ces nichoirs, détail plutôt rare sur la façade d'une maison. Ensuite, je me suis dit qu'ils devraient retrouver leur fonction avec des oiseaux plus gracieux que des pigeons. Voilà tout.
– Alors, allons fêter cette idée avec du caviar d'aubergines et un bon petit Léon-Millot, un vin rouge de pays, qui titre 15-16 degrés, je vous préviens !
– Encore un piège ?
Je fis la sourde oreille.
Quand elle s'assit en face de moi, à table, en levant son verre dans ma direction. Je lui trouvai le teint particulièrement pâle, les traits tirés et lui en demandai la raison.
– Ne m'en parlez pas ! Mon chantier à Firenze a été un enfer du début à la fin. J'enchaîne sur celui de C., sans avoir eu le temps de souffler. Heureusement, j'aurai ici la même équipe, dont une Finlandaise très prometteuse.
– À quel titre ? demandai-je, non sans arrière-pensée.
– Détrompez-vous ! Je m'interdis toute intimité avec mes stagiaires. Je sais que certains de mes collègues ne s'en privent pas, mais je trouve cela abusif, indécent et trop lourd de conséquences multiples.
– Peut-être, seulement vous ne pourrez jamais empêcher l'une de vos étudiantes de vous couver des yeux, non ?
– C'est arrivé, mais j'ai vite mis de l'eau sur le feu !
– Mais quand vous êtes séduite, vous, que faites-vous ?
– La même chose : je ronge mon chapeau !
Scilly s'arrêta quelques secondes pour savourer une gorgée de Léon-Millot, avant de reprendre le fil de ses pensées en me regardant droit dans les yeux :
– Cela dit, je peux admettre la situation seulement s'il s'agit d'un *terremoto*, réciproque et irrépressible où les dégâts sont partagés, acheva-t-elle en se levant pour aller regarder longuement la photo de Salomé, sans la toucher.
Ensuite, elle appuya sa tête et ses mains sur le manteau de

la cheminée. Dans une posture de recueillement ?
– Êtes-vous croyante ? lui demandai-je.
– Oui, mais je n'adhère à aucune chapelle. Je me contente de les restaurer, me répondit-elle d'un sourire. Et vous ?
– Je suis agnostique. J'ai besoin d'un point d'interrogation, d'une dimension spirituelle qui n'est pas de l'ordre du religieux, pour penser, imaginer, écrire. L'athéisme me rendrait matérialiste et improductive.
Scilly se rassit en face de moi, alors que la fatigue accentuait sa balafre. Attendrie, j'aurais voulu poser mes lèvres sur cette cicatrice. Mais je me retins en pensant que c'était déjà une bénédiction qu'elle fût là en ce jour symbolique. Elle avala quelques bouchées de caviar d'aubergines, reposa sa fourchette et me regarda gravement, avant de me confier :
– Votre livre m'a bouleversée. Je n'ai jamais rien lu d'aussi beau sur le sujet. Je vous ai écrit une lettre que j'ai déchirée. Elle n'exprimait que le quart de mes pensées. Sans votre dédicace, j'aurais pu croire que vous viviez encore ce grand amour. Mais le fait de découvrir que la fin de votre histoire n'est pas celle du livre, m'a remuée au point de vouloir savoir comment on peut survivre à un tel drame.
Je lui répondis par un long silence.
– Vous avez dû penser – et peut-être le pensez-vous encore – qu'après une telle rencontre et même si vous n'avez vu Salomé qu'à trois reprises, vous n'aimeriez jamais plus, non ?
– Je l'ai pensé et cela n'a fait qu'aggraver et prolonger mon calvaire.
Je vis Scilly me regarder avec une intensité telle qu'en quelques secondes je me crus en face d'une autre.
– Ce qui m'a troublée aussi, c'est que ma mère, qui est une grande mélomane, devait se rendre à la Scala pour écouter Salomé, son concert étant annoncé comme un grand événement musical. Après le crash de l'avion, repris par nos journaux, tout le monde était atterré. Moi-même, j'ai lu

un article précisant que l'on n'avait retrouvé qu'une main, intacte, avec une bague.
– C'est vrai, je l'avais offerte à Salomé, à Londres et je la porte aujourd'hui comme un présent venant d'elle et de l'au-delà.
Scilly se pencha alors pour déposer un baiser sur l'intaille, délicatement. Je sentis qu'elle voulait me transmettre une empathie spontanée et sincère, qui me toucha profondément. Elle garda un moment ma main dans la sienne et ne chercha pas à savoir comment la bague m'avait été restituée. « *Incredibile, incredibile, straordinario* ! » répétait-elle à voix basse et en secouant la tête. Puis, elle me conseilla d'enlever l'intaille pour peindre, maçonner ou jardiner.
Je revins de la cuisine avec un panier de framboises fraîches alors que Scilly demeurait toujours aussi songeuse.
– Avec ou sans sucre ?
– Sans, merci. J'adore ce petit fruit subtil, au parfum si délicat, qui fond dans la bouche sans que l'on soit contrainte de le croquer ou de le mordre. Je n'en dirai pas plus ! dit-elle.
– Je suis heureuse de ne plus avoir l'exclusivité des allusions ! répliquai-je.
Scilly me décocha alors un regard et un sourire qui me laissèrent nue. Mais reprenant aussitôt mon air de sainte-nitouche, je lui demandai quand commençaient ses travaux.
– Lundi.
– Et demain, que faites-vous ?
– Je n'ai rien prévu sauf de me rendre à l'aéroport de N., en fin d'après-midi pour y cueillir ma stagiaire finlandaise.
– Bon, eh bien d'ici là, je vais vous séquestrer !
– Dans le box de votre jument ?
Je ris.
– Cette fois-ci, j'ai beaucoup mieux à vous offrir. J'aimerais que vous soyez la première à dormir dans ma chambre blanche.
– Pourquoi moi ? me demanda-t-elle, non sans un brin de satisfaction coquette.

– Parce que les draps et oreillers de ce lit, à jour Venise, me semblent plus appropriés à une Italienne qu'à une Finlandaise !
– Je m'incline devant l'offre et l'argument !
Puis elle ajouta en riant :
– Votre Léon-Millot n'est vraiment pas destiné aux gosiers fragiles...
– C'est vrai : il cogne, mais il procure une douce ivresse et présage de bons rêves...

En réalité, je ne parvins ni à m'endormir, ni à lire tellement j'étais heureuse de revoir Scilly et de la savoir sous mon toit, étrennant cette chambre blanche et son lit aussi grand que le mien. Heureuse qu'elle ait débarqué à l'improviste avec ces tourterelles qui allaient gracieusement me tenir compagnie – si elles ne prenaient pas la poudre d'escampette ! Et puis, me dis-je encore, la première fois du Brunello di Montalcino et maintenant, ces adorables oiseaux... Vraiment, elle a le don de pressentir ce qui peut me faire plaisir à coup sûr, et de la part d'une femme qui ne me connaît pas encore cela relève du grand art, sinon, d'une adéquation parfaite. Je songeais aussi à notre conversation au sujet de la fin de Salomé, où elle avait fait preuve de beaucoup de tact. Et son baiser sur mon intaille... comme j'aurais voulu qu'il se prolongeât !
Je finis par m'endormir à l'aube et me réveillai au son des cloches de l'Église, indiquant la fin de la messe dominicale.

Le temps de me passer un peu d'eau fraîche sur le visage et j'étais en bas, pensant que Scilly dormait encore. Mais en voyant son lit déserté et le pyjama bien plié sur l'oreiller, je ne pus m'empêcher de proférer un : « Ah non, pas ça ! » sonore. J'étais furieuse, déçue, d'autant qu'elle ne m'avait laissé aucun mot.
Je sortis alors de la maison pour voir si mes gardiens ailés m'avaient aussi désertée.

Eux, au moins, étaient là, constatai-je avec soulagement en regardant les parents picorer sur leur margelle. Les petits aussi, blottis l'un contre l'autre à l'intérieur d'une niche. Combien de temps restai-je là à m'attendrir devant ces adorables créatures ? Je l'ignore. Mais en redescendant de l'échelle, je décidai et déclarai solennellement à voix haute « que le mot tourterelles serait désormais le féminin pluriel de tourtereaux ! »

Deux bras m'enlacèrent au bas de l'échelle, puis une bouche effleura ma nuque.

– Moi qui vous croyais partie ! dis-je à la fois décontenancée et ravie en face d'une Scilly qui arborait maintenant un visage rayonnant et d'où toute trace de fatigue semblait avoir disparu.

– En attendant votre réveil, *cara*, j'ai fait le tour de vos lieux. J'ai des choses à vous dire et à vous suggérer, notamment en ce qui concerne l'aménagement du préau.

– Vous permettez que nous prenions d'abord un petit déjeuner ? lui suggérai-je.

Scilly reprit place en face de moi à la table des vendangeurs et je m'excusai de me présenter devant elle en pyjama, les cheveux en bataille et l'esprit engourdi par un trop bref sommeil.

– Comment avez-vous deviné que j'adore les tourterelles ?

– N'avons-nous pas quelques points communs ? me répondit-elle en étalant de la confiture de fraises sur sa tartine grillée.

– À part la taille, je ne vois pas ce qui peut rapprocher une grande architecte d'une petite romancière !

– Mon diagnostic est que votre cas est incurable !

– Enfin une parole sensée ! dis-je en finissant ma tasse de thé.

Après avoir enfilé des tennis, je rejoignis Scilly sous le préau.

– Voilà ce que je vous suggère, me dit-elle. L'escalier en bois que vous avez amputé pour installer votre cabinet de toilette ne sert plus à rien et de toute façon, il est pourri. Il faut l'enlever et vous pourriez remiser là votre bois de chauffe et fagots de sarments de vigne pour vos grillades. Sous le cabinet de toilette, moi je mettrais une machine à laver le linge et un bac que l'on ne verrait pas.
– Mais où étendrai-je mon linge ?
– Sur la passerelle, bien sûr ! Elle est étroite, mais encore suffisamment longue pour y fixer trois fils de dix mètres. Pour une vieille fille qui ne change ses draps qu'à Pâques et à la Toussaint, ce sera amplement suffisant !
– Comment vais-je y accéder, par une échelle ? lui demandai-je en riant.
– Non, c'est exclu. Pour porter un lourd panier de linge, il faut un appui solide et sûr. Je vous propose de construire un petit escalier tout en pierres, à l'extrémité droite du préau. Un escalier étroit pour que votre préau puisse encore accueillir deux voitures.
– Alors, il faut que je fasse revenir le plombier et le maçon ?
– Le plombier, oui, et ce sera vite fait puisqu'il a déjà monté les tuyaux pour votre cabinet de toilette, mais le maçon, non.
– Comment cela ?
– Après ce chantier à C., je prendrai enfin quelques vacances. Eh bien, et si cela vous convient, nous pourrions construire cet escalier ensemble.
– Mais je n'ai aucune expérience dans ce domaine ! objectai-je mollement.
– Qu'à cela ne tienne ! Je vous apprendrai. Ce sera ma participation aux travaux de votre maison et notre œuvre commune. Le seul inconvénient – et il est de taille – c'est que vous aurez l'obligation de m'héberger sur place ! me dit-elle avec une désinvolture parfaitement calculée.

Je rétorquai de même :
– Très ennuyeux, en effet ! Mais on peut faire un essai et s'il n'est pas concluant, Raoul achèvera le travail !
– Autre chose, dit-elle en regardant l'espace devant la maison. Si j'étais vous, et pour éviter la boue, les jours de pluie, je ferais ici une vraie cour, une cour un peu romaine, avec de grandes dalles de calcaire mat et clair. Et pour donner plus d'intimité à l'ensemble, je construirai autour un muret à mi-hauteur, avec un accès libre à la maison.
– Bonne idée. C'est vrai, je n'avais pas pensé à la gadoue.
Les suggestions que Scilly m'avait faites m'emballèrent. Elles sont astucieuses, esthétiques et pratiques. Quant à son offre de construire un escalier en pierres avec moi, elle dépassa toutes mes attentes. Je sentais, je savais que je m'entendrais suffisamment avec elle pour partager mes lieux sans le moindre problème, le temps de ces travaux. Elle avait sa chambre, moi mon grenier, bref, de quoi préserver ma farouche indépendance.
– Maintenant, allons voir ce que vous avez fait là-haut, dit-elle en me prenant la main.
Je vis une satisfaction pleine et entière sur son visage :
– Je comprends que vous vous soyez installée ici, dit-elle en se penchant sur ma table de travail où ne trônaient qu'un encrier et le stylo que Salomé m'avait offert.
Elle examina plus attentivement ce dernier, avant de le reposer sans commentaires. Et d'ajouter :
– Et cette belle vue sur les vignes !
Je la rejoignis devant la fenêtre grande ouverte :
– L'hiver, j'écrirai sûrement en bas, devant un bon feu de bois. Il faut dire que cette saison est particulièrement humide et sinistre ici. Rien ne vaut alors une bonne flambée pour remonter le moral.
– Il est vrai que, vous, comme tous les écrivains, vous pouvez emporter votre travail n'importe où. Puis, en regardant la croix de Saint-André, elle ajouta :

– Vous avez tiré le meilleur parti de cette maison qui a déjà une âme. Bravo ! Je n'aurais pas fait mieux.
Tout d'un coup, je réalisai à l'intense chaleur venant de l'extérieur, que Gipsy devait mourir de faim et de soif :
– Il faut que j'aille nourrir ma jument, vous venez ?
Nous passâmes par les écuries prendre deux bottes de foin de luzerne et une brosse.
– Vous allez la monter aujourd'hui ?
– Oui, mais pas en pyjama et quand vous serez partie.
Gipsy se rua sur le foin, pendant que je renouvelai l'eau de son bac. Puis son pelage étant tout poussiéreux – elle avait dû se rouler sur la terre dans tous les sens – je la brossai entièrement. Tout en ayant l'air très absorbée par ma tâche, j'observai Scilly que cette lumière d'été auréolait d'une grâce exquise. De son côté, et les mains croisées dans le dos, elle suivait les mouvements de la brosse, comme si j'effectuais là un rite propre aux aborigènes.
– Quelle vie de rêve ! s'exclama-t-elle. Vous avez bien fait de revenir sur vos terres.
– La vôtre n'est pas mal non plus, non ?
– Oui, mais épuisante ! Deux mois par-ci, trois mois ou plus, par-là, sans compter l'enseignement et les rapports des travaux. Le comble est que je rénove des monuments historiques et que je ne pourrais pas créer ma propre maison, faute de temps.
À ces mots, ma brosse m'échappa.
– Qu'avez-vous ? Vous semblez énervée, remarqua Scilly.
– Non, non, ce n'est rien ! répondis-je en reprenant ce pansage sommaire.
Ce n'était pas rien. Je venais d'entendre ce que m'avait dit Salomé dès le début de notre rencontre. Elle ne vivait que pour son art, m'avait-elle précisé, Scilly est absorbée par son travail. « Je n'ai vraiment pas de chance ! » me dis-je en fulminant intérieurement. Et je maudis le ciel de m'avoir, une nouvelle fois, mise en présence d'une femme qui ne

pourrait jamais faire que de brèves apparitions dans ma vie.
De retour chez moi, Scilly me proposa de « cuisiner une spécialité bien de chez nous ».
– Je ne sais si j'ai vos ingrédients.
Il ne manquait que l'origan. Ce fut succulent, mais je n'avais pas faim.
Scilly avait bien perçu mon changement d'attitude :
– Je vous sens tendue, ailleurs, que se passe-t-il ?
– Je ne veux plus souffrir.
Elle se leva pour préparer un café, le but en silence devant moi et vint caresser ma tête. Puis, sans enlever sa main, elle me dit :
– Je vous comprends.
Elle enfila sa veste de lin, déposa sur la table un bout de papier avec son numéro de téléphone et je la laissai regagner sa voiture sans pouvoir l'accompagner.

Après son départ je ressentis un accablement, un vide intolérable. Je fus tentée de courir pour la rattraper, mais je n'en fis rien.
Je montai me changer pour rejoindre Gipsy plus tôt que prévu, furieuse d'avoir écourté un délicieux tête-à-tête par un aveu que j'aurais pu différer. Mais jamais je n'avais été confrontée à une situation aussi contradictoire au niveau de mes sentiments.
Certes, Scilly pouvait comprendre qu'avec ce que j'avais enduré depuis la mort de Salomé, j'éprouvais le besoin de fuir toute nouvelle souffrance, mais, d'un autre côté, elle m'était déjà devenue indispensable et à mon insu même. Allait-elle interpréter ma réponse comme une fin de non-recevoir ?
Cette hypothèse m'exaspéra.
Puis, au fur et à mesure que j'avançais le long de la Loire avec Gipsy, sous une chaleur encore caniculaire, je décidai

de remettre mon sort, non à ma volonté, mais au hasard, avec l'espoir de voir Scilly réapparaître d'une manière ou d'une autre. Il ne pouvait en être autrement. Ni pour elle, ni pour moi, me dis-je dans un galop sur une terre ombragée par des saules.

Le lendemain matin et alors que j'étais en train de nourrir mes tourterelles après avoir changé leur eau, je vis arriver Gabrielle avec une grande enveloppe.
Elle contenait cinq belles photos de Gipsy.
– Oh la sacrée coquette ! dis-je, en voyant les postures de cette demoiselle. Merci Gabrielle. J'ignore quelle est ma préférée puisqu'elles se complètent et se déroulent comme un film.
Et j'allai les placer côte à côte, à gauche de la cheminée, à l'opposé de la photo de Salomé et près de la bouteille de Brunello di Montalcino.
– Mon petit musée s'agrandit ! m'exclamai-je avec plaisir avant de proposer à Gabrielle une tasse de thé.
– Votre amie n'est pas là ? me demanda-t-elle.
– Non. Elle dirige des travaux de rénovation à C. Mais, dites-moi, pourquoi vous êtes-vous sauvée dès son arrivée avec les tourterelles, l'autre soir ?
– Parce que, en vous voyant toutes les deux, je me suis sentie en trop.
– Mais Scilly n'est qu'une amie! Qu'allez-vous imaginer ?
– Pour un œil extérieur, le mien, en tout cas, il est clair qu'il se passe quelque chose entre vous deux. Cela vous échappe peut-être.
Je filai dans la cuisine en faisant semblant de n'avoir pas entendu la remarque de Gabrielle. Je ne voulais pas qu'elle devînt la confidente privilégiée de mes sentiments et atermoiements intimes. Je lui avais donné un exemplaire de mon livre. C'était suffisant. Mon présent m'appartenait.
Je revins de la cuisine avec une nouvelle théière et au

moment où je la posai sur la table je vis que Gabrielle arborait un visage plus soucieux.
– Je suis aussi venue vous parler de votre livre qui m'a beaucoup perturbée, me dit-elle.
– En quoi ?
– En dehors du caractère exaltant de votre rencontre avec Salomé, la manière dont vous avez décrit les scènes amoureuses m'a fait comprendre que je ne vivrai jamais l'équivalent avec un homme. Je suis désespérée car les filles ne m'attirent pas !
J'éclatai je rire :
– Eh bien, à chacune son dessert !
– Oui, mais chez vous, il y a aussi l'entrée et le plat principal !
– Je ne peux vous répondre. Je n'ai pas d'éléments de comparaison, je ne les aurai jamais et je ne fais pas de prosélytisme. Allons, ne vous inquiétez pas : peut-être tomberez-vous un jour sur l'exception faite homme ! ajoutai-je avec une pointe d'ironie qui ne lui échappa guère.
– C'est cela, fichez-vous de moi !
– Que voulez-vous que je vous dise ? continuai-je en riant.
Elle s'énerva :
– Vous ne vous rendez pas compte que vous m'avez fait un cadeau empoisonné avec votre bouquin !
– Quel poison ?
– Il m'a ouvert les yeux sur des aspects plus qu'emballants que, vous, vous allez retrouver, dit-elle dépitée.
– Vous n'en savez rien, Nostradamus.
Après une pause où elle tapota la table avec ses doigts, elle avoua :
– Oui, je suis jalouse, voilà !
– Gabrielle, ressaisissez-vous et vite, car vous m'obligeriez à ne plus vous voir. J'ai l'intention d'accueillir ici qui je veux, sans être ensuite l'objet de l'amertume ou de la susceptibilité des unes ou des autres. Le pensionnat c'est fini !

Gabrielle mit alors une sourdine à ses humeurs :
– Roxane, je voulais simplement vous faire comprendre que c'est un choc pour moi de rencontrer des femmes qui ont tout : la beauté, l'intelligence, le talent. Soit un tiercé gagnant qui ne peut être réservé qu'à des privilégiées.
– Je vous arrête tout de suite ! Lesdites privilégiées n'ont pas forcément eu une enfance et une adolescence heureuses. Vous vous êtes séparée de compagnons qui ne vous intéressaient plus. Moi, j'ai perdu une femme que j'aimais par-dessus tout. Et puis, il n'y a pas de talent sans astreintes ou travail de forçat. Salomé s'exerçait au piano au moins six heures par jour. Scilly, qui est architecte, dirige des travaux harassants. Quant à la beauté et à l'intelligence, elles n'ont pas fait de nous de fieffées courtisanes doublées d'habiles intrigantes, que je sache !
– Non, c'est vrai. Le problème est que je n'ai aucune confiance en moi – sauf dans mon métier.
– Et cela peut fausser votre jugement sur celles que vous croyez mieux dotées que vous. Et maintenant, si nous allions nous occuper de cette auge ? D'accord ?

Nous y consacrâmes pratiquement toute la journée : le temps de faire venir le bourrin du voisin, d'extraire l'auge de la terre, de trouver des rondins, de faire rouler ce bac en granit, extrêmement lourd, jusqu'à sa destination finale, de le laver de tous ses résidus, et, enfin, de le remplir d'eau, car je désirais que cette magnifique auge fût l'abreuvoir principal de mes tourterelles. Je rêvais, en effet, de les voir se poser sur le bord du granit et plonger leur bec dans l'eau.
Je devais attendre une semaine encore pour assister à ce spectacle et être un peu plus certaine de la fidélité de mes charmants gardiens.
Une semaine pendant laquelle je ne reçus aucun signe de leur donatrice.

Un matin, je fus réveillée par un coup de fil affolé de maman. Elle m'annonçait que le régisseur de nos vignes avait décidé de nous quitter, du jour au lendemain. « Tu te rends compte, à un mois des vendanges ? Ça ne se fait pas ces choses-là ! »

Je proposai à ma mère de me rejoindre pour que nous en parlions calmement.

Elle ne savait pas encore que la catastrophe supposée était, en fait, une aubaine inespérée. Car ce régisseur, choisi par papa, ne s'était jamais distingué que par son incompétence, comme en témoignent l'état pitoyable des vignes et le délabrement du chai. Il n'en avait toujours fait qu'à sa tête, avec le plaisir souverain de régner sur des employés occasionnels et de n'être lui-même jamais contrôlé dans ses décisions extravagantes. Cependant, et cela reste un mystère, je me demande comment nous avons toujours obtenu, chaque année, quelques barriques d'un muscadet tout juste consommable ! Quant au cabernet, il vaut mieux ne pas en parler : il n'est jamais sorti du rang des piquettes !

– Son départ volontaire est l'occasion rêvée de reconstituer notre vignoble et le chai, dis-je à maman. Voilà longtemps que je souhaite voir nos vignes ressuscitées et redonner à la Révillière sa vocation viticole d'origine. D'après tante Millie, les premières vignes ont été plantées ici au XVIIIe siècle.

– Mais comment allons-nous procéder ? s'inquiéta maman.

– Vous m'avez confié, un jour, que vous auriez souhaité apporter votre contribution dans la gestion de nos terres viticoles et autres, mais que papa s'y était opposé sous le prétexte que « ce n'était pas un métier pour une femme ». Eh bien, vous allez enfin réaliser votre rêve, puisque la future gérante de notre propriété viticole, ce sera vous. Qu'en pensez-vous ?

Je vis alors maman prendre sa tête dans ses mains, puis la relever avec une expression rayonnante.

– Et le personnel ? me demanda-t-elle.

– Il nous faut d'urgence un maître de chai et un chef de cultures. Je m'en charge.
– Et si j'installais mon bureau dans la remise à côté du chai, tu vois, celle qui ne sert à rien ? me demanda maman avec un regard pétillant.
– J'allais vous le proposer ! Et puis, vous qui aimez tant le moderne, vous allez pouvoir vous en donner à cœur joie dans l'aménagement de cette pièce. Mais il faudra percer le mur pour que vous ayez plus de lumière et vue sur toute la cour.
– Nous devrons aussi songer à une vraie cave de dégustation, déclara maman sur un ton de vigneronne chevronnée, qui me fit sourire.
– Oui, mais la priorité des priorités est de produire de bons vins que nous mettrons en bouteilles, cette fois. Nous aurons plusieurs mois pour concevoir les étiquettes.
– Tu renonces à tes écrits ?
– Non, pas du tout. Les interventions que je ferai au chai ou dans les vignes ne seront que ponctuelles, si tout se passe bien. Mais je suivrai de près la vinification et le reste.
Maman repartie, enthousiasmée par les nouvelles perspectives, je rédigeai aussitôt deux lignes en vue de recruter de toute urgence un maître de chai expérimenté, sans indiquer notre adresse, seulement mon numéro de téléphone.
Je destinais cette annonce au bulletin municipal qui paraît toutes les semaines et qui est plus lu que nos quotidiens régionaux.
Le lendemain de sa parution, ce ne fut pas un homme qui m'appela, mais une femme à la voix claire et enjouée, me disant d'emblée et sans esbroufe : « Je suis fille de vigneron, j'ai vingt ans de métier – surtout dans la cave – dont cinq ans chez monsieur V. »
Je n'avais jamais rencontré cet homme, mais je sais qu'il est l'un des magnats du vignoble local, sinon le plus important et qu'il a une réputation exécrable – plus d'exploiteur que d'exploitant.

Je donnai aussitôt rendez-vous à cette femme chez moi. Dès que je la vis arriver, je sus qu'elle prendrait les rênes de notre chai. Je ne saurais vous dire pourquoi si ce n'est que cela relève de l'intuition et d'une sympathie immédiate.
Avenante, bien charpentée, respirant la santé et la joie de vivre, habillée simplement, des cheveux courts encadrant un visage franc, et qui pouvait bien avoir une trentaine d'années, elle portait un long panier d'osier brut, au fond duquel gigotait un bébé en train de se faire les dents sur un bouchon ! Détail qui me plût, en étant de bon augure.
Ainsi fis-je la connaissance de Mathilde et de sa fille, Camille, âgée de six mois.
Après les présentations réciproques, j'appelai maman en lui demandant de nous rejoindre pour visiter le chai et le vignoble.
Je m'attendais à ce que Mathilde fût rebutée par les tâches qui l'attendaient. Au contraire :
– Il y a tout à faire, ici, c'est ça qui me plaît !
Maman qui venait d'apprendre que Mathilde avait travaillé chez monsieur V., lui dit :
– Nous, n'avons pas une aussi grosse production à vous proposer.
– Tant mieux, Madame ! Ici on peut revenir à la tradition. Ce qui compte, c'est la qualité, pas la quantité. Vous n'aurez jamais un muscadet haut de gamme sur cent hectares. Là, oui, si on le vinifie à l'ancienne et ça, je sais faire.
Mathilde portant toujours sa petite à bout de panier fit des remarques très pertinentes sur les améliorations possibles du chai, dont la nécessité de disposer d'un laboratoire pour les analyses et contrôles des vins.
Après l'inspection des vignes, elle déclara :
– Une bique n'y retrouverait pas son biquet, mais ce n'est pas grave ! Cette année ne sera pas bonne, car nous avons eu beaucoup trop d'eau et des gelées tardives. Il faudra compter sur la récolte de l'année prochaine, avec une taille

courte à six yeux, maximum, et un bon amendement du sol par fumure. Il y a trop de feuilles et je ne vois pas bien les piquets, mais il faudra certainement en remplacer. D'ici un an, vous aurez le temps de tout remonter ici, avec du nouveau matériel aussi.

Je vis à l'expression satisfaite de maman que nous partagions le même avis : Mathilde était déjà des nôtres.

Je lui demandai alors si elle connaissait un chef de cultures qui serait disponible, lui aussi.

– Oui, j'en connais un, un gars extra ! Je travaillais avec lui chez mon dernier patron. Il y est toujours, mais il n'aime ni le patron, ni ses grandes surfaces. Alors si je lui dis de me rejoindre, il le fera.

En plus, il sait tout faire : soigner la vigne, comme réparer n'importe quelle panne mécanique. Il a vingt-sept ans et il s'appelle Simon.

– Pouvez-vous lui demander de venir nous voir dimanche prochain ?

– Bien sûr, Madame, et si vous le permettez, je l'accompagnerai, car il est très timide.

Voilà comment Mathilde et Simon furent engagés pour faire revivre les vignes de la Révillière.

Nous sûmes que monsieur V. en fut plus que marri, mais les échos de sa rage vinrent se perdre dans notre petit vignoble en quasi-jachère…

Quand nous fûmes un peu plus habituées l'une à l'autre, j'invitai Mathilde à prendre un café chez moi où elle se rendit avec sa petite fille, invariablement attachée à son bouchon. Invariablement souriante et sage, aussi.

– Mademoiselle, commença Mathilde, je suis plutôt franche de nature, alors autant vous dire pourquoi j'ai quitté mon dernier patron.

Elle s'arrêta pour prendre une gorgée de café bien chaud et enchaîna :

– Il me tournait autour depuis un bon moment. Et puis, un jour, j'ai fini par céder et je suis tombée enceinte. Il aura suffi d'une fois. Pour ne pas faire de scandale dans sa famille – il est marié et père de famille – j'ai préféré partir quand ça ne se voyait pas encore.
– N'a-t-il pas cherché à vous retenir ?
– Si, parce qu'il était aussi content de mon travail. Mais je lui ai dit que j'avais trouvé le même emploi ailleurs, avec une meilleure paye !
– Vous aviez juste un peu anticipé la suite des événements, dis-je en souriant.
Elle en convint en hochant la tête et poursuivit :
– C'est dans ma famille que cela s'est mal passé. Quand j'ai annoncé à mes parents que j'étais enceinte, sans donner le nom de mon patron, mon père m'a mise à la porte. Pensez don', une fille mère sous son toit, c'était la honte ! Comme c'est toujours la honte dans nos campagnes où il y a plus de curés que de moutons ! Enfin, presque ! ajouta-t-elle en riant.
– Et votre mère ?
– Elle n'avait pas son mot à dire. Elle a toujours souffert en silence. Mais je n'ai pas renoncé à lui présenter un jour sa seule petite-fille et j'y arriverai. Pour sûr !
– Avez-vous des frères, des sœurs ?
– Deux frères très contents que je sois chassée de la maison pour d'autres raisons que celles de mon père.
– Ah bon ? m'étonnai-je.
– Oui, la jalousie. J'ai toujours mieux réussi qu'eux à l'école. Dans mon travail aussi, où il n'y a pas encore beaucoup de femmes qui savent élever un vin, de la vinification à la mise en bouteilles. Au lieu d'être fiers d'avoir une sœur pas trop bête et qui ne se débrouille pas trop mal, ils ont toujours préféré me rabaisser. Alors, je peux vous dire que ces frères-là ne me manquent pas du tout. Ma mère, oui.
– Et votre père ?
– Lui, c'est un bon vigneron, c'est tout. Quand j'étais petite,

j'étais toujours fourrée dans sa cave. Je me cachais derrière les tonneaux pour le voir travailler, cela me plaisait bien. S'il m'avait trouvée là, il m'aurait vite renvoyée à la maison. Je n'avais que le droit d'être là, le même jour où le tonnelier venait vérifier les barriques. Je l'aimais bien, lui. Il s'appelait Joseph. Je vais vous faire rire, mais Joseph disait souvent qu'il voulait être enterré dans ce qu'il avait fait toute sa vie. Alors quand un tonneau est entré dans l'Église, porté sur un brancard en bois, plus personne ne pleurait ! Sacré Joseph.

– Qu'avez-vous fait quand vous vous êtes retrouvée sans toit familial ? lui demandai-je en servant une deuxième tasse de café.

– Je me suis réfugiée chez la mère de ma mère, la seule parente qui a trouvé la réaction de mon père et de mes frères « bête et sans cœur ». Elle a veillé à ma grossesse et à mon accouchement. Je vis toujours chez elle et c'est aussi pour la remercier que j'ai donné son prénom à ma fille.

Puis se penchant sur la petite, elle conclut :

– Elle est peut-être le fruit du péché, mais elle est tout pour moi !

L'odyssée intime de Mathilde me la rendit plus attachante encore. J'admire son courage, son absence de rancœur, sa soif d'aller de l'avant, alors qu'elle fut victime de ce droit de cuissage dont se prévalent aussi les nouveaux maîtres tels que ce monsieur V. Le récit de Mathilde allait également décupler ma joie d'avoir ravi à ce potentat du vignoble sans doute deux de ses meilleurs employés !

Nous venons d'essuyer quelques violents orages qui ont un peu reverdi les prés.

En m'apportant l'imperméable de cavalerie que j'avais oublié dans la grande cuisine, maman me regarda fixement avant de déclarer :

– Ma fille, j'ai quarante ans et des poussières invisibles et je

crois qu'il était grand temps que je me mette à travailler !
J'éclatai de rire pendant qu'elle me réservait une autre boutade :
– Si seulement ton père qui ne voulait pas de femme dans ses vignes pouvait sortir de sa tombe – ne fût-ce que cinq minutes – et constater qu'il y en a trois, maintenant !
– Vous oubliez Camille ! dis-je, toujours en riant.
– Ah, oui, quatre ! rectifia-t-elle. Elle promet cette petite...
Je suis tellement heureuse de voir maman au meilleur de sa forme, avec une énergie décuplée par la possibilité de mettre enfin en œuvre ses souhaits et toutes ses aptitudes !
Dès que Mathilde et Simon furent engagés, elle commença à réunir nombre de documents et renseignements nécessaires à l'exercice de son nouveau métier. « J'ai l'impression d'aller en fac. C'est grisant ! » me dit-elle un jour.
Le fait est qu'elle passe ses nuits à potasser le code rural, à consulter des traités de viticulture, à lire toutes publications sur les vins de la région, etc. Dans la journée, elle s'entretient avec des experts viticoles quand elle ne visite pas d'autres vignobles et d'autres chais où je l'accompagne souvent. Elle surveille parallèlement les travaux en cours de son futur bureau dont le mobilier a déjà été livré. Comme elle est extrêmement ordonnée et méthodique, elle a commandé à Basile une bibliothèque avec des placards pour ranger classeurs, dossiers, documents, fournitures « et je peindrai le tout en gris-beige clair, comme tes tourterelles ! »
Finies les siestes dans sa chambre.
Il n'y avait plus une minute à perdre !

Alors que nous revenions du village après avoir fait des courses chez la mère de Louisette, un prénom me revint à l'esprit, celui d'Arnolfo, l'un des frères de Scilly.
Peut-être pourrait-il nous donner de précieux conseils, pour la commercialisation de nos vins, pensai-je. D'autant que le sien et le nôtre ne seraient jamais concurrents.

Dans un premier temps, je ne dis rien à maman et ne songeai qu'au fait que j'avais là un bon prétexte pour reprendre contact avec Scilly.
Je l'appelai le soir même, le cœur affolé, craignant qu'elle ne me reçût comme un chien dans un jeu de quilles. Au contraire. Elle me parla comme si je l'avais quittée la veille, d'une voix joyeuse, avec un zest d'insolence.
Après lui avoir donné les raisons pour lesquelles nous étions en plein branle-bas général à la Révillière, je lui demandai si je pouvais appeler son frère Arnolfo.
– Il sera très content de vous renseigner, me répondit-elle, mais comme il voyage beaucoup, je vais d'abord essayer de le joindre. Je vous rappellerai aussitôt après. Et vous, comment allez-vous ? enchaîna-t-elle sans transition.
– Je l'ignore. Mes sentiments sont confus et contradictoires. Je me sens au pied d'une haute montagne dont je voudrais gravir le sommet sans être certaine d'y parvenir. J'éprouve à la fois de l'exaltation, des doutes, pas encore de l'effroi.
– Vous faites allusion au sort de votre propriété ou au vôtre ? me demanda-t-elle, finement.
Je ris et lui répondis :
– Les deux sont liés ! Et vous, où en êtes-vous ?
– Pas au pied d'une montagne, mais sur un échafaudage en pleine exposition solaire, du matin au soir. Tout va bien.
– Et votre petite Finlandaise, toujours aussi douée ? la narguai-je.
– Une perle ! Nous filons le parfait amour professionnel !
– Pourquoi ajoutez-vous « professionnel » ?
Je l'entendis rire pendant que je ressentis un violent coup au cœur. Jalousie ? Je n'avais encore jamais éprouvé ce sentiment sérieusement.
– Je vous ai déjà dit que, pour moi, le travail c'est le travail. Point.
– Je ne vous crois plus. Et je raccrochai.
Cet échange m'agaça au plus haut point : j'avais fait une

scène déplacée dans le contexte d'une relation amicale, Scilly m'inspirait maintenant de la suspicion, je sentais en moi un basculement que je n'arrivais pas à maîtriser et qui me donnait le sentiment odieux d'être devenue idiote. Il était urgent, me dis-je, que j'entreprenne un nouveau livre. Là, au moins, je ne laisse pas ma plume divaguer, ni s'égarer en étant tributaire de dangereuses tachycardies. Allons, Roxane, ressaisis-toi, me dis-je en me donnant des coups d'éperon dans les flancs. Peine perdue. Je pensais à Graziela et à ce qu'elle avait dû endurer avec cette femme qui m'avait tout l'air de ne rien se refuser.
Je pris une bonne douche froide pour remettre mes esprits en place, bien décidée à barder tout mon être de feux de détresse.

Trois jours après, Scilly me rappela :
– Arnolfo arrive à l'aéroport de N., vendredi prochain, à telle heure. Soyez gentille d'aller le chercher car je serai encore en plein chantier et le soir j'aurai une réunion de travail qui s'achèvera tard. Je viendrai vous rejoindre samedi... pour embrasser mon frère !
Ô la perfide ! pensai-je intérieurement :
– Mais je ne le connais pas... Comment vais-je...
– C'est mon jumeau, en garçon, sauf qu'il est très brun, lui. Vous ne pourrez pas vous tromper. Quant à vous, il vous reconnaîtra tout de suite.
– Ah bon, comment ?
– Je lui ai fait une description de vous plus vraie que nature : petite, contrefaite, visage ingrat et tenue froufroutante !
Je me retins de rire :
– Scilly, *please* ! Deux secondes de sérieux. Je suis touchée, confuse. Je ne voulais pas le déranger, ni qu'il vienne de si loin pour un vignoble en friche.
– Nolfo est comme moi : il adore les chefs-d'œuvre en péril et n'oubliez pas qu'il vient voir sa sœur...

J'appréciai l'élégance avec laquelle elle justifia le déplacement de son frère : maman et moi ne devions pas lui être redevables du grand service qu'il pouvait nous rendre. « Bien joué, Scilly ! » me dis-je après avoir raccroché le combiné.

En allant chercher Arnolfo dont l'avion avait transité par Paris, je réalisai soudain que le dernier aéroport que j'avais vu était celui où j'avais conduit Salomé, dans la certitude de partager bientôt avec elle une vie conforme à nos attentes respectives et communes.
Cette pensée me donna un vertige douloureux au point que je jugeai bon de me garer sur le bas-côté de la route, le temps de reprendre mes esprits.
« Surtout, ne regarder ni la piste, ni le ciel », me dis-je en repartant. Je ne voulais plus voir un avion, alors que ces oiseaux en zinc me fascinaient avant. Comme je m'étais résolue à ne jamais en prendre un.
Adossée à un pilier non loin de la porte que devait franchir Arnolfo, je ressassais mes tristes souvenirs lorsqu'une main vint se poser sur mon épaule.
En me retournant, je vis le parfait sosie de Scilly en jeune homme. Une ressemblance étonnante et troublante.
– En effet, toute présentation est superflue, lui dis-je en souriant et en lui serrant la main. Mais, vous, comment avez-vous deviné ?
– Il n'y a qu'une jeune fille qui pouvait se rendre dans un aéroport à cheval ! répliqua-t-il en fixant mes bottes et ma culotte d'équitation.
– Si vous êtes aussi amusant et piquant que votre sœur, notre week-end s'annonce plutôt gai !
– Non, non, objecta-t-il. Scilly me surpasse en tout... ou presque ! Elle est terrifiante, ajouta-t-il d'un rire franc.
Après l'avoir remercié d'avoir fait un si long trajet pour atterrir dans nos contrées, je lui demandai s'il devait attendre ses bagages.

– Inutile. Je voyage léger. Tout est dans cette mallette. Nous pouvons y aller, mais je vous préviens : je ne sais pas tenir sur un cheval !

– En ce cas, vous vous contenterez d'une Amazon !

Notre retour à la Révillière fut un festival de répliques vives et joyeuses.

Quand je lui montrai la chambre que nous lui avions réservée dans la grande maison, il me demanda la permission de prendre une douche et de se raser « avant d'être présenté à Madame votre mère ».

Nous dînâmes à trois dans la salle à manger, revue et corrigée par tante Millie.

Au centre de la table, entre deux bougeoirs, trônait un magnifique bouquet de fleurs blanches et bleues qu'Arnolfo avait fait livrer à maman, avant son arrivée.

Au fur et à mesure qu'il nous parlait de sa famille, de ses études en économie aux États-Unis, de son travail actuel avec son père, je vis maman complètement conquise par son hôte. Bref, la sympathie fut immédiate et partagée entre nous trois et nous convînmes de ne pas aborder la situation viticole de la Révillière avant le lendemain matin.

À la fin du dîner, j'offris à Arnolfo de prendre un café et une liqueur chez moi.

– Parce que vous n'habitez pas ici ?

– Non, je préfère les masures aux châteaux !

– C'est drôle, mais vous avez des points communs avec ma sœur.

– Par exemple ?

– Votre humour, entre le trait d'esprit et l'ironie qui peut avoir l'effet d'un coup de sabre ! C'est là où Scilly me dépasse, car je pratique plus volontiers les joutes au premier degré et mon sens de la repartie est moins rapide qu'une Ferrari !

En franchissant le seuil de ma maison, Arnolfo s'exclama :

– Pas mal votre masure !

Il regarda attentivement, et sans rien dire, les photos de

Salomé et de Gipsy toujours en évidence sur la cheminée. Puis il s'assit en face de moi à la table des vendangeurs, dont je lui précisai l'origine :
– Là, vous voyez, il suffit de tourner le pied de la table et elle se rabat à la verticale. Ne tenant plus de place, on pouvait alors la ranger dans une remise ou un grenier jusqu'aux prochaines vendanges. Elle comporte deux rallonges que l'on fixe aux extrémités et qui permettent d'accueillir vingt personnes. Bien sûr, continuai-je, le bois est modeste, mais je l'aime ainsi, avec ses coins arrondis où l'on est sûr de ne pas se cogner.
Arnolfo sembla très intéressé et regarda plusieurs fois les montants de la table :
– Et après cela, on dira que les gens de la terre sont des frustres !
Puis, en lui montrant la bouteille vide sur la cheminée :
– Vous avez vu ? Il y a un peu de votre terre ici.
– J'ai vu. Qu'en pensez-vous ?
Et je lui répondis en des termes très techniques qui l'impressionnèrent.
– Bravo ! Avez-vous un diplôme en œnologie ?
– Non, seulement une formation écourtée.
– Alors vous êtes très forte!
Je ris :
– Je n'ai pas cherché à vous épater. C'est votre vin qui est épatant. Tenez, goûtez ceci. C'est la fameuse liqueur de Madeleine, la femme d'un vigneron que j'aime beaucoup.
– La liqueur ? Madeleine ? Ou le vigneron ?
– Vous voyez que vous n'êtes pas à court de repartie !
– Fameux ! reconnut-il après la première gorgée, mais je serais incapable d'en préciser la composition.
Après avoir reposé son verre et desserré sa cravate, Arnolfo jeta un coup d'œil circulaire sur la grande pièce où nous nous tenions et me dit sans se départir d'un beau sourire :
– Il y a quelque chose d'*affascinante*, d'envoûtant ici, qui

me plaît beaucoup, mais ne mettez pas ce compliment au compte de la liqueur...

Quant à moi, je demeurais toujours aussi troublée par le fait d'avoir en face de moi Scilly en jeune homme. Car Arnolfo, aussi, a un côté androgyne. Et puis, cette façon qu'ils ont tous les deux de parler avec leurs mains, d'être volubiles à bon escient, d'être nés sous une bonne étoile sans être pervertis par leurs privilèges. Au contraire, l'un comme l'autre ont gardé une fraîcheur, une spontanéité, une curiosité pour notre monde, qui les rend plus qu'aimables : attachants.

Par transmission de pensée, sans doute, Arnolfo se lança alors dans l'éloge de sa sœur :

– C'est bien simple, je l'adore ! Elle avait trois ans quand je suis né et au lieu de m'amuser avec Lorenzo – ce qui eût été normal entre garçons – je ne quittais pas Scilly d'une semelle. Je la vénérais peut-être plus que notre mère qui ne s'intéresse aux enfants que lorsqu'ils entrent au lycée !

– Lorenzo est votre aîné ?

– Oui, mais il est plus réservé que ma sœur et moi. Je dirais même qu'il est trop sérieux, considérant ses cadets comme des *folleto*, terme assez méprisant dans sa bouche. Mais il a bien dû réviser son jugement quand Scilly est sortie major de son école d'architecture et lorsqu'elle est devenue un ponte dans sa spécialité – les monuments historiques – où elle a d'énormes responsabilités.

Je souris intérieurement en attendant la suite avec impatience.

– Certes, elle aime les filles – et moi, aussi – mais en fait, elle séduit tout le monde et pourrait même ravager une mouche ! Ce qui n'est pas mon cas : je suis obligé d'être dur en affaires, parce que les affaires sont dures et elles le seront de plus en plus si les vignerons ont le malheur de planter à tour de bras.

– Revenons à Scilly, dis-je. Êtes-vous gêné qu'elle s'intéresse à ses semblables ?

– Non, pas du tout. Sauf quand mes petites amies tombent amoureuses d'elle, alors que le cas inverse ne s'est jamais produit ! répondit-il dans un mélange d'admiration pour sa sœur et de consternation pour lui-même, qui m'amusa. Puis, il poursuivit :
– Après quelques incidents de ce genre, nous avons, elle et moi, établi un pacte de non-ingérence mutuelle dans nos sphères privées.
– Respecté ?
– Oui, parce que je ne lui présente plus mes amies ! dit-il en riant et en reprenant un petit verre de liqueur. Mais dites-moi, nous avons là des discussions bien intimes pour deux étrangers…
– Je ne vous considère pas comme tel, répondis-je sans vouloir le flatter.
– Il paraît que vous écrivez ?
– Oui, je suis « écrivin ». VIN, insistai-je.
Mon néologisme l'amusa
– Alors, je vous engage tout de suite pour la rédaction de nos plaquettes.
– Attendez d'abord que je fasse mes armes sur la nôtre. Après, je crains d'être trop chère pour vous !
– Mais c'est vous qui êtes terrible en affaires ! s'exclama-t-il, amusé et piqué par cette gamine qui le défiait sur son terrain.

Les excellentes vertus soporifiques de la liqueur de Madeleine se vérifièrent une fois de plus : je dormis d'un sommeil de plomb jusqu'à neuf heures, et à dix heures, comme convenu, Arnolfo et moi étions dans les vignes de la propriété. En raison d'un soleil déjà ardent, j'avais prêté un chapeau à notre hôte qui resta en bras de chemise. Il tenait à la main un carnet sur lequel il notait mes réponses à ses questions.
Tout en effectuant cette minutieuse investigation avec lui, je

ne pouvais oublier la joie que je ressentais à revoir sa sœur. J'espérais que ces retrouvailles effaceraient la manière dont nous nous étions mal quittées, plus d'un mois auparavant. Une joie mêlée de crainte, toutefois : celle où, pour une raison ou une autre, elle renoncerait à nous rejoindre. Naturellement, je ne communiquai pas mes pensées et sentiments à Arnolfo et me concentrai sur notre tâche, au demeurant, passionnante.

Après les vignes, le tour du chai où j'osai faire goûter au producteur d'un excellent vin celui de notre ex-régisseur ! Toujours aussi délicat et optimiste, Arnolfo déclara : « Il ne faut plus penser à ce qui a été fait, mais à ce qui va se faire. »

Ensuite, je le laissai seul avec maman pour qu'elle pût s'entretenir avec lui des sujets qui l'intéressaient plus particulièrement, pendant que je filai rejoindre ma jument.

De retour à la maison, je dressai les bouteilles que nous dégusterions le soir même, en m'efforçant de ne pas penser à Scilly. Mademoiselle se faisait attendre. Prolongeait-elle son chantier pendant le week-end, ou avait-elle volontairement choisi, par discrétion, de nous laisser maman et moi avec son frère le temps d'aborder avec lui toutes les questions viti et vinicoles que nous nous posions ?

En regardant la table des vendangeurs, j'imaginai déjà que Scilly serait à mes côtés et Arnolfo à la droite de maman, comme il convenait.

En attendant, j'allais enlever notre hôte pour lui faire visiter toute la propriété.

Dans le parc, nous croisâmes Léon qui chargeait du bois sec pour l'hiver dans une remorque fixée à un tracteur sans âge.

– Arnolfo, je vous présente mon vrai père, celui qui m'a élevée.

Et le père en question, après avoir jaugé le nouveau venu, se tourna vers moi :

– Ne me dis pas que tu vas te marier !
Nous éclatâmes de rire.
– Ne t'en fais pas, lui répondis-je, tu as tout le temps de te commander un nouveau costume et n'oublie pas que c'est toi qui me conduira à l'autel !
Léon proféra alors des jurons en patois, qui redoublèrent notre bonne humeur.
– Venez, dis-je à Arnolfo, maintenant je vais vous montrer le seul monument historique de la maison. Et je l'entraînai dans la basse-cour, devant le mausolée de Lily.
Quand il sut que l'édifice croulant était dédié à une poule lilliputienne, il fit semblant de s'incliner en s'esclaffant :
– C'est mieux que nos monuments mussoliniens !
Puis, nous nous rendîmes à la cabane du pin d'où je voulais faire découvrir à Arnolfo la vue sur des kilomètres à la ronde jusqu'aux bords de la Loire.
– Voilà, dis-je, qu'en pensez-vous ?
Le spectacle des vignes s'inclinant vers le fleuve sous un soleil de fin d'après-midi, le laissa médusé. Puis, revenu de son émerveillement, il me dit :
– Quel dommage que je ne puisse rester pour voir la Loire de près !
– Vous reviendrez !
– Très volontiers, puisque j'ai promis à votre mère de suivre la renaissance de votre vignoble.
Je réservai à Arnolfo le meilleur pour la fin : Gipsy.
Quelle ne fut pas alors ma surprise de découvrir Scilly en grande conversation avec ma jument !
Mais dès que le frère et la sœur s'aperçurent, ils se jetèrent dans les bras l'un de l'autre, avec une effusion chaleureuse et interminable, ponctuée de mots italiens qui me rendirent étrangère à mes propres lieux.
Regardant le spectacle touchant, je lançai à l'adresse de Scilly :
– N'ai-je pas droit à un bonjour, moi aussi ?

– Deux, trois, quatre, si vous le voulez ! rétorqua-t-elle joyeusement.
– Trop c'est trop ! lui dis-je d'un ton narquois, avant de prier le frère et la sœur de me suivre chez moi où nous attendait un petit festin de chipolatas au muscadet, cuites sur des sarments de vigne, et des grives farcies.
Arnolfo m'aida à préparer le feu pendant que Scilly restait dehors à contempler les tourterelles dont les petits s'étaient installés dans le deuxième nichoir sans doute pour y être plus à l'aise.
En disposant les bouteilles d'abouriou rouge et d'oberlin en bout de table, je dis à Arnolfo :
– Voilà quelque chose que vous ne trouverez pas en Toscane !
Il se pencha alors sur les bouteilles comportant une simple étiquette blanche sur laquelle j'avais inscrit le nom du vin et son année de production.
– C'est le fin du fin, ces étiquettes ! me lança-t-il.
En me retournant, je vis Scilly un sourire aux lèvres, les bras écartés dans l'encadrement de la porte, plus attirante que jamais. Un hâle prononcé rehaussait ses yeux gris-vert et elle portait une chemise blanche sur un pantalon en coton beige, retenu à la taille par une fine ceinture en cuir patiné. Et toujours ses sandales de nonne, mettant ses pieds nus en valeur. J'évitai de croiser son regard, bénissant le ciel d'être chez moi pour m'affairer plus que de raison : les grives rôtissaient lentement dans le four, la table fut mise sans nappe et maman arriva sur ces entrefaites avec une tarte aux pruneaux, préparée par Ernestine.
J'entendis Scilly et ma mère échanger quelques mots sur le pas de la porte, puis Scilly vint déposer sur la desserte le moule à tarte recouvert d'un torchon blanc.
– Que puis-je faire pour vous gente demoiselle ? me demanda-t-elle sans se départir d'un sourire équivoque.
– Peut-être couper quelques tranches de saucisson et remplir

nos verres d'Abouriou, répondis-je prosaïquement pour éluder l'ambiguïté de sa question et de son sourire.
Je plaçai une grille sur la braise où j'alignai les chipolatas avec de minuscules pommes de terre cultivées au varech. Arnolfo se chargea de leur cuisson, tout en poursuivant une discussion animée avec maman.
Puis, j'allumai les bougeoirs sur la table, complétai nos couverts par de grandes serviettes blanches, et donnai le signal des toasts en faisant légèrement tinter mon verre avec un couteau :
– Puisque Arnolfo est le seul jeune homme de notre assemblée, à lui l'honneur.
– Je lève mon verre au bel avenir de la Révillière et à ses plus que charmantes hôtesses !
– Et moi, enchaîna maman, je vous remercie chaleureusement d'y contribuer par vos conseils. Maintenant je doute que ma fille ne se marie un jour, mais sachez que, pour moi, vous auriez été le gendre idéal ! acheva-t-elle dans un grand éclat de rire commun.
Je succédai à maman :
– Je crois que la première personne que nous devons remercier ici, c'est Scilly. Car, sans elle, Arnolfo n'aurait pu faire un saut à la Révillière. Je salut donc la sœur et le frère !
Scilly clôtura les remerciements à sa manière :
– Je bénis l'heureux hasard qui m'a fait rencontrer Roxane devant des sacs de chaux, car sans cette rencontre, ni Nolfo ni moi-même ne serions là ce soir, passant ainsi à côté d'une belle histoire.
Je serais incapable de vous relater précisément ce dîner, si ce n'est qu'il fût extrêmement joyeux. Le frère et la sœur se taquinant souvent en italien et Arnolfo ayant une très nette préférence pour l'Abouriou, qu'il avait du mal à prononcer. De mon côté, et depuis que Scilly avait ramassé sa serviette sous la table en frôlant ma jambe de la main, sans intention particulière – je n'aurais pas apprécié –, je ne tenais plus en

place et attendais avec impatience le moment où maman et Arnolfo se seraient retirés dans la grande maison, pour rester seule avec Scilly.
Malheureusement, à peine la dernière bouchée de tarte avalée, elle se leva de table pour prendre congé de nous, sous le prétexte qu'elle devait se lever tôt « pour aller à la messe ! »
J'étais furieuse, car je ne pouvais croire qu'elle fût subitement devenue une grenouille de bénitier. Il n'y avait qu'une seule raison sérieuse à sa désertion soudaine : elle était amoureuse de sa stagiaire finlandaise qu'elle n'avait quittée que pour la rejoindre au plus vite. Et elle n'était venue dîner ici que pour voir son frère. C'est tout, pensai-je encore, en faisant bonne figure devant maman et Arnolfo manifestement peu empressés, eux, de quitter la table.

Je ne pus dormir de la nuit, ressassant mes obsessions jalouses et mon animosité contre Scilly. M'avait-elle menti en me disant qu'elle ne mélangeait pas les torchons et les serviettes ? Voulait-elle se parer d'une probité que pour mieux me circonvenir ? Mon amour-propre ne pouvait le tolérer, pas plus que je ne supportais cette violente bourrasque d'inquiétude qui me vrillait.
Pourquoi n'avais-je pas éprouvé ce sentiment avec Salomé alors qu'elle pouvait susciter d'innombrables passions ? Pourquoi le ressentais-je maintenant avec cette Italienne que je n'avais même pas embrassée et qui s'amusait à me narguer avec une odieuse impertinence ?
Eh bien, nous allions voir ce que nous allions voir ! Car au terme de cette nuit blanche et torturante, j'étais bien décidée à réserver un chien de ma chienne au sujet de mes tourments.

Après avoir raccompagné Arnolfo à l'aéroport, toujours aussi volubile et charmant, je mis le cap sur C. Je connaissais

bien cette ville en hauteur, pleine de charme et de vestiges de monuments plus ou moins en ruines où il ne me serait pas difficile de trouver le chantier de Scilly, me dis-je, en appuyant sur le champignon.
Je n'y allais pas avec l'intention de lui faire une scène, non. Mais comme elle m'avait déjà dit qu'il lui arrivait de travailler le samedi et le dimanche, surtout à la fin d'une tranche de restaurations, je désirais en avoir le cœur net.
Après avoir garé ma voiture suffisamment loin des lieux présumés, je me postai derrière un gros pin parasol pour observer un important échafaudage dressé le long d'une muraille aux ouvertures cintrées. Et j'aperçus Scilly, juchée sur la plus haute passerelle, vêtue de sa combinaison de travail, la tête couverte d'un panama cabossé. Autour d'elle, je pouvais dénombrer une dizaine de garçons et de filles – quoiqu'il me fût impossible de distinguer parmi ces dernières une Finlandaise d'une Française ou d'une Anglaise ! Scilly orchestrait les tâches des uns et des autres en tenant un plan à la main et en déambulant gracieusement sur l'échafaudage.
Tout d'un coup, je me sentis gênée, honteuse d'être là, à son insu, et de l'épier comme n'importe quel détective privé. Si elle m'avait découverte, pensai-je, elle m'aurait trouvée ridicule. Et je l'étais !
Je fis aussitôt demi-tour, à moitié rassurée par le fait de l'avoir vue sur son chantier et non sur un prie-dieu. Mais je n'étais pas plus avancée concernant l'idylle que je lui prêtais.
Sur le chemin du retour, consciente du fait que j'avais plutôt encouragé Scilly à s'amouracher ailleurs et par l'évocation régulière de Salomé et par ma crainte de souffrir et par mon comportement réservé, je décidai de l'envoyer promener pour de bon.

Deux jours après ma traque clandestine à C., Scilly m'appela pour m'annoncer, entre autres nouvelles, que son frère

était fou de ma personne… et de « l'abourru »!
– Et que lui avez-vous répondu ?
– Que vous n'aviez d'yeux que pour vos tourterelles !
– Ô la fieffée, pensais-je en silence
– Bon ! Mon chantier s'achève bientôt. Ma proposition de construire un escalier dans votre préau tient-elle toujours ?
Je commençais à flancher :
– Êtes-vous sûre de n'avoir pas d'autre projet plus exaltant ?
– Voulez-vous me dire que vous avez changé d'avis ? Moi pas.
Je cédai.
Après ce coup de fil qui balaya mon intention de fuir Scilly à jamais, je fus prise d'une rage indescriptible contre ma faiblesse et l'habileté persuasive de cette femme. Certes, j'avais été chamboulée par Salomé, mais jamais au point d'être perturbée comme je l'étais par Scilly qui semblait s'en amuser tel que l'on se joue d'un insecte que l'on va mettre à mort.

Usant de son pouvoir régalien pour s'attirer quelque reconnaissance locale, mon père avait autorisé la chasse sur nos terres. Je demandai à maman de mettre un terme à cette pratique barbare qui, selon Rousseau, « accoutume au sang et à la cruauté ». Et ne parlons pas des chasses à courre, sommets de la sauvagerie, dans un jeu inégal entre l'équipage et l'animal.
Les chasseurs du village n'apprécièrent guère de ne plus pouvoir fouler la propriété avec leur meute de chiens. Seulement, voilà : je préfère les chevreuils aux chasseurs ! Certes, nous n'aurions plus de colverts, de lièvres, de ramiers, de bécassines que cuisinait ensuite Ernestine, mais tant pis !
À la mort de papa, j'avais aussi fait enlever tous les trophées de cerfs, de chevreuils, de biches, alignés sur les murs de la

grande entrée et dont le regard figé pour l'éternité, semblait encore implorer une grâce. Enfant, je ne comprenais pas que l'on pût vivre dans un cimetière animalier. Adolescente, je réalisais que ces trophées étaient moins destinés à constituer des éléments décoratifs qu'à exhiber la prouesse des chasseurs dans une vanité ostentatoire qui me paraissait aussi dérisoire que grotesque. Maman avait en horreur ces têtes empaillées. Tante Millie aussi. Seule, Sybil les contemplait avec ravissement, leur donnant des noms et imaginant ce qu'avait été leur vie.

Mais la chasse eût été justifiée ici si nous avions eu de jeunes plants de vigne que ravagent les lapins de garenne en grignotant les premiers bourgeons ou jeunes pousses vertes, puis en urinant sur le plant, pour le griller à jamais. Il faut savoir, en effet, si on cultive des vignes ou si on fait un élevage de lapins ! Heureusement, la question ne se posait plus chez nous.

N'imaginez pas, cependant, que je veuille transformer la Révillière en zoo. Je souhaite simplement que le parc et l'étang constituent des refuges privilégiés pour des espèces traquées par des obsédés de la gâchette et pour que nous n'entendions plus ici un seul coup de fusil.

Depuis la parution de mon livre, j'avais reçu un important courrier, majoritairement de lectrices. Je m'étais promis de répondre à chacune d'elles, mais après avoir opéré un tri, je décidai de ne m'adresser qu'aux jeunes filles et aux femmes que mon ouvrage avait réconfortées et incitées à mieux vivre leurs propres inclinations. J'étais heureuse d'avoir fait œuvre utile sur ce plan-là – bien qu'il ne fût pas mon objectif premier.

Je ne retins pas les déclarations d'amour, les demandes de rencontre, les lettres trop laudatives, les missives courroucées qui, elles, émanaient surtout d'hommes me reprochant

« d'inciter au vice, à la perversion, à la débauche » et réaffirmant le bien-fondé et la pérennité des unions dites normales, au mépris des autres.
Un autre lecteur m'accusait carrément d'avoir convaincu sa femme de l'insipidité d'une conjugalité sans ferveur, ni grâce, au point d'y mettre fin.
Un autre encore, m'adressait une offre pour « pimenter son couple d'une relation à trois ! ».
Je ne pus résister à l'envie de moucher l'un des pisse-froid et y pris même un certain plaisir dans un nouvel exercice de style pour moi : le pamphlet.

Mon éditeur me supplie de m'atteler à un nouvel ouvrage, mais outre mes diverses occupations matérielles, l'été n'est pas pour moi la période la plus faste pour écrire : la chaleur dilate et disperse l'esprit, alors que le froid incite au repli et à la concentration.
De toute façon, mon prochain travail ne sera ni une autobiographie déguisée, ni un roman. Je songe plutôt à une pièce de théâtre limitée à deux personnages, dans un tête-à-tête à la fois ironique, pathétique et cinglant. J'ai pris goût aux joutes verbales où la repartie acérée peut être tout aussi fatale qu'un coup de dague. Non, je ne déraille pas. J'ai seulement l'envie de me distraire un peu avec les armes qui sont à ma portée et ont cet avantage de supplanter les flots d'hémoglobine par le rire.
Si cette pièce de théâtre ne me satisfait pas, je crois que je m'attaquerai à un journal purement imaginaire. Mais je verrai bien quel sera mon état d'esprit aux premiers frimas.
D'ici là, j'aurai encore amélioré ma maison, commencé le jardin avec des plantations d'arbres et ceint cet espace d'un muret si Gabrielle m'accorde encore un peu de son temps.
Pour l'instant, elle est à Berlin avec son exposition sur les châtelains, qui semble connaître un grand succès. Après, elle ira accrocher ses photos à Bruxelles, je crois.

Scilly me demanda de venir la chercher à C., car elle avait rendu la Duett à l'organisme qui finançait son chantier.

Elle me proposa d'abord une visite guidée de ses derniers travaux et j'eus du mal à feindre la surprise devant cette muraille que j'avais déjà découverte. Mais, libérée de l'échafaudage, elle m'apparut dans toute son ampleur, avec des détails que je n'avais pu déceler à distance. Ainsi, à gauche, une tourelle en encorbellement et une enfilade de niches qui, selon Scilly, avaient abrité des sculptures d'inspiration gréco-romaine.

– Songez que tout cela était envahi de broussailles et dans un état d'abandon lamentable quand nous avons entrepris les restaurations, me dit-elle.

Je lui demandai à quoi avait servi cette construction à l'origine, ou si elle n'était qu'une partie d'un plus vaste ensemble.

– Non, c'est une fantaisie purement décorative, destinée à se fondre dans un parc d'arbres et de plantes rares dont il reste quelques vestiges. L'année prochaine, ajouta-t-elle, nous attaquerons la dernière partie des travaux sachant que le plus dur est fait. L'ensemble, qui appartient aujourd'hui à l'État, sera alors ouvert au public.

Pendant que je m'approchai d'une niche restaurée en passant ma main sur sa plate-forme en demi-lune et légèrement saillante, Scilly me proposa de faire le tour de la ville en kayak :

– Vous verrez, c'est magnifique et ludique !

– Mais je suis plus à l'aise sur un cheval que sur une rivière ! objectai-je.

– C'est simple, il suffit de pagayer en cadence et de se laisser glisser au fil de l'eau.

En fait, je mourais d'envie d'effectuer cette promenade nautique et de découvrir la ville ainsi.

Scilly semblait avoir pratiqué ce sport depuis toujours, maîtrisant son embarcation avec une efficacité et une aisance que je lui enviais. Elle avait raison : pour avancer sans zigzags, il fallait pagayer à droite, puis à gauche, avec régularité.
En réalité, il m'était difficile d'aller dans le sens du courant car je ne cessais de regarder Scilly qui me précédait d'une bonne dizaine de mètres. De la regarder et d'admirer le gracieux ballet de ses bras dont il émanait aussi une puissance insolente.
Je la vis s'arrêter quelques secondes pour asperger son visage et ses cheveux qui, mouillés, rebiquaient sur la nuque comme les petites plumes de la queue d'un colvert.
Elle franchit la première dénivellation de deux mètres de haut et me conseilla ensuite d'engager mon kayak bien droit, puis de le laisser aller. L'exploit réalisé – non sans appréhension – me donna ensuite des ailes pour ne plus rester à la traîne. Et je pris tellement de goût à ce sport que j'en oubliais les superbes maisons que nous longions et qui surplombaient la rivière, dans une belle végétation cultivée et sauvage.
Scilly voulut faire une halte sur la berge, entre deux saules. Elle s'allongea dans l'herbe et s'endormit aussitôt. J'eus ainsi tout le loisir, en m'asseyant à ses côtés, de m'extasier sur ses pieds entièrement nus – nous avions laissé nos tennis dans la cabine du loueur de kayaks.
Pourquoi cette fixation sur des pieds ? me demanderez-vous. Parce que ceux de Scilly sont particulièrement fins, élancés, racés et me rappellent ceux que j'ai vus avec Constantin au musée du Louvre, sur une statue féminine romaine. Eh bien, je les avais là, en chair et en os, la plante dessinant une courbe qui épouse celle du cou-de-pied parcouru de veines palpitantes et rejoint les deux extrémités, celle de longs doigts légèrement obliques et celle de chevilles sublimes.
J'eus l'envie soudaine de me pencher vers ces œuvres d'art

et de les embrasser, comme on dépose une offrande à une divinité. Je n'en fis rien, naturellement.

J'allais me rafraîchir le visage et les bras dans l'eau claire de la rivière, avant de rejoindre, plus loin, une armada de canards de différentes espèces, qui se prélassaient sur la berge sans être effarouchés par ma présence.

Je me sentais heureuse. Heureuse d'être revenue sur ma décision de ne pas fuir Scilly. Heureuse de la voir enfin libre de toutes contraintes professionnelles qui l'avaient sans doute épuisée. Heureuse et soulagée de penser que si elle avait eu un béguin pour sa stagiaire nordique, elle aurait certainement choisi de partir avec elle au lieu de rester avec moi.

Quand je revins sur mes pas, la belle endormie s'était muée en naïade évoluant en brasse coulée au milieu de la rivière. Je n'osais la regarder parce qu'elle était nue – comme en témoignaient ses vêtements dans l'herbe.

– Allez, venez, l'entendis-je. L'eau est délicieuse !

– Je ne sais pas nager ! me défendis-je d'un pieu mensonge, en maudissant la pudibonderie ridicule qui m'empêchait de la rejoindre.

Le retour, à contre-courant, fut plus sportif.

Nous devions hisser nos kayaks à l'extrémité de chaque chute, sur des pierres glissantes, et pagayer avec plus de force. Cette fois, nous avancions côte à côte, dans une belle harmonie de nos mouvements, Scilly s'amusant à frôler mon kayak, et moi, à la repousser. Ce que j'aime chez elle, c'est que rien ne semble calculé en vue de me provoquer ou de me séduire. Une liberté totale émane de sa personne, dépourvue de cette bienséance convenue que je pouvais encore manifester dans certaines circonstances. Scilly, elle, semblait traverser son existence – du moins, en dehors de sa profession – avec la fougue et la vitalité d'un cheval sauvage, se jouant des obstacles avec ruse, au mépris de ceux qui auraient voulu l'approcher pour la capturer.

Après l'avoir aidée à porter ses bagages dans la chambre blanche que je lui avais réservée, je fus prise d'une étrange panique face à cette cohabitation qui ne m'était plus familière depuis que j'avais vécu avec tante Millie. Mais là, aucune parenté ne nous lie et je la connais à peine. Seule son envie de construire un escalier avec moi justifiait sa présence dans mes lieux. Avouez que c'est plutôt risqué de ma part que d'avoir accepté ce projet sans la moindre garantie d'accord parfait au fil des jours. Que ferais-je si je ne la supportais pas ? La renverrais-je ou ferais-je semblant d'être aimable au prix d'un effort colossal, puisqu'il m'est difficile et même pénible de feindre mes humeurs ? Car il faut admettre que je suis devenue un peu ourse – depuis que j'habite seule. Je ne supporte la présence d'autrui qu'à petites doses – même maman qui vient me voir trop souvent, alors que je l'adore. Mais voilà : on ne doit pas empiéter sur ma liberté, comme on ne doit pas déranger mon esprit qui, lui, est toujours en train d'écrire.

En me voyant soucieuse et renfrognée, Scilly me demanda « ce qui se passait ».

– J'ai peur, une peur diffuse, sans raison précise.

Au lieu de me prendre au sérieux, elle employa la raillerie :

– Votre appréhension est tout à fait fondée : je suis une femme très dangereuse sous des apparences contraires. Avez-vous entendu parler d'Erzsébet Bathory, plus connue sous le nom de la comtesse sanglante ?

– Non.

– C'était une femme d'une illustre famille hongroise au XVIIe siècle qui aimait les jeunes paysannes au point de les trucider allègrement.

– Mais pourquoi ? m'indignai-je.

– Parce qu'elle était convaincue de préserver sa beauté par ces bains de sang. Eh bien, je suis une émule de cette comtesse et vous serez sans doute ma prochaine victime !

Elle parvint à me faire rire – quoique ses propos n'eussent rien de rassurant !
En réalité, la réincarnation de l'hallucinante hongroise ne quitta pas sa chambre pendant deux jours et deux nuits, le temps pour elle de se remettre d'un chantier épuisant.

De mon côté, j'assistais Mathilde dans les derniers préparatifs des vendanges. Notamment, en tenant une baladeuse pendant qu'elle nettoyait au jet d'eau les cuves souterraines du chai.
De temps en temps, elle remontait des profondeurs pour jeter un œil à sa « mimine », toujours allongée dans son panier, toujours aussi sage et fière d'arborer ses deux premières dents à chacun de ses grands sourires.
Nous avions scindé le laboratoire pour que Mathilde et Simon pussent avoir une salle à manger équipée d'un Frigidaire et d'une gazinière qui servait principalement à réchauffer les biberons de Camille. Ils disposaient aussi de nouvelles toilettes et ces aménagements allaient bien améliorer leurs conditions de travail.
Certes, il y avait encore beaucoup à faire, mais nous considérions cette année comme une transition entre le passé et l'avenir où il nous faudrait remplacer le pressoir, acheter des fûts neufs, relever les toitures et changer toutes les voliges défectueuses. J'imaginais aussi niveler la cour du chai et la recouvrir entièrement de gravillons de Loire pour mettre en valeur les vieux bâtiments sans avoir à s'enfoncer dans la boue, les jours de pluie.
Je fus rassurée d'apprendre que nous aurions le personnel nécessaire pour les prochaines vendanges. Mathilde et Simon avaient battu la campagne dans ce but et réussi à réunir dix personnes pour une durée de huit jours – samedi compris. Ernestine se chargerait de nourrir tout ce petit monde à midi, mais je n'en ferai pas partie cette année.

Quand je me levai le troisième jour après l'arrivée de Scilly, je la vis déjà à pied d'œuvre sous le préau, dans sa belle combinaison verte. Elle était en train de gâcher la chaux avec les matériaux restant de mes travaux et m'annonça, qu'après avoir pris les mesures, l'escalier comporterait onze marches de soixante centimètres de large, quinze de haut et un giron de vingt-cinq centimètres. Elle avait aussi réuni un premier tas de pierres trouvées dans les ruines d'un poulailler.

– Vous pourriez au moins me dire bonjour au lieu de me parler d'emblée en maçonne patentée, lui dis-je, mi-sérieuse, mi-moqueuse, en resserrant la ceinture de mon peignoir blanc.

– Nous verrons cela plus tard. Allez, au boulot ! Vous commencerez par niveler la base de l'escalier avec une pelle. Bien entendu, nous ne ferons usage que de pierres que nous disposerons couche par couche. Pas question de tricher, de faire du faux vieux !

– Mais dites-moi, c'est le bagne ici et je ne sais si je vais supporter votre férule ! lançai-je en allant me changer et en prenant le temps d'avaler du thé et deux tartines sans lesquelles j'aurais eu l'énergie d'un mollusque.

J'avais trouvé un pantalon et une chemise trouée ainsi que des tennis pratiquement hors d'usage : tenue de gueuse que Scilly sembla trouver à son goût.

– Cela nous changera un peu des Miss France ! Quelle stupidité ce concours ! Le drame c'est qu'il fait rêver des tas de midinettes alors que l'élue sera promue comme du dentifrice ! dit-elle en rajoutant une pelletée de sable à son mélange.

– Vous êtes bien remontée ce matin !

– Oui, je suis en pleine forme et prête à manger du lion. C'est fou ce que l'on dort bien ici ! Quand nous attaquerons les marches, surtout mettez des gants solides car la chaux est corrosive.

– Avez-vous déjà oublié que j'ai fait la plus grande partie du dallage de la maison et à la chaux ?
– Excusez-moi, Mademoiselle, si je vous ai prise pour une novice. J'ai oublié que vous êtes une experte en toutes choses railla-t-elle sans me regarder.
Je dus faire un saut au village pour demander à Raoul de me prêter un niveau.
Pendant ce temps-là, Scilly avait fini de gâcher la chaux en y mêlant un peu de ciment blanc, et d'aplanir la base de l'escalier qu'elle délimita par un cordeau.
À mon retour, elle me demanda d'aller chercher un autre seau d'eau, des pierres et de les trier en fonction de leur taille : grosse, moyenne, petite.
Puis, nous eûmes la visite des tourterelles qui vinrent se poser sur la passerelle du préau et nous adressèrent tous leurs encouragements.
– Comme je ne parle pas le turc, dis-je à Scilly, et que je suis toujours incapable de distinguer les mâles des femelles, je les ai toutes appelées « Barish », qui veut dire paix dans leur langue d'origine.
– Je ne suis pas d'accord, rétorqua-t-elle. Il faut que chacune ait son propre nom, sinon, elles risquent d'avoir de sérieux troubles psychologiques.
– Des tourterelles mentalement dérangées, j'aurai vraiment tout entendu ! m'exclamai-je en riant.

Je commençais à transpirer sérieusement après le transport des pierres en brouette. Mais je ne voulais pas montrer à Scilly le moindre signe d'épuisement ou de faiblesse.
Assise sur un gros rondin, je la vis étaler la première couche de chaux ou « colle » – dixit Raoul – en ne se servant que de ses mains protégées, en guise de truelle. Je souris intérieurement en songeant que c'était grâce à cette même chaux que Scilly était là et j'en remerciai le ciel.
Elle me demanda de poser la première pierre.

– Mais j'ignore comment et dans quel sens. C'est vous l'experte, pas moi !
Elle me donna alors une petite leçon de maçonnerie :
– D'abord, il nous faut une pierre d'angle, à deux faces bien nettes. Elle la trouva dans le tas. Ensuite, une pierre se pose toujours sur son assise et pour celle-ci, c'est de ce côté-là.
– Et si on se trompe ?
– Eh bien, il en va de la stabilité de la construction. Il ne doit pas y avoir de jeu entre les pierres. Cela a l'air compliqué au début, mais vous verrez, avec l'habitude, vous apprendrez vite.
Et je scellai la première pierre. Non sans émotion.
– Maintenant, faites un vœu, m'enjoignit la maîtresse d'œuvre.
– Rien ne me vient à l'esprit. J'ai tout ce que je désire.
– Ah bon ? s'étonna Scilly avec son ironie coutumière.
– Euh… alors, que cet escalier ne s'écroule qu'après moi.
– Ce que vous êtes terre à terre ! Vous n'avez pas quelque chose de plus original à formuler ? Eh bien, je ne garantis pas la durée de vie de cette construction !

L'arrivée du facteur interrompit notre dialogue. Il me remit encore un volumineux courrier qui n'entrait pas dans la belle boîte aux lettres que Basile m'a faite. Une boîte en chêne, fixée à l'intérieur et à l'entrée du préau, tout près du futur escalier.
Je déposai le courrier sur ma table de vendangeurs et après avoir vu que je n'avais toujours pas de missive de la cordillère des Andes, je rejoignis Scilly avec une bouteille d'eau fraîche.
– Des retombées de votre livre ? me demanda-t-elle.
– Sans doute, mais toujours rien d'Alba. Elle est vraiment assommante cette Chilienne ! Pourtant, elle devrait avoir achevé sa première mission et être de retour ! pestai-je.
– Ah ces inconstantes qui ont le front de ne vous échapper

que pour mieux retenir votre attention ! déclama Scilly. Puis elle ajouta : Estimez-vous heureuse d'avoir une amie de longue date. Moi, je les ai toutes perdues.
– Par inconstance ?
– Par indifférence ! Vous savez bien, qu'alors, je ne m'intéressais qu'aux garçons.
– Indifférence et fourvoiement, votre cas est vraiment désespéré !
– J'en conviens, dit-elle en souriant et en scellant une autre pierre le long du cordeau.
Elle avait jugé préférable de se charger seule de la base extérieure de l'escalier et de me laisser intervenir à l'intérieur. Soit ce qui ne se verrait pas ! Je n'en pris pas ombrage. Après tout, me dis-je, je ne suis qu'une abeille ouvrière et mon plaisir est principalement de voir travailler la reine.
C'était, en effet, un régal que je n'avais pas éprouvé avec Raoul dont la façon de faire est totalement différente. Chez lui, c'est la force qui prédomine et l'efficacité prime le souci de l'esthétique. Alors que chez Scilly, tout est finesse, économie de gestes et style. L'expérience, mêlée à une intuition sans faille, lui permet de repérer d'un seul coup d'œil dans le tas de pierres, celle qui conviendra. Ainsi m'apprit-elle ce qu'est une pierre d'angle et son usage spécifique, comme elle me révéla la nature des différents minéraux que nous avions ramassés.
– Le schiste à veines d'un bleu-gris sourd a mes préférences, précisai-je. Il domine dans notre vignoble et je souhaite que le même sang coule dans cet escalier.
– Aucune objection, Mademoiselle !
Comme vous pouvez le constater, l'hyménoptère subalterne que je fus, se permettait tout de même de donner ses indications... Et je le fis d'autant plus volontiers que j'avais la certitude que rien en matière de goût ne m'opposerait jamais à Scilly.
En attendant, je la voyais œuvrer à genoux, ployant et

déployant son torse gracile, comme un roseau sous le vent, tournant et retournant une pierre, avant de la caler sur son assise et de la fixer d'un coup de marteau. Ensuite, elle essuiera, de son gant, la chaux débordant le joint ou le sol et recueillera ce surplus dans un seau. « Rien ne se jette, tout se garde ! » Peut-être en maçonnerie, mais pas en écriture où ce serait plutôt l'inverse ! pensai-je.

Oui, le spectacle de cette femme aux allures d'ange tout droit issu d'un retable de Giotto, me captivait, comme m'impressionnait le sérieux avec lequel elle exécutait chaque geste. M'émut également le fait qu'elle me fît don de ses vacances pour construire cet escalier – certes modeste par rapport à ses travaux habituels et à ses qualifications – mais qui demeurerait inestimable à mes yeux du seul fait d'être une contribution spontanée aux améliorations esthétiques et pratiques de ma maison.

– Pourquoi m'observez-vous ainsi ? me demanda-t-elle.

– Je ne vous regarde pas, j'apprends !

– On apprend qu'en mettant la main à la pâte !

– Je ne demande pas mieux, mais vous m'avez reléguée à la face cachée de cet escalier et je n'ai pas d'autre choix que celui de prendre mon mal en patience.

– Alors, allez donc chercher d'autres pierres et volumineuses, cette fois !

– C'est comme ça que vous parlez à vos stagiaires ?

– Leur rôle n'est pas de me regarder faire ! m'asséna-t-elle en remplissant un nouveau seau de chaux.

En proie à une force d'inertie incommensurable, je n'avais aucune envie de ramasser d'autres pierres, mais de rester là, assise au pied d'un pilier du préau, aimantée par ce bourreau de travail. Les cheveux collés sur son front par la sueur lui donnaient un air plus juvénile encore, et la balafre sur sa joue, réfractaire à tout hâle, traversait son visage comme un petit éclair.

Au moment où elle posait la dernière pierre du contour et

alors qu'aucun signe particulier ne m'avait consciemment avertie du séisme à venir, je ressentis une furieuse envie de l'étreindre.
Sans la moindre hésitation et au mépris d'une éventuelle rebuffade, je me dirigeai vers elle, comme vers un destin inexorable, pour prendre sa tête dans mes mains et l'embrasser en un délicieux vertige qui nous fit vaciller toutes les deux et rouler sur le sol de terre battue.
Je ne la vis pas se débarrasser de ses gants. Je sentis ses mains chercher ma peau sous ma chemise, pendant que nos bouches demeuraient scellées comme les premières pierres de l'escalier.
Réalisant, soudain, que nous étions exposées à n'importe quelle intrusion, je pris Scilly par la main, qui la lâcha d'abord pour recouvrir le tas de chaux de papier humide et d'une pierre, pendant que mon cœur explosait. Puis, après avoir fermé la maison à clé, je l'entraînai au grenier où nous prolongeâmes nos étreintes sur mon lit, dans un corps à corps éperdu. Sans un échange de mots. Nous n'étions plus que souffles confondus, dans un tourbillon à la fois intense et aérien…
Elle sentait la terre, la chaux, la poussière de pierres, étroitement mêlées à la moiteur de sa peau qui glissait sur la mienne en une légèreté souveraine, alors que je ne pouvais me défaire de sa bouche au goût de framboise mûre.
Après avoir dégagé sa poitrine du haut de sa combinaison, Scilly me dépouilla de ma chemise pour accoler plus étroitement sa peau à la mienne. Elles étaient brûlantes, palpitantes, avides d'un embrasement sans fin, jusqu'au moment où je retins la main qui était en train de desserrer ma ceinture.
– Je ne peux pas, murmurai-je.
– Salomé ?
– Pas seulement. Je ne veux pas revivre avec vous ce que j'ai vécu avec elle en ne la voyant que rarement. L'amour ne

se fait pas au téléphone. Je ne veux pas être tributaire de vos chantiers lointains, comme je l'ai été de ses récitals aux quatre coins du monde. Certaines professions sont vraiment incompatibles avec une vie amoureuse. Et puis…
– Quoi donc ?
– Je refuse d'être une énième aventure pour vous, dis-je, les joues en feu.
– Roxane, vous n'appartenez pas à ce registre pour moi, me répondit-elle en me serrant dans ses bras. Et elle ajouta :
– Contrairement à ce que vous pensez peut-être, je ne suis pas une adepte des rencontres éphémères.
– Comment pourrais-je en être certaine ?
– Parce que je vous aime, me répondit-elle gravement, et dès la première seconde où je vous ai vue dans cet entrepôt de matériaux de construction.
– Mais pourquoi ne m'avez-vous rien manifesté depuis ? lui demandai-je en dégageant son oreille gauche, finement ourlée.
– Parce que je vous sentais ailleurs et je ne crois pas m'être trompée, surtout après avoir lu votre livre qui m'a à la fois émerveillée et désespérée.
– Désespérée ? m'étonnai-je.
– Oui, je me suis dit qu'il me serait impossible sinon très difficile de succéder à Salomé dans votre esprit, dans votre cœur.
– Vous sous-estimez vos propres atouts ?
– Il ne s'agit pas de cela, mais de la fin brutale de Salomé, qui vous aura sûrement laissée avec un sentiment d'amour inachevé…
Scilly s'interrompit pour poser son visage contre ma poitrine où elle pouvait entendre les battements de mon cœur et sentir cette même poitrine se soulever à son contact. Puis, elle enchaîna :
– Comme je ne suis pas, non plus, une partisane des causes perdues d'avance, j'ai alors pensé que je n'avais pas d'autre

choix que celui de respecter votre parcours et d'espérer un geste, un signe de vous.
L'image de Scilly, les bras écartés et la tête appuyée contre le manteau de ma cheminée après avoir longuement regardé un soir la photo de Salomé, me revint à l'esprit. Sa délicatesse, son respect me touchèrent d'autant qu'elle venait de m'avouer implicitement que son intérêt pour moi n'allait pas sans épreuve pour elle.
– Nous redescendons ? me proposa-t-elle.
J'acquiesçai en reboutonnant ma chemise et en remettant un peu d'ordre dans mes cheveux.

À partir de ce jour, Scilly partagea toutes mes nuits où ses attentions tendres et subtiles eurent vite raison de mes dernières réserves. Je renaissais sous ses mains et ses lèvres, me réjouissant de ce que sa prodigalité amoureuse eût le pouvoir, non d'effacer Salomé de ma mémoire et de mes sens, mais de l'incarner différemment dans de nouvelles et incomparables effusions.
Peu m'importe, dorénavant, de ce qu'il adviendra de ma relation avec Scilly. Le flux qui m'entraîne vers elle et que je n'avais cessé d'endiguer, s'impose à moi impérieusement, en imprégnant le moindre millimètre carré de mes fibres.
Et puis, je réalise seulement maintenant l'une des conséquences – et non la moindre – de la disparition prématurée de Salomé : il m'est désormais impossible de faire des projets amoureux à long terme, comme si on avait l'éternité devant soi. Je mesure que l'être cher peut vous être ravi à tout instant et cette conscience-là allait m'inciter à ne pas vouloir gâcher une seule des secondes partagées avec Scilly, mais, au contraire, à les magnifier. Il en résulte une intensité accrue de notre lien, dans un émerveillement mutuel et croissant.
Bien que n'ayant jamais été confrontée au drame qui fut le mien, Scilly approuva totalement mon point de vue : « Je ne

crois qu'à l'instant, me dit-elle un soir. En se projetant dans l'avenir – et c'est une impulsion naturelle quand on aime – la valeur d'éternité que l'on attache à l'amour détourne notre attention de ce que l'on a à vivre maintenant. Je suis donc en faveur d'un présent extensible ! »
Mais je n'arrive pas encore à lui dire « Je vous aime ». Je ne peux prononcer que des onomatopées amoureuses qu'elle décrypte fort bien, au demeurant ! Dans nos étreintes les plus vives, elle me tutoie et s'exprime en italien et je n'y comprends rien ! Cela n'a pas d'importance : je sais que ce ne sont ni des insultes, ni des extraits de communications scientifiques et, encore moins, des liturgies !

Il me serait difficile de vous dire comment nous parvînmes à construire l'escalier en à peine quinze jours. La quête des pierres plates dans les vignes, demeure sans doute le seul batifolage que nous nous soyons accordé pendant ces travaux. Les vendanges étaient commencées et chercher des pierres pendant que d'autres coupaient du raisin était pour le moins incongru. Mais, pour une fois, je bénis notre vigne de crouler sous un feuillage profus et dense, car il pouvait faire écran aux baisers que j'échangeais avec Scilly en rampant dans les rangs.
Quant à l'escalier lui-même, il me procura aussi quelques fortes sensations tant sa maçonnerie me parut indissociable de la sensualité de Scilly, en particulier quand elle aspergeait les pierres avant de les recouvrir d'une nouvelle couche de chaux. Sa main – toujours gantée – faisait jaillir l'eau d'un seau en faisceaux de gouttelettes qui me donnaient l'envie de me substituer aux pierres. Je me délectais également de la voir étaler la chaux en la faisant pénétrer ensuite dans l'interstice des schistes pour assurer une parfaite adhérence et compacité des matériaux. Mais de là à dire que je n'ai rien fait, non ! J'ai trimé comme un âne dans le corps de l'escalier, en transportant et en fixant les pierres les plus

lourdes, tout en prenant goût à l'ouvrage. Tant et si bien que la maîtresse d'œuvre me laissa sceller les trois pierres plates de la première marche et même monter les petits schistes à la base des autres girons.

Vous vous doutez bien que nous n'avons pas sacrifié d'autres ardeurs à ces labeurs. On peut donc dire que cet escalier aura vraiment été fait avec amour ! Rompues, mais heureuses, nous fêtâmes l'achèvement des travaux, assises sur la première marche bien sèche, avec une bouteille de Brunello di Montalcino, naturellement !

– Bon, demain nous attaquons la cour ! me déclara Scilly.

– Ah non ! protestai-je. Il vous reste quelques semaines encore ici et j'ai envie de vraies vacances avec vous. Sinon, les deux beautés spectrales que nous sommes devenues seront totalement hors d'usage, ajoutai-je d'un tendre baiser dans son cou.

Il fut écourté par la sonnerie du téléphone.

Je revins un quart d'heure après annoncer joyeusement à Scilly votre arrivée imminente. La nouvelle et, surtout, mon enthousiasme, renfrognèrent un peu mon architecte favorite. Mais elle mua son désappointement en tact ironique :

– Ah, je vais enfin connaître ma plus grande rivale – comme le sont toutes les amies d'enfance, n'est-ce pas ?

J'éclatai de rire :

– Rassurez-vous, Alba est une météorite ! dis-je en grignotant une olive.

– Vous m'inquiétez encore plus ! Que faites-vous quand l'un de ces aimables corps célestes vient s'écraser dans votre jardin ou pulvériser votre maison ?

Je m'esclaffai à nouveau avant d'être priée d'affiner encore votre portrait jusqu'à votre dernier séjour à la Révillière.

Vous deviez atterrir à N., à vingt heures précises. J'avais proposé à Scilly de m'accompagner, mais elle préféra nous laisser seules, d'abord, sachant l'importance que j'accordais à

ces retrouvailles après le désastre des précédentes ; sachant aussi que vous aviez tenu votre promesse, ma chère étoile filante.
Scilly aurait certainement voulu prolonger notre tête-à-tête, mais, de mon côté, j'étais plus qu'heureuse de réunir, dans ma maison, mon amie de toujours et ma nouvelle aimée. J'étais certaine, qui plus est, que vous vous entendriez toutes les deux, que notre trio s'accorderait, lui aussi, et que nos échanges auraient l'intérêt, la saveur, le piquant propres à chasser l'ennui et la lassitude.
Vous n'aviez pas reçu mes derniers courriers. Je dus, de ce fait, vous préciser tout de suite que Scilly était là et qu'elle nous attendait à la maison, en préparant le dîner.
– Vous voulez dire… ?
– Oui ! Et cela ne changera rien. Elle sait déjà tout ou presque de vous, de nous deux et je serais surprise qu'elle vous déplaise. Vous verrez, il y a en elle un peu de vous et beaucoup d'elle !
Quand vous avez déposé votre éternel balluchon sur le pas de ma porte d'entrée, vous êtes d'abord restée sans voix. Puis :
– J'aurais toujours une petite tendresse pour la grande maison, mais vous avez bien fait de vous installer là. C'est exactement ce qu'il vous fallait !
Votre regard se porta ensuite sur Scilly s'affairant dans la cuisine et vous vous êtes aussitôt dirigée vers elle pour la saluer :
– En tant que fille de diplomate, je vous ferai grâce des salamalecs d'usage. Je préfère vous exprimer ma joie sincère de vous connaître.
– Permettez-moi d'attendre au moins le dîner pour savoir si c'est réciproque ! répondit Scilly d'une moquerie que vous avez appréciée en riant.
– Je n'ai aucune inquiétude ! déclara l'effrontée que vous êtes.

– En tant que fille de vigneron toscan, permettez-moi aussi de vous offrir un verre de nos vignes.
Vous n'êtes pas une amatrice de bons crus, hélas, pour apprécier l'offre de Scilly, mais vous vous êtes inclinée et je vous ai laissées toutes les deux dans la cuisine pour mettre le couvert.
Profitant d'une absence momentanée de Scilly, vous êtes venue me glisser à l'oreille :
– Votre architecte me plaît beaucoup. Elle n'est pas seulement *divina*, elle a tout pour elle !
Le dîner italien fut excellent, ponctué d'échanges vifs et très drôles entre nous trois. Vous vous amusiez à faire le joli cœur avec Scilly et moi à la voir vous damer le pion avec un humour qui vous déconcerta plus d'une fois. Vous aviez à faire à forte partie et cela vous plaisait. Je tentai de détourner le sujet sur votre dernière mission, en vain. Vous déploriez le carême qu'elle vous avait imposé pendant des mois, en affirmant que toute bagatelle était exclue là-bas ! C'était même un supplice, avez-vous ajouté, car mon interprète est exquise.
– Vous ne connaissez que la bagatelle ? vous demanda Scilly.
– Hélas, oui. Et j'ignore toujours pourquoi !
– Moi, je sais ! avança Scilly. C'est Roxane votre déesse et dans un pacte qui est plus puissant que celui du sang.
– C'est peut-être une explication, avez-vous répondu en me baisant la main. Et vous avez ajouté : Oui, nous deux c'est... sauf que...
– Quoi ? intervins-je.
– Elle me ravit les femmes dont j'aurais pu m'éprendre sérieusement...
Bondissant alors de ma chaise et faisant semblant d'être offusquée, je défendis ma propre cause :
– Votre appréciation du rapt est plus que singulière et ne devrait pas quitter l'antichambre de vos fantasmes! achevai-je sous des éclats de rire.

Après avoir implicitement reconnu votre provocation en changeant de conversation, vous m'avez demandé des nouvelles de la famille, pendant que Scilly vous préparait du café que vous absorbiez toujours à hautes doses.
Puis, en regardant Scilly, vous lui avez posé mille questions sur sa vie professionnelle et sur sa Toscane natale, vos yeux brillant d'un intérêt autre qu'ethnologique – ce qui m'amusa. Je ne me sentais nullement en danger par votre besoin incurable de vouloir plaire à quiconque.
Au moment d'aller nous coucher, à l'aube, vous avez demandé à Scilly la permission d'embrasser sa balafre – ce qui l'a fait rire :
– Je vous le permets d'autant que c'est le seul endroit de ma joue qui soit devenu insensible !
– Mais que croyez-vous ? lui avez-vous répondu, nullement décontenancée. Je veux juste conjurer l'origine de cette blessure – sans vous blesser moi-même…

Votre séjour se déroula très vite, hélas, mais dans la même euphorie commune. Vous vouliez tout revoir ou voir – surtout les changements intervenus depuis votre dernier séjour. Après la visite rapide de ma maison, nous nous sommes attardées devant le nouvel escalier du préau dont je pris soin de vous préciser que Scilly en avait eu l'ingénieuse idée et l'avait en grande partie construit. Mais nous ne pouvions en gravir toutes les marches, les dernières n'étant pas encore tout à fait sèches.
– Une sculpture ! avez-vous félicité Scilly au moment où une pétarade infernale recouvrit votre voix. C'était Léon, au volant de ce que l'on ne peut plus appeler un tracteur, avec une remorque pleine de bûches qu'il déversa devant le préau. Il m'apportait du bois bien sec pour l'hiver.
– Bon, dit-il, en descendant de son inénarrable engin. J'ai chargé deux stères, mais comme je sais que ta cheminée va ronfler nuit et jour, il t'en faudra plus du double.

Puis, vous apercevant en retrait dans le préau, il s'écria en enlevant sa casquette :
– Ah, mais c'est notre Alba ! T'es toujours aussi grande et moi, tu vois, je me tasse !
– Et on vous entend toujours de loin ! Avez-vous ajouté en le faisant rire et hausser les épaules, d'un air de dire « Je n'y peux rien ! ».
Il vit alors Scilly, assise sur la première marche de l'escalier et qui suivait la scène avec amusement.
– Je ne connais pas cette demoiselle, me dit Léon.
– C'est la sœur de mon fiancé, tu sais, le jeune homme que je t'ai présenté dans le parc.
– Ah, ne me reparle pas de malheur ! se plaignit-il.
– Si j'ai bien compris, tu veux me garder pour toi tout seul, c'est ça ?
– T'as bien compris ! dit-il en remettant sa casquette et en remontant dans sa ferraille ambulante.
Mais avant de remettre le contact, il me lança :
– On annonce des pluies. Il vaut mieux rentrer tout le bois aujourd'hui.
En glissant votre bras sous le mien pendant que Léon s'éloignait, vous avez exprimé l'envie de revoir ma chambre dans la grande maison.
– Vous venez Scilly ?
– Non, non, je vais commencer à ranger le bois.
Après la visite de la grande maison où vous avez regretté « l'ère révolue du pot de chambre » au grenier, mais apprécié la disparition des trophées dans l'entrée, nous avons fait un tour dans la cour du chai où je vous ai montré le futur bureau de maman. Comme vous vous étonniez de n'y voir personne, je vous ai alors entraînée dans les vignes que Mathilde et Simon avaient commencé à tailler, la petite Camille suivant sa mère de cep en cep dans son berceau inédit et plus dodue que jamais !
Vous avez admiré le savoir-faire des tailleurs en vous

demandant comment ils pouvaient choisir à coup sûr, parmi tous ces sarments, celui qui porterait la prochaine récolte quand les autres seraient voués aux fagots.
De mon côté, je me promettais de me joindre à Mathilde et à Simon cet hiver pour prendre quelques leçons de taille. Je ne pouvais sérieusement m'impliquer dans la restauration du vignoble en ignorant cette étape importante. Et puis, je ne voulais pas que Mathilde et Simon eussent de « Mademoiselle » une image superficielle si je me contentais de suivre de loin leur travail. En le partageant concrètement, en le connaissant bien, je gagnerai davantage leur respect et une certaine crédibilité.
L'air était moins accablant et la lumière ravivait les belles teintes d'or, de safran et de vert pâle des feuilles de la vigne.
Tout en marchant avec vous dans les rangs qui conduisaient à ma maison, je ne pus m'empêcher de penser à la quête de pierres plates que j'avais faite avec Scilly. Que c'était bon de marquer son territoire – non comme des lapins de garenne – mais par des baisers, des enlacements à la dérobée, dussent nos genoux et coudes être meurtris par un sol dur et rocailleux !

Scilly avait rangé une bonne partie du bois, au fond du préau, sous la passerelle.
– Vous avez changé d'avis ? m'étonnai-je.
– Oui et pour une raison évidente : si j'avais stocké les bûches à l'entrée, elles auraient été exposées aux pluies.
– Votre sens pratique associé à une remarquable force de travail, m'impressionnent ! Avez-vous déclaré à Scilly, avant d'ajouter : Moi, j'ai l'énergie d'un loukoum !
Je ne pus m'empêcher de rétorquer en citant un auteur :
– Alors « donnez-moi des loukoums poudrés comme vos doigts… »
– Moi, des doigts poudrés ? Vous êtes-vous faussement

indignée, dans l'une de ces joutes qui nous étaient si familières au pensionnat et à la Révillière.
– Préférez-vous Molière ? « Voilà un petit doigt qui sait tout, qui me dira si vous mentez... »
– Votre érudition littéraire m'accable davantage et me contraint à m'asseoir pour savourer un repos salutaire et mérité...
– Ah non, non ! s'exclama alors Scilly en entrant dans notre petit jeu et en vous regardant. Vous voyez le bois qui reste dans la cour ? Eh bien vous allez le ranger ! Moi, je vais prendre une douche et je veux être obéie au doigt et à l'œil. Compris ?
– Madame sera servie au-delà de ses espérances ! lui avez-vous répondu d'une courbette désopilante, en vous servant de votre large short comme d'un tablier blanc.
Scilly partie, nous nous exécutâmes séance tenante, en faisant la chaîne. Puis je vous annonçai que j'allais monter Gipsy.
– Vous ne craignez pas de me laisser seule avec votre belle ? m'avez-vous demandé avec plus de malice que de perfidie.
– Si, je redoute que ma maison brûle à cause de votre feu ! Mais l'extincteur est dans le cagibi, derrière la cuisine ! Et n'oubliez pas : les jalousies équines sont les pires ! vous lançai-je en courant vers les écuries.

À mon retour, vous m'attendiez toutes les deux à la clôture du pré – manifestement sans traces de brûlures – et vous m'avez demandé de chevaucher à toutes les allures, car j'arrivais au pas, comme d'habitude.
– S'il vous plaît, Alba, je ne suis pas une écuyère de cirque !
– Certes, mais Scilly ne connaît pas encore la cavalière.
L'argument était fondé et je dus obtempérer. Quand je mis pied à terre, je vous entendis dire à Scilly :
– Vous avez-vu cette splendeur ? La tenue, la souplesse, la maîtrise, la grâce... Elle est exaspérante car elle sait tout

faire ! Moi aussi, je monte à cheval, mais à côté de Roxane, j'ai l'air d'une bouse sur une selle !
Scilly esquissa un sourire pendant que je démentis vos derniers propos :
– N'en croyez rien. Vous avez déjà remarqué qu'Alba ne se dénigre que pour cacher ses propres dons. Elle monte très bien à cheval – je peux en témoigner depuis notre enfance et ici même.
– Bref, vous êtes deux cavalières émérites, souligna Scilly, et je vous envie. Ce doit être exaltant d'être sur un cheval et d'arriver à faire ce que l'on en veut.
– Vous voulez dire qu'avec une femme… avez-vous encore plaisanté.
– Je n'ai rien dit ! rétorqua Scilly, si ce n'est qu'une femme a aussi le pouvoir de vous emballer et de vous désarçonner !
Il n'y avait rien à ajouter.

Pendant votre séjour, nous passâmes toutes nos nuits à bavarder avec passion, mêlant à nos échanges des fous rires irrépressibles que vous provoquiez surtout par votre manière de vous tourner en dérision : ainsi vous excusiez-vous auprès de Scilly de toujours détester faire la cuisine et le ménage – « tare rédhibitoire pour les prétendantes au mariage ! Mais je suis d'une propreté scrupuleuse sur ma personne toujours tirée à quatre épingles ! » précisiez-vous en lui montrant votre belle chemise bleue, propre, certes, mais toute froissée !
Nous abordions aussi ces sujets plus sérieux tels que la situation politique en Espagne, votre prochaine mission chez les Mapuches, mais cette fois, dans une réserve située en Argentine, le métier de Scilly, puis j'ai dû vous lire quelques extraits savoureux de mes lecteurs et lectrices…
Nous nous couchions à l'aube, vous dans la chambre blanche, Scilly et moi au grenier dont nous grimpions l'escalier, titubantes de fatigue et de félicité.

Au terme de l'une de ces nuits, vous avez voulu vous baigner. Comme il était hors de question de retourner à l'étang, je vous ai conduites, vous et Scilly, dans l'une des boires de Loire que j'avais repérée en chevauchant.
Sans plus de façon, vous vous êtes entièrement dévêtue avant de vous jeter à l'eau. « C'est mieux qu'une douche, non ? » nous avez-vous lancé pour jouer ensuite les anguilles. Scilly allait vous rejoindre, tout aussi nue et je vous suivis de la même façon après avoir surmonté – sans effort cette fois-ci – la pudeur qui aurait pu me retenir sur la berge.
Vous aviez eu une bonne idée : ce fut un bain exquis, vous et Scilly rivalisant d'adresse dans cette boire sans doute peu habituée à être brassée à l'aube et par trois sacrées demoiselles !
Conformément à votre réputation, vous avez complimenté Scilly : « J'adore vos clavicules et vos épaules. On peut les croire prêtes à se rompre tant elles semblent fragiles, mais, non ! Un puissant moteur intérieur les anime et rend la nageuse irrésistible, n'est-ce pas Roxane ? »
Pour toute réponse, je vous ai pincé les fesses, pendant que Scilly chercha à vous entraîner par les pieds dans les profondeurs de l'eau.
N'ayant pas emporté de serviette, nous nous sommes séchées à l'air encore doux de l'aube et en marchant le long de la Loire que Scilly découvrait pour la première fois, éblouie. Au point de vouloir, un jour, la remonter en bateau et son souhait n'allait pas tomber dans l'oreille d'une sourde.

Complètement requinquées par cette baignade improvisée, nous regagnâmes la maison où, après un petit déjeuner copieux, je vous ai entraînées toutes les deux dans une cueillette de champignons où je fus la seule à rapporter quelques coulemelles dont nous nous régalâmes au dîner.
Une réserve à formuler sur ce joyeux et tendre intermède

avec vous ? Oui, et une seule. Il me fut quelquefois pénible d'avoir à réfréner mes élans vers Scilly, d'autant que nous étions au tout début de notre lien intime et d'un lien qui serait interrompu par son retour en Italie. Mais je me refusais à vous gêner, à vous donner un sentiment d'exclusion ou celui d'être en trop, comme je l'ai moi-même ressenti devant des couples démonstratifs. Heureusement, Scilly partageait mon point de vue – tout en s'ingéniant à dérober un baiser chaque fois qu'elle le pouvait. Ma reconnaissance à son égard en fut accrue, car n'étant pas elle-même votre « amie de toujours » elle aurait très bien pu me manifester un ressentiment à la mesure de son vif désir d'être seule avec moi. Mais voilà : vous l'avez conquise, elle aussi, et tout alla pour le mieux. Elle devait même m'avouer : « Je ne suis pas exclusive en très bonne compagnie. »
Maintenant, je dois aussi vous confier que si elle s'était montrée jalouse de notre complicité de longue date, ou manifestement agacée par votre présence ici, ou encore, si elle avait voulu vous reléguer à un rôle de comparse, je n'aurais pas hésité une seule seconde à rompre avec elle. Je n'autoriserai personne à s'ingérer dans notre amitié pour la réprouver, la minimiser ou tenter de la briser et je ne pense pas mieux vous dire à quel point je tiens à vous.

Nous passâmes votre dernière nuit, toutes les trois dans la cabane du pin.
J'avais emporté un drap pour en recouvrir la paille et une couverture. Seulement dans cette dernière lubie, un détail de taille m'avait échappé : la cabane n'avait pas été conçue pour y accueillir trois grandes personnes comme nous ! Mais nous trouvâmes une solution en nous allongeant sur le flanc, accolées et imbriquées telles des fourchettes dans une ménagère. Naturellement, je pris soin de me mettre entre vous deux, dans le bonheur suprême d'enlacer Scilly et de l'être par vous. En réalité, ce ne fut pas un trait d'union

idéal qui m'imposait l'abstinence comme un cilice, alors que nous étions sur un perchoir de rêve !
Vous, seule, sembliez la plus à l'aise en nous berçant des chansons de votre enfance, ou de votre cru, comme celle-ci : « J'ai manié les banderilles et pratiqué l'esquive, j'ai baguenaudé de-ci, de-là, mais je reviens toujours vers elle, car j'aime les belles, les belles, les belles… demeures ! »
– Côté rimes, ça laisse plutôt à désirer ! dis-je en riant, comme Scilly.
– Un simple problème de traduction ! rectifia effrontément la chanteuse qui acheva sa sérénade par une comptine des Andes, avant de me demander d'enchaîner.
– Je ne peux que citer un autre auteur en improvisant la musique : « Allons, chantons Bacchus, l'amour et la folie… ».
– Bravo pour l'art de massacrer un poète par des sons barbares ! entendis-je derrière mon dos.
Et puis :
– À vous Scilly !
– Le chant n'est pas non plus mon registre, mais je vais essayer, dit-elle en se lançant dans un *bel canto.*

Et vint le jour de votre départ.
Cette fois, Scilly nous accompagna à l'aéroport et heureusement, car en voyant votre avion décoller, je ressentis des tremblements dans tous mes membres et ne pus retenir mes larmes.
Scilly m'entraîna aussitôt vers la voiture où elle prit le volant.
– Que se passe-t-il, *amore* ?
– J'ai un mauvais pressentiment, répondis-je. J'ai l'impression que je ne reverrai plus Alba.
– Vous pensez à un accident d'avion ?
– Non, ils sont rares finalement. Je n'ai rien de précis en tête, c'est terrible !

– Vous n'avez jamais eu cette crainte avant ?
– Si, depuis la mort de Salomé, j'ai peur pour les êtres que j'aime, pas pour moi. Les missions d'Alba sont plus dangereuses qu'on ne l'imagine. Il n'y a aucune infrastructure médicale là où elle est. En cas d'ennui grave, elle ne peut être évacuée que par hélicoptère vers le dispensaire le plus proche.
– Qu'entendez-vous pas « ennui grave » ?
– Chute de cheval, maladies tropicales mortelles, piqûres de serpent venimeux et que sais-je encore ! Et puis, ce n'est pas l'équipement sommaire de la mission qui la sauvera d'un accident dans un ravin ou d'une éruption volcanique !
– N'y pensez plus, me dit Scilly en serrant ma main tendrement. Votre Alba est née sous une bonne étoile et je la crois invulnérable. En tout cas, je suis très heureuse de la connaître et je comprends mieux maintenant ce qu'elle représente pour vous.

La nuit qui suivit votre envol me fut particulièrement pénible, car ponctuée de cauchemars où vous étiez en péril.
Je me levai à l'aube pour rejoindre Gipsy, le meilleur antidote à mes angoisses, soucis et chagrins.
À mon retour, je vis Scilly en peignoir, en train d'arpenter la cour de ma maison, avec son inséparable décamètre.
– Mais que faites-vous? lui demandai-je en l'embrassant.
– Et vous, pourquoi rapportez-vous votre selle ?
– Je dois la déposer chez le bourrelier pour qu'il consolide la couture des tabliers et du pommeau.
– Eh bien, moi, je prépare notre prochain travail et je sais où trouver les dalles qui conviendront.
Après une bonne douche et une tasse de thé, Scilly me conduisit dans un entrepôt de pierres anciennes, non loin de C.
– Voilà, me dit-elle devant une palette de dalles épaisses, en calcaire beige et mat. Des dalles neuves auraient juré

avec votre maison, tandis que l'usure et l'irrégularité de celles-ci s'intégreront mieux à vos lieux, ajouta-t-elle.
J'en convins aussitôt et la laissai déterminer avec le vendeur le nombre qu'il nous fallait en fonction des grandes et moyennes qu'elle mesura elle-même, une à une.
Postée en retrait, je la regardais à son insu et avec une intensité dont moi seule connaissait la raison. J'admirais son savoir-faire, son assurance qui en imposaient au vendeur sûrement peu habitué, lui aussi, à commercer avec une jeune femme dans cet entrepôt. Je me dis également que les hommes, même les plus conventionnels – à l'exception de cas rédhibitoires comme feu mon père – finissent par s'incliner devant plus forte, plus expérimentée qu'eux. L'homme en question s'aperçut vite, en effet, que son interlocutrice ne venait pas faire une promenade d'agrément dans les lieux.
La livraison des dalles nous parvint trois jours après et c'était parfait car j'eus le temps de faire appel à un terrassier pour bien niveler la terre de la cour, et, dans la foulée, il aplanit aussi l'espace derrière la maison, qui finalement deviendrait un verger et un jardin potager. Pendant ces trois jours, Scilly, elle, commença à rédiger le rapport de son dernier chantier, sur la table des vendangeurs, alors que je continuais à répondre à mon courrier, dans le grenier. Occupations studieuses qui alternaient avec des moments qui l'étaient beaucoup moins.
Mais je ne parvenais pas à chasser totalement de mon esprit mon inquiétude à votre sujet, malgré toutes les tentatives que fit Scilly pour me rassurer.
Je mesurais alors à quel point la mort de Salomé m'avait fragilisée. Certes, lorsqu'on s'éprend d'une personne, on n'arrive pas sur un terrain vierge, sauf exception. On hérite forcément de son passé, heureux ou malheureux, même si on peut espérer qu'une nouvelle et forte implication affective aura le pouvoir d'exorciser les pages sombres d'une

vie, d'un amour antérieur. Mais je désirais à tout prix préserver Scilly des conséquences d'un drame auquel elle était étrangère. Scilly à laquelle je m'attachais de jour en jour et avec laquelle je découvrais l'ineffable plaisir de sa présence aujourd'hui, demain, après-demain encore et sans avoir à compter les heures qu'il nous restait à partager avant une prochaine séparation.

Ah, c'est le temps idéal pour poser les dalles ! s'exclama-t-elle, tout émoustillée à l'idée de se lancer dans un nouvel et bel ouvrage.
– Mais comment allons-nous procéder ? demandai-je devant les palettes que l'on nous avait déposées au bout de ce qui allait devenir une vraie cour. Vous allez les sceller ou les coucher sur du sable ? m'enquérai-je encore.
– Non, elles sont assez grandes et épaisses pour tenir par leur seul poids, à même la terre et à joints très serrés.
– Où allez-vous commencer ?
– Nous allons partir de la façade de la maison pour bien épouser sa forme qui n'est pas rectiligne. Le bord opposé ne le sera pas et c'est logique. Mais ce n'est pas grave, car le muret l'alignera.
– Oh, j'y pense tout d'un coup, dis-je. Il faut prévoir tout de suite l'emplacement d'une treille de chasselas que je veux faire courir au-dessus de la porte d'entrée et des fenêtres. Exposition sud, l'idéal ! Et puis, imaginez cette guirlande de raisins à portée de main.
– Combien de plants et où ?
– Deux. Un, ici et l'autre, là, répondis-je sans hésitation.
– Pas plus ?
– Non, pour moi seule, c'est suffisant !
– Comment cela, pour vous seule ? protesta gentiment Scilly.
– Est-ce une demande en mariage ?
– Je ne vous imposerai pas cette calamité, non. Je reviendrai

chaque année pour goûter les raisins de table… et je ne viendrai que pour cela, s'entend !
Je ris.
– Oui, mais le temps que les plants grandissent et que la treille donne, vous serez je ne sais où et moi, j'aurai sans doute trois marmots !
– Au lieu de dire des âneries, venez donc poser la première grande dalle ici… Maintenant, bougez-la en appuyant dessus pour bien la caler. Si l'une est un peu plus épaisse que l'autre, vous creuserez la terre pour que les deux pierres soient de même niveau.
– À propos de niveau, j'ai rendu le sien à mon maçon.
– Cela n'a pas d'importance, car la cour est très légèrement inclinée pour faciliter l'écoulement des pluies et le séchage des dalles. Nous travaillerons au jugé et une petite planche suffira. De toute façon, un travail trop bien léché n'a pas d'âme. Il faut simplement éviter de buter en marchant.
Je fus tellement pressée de voir la cour entièrement dallée que rien n'aurait pu m'en distraire. Finies les siestes particulières. Le bagne se prolongeait sous de vrais roucoulements.
Le résultat dépassa mes espérances. Cette nouvelle cour donnait une tout autre dimension à ma maison en l'agrandissant et en l'embellissant. J'en remerciai Scilly qui remisa sa modestie pour admettre qu'elle avait eu une bonne idée. Et elle ajouta :
– Elle semble avoir toujours été là. Oui, c'est pas mal du tout !
– Maintenant, nous allons signer et dater notre seconde œuvre commune, sur une dalle connue de nous seules, décidai-je.
– Seriez-vous une sentimentale invétérée ?
– Mieux que cela ! dis-je en l'entraînant derrière l'escalier extérieur et tout près du sanctuaire des vins.
Puis, avec un tournevis qui nous servit de burin, Scilly

grava un S et moi, un R, avec un trait d'union entre nos deux initiales, suivies de la date.
– Ce sera aussi valable pour l'escalier, ajoutai-je en creusant un peu plus l'inscription.
– Je vous vois venir. Vous voulez partager avec moi les droits d'auteur !
Je lui clouai le bec d'un baiser fulgurant.

Le soir de l'inauguration de la cour par un bon déjeuner dehors, un peu enfumé – Léon avait brûlé un gros tas de branchages et de feuilles mortes non loin de ma maison – j'ai demandé à Scilly pourquoi elle n'exerçait pas son métier dans le privé. Elle me regarda étonnée par ma question, alors que dans mon esprit, je croyais les architectes indépendants plus libres qu'elle-même, avec le privilège de créer leurs propres œuvres.
– Rien ne m'empêchait de m'inscrire dans cette filière, mais il se trouve que la mienne est née d'une vocation précoce. Cela s'est passé dans une vieille chapelle d'Arezzo, très délabrée, et j'avais douze ans.
– Et alors ?
– Eh bien, j'ai éprouvé une telle tristesse devant cette décrépitude qui laissait tout de même entrevoir quelques trésors – dont des peintures murales rongées par le salpêtre, défraîchies, fissurées – que je n'ai pas eu l'illumination de la Foi, mais le désir fou de restaurer cette chapelle, un jour. Et je l'ai fait, vingt ans plus tard.
Cette confidence m'émut et m'impressionna profondément.
– J'imagine que c'est un travail ardu, qui exige science, délicatesse, patience et bien d'autres atouts, dis-je, admirative.
– Oui, c'est difficile, mais redonner vie à ce qui fut, sans tricher sur le choix des matériaux et dans le respect des formes initiales, c'est exaltant !
– En somme, vous ressuscitez et moi, je suscite !

Pendant que Scilly dormait profondément à mes côtés, je pensais au fait que nous allions nous séparer dans peu de temps et cela me nouait l'estomac. Je ne supportais pas d'avoir à me séparer d'elle après ces longues semaines, joyeuses, intenses, laborieuses, où nous avions tout partagé et appris à nous connaître. J'aime son corps, j'aime sa rigueur dans son travail, j'aime sa délicatesse, sa gaieté et son sens de l'humour. Bref, j'aime tout en elle et par-dessus tout, peut-être, le fait de m'avoir restitué une virginité émotionnelle à laquelle je ne croyais plus.
Elle a un nouveau chantier à Siena, m'a-t-elle dit, dans une autre chapelle vétuste, avec des peintures murales « remarquables, mais en danger ». Elle m'a aussi précisé que la restauration serait très délicate et qu'elle s'entourerait, cette fois, de stagiaires les plus doués dans leur spécialité.
J'eus alors l'envie de me rendre là-bas, aussi. Mais le fait de devoir l'attendre dans une chambre d'hôtel, m'en dissuada vite. Et puis, je ne parle pas l'italien – handicap majeur pour rencontrer les autochtones et découvrir un pays. Je savais aussi, qu'il s'agissait pour elle d'un travail de trois mois. Après, que ferait-elle ? Je refusais de me perdre en conjectures. C'est elle que je ne voulais perdre, me dis-je en écoutant son souffle léger sur mon épaule.

Les premières pluies d'automne ayant fait surgir dans les prairies une quantité de champignons rosés, j'emmenai Scilly dans une nouvelle cueillette, avec un panier et deux couteaux. Elle fut particulièrement fructueuse, mais je dus exercer une vigilance sur ce que la novice ramassait, car parmi les rosés, il y a leurs frères jumeaux, à la corolle interne blanche et qui, eux, ne sont pas comestibles.
– Mais comment peut-on les distinguer ? me demanda-t-elle ?
– Si vous avez un doute, vous soulevez la tête de votre pied et là vous voyez si l'intérieur est blanc ou non. Quant aux

rosés, vous ne les arrachez pas, vous les coupez à la base pour qu'ils se reproduisent par leur souche.
– On dirait que vous avez fait cela toute votre vie ! me dit-elle.
– C'est Léon qui m'a aussi initiée à la cueillette des champignons. Lui, ne les voit pas, il les sent à distance avec un flair de chien truffier ! Il sait où trouver les cèpes, les girolles, les coulemelles, en un rien de temps. Mais les rosés ne l'intéressent pas. « C'est trop facile à dénicher » dit-il.
– Moi, c'est la première fois que j'en vois et je trouve cela plutôt amusant. Et celui-là, je le prends aussi ? me demanda-t-elle en me montrant un rosé aux stries intérieures très foncées, presque noires.
– Non, il est trop vieux ne retenez que les roses pâles, ce sont les plus frais et les meilleurs. Vous verrez, ce soir, quand je vais les faire suer dans une poêle pour accompagner un onglet !

Aux abords de ma maison, nous entendîmes quelqu'un frapper la porte d'entrée avec une impatience manifeste. C'était maman, pimpante et toute dorée.
– Ah, vous voilà, enfin ! J ai appelé plusieurs fois chez toi, en pure perte. Tu as des ennuis de téléphone ? me demanda-t-elle après nous voir embrassées.
– Non, aucun, répondis-je. Je l'ai simplement décroché pour ne pas être tout le temps dérangée.
– Mais il aurait pu se produire quelque chose de grave et tu n'en aurais rien su ! insista maman.
Je ris :
– Si j'étais partie au fin fond du Tibet, le résultat eût été le même ! Alors, que vous est-il arrivé ?
– Eh bien, rien, sauf que je me suis fait un sang d'encre à ton sujet et je suis sûre que la mère de Scilly est dans le même cas, non ?
– Écoutez, maman, et sans vouloir vous offenser, le rôle de

mère poule vous va comme des bretelles à un lapin. Vous voyez que nous allons parfaitement bien, comme vous-même et qu'aucune catastrophe n'est intervenue en votre absence.
– Tu as raison. Tu as vu ta sœur ? Ta tante ?
– Non, ni l'une, ni l'autre.
– Tiens, je t'ai apporté le rapport qu'Arnolfo a fait de sa visite ici, me dit maman en me tendant le document. Moi, je le trouve très bien et tu me diras ce que tu en penses. Bon, je vous laisse, mes filles, et je t'en prie, ma chérie, raccroche ton téléphone !
Je n'en fis rien jusqu'à la fin du séjour de Scilly.

Après avoir refermé la porte d'entrée, Scilly se tourna vers moi en me prenant par les épaules :
– Il faut que je vous avoue quelque chose…
– À quel sujet ?
– De mon frère, Nolfo. Vous souvenez-vous de ce que je lui ai dit lorsqu'il m'a confié être fou de vous ?
– Oui, que je n'étais pas disponible.
– En réalité, j'ai répondu autre chose : que je vous aimais.
– Le pauvre ! Il aura donc eu le privilège de le savoir avant moi, soupirai-je en feignant une contrition profonde.
– Allez-vous vous sacrifier ? me demanda-t-elle, moqueuse.
– Je l'ai déjà fait pour la sœur et, comme vous le savez, ma complaisance est sans limites. Et puis, cela restera en famille, non ?
Je reçus une tape sur la main, suivie d'une tendre morsure dans le cou. Puis :
– Je réclame solennellement l'exclusivité de vos ravages pour en maîtriser les débordements.
– Je croyais que vous étiez architecte et non préposée aux dégâts des eaux !
Deuxième tape et deuxième morsure.

Le soir, après avoir savouré notre onglet avec les rosés, Scilly me demanda de lui parler des membres de ma famille. Comme je m'y attendais, ce fut la figure de tante Millie qui retint le plus son attention.

– C'est bien la tante Jeanne de votre livre ? me demanda-t-elle.

– Oui, mais je vous préviens, nous allons y passer la nuit.

– Qu'à cela ne tienne !

Scilly m'écouta passionnément. Sur son visage gravité et rires alternaient, notamment quand j'ai abordé l'épisode du changement de plaques de rues en noms de femmes.

– Mais elle a du génie votre tante ! Voilà comment il faut faire de la politique : avec intelligence, imagination et humour !

– Je dois dire que c'est le moment où je me suis le plus amusée avec elle, à Paris. Toute l'équipe aussi, ajoutai-je.

– Je suppose que ce coup d'éclat a eu des retombées, non ? me demanda Scilly avec la même passion.

– Oui, et notamment un livre que ma tante a écrit et que je vais vous prêter. C'est un recueil de portraits de femmes, toutes plus intéressantes les unes que les autres. Ouvrage qui a un succès fou, ce qui prouve que le sujet est dans l'air du temps.

Puis j'abordai le dernier chapitre. Celui de la Fondation destinée aux petites filles les plus exposées et démunies. Et là, je vis le regard de Scilly s'assombrir.

– C'est un très beau projet, me dit-elle, mais si le château est classé, il sera difficile, voire impossible de toucher aux murs !

– Vous savez, le château est immense et tout ne relève peut-être pas des monuments historiques. En tout cas, je ne vois pas ma tante entreprendre quoi que ce soit là-bas sans des avis autorisés.

– Je comprends mieux maintenant combien vous lui êtes attachée, me dit Scilly en serrant tendrement ma main. Et elle ajouta, rêveuse : je serais très heureuse de la rencontrer.

Nous ne savions pas que son vœu serait exaucé plus tôt que prévu.

Le lendemain après-midi et alors que nous admirions encore la cour dallée, toutes les deux assises sur la pierre de seuil de ma porte d'entrée, nous perçûmes le bruit d'une voiture qui s'arrêta devant le préau.
– C'est tante Millie ! m'exclamai-je en courant lui ouvrir la portière.
Elle s'était fait conduire par le chauffeur d'Éléonore et j'en déduisis que hélas l'abandon de sa canne n'avait été « qu'une illusion d'un jour », selon son expression. Après avoir salué le chauffeur, je vis que ma tante et contrairement à maman, avait tout de suite remarqué l'escalier sous le préau et la cour dallée :
– C'est ton maçon ?
– Non, c'est l'idée de mon architecte particulière et notre besogne commune.
– Elle n'est plus là ou tu n'oses pas me la présenter ?
– Depuis quand aurais-je honte de mes amies, ma chère tante ? Tenez, la voici ! dis-je quand je vis Scilly dans l'encadrement de la porte d'entrée et qui avait troqué son peignoir contre une tenue plus correcte.
À la manière dont tante Millie la dévisagea, je sus que j'avais plus que son agrément et je fis les présentations. En entendant le nom de Scilly, ma tante fronça les sourcils, recula d'un pas, la regarda à nouveau attentivement et lui demanda :
– Auriez-vous un lien de parenté avec cet homme politique remarquable qui fut assassiné pour s'être opposé à Mussolini ?
– C'était mon oncle, Madame, le frère aîné de mon père.
Je vis Scilly troublée, perplexe, dubitative, en nous observant ma tante et moi, alternativement.
– Bon, ma chère nièce, tu m'offres un petit verre de Pissote rouge ? Cela me rappellera de bons souvenirs…

Et la demande de Madame fut immédiatement satisfaite. Tante Millie ne quittait pas Scilly des yeux et lui posa mille et une questions sur son prénom, sa profession, sa famille, la Toscane, etc. et je crus bon de les laisser seules en regagnant le grenier. De là me parvenaient des bribes de leur conversation animée, ponctuée par les rires de Scilly.
En redescendant un peu plus tard, j'entendis tante Millie déclarer sans préambule :
– Vous êtes la femme qu'il me faut !
– Dans quel but ? demandai-je en feignant d'être contrariée.
– Ça, ce sont mes oignons ! me lança tante Millie en se levant de sa chaise. Puis : Je vous attends toutes les deux chez moi, demain, à 16 heures. Cela vous va ?

À peine tante Millie fut-elle repartie, je subis un tir de questions et de commentaires d'une Scilly abasourdie :
– Pourquoi ne m'avez-vous pas dit, qu'en réalité, votre tante est votre vraie mère ?
J'éclatai de rire :
– Tout le monde le pense. Je vais finir par le croire !
Scilly s'énervait, persuadée d'avoir été dupée ou que ma famille recelait des secrets d'importance :
– Vous savez, votre tante présumée a très bien pu vous concevoir hors mariage et pour éviter tout scandale, vous confier à sa belle-sœur, votre mère d'adoption. Dans ce cas, votre père serait un bel étranger, vous le fruit d'une passion clandestine et Sybil n'est pas votre vraie sœur…
Je ris à nouveau.
– Mon scénario se défend parfaitement et aura permis à votre mère-tante de vous voir le plus souvent possible.
– Le seul hic dans votre belle histoire, c'est que feu mon père n'aurait jamais adopté une fille !
Je n'ai pas totalement convaincu Scilly.

À l'heure dite, nous arrivâmes chez tante Millie. Il m'était toujours difficile de penser que cet immense château lui appartenait désormais tant elle demeurait indissociable, pour moi, de son appartement sous les combles et de son jardin sur le toit, à Paris.
Scilly resta coite devant l'ampleur et la majesté du monument qu'elle put dater immédiatement, tout en précisant que certaines parties ne lui semblaient pas de la même époque. Puis elle se pencha longuement sur les douves dont elle admira la maçonnerie d'origine, sans brèches ni pierres manquantes, « elles aussi du XVIe », me dit-elle, en me montrant la légère saillie de la clé de voûte des trois arches du pont d'entrée.
Tante Millie vint au-devant de nous pour embrasser Scilly la première et nous proposer de faire le tour des lieux avant « la collation ».
Je lui demandai si elle ne se sentait pas trop seule dans cet océan de murs et de toitures.
– Non ! Comme tu le sais, je n'y ai eu que de bons souvenirs. Ils sont plus solides et présents pour moi que le bâtiment.
– Puis-je aller m'incliner dans le jardin privé ? lui demandai-je encore.
– Bien sûr, nous allons nous y rendre ensemble. Mais je vois que Scilly a disparu.
Cette halte devant la tombe symbolique d'Hélie, fut particulièrement émouvante. Postée devant la pierre de granit, gravée, sous laquelle était enfoui un petit coffre en cèdre contenant les bottes cavalières d'Hélie, je me dis que c'était certainement la plus belle des sépultures.
Je tendis ma main vers tante Millie qui la retint dans la sienne un bon moment et sans un échange de mots. Le rosier blanc planté par Éléonore, était encore en fleur et il émanait de ces lieux une étrange douceur, une sérénité sans mélancolie, pensai-je encore, pendant que ma tante balaya de sa canne une feuille morte tombée sur la gravure.

Puis nous repartîmes à la recherche de Scilly que nous trouvâmes en train d'inspecter les murs d'une vaste grange. « Une dominante de schistes, ici, aussi ! » dit-elle à voix haute et comme si nous n'étions pas là.
– Avez-vous trouvé le trésor ? lui demandai-je pendant qu'elle se hissait sur un mur pour mieux détailler la charpente en déployant sa splendide silhouette.
– Mon trésor est d'une espèce encore plus rare et... Scilly s'interrompit en voyant tante Millie sourire malicieusement. Il était clair qu'elle avait déjà saisi la nature de notre lien et qu'elle allait tendre des rets à ma belle. Et pas seulement par jeu ou par goût de la taquinerie, mais aussi parce que ma tante préférée ne peut se départir de toutes ses séductions quand la compagnie lui agrée. J'aurais pu en prendre ombrage, me direz-vous, d'autant que tante Millie et Scilly ont quelques longueurs d'avance sur moi dans l'art de plaire, comme j'aurais pu redouter les atouts de ma tante. Eh bien, non ! Ce qui prédomine en moi c'est la grande satisfaction d'être sa nièce et la certitude qu'elle ne me fera jamais aucun mal. Mais elle s'amusera, oui, en étant toujours là pour l'essentiel.
Elle nous pria de la suivre dans sa « loge de gardienne », au rez-de-chaussée de l'aile gauche.
C'était la première fois que je franchissais le seuil de ce château et je fus saisie par la beauté de l'intérieur presque tout boisé et décoré avec des meubles d'époque, des tapisseries, quantité de tableaux et d'objets d'un grand raffinement.
Contrastant avec l'ampleur des salles d'apparat, l'espace que tante Millie s'est réservé et a aménagé pour faciliter ses déplacements, est, lui, tout petit, mais à son image. Il se limite à une pièce bibliothèque où on peut aussi prendre ses repas, à un boudoir qui tient lieu de chambre, un office et un cabinet de toilette.
Dans la chambre, je remarquai d'emblée le foulard ensanglanté d'Hélie, conservé sous verre. Et cela me fit un choc.

À elle seule, cette relique maculée de taches brunes, incarnait la vie et la fin tragique de cet homme qui n'avait été jusque-là, à mes yeux, qu'un nom, qu'une personnalité abstraite. Mais je fis semblant de n'avoir rien vu, en dissimulant mon émotion.
– Éléonore vivait au premier, dit tante Millie, et maintenant ses appartements accueillent mes invité(e)s – dont Zaskia à la fin de ce mois.
– C'est aussi là que vous habitiez ? lui demandai-je.
– Que je séjournais, oui. Maintenant et pendant que je fais chauffer l'eau du thé, allez voir la salle d'armes.
Elle m'impressionna vivement et m'incita à me livrer à des joutes amoureuses avec Scilly, qui se poursuivirent dans les autres pièces que nous visitâmes.
À l'issue de cette visite très privée, tante Millie nous accueillit d'un :
– Mais qu'avez-vous fait ? Le thé est glacé maintenant !
– Nous nous sommes égarées, voilà tout ! répondis-je, impassible, les joues encore brûlantes de nos égarements.
– Scilly, venez vous asseoir à côté de moi pour que nous discutions sérieusement. Ma nièce vous a certainement entretenue de mon projet de fondation.
Scilly hocha la tête.
– Bon, alors où la voyez-vous ici ?
– Je crains que vous ne puissiez rien faire dans le château lui-même. En revanche, la grande grange n'étant pas classée, peut être aménagée dans ce but, sans la moindre tracasserie administrative ni la moindre contrainte matérielle. Et puis, elle est suffisamment vaste et haute pour envisager deux étages et accueillir confortablement vos futures protégées.
– Je vais aller droit au but ! intervint tante Millie en regardant Scilly. Si vous êtes une architecte des monuments historiques, c'est que vous êtes d'abord architecte, n'est-ce pas ? Je vous confie donc ces travaux.
Je faillis m'étrangler, ainsi que Scilly.

– Mais, Madame, je pars bientôt en Italie pour diriger un nouveau chantier dans une ancienne chapelle. Mon contrat est déjà signé...
– Vous n'en avez pas pour dix ans, je suppose ? insista ma tante.
– Non, répondit Scilly en souriant. Je pense que j'aurai achevé l'essentiel en janvier prochain. Mais votre offre étant d'un ordre privé, je ne peux l'honorer qu'en prenant un congé sabbatique et je le ferai avec plaisir.
Je me retins une fois de plus de pleurer, mais de joie.
– Merci Scilly ! Je ne me suis pas trompée à votre sujet. Bien entendu, vos honoraires seront les miens, ajouta tante Millie avant de nous demander de finir sa tarte aux pommes et à la cannelle.
Puis elle nous annonça qu'elle avait réuni les fonds pour son projet et que Zaskia l'avait bien aidée avec ses relations américaines.
Nous la félicitâmes, d'autant, pensai-je, que cette prouesse avait été réalisée en peu de temps.
– Quand vous envolez-vous ? demanda ma tante en se tournant vers Scilly.
– Dans cinq jours, hélas !
– Alors revenez dîner demain soir.
– C'est impossible, tante Millie, nous sommes déjà retenues, répondis-je en mentant insolemment. Mais ce n'est que partie remise, ajoutai-je en donnant à Scilly le signe du départ.
Pendant que nous nous dirigions vers ma voiture, je fis remarquer à Scilly qu'elle venait de signer un pacte de folie avec ma tante.
– Quelle folie ?
– Si vous prenez un congé sabbatique pour construire sa fondation, vous allez briser votre carrière en perdant d'autres travaux.
– C'est un risque, mais j'ai envie de le prendre. J'approuve

entièrement les objectifs de votre tante, leur réalisation matérielle est dans mes cordes et, qui plus est, elle me fera revenir ici plus tôt que prévu.
– Je note que vous faites passer l'aménagement de cette grange avant le plaisir de me revoir !
– Vous, susceptible ! Si j'avais choisi l'inverse, vous ne m'auriez pas prise au sérieux. Alors, je vous l'affirme : cette proposition me comble à tous égards et je suis la plus heureuse des femmes.
« Moi, aussi » pensai-je intérieurement.

Alors que nous roulions en silence et que je mesurais l'importance de cette visite chez tante Millie, Scilly me dit :
– Je ne voudrais pas que vous vous sentiez redevable de la décision que j'ai prise. Je ne m'engage pas pour vous, mais pour nous.
– Vous m'offrez tout de même le rêve de ma vie !
– Quel rêve ?
– Partage dans l'indépendance. La proximité sans la fusion.
– Soyez plus explicite.
– Eh bien, dans la journée vous travaillerez pour la fondation, et moi, à mes écrits, et le soir, toutes les nuits, nous serons ensemble... Je n'aurai pas à vous attendre, ni à compter les jours de votre retour.
– Sauf si votre tante m'héberge !
– Ah non, il n'en est pas question ! protestai-je en accélérant la vitesse de ma voiture.
– Si vous êtes comme elle à quarante-quatre ans, je vous épouse sur-le-champ ! me murmura-t-elle à l'oreille.
– Enfin une parole sensée ! répondis-je en évitant de justesse un chevreuil qui traversait la route, après avoir bondi d'un fossé.
– La noce a bien failli être écourtée ! lança Scilly en riant.
Je me tus à nouveau pour mieux savourer l'immense cadeau qu'elle venait de me faire en acceptant l'offre de tante Millie.

Cadeau qui allait sûrement changer ma vie à la Révillière en alliant travail assidu et amour continu. J'avais déjà rêvé d'une telle existence avec Salomé, pensai-je, et j'allais maintenant la vivre avec une femme dont je découvrais, chaque jour, les qualités multiples et profondes, scellées par une générosité sans bornes. Mais, pourquoi, me demandai-je, Salomé et Scilly avaient-elles remis en cause leur propre vie matérielle pour se rapprocher de moi et non l'inverse ? Cette question me troubla, car je n'aurais jamais renoncé à la Révillière pour l'une, comme pour l'autre. Souffrais-je d'une déficience affective, d'un manque d'audace, d'une peur enfouie, laquelle ? L'implication amoureuse est-elle toujours – ou le plus souvent – inégale ? Pourquoi plaçai-je mon monde propre au-dessus d'un être cher ? Si tel était le cas, Scilly me quitterait tôt ou tard. Cette perspective me fut insupportable.

En me voyant préparer le dîner, le visage sombre et tendu, Scilly m'en demanda la raison.
– J'ai peur de vous perdre, mais je ne sais comment vous retenir.
– Mais avec une laisse ! badina-t-elle.
– Scilly, je suis sérieuse, inquiète, perturbée, je...
– Dites-moi tout.
– Je voudrais savoir ce qui vous plaît en moi.
– L'animal sauvage en quête de caresses.
– Mais que vous apporte l'animal ?
– L'envie de le rendre plus heureux que peureux. Et en deux mois d'approches, les progrès sont plus que notables. Alors que craignez-vous ?
– Vous me voyez sûre de moi, je peux donner l'impression que tout me réussit, mais derrière cette carapace forgée par une absence totale de tendresse dans l'enfance et une partie de l'adolescence, il y a une fêlure.
Et je me mis à raconter à Scilly la scène violente entre mes

parents, dont je fus le témoin indirect, un soir, derrière une porte du salon.
– Sur le moment, poursuivis-je, j'ai été très choquée de découvrir le vrai visage de mon père et les raisons de la fausse union de mes parents, mais je ne pensais pas que ce choc suivi par la dépression de maman, aurait des conséquences profondes dans mes propres sentiments.
– Lesquelles ?
– Cette scène a distillé en moi un poison : la crainte d'être moi-même trahie, bafouée par l'être aimé. Il me semble que c'est la pire des choses que l'on puisse éprouver quand on a tout donné à l'autre.
– Que je sache, vous n'avez jamais été trahie et votre mère a pris, grâce à vous, une sacrée revanche, non ?
– Bien sûr, mais la revanche n'efface pas le malheur subi.
– Roxane, regardez-moi. Vous avez tout pour être heureuse aujourd'hui. Vous n'allez tout de même pas ruiner ce privilège par des craintes plus imaginaires que réelles, non ? Et puis, c'est plutôt moi qui devrais être inquiète.
– Pourquoi ?
– Même si je sais que votre attachement suprême à vos lieux d'origine ne relève pas d'une déficience amoureuse, mais d'autres raisons que je comprends, il n'en reste pas moins qu'il hiérarchise vos priorités à mon détriment. Autrement dit, vous ne me suivrez pas au bout du monde.
– Vous voulez me culpabiliser ?
– Pas du tout. Vous savez, quand on achète un paquet de lessive, on ne s'attend pas à y trouver autre chose que de la lessive !
Son esprit terre à terre et juste me fit rire.
– J'en ai pris mon parti, poursuivit Scilly. Je vous aime telle que vous êtes.
– Vous voulez dire : en poudre ou en copeaux ?
Scilly sourit à son tour avant de me demander ce qu'elle représentait pour moi.

– Rien ! dis-je en riant.
– C'est bien ce que je pensais et cela me convient parfaitement, répondit-elle avant de me lancer à la figure un verre d'eau qu'elle lécha aussitôt.

Nous fûmes réveillées aux aurores par le plombier. Il venait, enfin, installer la machine à laver et le bac, avec une robinetterie adéquate. Je laissai Scilly se rendormir et descendis rejoindre Lucien, comme un automate. Il m'aurait suffi de lui montrer l'emplacement exact des éléments à brancher, mais la joie de pouvoir faire la première lessive dans le préau, l'emporta sur mon désir de me recoucher.
En étendant plus tard le linge sur les fils au-dessus de la passerelle, après avoir grimpé notre escalier avec une lourde panière, j'eus le sentiment grisant d'avoir coupé ce qu'il me restait de lien ombilical avec la grande maison. Toutefois, ma sainte horreur du repassage m'obligeait encore à faire appel à la lingère de maman, mais Scilly m'incita à rompre cette dernière dépendance en limitant l'usage d'un fer à repasser « au strict nécessaire ».
Bref, cette petite buanderie fonctionnelle allait révolutionner mes habitudes ménagères et tout autant qu'un aspirateur dont les tourterelles détestaient le bruit infernal.

Dans mon courrier, ce jour-là, je trouvai une lettre de mon éditeur se plaignant, d'abord, de ne pouvoir me joindre au téléphone. Il m'annonçait ensuite, que mon livre continuait à très bien se vendre en France et dans tous les pays francophones et que plusieurs traductions étaient en vue, notamment aux États-Unis, en Allemagne, en Italie. Il joignait à sa lettre les dernières critiques parues dans la presse, plus banales qu'acerbes. Elles étaient toutes signées par des hommes, alors que j'aurais bien aimé avoir aussi l'avis de l'une de leurs consœurs.

En parcourant cette presse avec une moue significative, Scilly me lança :
– De toute façon, aucun homme ne comprendra jamais ce qui se passe entre deux femmes qui s'aiment. Je note tout de même que ces critiques sont d'accord pour estimer votre plume. C'est déjà cela !
– Dites-moi, avez-vous déjà abordé ce sujet avec vos amants, vos amis ?
Scilly me regarda, interloquée.
– Non. Avec les premiers, cela ne m'est même pas venu à l'esprit, et avec les seconds, quand j'ai connu Graziela, j'aurais eu le sentiment de m'exposer à des voyeurs. Je sais pourtant que la question les intéresse hautement, mais au mieux, en y demeurant étrangers, et au pire, avec une curiosité lubrique.
– C'est drôle, moi aussi j'ai refusé d'en parler à un ami qui, lui, n'aime que les hommes. En revanche, il m'a fait des confidences sur sa vie intime, mais cela m'a gênée, non par pudibonderie, mais parce que je me sentais à des années-lumière de son monde.
– Puisque l'on est dans le vif du sujet, je suppose que vous n'aimez pas plus que moi le mot « homosexuel » ?
– En effet, je n'aime pas le côté clinique et réducteur de ce mot, comme je déteste les termes péjoratifs ou injurieux qui nous sont réservés. En réalité, je ne me sens en rien concernée par ce vocabulaire.
– Alors, si vous deviez nous désigner ou nous qualifier, que choisiriez-vous ou qu'inventeriez-vous ? me demanda Scilly avec une curiosité non feinte.
– Je n'ai rien inventé, seulement trouvé dans un texte du XVIIe siècle un mot qui me plaît assez, mais que vous chercheriez en vain dans nos dictionnaires courants.
– Lequel ? s'impatienta Scilly.
– Anandryne. C'est joli à l'oreille, cela n'a pas de connotation exclusivement sexuelle et cela signifie bien ce que nous sommes : des femmes sans hommes.

– C'est clair ! D'autant que nous avons le cran – et même un sacré cran – d'assumer notre vie et nos sentiments sans l'alibi, la protection et l'argent d'un mari, comme c'est le cas pour nombre de… Comment dites-vous déjà ?
– Les pauvres ! dis-je en éclatant de rire avec Scilly.

La petite famille « Barish » est toujours là, mais on ne peut distinguer les parents des enfants qui ont déjà atteint leur taille d'adultes. Depuis un certain temps, nous avons cessé de répandre des graines sur le rebord de leurs nichoirs pour les nourrir sur les dalles de la cour, près de l'auge. Je ne me lasse pas de leurs joyeux roucoulements, seule musique dans mes lieux.
Depuis la mort de Salomé, je ne peux entendre que le bruit du vent, de l'orage, les sons des animaux et Scilly l'a compris, qui ne m'a jamais demandé pourquoi je ne possède pas d'électrophone. Le silence ne m'angoisse pas. Au contraire. Je l'accueille comme un souffle de paix, une respiration salutaire, le gardien de mes pensées.
Assise sur la pierre de seuil de ma maison, je regarde les tourterelles picorer leurs graines avec rapidité. Elles iront ensuite s'abreuver à l'auge avant de prendre leur envol, toujours en groupe vers je ne sais où. Parfois, je les aperçois bien alignées sur un fil électrique loin d'ici, ne pouvant que les saluer de la main et leur adresser quelques mots. Scilly a réussi à les approcher quand elle les nourrit, mais, moi, je ne souhaite pas les apprivoiser. Je les aime sauvages, libres de leurs mouvements, me réjouissant, en revanche, de les voir tous les jours retourner au bercail.

> *Je pense à vous, à votre dernier séjour ici où vous nous avez tellement amusées et vous revenez souvent dans nos conversations. Je me réjouis de ce que la vie vous ait épargné des secousses de tous ordres et qu'elle n'ait en rien érodé votre personnalité facétieuse. Parfois, je me sens plus*

âgée que vous en ce sens qu'il y a désormais, pour moi, un avant et un après Salomé, même si je suis très heureuse avec Scilly, en m'étonnant, encore et chaque jour, d'être capable d'aimer à nouveau.
Je suis contente que vous connaissiez Scilly et que vous compreniez que notre rencontre ne pouvait demeurer dans les strictes limites d'un lien éthéré, sans odeur ni saveur. Certes, j'ai mis du temps pour déverrouiller mon cœur et vivre pleinement avec elle ce qui relève de l'incontrôlable. Mais elle aura eu raison de mes dernières réserves avec un tact prodigieux, alors que mon comportement devait être aussi déroutant que frustrant pour elle.
Je ne sais toujours pas où vous avez dressé votre nouveau campement et m'en tiens à la boîte postale que vous m'avez indiquée. Envoyez-moi un signe, je vous en supplie. Vous savez combien il m'est vital d'être reliée à vous, contre vents et cordillères. Prenez soin de vous.

En longeant la Loire, au pas, avec Gipsy, me revint en mémoire le souhait qu'avait formulé Scilly de remonter ce fleuve en bateau pour mieux en découvrir les berges. Je mis ce vœu en relation avec le dernier courrier de mon éditeur confirmant le succès de mon livre, de prochaines traductions et, par conséquent, la courbe croissante de mes gains, pour envisager de faire construire une embarcation typique de la Loire : une toue encabanée. J'en avais aperçu une, un jour, amarrée à une île et fus immédiatement séduite par cette petite maison flottante, tout en bois, sur un socle plat relevé à l'avant et je sus, par Léon, que ce bateau original était initialement destiné aux pêcheurs de saumons et d'aloses. Il suffirait, me dis-je, de trouver un bon batelier, d'aménager cette cabane pour nos usages et plaisirs personnels, de l'équiper d'un moteur, d'y adjoindre deux vélos pour les courses et les visites de caves... Et nous pourrions même nous rendre à S., pour entendre des chants grégoriens. Il me faudrait naturellement passer un permis de navigation fluviale, car il n'était pas question d'être conduites par un tiers !

En imaginant les couchers de soleil sur cette toue, nos agapes à l'avant, ou à l'intérieur, selon le temps, nos bains dans le fleuve, la découverte de la flore et de la faune – hérons cendrés, martins-pêcheurs, foulques, grèbes huppés, canards souchet, aigrettes garzette… et notre intimité vécue au fil de l'eau et à l'insu de quiconque, je me dis que mon existence prenait une tournure plus qu'exaltante avec, pourtant, des éléments simples. Mais suffisamment confortables, aussi, pour ne pas muer ces évasions rêvées en cauchemars.

Bien entendu, pensai-je encore, j'entreprendrais tout cela sans rien dire à Scilly pour lui en réserver la surprise à son retour d'Italie. Le choix qu'elle a fait de donner plus qu'un coup de pouce au projet de tante Millie et de revenir dans nos lieux pour un temps indéterminé, m'inspire l'envie de lui rendre au centuple ce qu'elle m'offre, alors que sa seule présence à mes côtés est inestimable. Je mesure de jour en jour le privilège qui est le mien de pouvoir m'endormir dans ses bras sans l'once d'une habitude soporifique. Scilly est tellement inventive, tellement surprenante, que la vie avec elle est une perpétuelle incantation. Et elle y met tant de fougue, savamment dosée, que je ne suis plus qu'un brasero livré à de délicieuses tortures de flammes qui m'atteignent sans m'anéantir.

En rentrant à pied avec Scilly, après une petite inspection dans le chai et alors que nous nous engagions dans le chemin qui conduit à ma maison, je lui fis part d'une idée que j'avais concoctée récemment et non sans une certaine jubilation : celle de faire les prochaines vendanges de la Révillière avec des femmes, exclusivement. Cela n'a encore

jamais eu lieu ailleurs, lui précisai-je, et aurait l'effet d'une petite bombe dans ce monde viticole « ultrapatriarcal ».
Scilly sourit en se tournant vers moi et me demanda si j'en avais parlé à Arnolfo.
– Non, je lui ai simplement dit que j'approuvais son rapport.
– Alors ne le faites surtout pas, car il va vous voler l'idée qu'il trouvera excellente sur le plan commercial.
– Mais ma motivation première n'est pas le commerce. Vous savez très bien que nous ne vivrons pas de nos vignes. Tout ce que nous pouvons faire au mieux c'est de rentabiliser notre vignoble, donner du travail à Mathilde et à Simon et hausser l'image du muscadet. Ce n'est déjà pas si mal, non ?
– Alors, pourquoi des vendanges de femmes ? insista Scilly.
– L'envie de rompre avec des usages dinosauriens en incitant les jeunes filles à s'intéresser à la vigne et à la vinification. Elles n'y pensent pas, parce que de tous temps et partout, ce sont les hommes qui s'en sont chargés et qui défendent encore leurs prérogatives.
Je ne réalisai pas que je parlais avec passion :
– Je suis certaine que les femmes sont faites pour ce métier qui requiert plus de flair et de délicatesse que de force.
Scilly en convint.
– Tenez, quand j'ai suivi des cours d'œnologie à Paris qui réunissaient des hommes et peu de femmes, j'ai tout de suite été frappée par la richesse des fiches de dégustation de ces dernières. Extrêmement précises, imagées et justes. Celles des hommes étaient en général plus pauvres en vocabulaire et en comparaisons sensorielles. Cela ne veut pas dire qu'il n'y a pas de grands œnologues ou sommeliers. Cela veut dire qu'il y a des aptitudes féminines inexploitées ou en sommeil. Il faut donc bousculer tout cela et tout le monde y gagnera !
– J'aime vous voir combative, me dit Scilly. Puis : c'est Mathilde qui vous… ?

– Probablement. Les choses n'ont pas dû être faciles pour elle, au départ. Mais c'est une perle qui peut faire des émules avec son expérience et son savoir-faire. Je pense que mon projet lui plaira. Moi, en tout cas, je vais le réaliser et en concevoir les moindres détails… L'habillage de la bouteille, par exemple.
– Ah bon ?
– Eh bien celle à laquelle je songe sera très sobre, à partir de deux couleurs dominantes qui symbolisent le mieux pour moi le muscadet : le vert foncé et le blanc. Notre vin n'est pas de garde, il faut donc suggérer la fraîcheur, le plaisir immédiat…
– C'est-à-dire ? me demanda à l'oreille une voix coquine.
– Un peu de sérieux, s'il vous plaît ! Mais si je vous soûle, arrêtons là !
– Je ne fais que boire vos paroles et demeure assoiffée, me dit-elle en desserrant son étreinte.
Et elle me demanda quel nom j'avais choisi.
– La Cuvée des Rebelles !
Scilly éclata de rire et ne me cacha guère son enthousiasme.
– Dans notre langue, ce mot « rebelle » a l'avantage de s'écrire de la même façon au masculin et au féminin. Personne ne se sentira exclu. Au contraire, il fera sourire, en titillant le côté frondeur qui sommeille en chacun(e). Ajoutai-je.
– Vous auriez dû être publiciste !
– J'ai surtout envie de sortir la Révillière de sa torpeur et de le faire d'une manière inédite et plaisante.
Nous fûmes interrompues par l'arrivée d'un colibri qui s'immobilisa dans l'air en rapides vibrations de ses ailes, avant de disparaître en nous laissant voir un admirable plumage bleu argenté.
– Pour en revenir à l'étiquette, poursuivis-je, vous avez sans doute remarqué que celles qui existent déjà, sont généralement très, trop chargées. Eh bien celle à laquelle je songe pour ici sera volontairement sobre.

– Il ne faut pas non plus qu'elle soit austère...
– N'ayez crainte. Au lieu de mettre un sempiternel château en illustration, j'ai opté pour un médaillon représentant une amazone chargeant sabre au clair ! Où est l'austérité ?
Scilly éclata de rire.
– Je la vois comme un sceau au milieu de l'étiquette, d'un gris soutenu, juste au-dessus de la Cuvée des Rebelles, en écriture cursive pour souligner le mouvement, l'allant... En bas, en lettres droites et discrètes Château de la Révillière et entre les deux, le millésime en vieil or. Le nom et la provenance seront en vert foncé, comme la bouteille, sur papier vélin, ivoire clair.
– Mais que faites-vous des mentions obligatoires, appellation, degré, volume, adresse, etc. ?
– Sur une contre-étiquette, collée derrière la bouteille. J'ai même prévu quelques lignes en français et en anglais pour préciser les caractéristiques de cette cuvée.
– *Dio mio* ! s'exclama Scilly en s'asseyant sur un vieux tronc d'arbre couché le long du chemin. Nolfo va s'arracher les cheveux et être encore plus fou de vous !
– Pourquoi ?
– Parce que vous êtes plus forte que lui. Lui, il exploite avec talent, c'est vrai, un héritage viticole familial où tout était déjà en place quand il est arrivé, tandis que vous, vous devez tout remonter, en innovant qui plus est. Chapeau !
– Que votre Dio nous entende, mais rien ne me garantit aujourd'hui que nous réussirons.
Après une pause, Scilly me dit :
– Cette idée de l'amazone est vraiment *formidabile*, originale, et le symbole !
Je me contentai de sourire sans répondre, les yeux rivés sur une cohorte de fourmis que nous avions sans doute dérangées à nos pieds.
– Avez-vous parlé de tout cela à votre mère ?
– Non. Pour l'instant vous êtes la seule à être dans la confi-

dence. Avec maman, un projet ne va jamais sans devis et je n'ai pas encore réuni tous les éléments pour évaluer le coût de l'opération.
– Je salue la romancière-vigneronne et je m'inscris déjà au nombre des rebelles-vendangeuses. Mais où allez-vous les trouver ?
– La grande première sera réservée à notre région avec des amies de Louisette et de Mathilde. Ensuite, et pour donner un caractère international à cette initiative, eh bien je puiserai allègrement dans le vivier de vos stagiaires filles – surtout celles en provenance de Finlande !
Scilly éclata de rire :
– Ah non, jamais de la vie ! Après, elles ne voudront plus travailler avec moi et ce serait un *casus belli* entre nous.
– Vous reprochiez à Graziela sa jalousie, mais vous alors !

La veille du départ de Scilly en Italie et comme il faisait encore très doux en ce début d'automne, je lui proposai d'aller dîner dans une crique de la Côte Sauvage.
Zaskia m'avait offert un beau panier de pique-nique que je n'avais pas encore eu l'occasion d'étrenner et j'y glissai quelques victuailles royales.
Nous partîmes dans l'après-midi pour profiter du soleil, de quelques bains et de lieux sûrement désertés en cette saison.
– Voilà, c'est là ! dis-je en désignant une anfractuosité rocheuse de part et d'autre d'un lit de sable immaculé.
On ne percevait plus que le cri de quelques mouettes, le moteur d'une barque de pêcheur, au loin, et l'écho régulier du léger flux et reflux de la mer étale.
– Endroit idéal pour un traquenard spécial ! me lança Scilly en débarrassant le coffre de mon break.
– Traquenard, traquenard ! Aucun flibustier à l'horizon ! répliquai-je en m'affalant sur le sable blond et doux pendant que Scilly enfilait un superbe maillot noir, une pièce, dont

l'absence de bretelles magnifiait sa carrure fine et musclée. Elle me parut irrésistible, mais je n'en montrai rien. Je me crus obligée de mettre à mon tour un maillot de bain, ou pour être plus exacte, un accoutrement de plage digne d'une pensionnaire à vie. Je n'ose même pas vous le décrire !
J'eus tellement honte de ce deux-pièces antédiluvien que je me précipitai dans l'eau où Scilly m'avait déjà précédée.
La tombée du jour nimbait la mer d'une opacité sereine et après quelques brasses rapides, je me transformai en torpille en direction de Scilly qui nageait alors sur le dos, en gracieux mouvements de bras et puissants battements de pieds.
Reprenant souffle hors de l'eau dans un ruisselant tête-à-tête, je lui proposai de se livrer avec moi à un petit exercice requérant une certaine habileté :
– Voilà, mais vous connaissez sûrement ce jeu... Vous écartez les jambes et suffisamment pour que je m'y faufile sans vous toucher, ni même vous frôler. Seulement, rapprochons-nous du bord pour avoir pied. Elle s'exécuta volontiers, d'autant que cette petite distraction lui restituait le plaisir de me narguer d'une autre manière qu'elle se garda bien, cependant, de me révéler tout de suite.
Ainsi, après deux glissements que je réussis avec l'aisance d'un poisson – que dis-je ? d'une sirène ! – elle suggéra d'inverser les rôles.
– Vous n'êtes vraiment pas douée ! m'écriai-je après sa première tentative, heureuse d'avoir acquis sur elle une supériorité indéniable.
– Comment cela ? me lança-t-elle en replongeant aussitôt, mais en prenant soin, cette fois, de contourner mes jambes pour réapparaître triomphante, quelques mètres plus loin.
– Tricheuse !
– Pas du tout ! Et vous allez voir !...
En effet, je vis, ou plutôt je sentis au doux frôlement dans le haut de mes cuisses que notre jeu s'éloignait de son inno-

cence première. Mais il s'arrêta là, car Scilly disparut dans les fonds obscurs de la mer.

À nouveau seule, je songeais au plaisir que j'avais eu à me faufiler entre ses jambes dans cette exploration sous-marine, mon corps à la verticale pour prendre aussi peu de place que possible dans le passage étroit, puis à remonter d'un coup de reins à la surface, en savourant un exploit d'autant plus méritoire que Scilly s'ingéniait à le contrarier. Une douce torpeur envahit mes jambes, mes reins, ma nuque. Nul effort, nulle volonté ne pouvaient l'endiguer.

Telle une bulle d'air venant éclater à la surface de l'eau, j'allais me confondre avec le ciel et la mer lorsque, dans une approche sournoise, je sentis une main se saisir de ma taille et m'entraîner furtivement dans l'eau.

Peut-être aurais-je davantage apprécié ce rendez-vous s'il ne m'avait, dans sa soudaineté pernicieuse, fait avaler quelques gorgées fortement salées que je recrachai aussitôt... en suffoquant et en maudissant Scilly.

Elle s'excusa d'un rire qui ne pouvait que raviver l'odieux picotement dans mes bronches, ma gorge et mon nez. D'un rire qui m'exaspéra au point que je fis claquer l'eau vers son visage comme autant de protestations justifiées. Mais je mis une telle hargne dans ce geste qu'elle stupéfia Scilly.

– Je ne voulais pas, commença-t-elle, puis elle se tut en me regardant sérieusement. Et en cette seconde même, elle me devint étrangère.

Que se passait-il ? Je ne pouvais le dire, je ne pouvais rien dire. Me sentais-je dangereusement vulnérable, atteinte, envoûtée au point de vouloir me ressaisir en m'armant d'une rage à la mesure de mon bouleversement ?

À peine ces questions traversèrent-elles mon esprit, que tel le va-et-vient de la mer sombre, elles se dissipèrent aussitôt. La main, en proie à une fureur incontrôlable, adressait maintenant un tendre appel à celle que j'avais maudite pour d'obscures raisons.

Scilly y répondit d'un baiser fougueux, si fougueux qu'il nous fit vaciller toutes les deux dans l'eau où nous arrachâmes nos maillots de bain. Scilly glissa le sien à son bras et moi, je lestai le bikini et soutien-gorge avec des galets pour m'en débarrasser à jamais, consciente de ne commettre là qu'une offense jubilatoire et libératrice.
Nul clapotis. Nul tourbillon. Nul frôlement. La tête rieuse qui avait eu le curieux don de m'exaspérer et de m'attendrir n'avait pas refait surface.
Quel plan secret concevait-elle maintenant ?
Je l'appelais, mais en vain, ce qui m'inquiéta soudain. Puis, tournant mon visage vers le rivage, je la revis là, allongée sur le sable, les jambes ouvertes, offertes à la caresse de l'eau. Saisie d'une émotion encore plus forte que toutes celles que j'avais éprouvées jusque-là, je ne réalisais pas que j'étais agenouillée, les yeux rivés au triangle sombre et à la croisée d'ogives que formaient sur le sable humide, les jambes de Scilly.
Combien de temps restais-je là, prosternée ?
Je ne m'en souviens plus. Mais cette vision… non, jamais je ne l'oublierai.

Puis je fus tout à coup saisie d'une jalousie irrépressible envers cette eau mêlée, dans son flux, à la nudité de Scilly. De l'envie furieuse de substituer mes caresses à celles de la mer. Je me relevai d'un bond pour franchir en quelques foulées la distance qui me séparait d'elle et grâce au ciel, mon arrivée impétueuse ne la fit pas sursauter. Glissant alors mes bras sous les siens, je la tirai à une bonne longueur de ma rivale, pour prendre maintenant toute sa place au creux de mon sanctuaire.
Scilly offerte à mes délires, le visage encore plus juvénile dans cet abandon, arc-boutant son corps pour mieux le livrer à mon désir fou, mêlant ses plaintes au ressac dans une tension de sa corolle frémissante, accueillante, brûlante

à des lèvres qui en respiraient, en savouraient le dédale secret, onctueux, dilaté et lisse.
Je tremblais, non de la crainte de blesser ses chairs vives avec du sable, mais d'émotion, de reconnaissance éperdue. Celle qui anima ma bouche et mes mains d'une longue et persistante envie d'en convaincre Scilly. Jamais je ne l'avais encore vue si confiante avec moi, si désireuse aussi de se donner sans la moindre réserve, dans une intimité irréductible à la décence et à son contraire. Sa sincérité repoussait les limites où l'on peut redouter de se perdre soi-même.
La nuit était maintenant tombée, hérissant la mer d'éclats lunaires et nos corps épuisés, de légers frissons, bien que l'air fût encore tiède à cette heure tardive.
La lumière d'un phare balaya soudain l'immensité de l'eau en un faisceau blanc qui ne pouvait nous atteindre : nous n'étions ni à la dérive et encore moins en danger de naufrage !
– Regagnons notre refuge, murmurai-je, et allumez-nous un bon petit feu.
– Bien Madame ! me répondit une voix qui ne se pliait qu'aux injonctions de plaisirs... Mais d'abord, embrassez-moi encore !
Nous nous séchâmes dans le creux de la crique où Scilly alluma un feu de bois avec des débris rejetés par la mer, auxquels elle mêla quelques pommes de pin qui crépitèrent joyeusement. Leur senteur résinée raviva mon appétit et l'intense sentiment de bien-être que j'éprouvais maintenant dans des vêtements secs.

Pendant qu'elle s'enquérait dans les parages d'une nouvelle provision de bois asséché et blanchi, je disposais sur une fine nappe les mets qui régaleraient nos palais. Scilly poussa même le raffinement jusqu'à faire griller les tranches de pain de mie au bout d'une tige de bois qui semblait n'avoir été conçue que pour cet usage et qu'elle dénicha Dieu sait où.
Je lui tendis un verre de vin dont elle admira la teinte jaune

à la lueur du feu, avant de le lever à mon endroit, avec une gravité soudaine :
– À vous, à nous, à cette nuit, à...
Elle n'acheva pas sa phrase et baissa la tête. J'eus alors l'envie de l'étreindre fortement, mais je me retins. Glissant mes mains et mes pieds nus dans le sable encore tiède de notre refuge, je simulais un léger sommeil. Non pour m'abstraire de la présence de Scilly, mais pour mieux entendre les résonances profondes, multiples, obsédantes d'une musique qui, tour à tour, joyeuse, ardente ou grave, rythmait le vertige de mes sens...
La tête appuyée sur l'une de mes mains, je l'observais maintenant allumer une cigarette à la flamme d'une brindille, inspirer puis expirer la fumée blanche que la brise dispersait aussitôt, porter à ses lèvres son verre de vin blanc qu'elle but à petites gorgées avant de se rasseoir à la lisière de notre feu.
Peu m'importait que nous fussions alors séparées d'une enjambée de sable. Sa présence excédait sa propre personne : elle m'habitait, en imprégnant ma conscience et ma chair d'une douceur impalpable.
Se tournant soudain vers moi, elle me proposa une tranche de pain de mie et de saumon sur laquelle elle déposa un baiser avant de la glisser entre mes lèvres :
– Comme il m'est impossible de vous embrasser intérieurement, ma Princesse, je ne peux que recourir à un subterfuge... veuillez m'en excuser ! dit-elle d'un sourire mi-joueur, mi-caressant.
Comme toutes ses « extravagances », celle-ci n'avait pas pour but de m'éblouir en me laissant seulement admirative. Dépouillées de toute mise en scène, de tout déploiement de roue de paon, ses attentions m'allaient de ce fait droit au cœur.
– À quoi songez-vous ? me demanda-t-elle en venant s'allonger à mes côtés.

– Je suis stupéfaite de constater à quel point on peut être aveugle ou amnésique…
– Que voulez-vous dire ?
– Qu'à la faveur d'un chambardement intérieur, les choses que l'on avait le plus enfouies en soi reviennent dans nos pensées, comme les cailloux à la surface de la terre après de violents orages… m'avait dit Alba, un jour.
Puis, d'une voix étranglée, j'ajoutai :
– Je vous aime, Scilly.
Elle saisit alors ma main, la serra fortement avant de déposer un baiser au creux de la paume. Elle se redressa ensuite, assise en tailleur, le buste tourné vers la mer où je la vis essuyer furtivement son visage.
Mesurant tout ce que représentait pour elle cette déclaration que j'avais sans cesse différée pour des raisons en partie justifiées, mesurant aussi la force qui avait été la sienne d'accepter ma rétention verbale alors que tout mon corps, tout mon être lui signifiaient le contraire, je posai tendrement ma tête sur son épaule et lui murmurai : « Nous nous aimons… c'est bon de le savoir… c'est bon de le dire… c'est bon de le sentir encore et encore… Mais, maintenant, venez goûter des œufs d'oursins. »
– *Si, ma unicamente nella tua bocca* !
– Oh, je sens que je vais apprendre votre langue très vite ! répondis-je et en coupant en deux ce fruit de mer aux longs piquants d'un violet dense et dont l'intérieur ressemble à des petits quartiers d'orange, succulents.
Notre feu auréolait maintenant le visage de Scilly d'une luminosité curieusement impénétrable, accentuant l'immensité des yeux sans en révéler la teinte, affinant l'angle du nez, adoucissant encore l'expression de la bouche qui pouvait être aussi impétueuse que tendre.
Elle tourna la tête de côté, d'un mouvement dénué de toute coquetterie volontaire, même s'il me révélait une gorge magnifiée par l'encolure en V d'un chandail noir.

Mais ce fut moins la gorge qui m'émut que ce triangle de chair à la naissance du cou.
Comme s'il résumait à lui seul, l'âme même de Scilly.
Je voulus alors l'absorber, m'en saisir d'une manière ou d'une autre, respectueuse ou sacrilège. Je me lovais au creux de son bras pendant qu'elle achevait sa cigarette. Puis, après l'avoir lancée vers le feu d'un mouvement désinvolte et gracieux, qui parut faire revenir dans la nuit une étincelle à son point de départ, elle se retourna vers moi, les yeux empreints d'une gravité nouvelle.
Je fermais les miens, car je ne pouvais soutenir un tel regard.
Je la sentis replier sur nous le grand peignoir blanc qui nous protégerait de l'humidité. À moins qu'elle ne voulût par ce surcroît d'intimité, en écarter le ciel lui-même. Ou le retenir dans la moiteur de cet abri, pour mieux s'en imprégner, s'en délecter. La tête vacillante et le ventre parcouru de légers frissons, je me laissais doucement envahir par un nouveau vertige. Une nouvelle soif qu'amplifiaient, en me torturant, la bouche qui effleurait la mienne... le bras qui enserrait ma taille... la main qui, d'une caresse légère, hérissa mes seins... et tout ce corps dont la délicate pression semblait remercier le mien d'être là...
Là, je l'étais, assurément, présente à tout son être, m'étonnant qu'un tel miracle pût se produire, se reproduire comme si, de ce même mouvement inlassable du flux et du reflux de la mer, un enlacement en appelait ou succédait à un autre, et m'étonnant encore que, dans son ampleur, son rythme, son déroulement, il ne fût jamais le même.
La lumière du phare continuait à faire sa ronde sur une mer confondue avec la voûte céleste parsemée d'étoiles.
Mais, seules les braises de notre petit feu de bois, assemblées comme autant de lucioles bienveillantes, nous signifiaient, qu'à cet instant-là, nous étions, Scilly et moi, au cœur du monde.

Épilogue

L'ethnologue, Alba Castillo de Moraes,
a succombé à une fièvre tropicale foudroyante,
lors d'une mission dans la cordillère des Andes.
Rapatriée au Chili, sa dépouille repose désormais
dans le caveau familial.

TABLE DES MATIÈRES

Prologue 9

Le Pensionnat 11

Paris 111

La Révillière 395

Épilogue 569

DU MÊME AUTEUR

DILEMMA, 1992

Gallimard Jeunesse
EXPLORATRICES ET AVENTURIÈRES, 1997
(en collaboration avec Christine Féret-Fleury)

Achevé d'imprimer par Loire Offset Plus à Saint-Etienne
N° d'imprimeur : 38363
Dépôt légal : mars 2008